Jingshi Law Review

京师法律评论

第一卷

组　　编　　北京师范大学法学院
主　　编　　赵秉志
本卷执行主编　　熊谓龙

北京师范大学出版社
BEIJING NORMAL UNIVERSITY PRESS

图书在版编目（CIP）数据

京师法律评论 / 北京师范大学法学院编. —北京：北京师范
大学出版社，2007.4
ISBN 978-7-303-08505-7

Ⅰ. 京… Ⅱ. 北… Ⅲ. 法律－文集 Ⅳ. D9－53

中国版本图书馆 CIP 数据核字（2007）第 038212 号

出版发行：北京师范大学出版社 www. bnup. com. cn
　　　　　北京新街口外大街 19 号
　　　　　邮政编码：100875
出 版 人：赖德胜
印　　刷：北京新丰印刷厂
经　　销：全国新华书店
开　　本：155 mm×235 mm
印　　张：26.625
字　　数：460 千字
印　　数：1～2 000 册
版　　次：2007 年 4 月第 1 版
印　　次：2007 年 4 月第 1 次印刷
定　　价：39.80 元

责任编辑：贾慧姝　　　装帧设计：孙　琳
责任校对：李　菡　　　责任印制：董本刚

编辑委员会

目录

学科专论

域外法学

判解析理

《京师法律评论》稿约

CONTENT

Research of Theory

Article of Branch

Study on Comparative Law

Analysis of Case

前　言

　　2005 年 8 月和 2006 年 4 月，中国百年名校北京师范大学先后成立了刑事法律科学研究院和法学院，并各自被评为中国法学界年度重大事件，可见法学和法律界对北师大法学事业的重视。作为北京师范大学法学相辅相成的两院，一年多来，我们在制度建设、学科发展等方面作出了艰苦的努力，也取得了丰硕的收获。

　　如同其他学科的学术研究一样，法学学科的学术研究也需要有一个发表学术见解的平台。目前中国发行的法学学术读物不下百种，对促进法学研究的发展，繁荣法学起到了不可或缺的作用。正是在这样的情形下，我们决定出版《京师法律评论》，试图在法学研究领域中开辟一个新的研究园地。

　　《京师法律评论》诞生于北京师范大学这一百年名校深厚的人文沃土中，努力地融合土壤中的各种学科营养素，发表有见地、客观且科学的法学著述，将是我们的编辑目标。

　　北师大法学两院确立了重点发展应用法学学科的方针，而这一方针与我国法学研究重点从注释法学向理论法学、实践法学转型是吻合的。因此我们编辑的着眼点在于推动学者集中精力研究中国现实法治实践中出现的问题和课题，并从理论高度和深度上加以分析阐述，推进中国法学与实践的实质性结合。

　　世相日日新，社会时时变。当今世界，情势无时不在变动之中。社会变动和时代变迁对于法律与法学研究的影响也势必处于变动之中。因此，时刻把握法学研究变动的局面，及时出版反映社会和法学变动及其发展的图书，将是我们编辑关注的方向。

　　文不拘长短，论不分高下。所有能够客观公正地反映和论述法学问题、具有相当的学术水准并且有利于国家、民族和社会的优秀文章都是我们所希望的。

　　我们期望,以文会友、以理明友、以诚取义、以心扬德。诚如北师大校训所示:"学为人师,行为世范",鸣我所志,聚天下灼见精论,成弘扬法律文化和匡扶社会正义之风,虽未必为我们力所能逮,但当是我们志之所向。

　　愿《京师法律评论》能够为世人关注和喜欢。

编委会
2007 年 3 月

主题研讨：
法学教育变革与刑事法学的新发展

张文显[*]

当代中国的法学教育[**]

　　中国的法学教育历史悠久，源远流长。早在两千多年前的春秋战国时期就有了私塾性质的法学教育，至汉唐时期已经有相当的发展。不过，专业化、正规化的法学教育则是在清末民初时出现的。新中国的法学教育经历了引进初创（1949—1957）、遭受挫折（1958—1966）、恢复重建（1978—1991）的艰难历程，经过 20 世纪 90 年代以来的持续改革和发展，在世纪之交已经形成了具有一定规模、结构比较合理、整体质量稳步提高的教育体系，并在世界法学教育中占有重要一席。

　　展望 21 世纪，我国的法学教育面临新的历史背景、社会发展趋势和时代需求，法学教育必须适应新的社会发展趋势和新的时代需求，不断改革创新，不断走向繁荣。具体来说，应当做到六个柜适应：

　　第一，与法治社会相适应的法学教育。21 世纪是中国和人类走向法治社会的时代。依法治国，走向法治社会，是中国人民数千年来梦寐以求的理想。中国共产党正在领导中国人民建设这样一个美好的社会。法治社会有很多重要的标志。诸如，社会主要经由法律来治理；社会整合应通过法律实施和实现；立法政策和法律必须经由民主程序制定；法律必须建立在尊重和保障人权的基础之上；法律必须具有极大的权威性；法律必须具有稳定性、连续性和一致性；法律必须以平等地保护和促进一切正当利益为其价值目标；法律应能有效地制约国家权力，防止国家权力的失控与异变；法律应力求社会价值的衡平与互补，致力于维护秩序、保障公正、促

---

　　* 吉林大学党委书记、教授、博士生导师。

　　** 本文是张文显教授于 2006 年 4 月 26 日在北京师范大学法学院成立庆典后举行的首届"京师法学名家论坛"上的演讲。

进效率、扩大自由、实现社会和谐。在中国的语境下，依法治国，就是广大人民群众在党的领导下，依照宪法和法律规定，通过各种途径和形式管理国家事务，管理经济文化事业，管理社会事务，保证国家各项工作都依法进行，逐步实现社会主义民主的制度化、法律化，使这种制度和法律不因领导人的改变而改变，不因领导人看法和注意力的改变而改变；就是社会主义民主更加完善，社会主义法制更加完备，人民的政治、经济和文化权利得到切实尊重和保障。基层民主更健全，社会秩序良好，人民安居乐业。在法治社会，法律人应当树立立法为公、执法为民的职业宗旨，追求真理、维护正义的崇高理想，确立崇尚法律、法律至上的坚定信念，具有认同职业伦理、恪守职业道德的自律精神。法律人应当成为尊重和遵守法律的模范，成为抵制和监督一切违法行为、捍卫法律尊严和神圣的英雄。法学教育应该担当起培养这种法律人的历史责任。

第二，与知识经济相适应的法学教育。21世纪是知识经济的时代。知识经济是继工业经济之后出现的经济形态，是以人类知识精华和最新科学技术为基础，以知识和信息的生产、分配与使用为主导内容的经济形态。其主要标志在于：（一）知识资本、知识资源、知识产权、知识产业、知识创新、知识交易成为最基本经济概念，是经济运动的表征。（二）知识资源成为所有资源中最重要的资源，知识要素在经济增长和财富增加方面的贡献率达到50％以上。（三）作为知识资源的主体和载体，人力资源构成一个国家和民族的核心竞争力。（四）知识信息化，信息网络化，网络大众化。与农业经济、工业经济时代的知识形态显著不同，知识经济时代的知识形态往往表现为信息，而且信息的传播、采集、整合以及信息的资源化等往往通过网络形式进行，以致有人把知识经济称为信息经济或网络经济。知识经济时代的法律制度在价值理念、调整机制、体系结构、运行模式等方面都将呈现出不同于其他经济形态的新面貌。随着世界范围内科学技术的迅猛发展和中国创新型国家建设步伐加快，中国经济知识化的进程将空前提速。知识经济不仅将推动生产力的加速进步，而且将引起生产关系的巨大变革。与生产力和生产关系的进步和变革相适应，法律制度和政治制度必须不断创新，因而法学教育应当高度重视和研究知识经济引发的法制变革和制度创新，培养更多具有现代科学技术知识和知识经济理论基础的法律人才。同时，也要研究中国法学教育教学如何适应知识经济的科技进步，如何把以Internet技术为核心的现代信息技术运用于法学教学，如何实现全国法学教育资源的整体优化配置，以加快中国法学教学、科研网络建设和整个现代化进程。

第三，与权利时代相适应的法学教育。21世纪是走向权利的时代。从传统社会走向现代社会，在法律制度和法律生活层面，最主要的标志就是权利的张扬和彰显。具体表现为：权利备受关注和尊重，人们越来越习惯于从权利的角度来理解法律问题，来思考和解决社会问题；权利话语越来越彰显和张扬，权利话语成为越来越占主导地位的话语系统，在社会生活、经济交换、政治交往、法律论辩、听证协商中，"权利之声压倒一切"，人们把自己的经济主张、政治要求、精神需要纷纷提升到权利的高度，纳入权利甚至人权的范畴，试图说服立法机关和司法机关承认其正当性、合理性和合法性；权利问题正以几何级数的速度增长，经典的权利在新的时代背景下衍生出许多新的具体的权利问题，而新的社会关系要求在权利大家族中添列新的成员，新兴权利与日俱增；人的权利问题还没有从根本上解决，动物的"权利"、植物的"权利"以及其他自然体的权利已被提上日程；法律权利与"道德权利"、"习俗权利"，国内法的权利与国际法的权利等"权利"形式难解难分地交织在一起；维权成为诉讼的强大动力，以往那种基于伦理道德诉求、讨个说法的情绪、显示抗衡能力的诉讼已经让位给基于维护权利和谋求权利救济的诉讼。面对权利时代，法学教育应当注重帮助受教育者和整个社会树立民主的、理性的、科学的权利观，懂得权利的正当性、可行性、界限性，在法定范围内主张和行使自己的权利，勇敢地捍卫自己的权利，但是不可无视社会所能提供的物质条件和精神条件以及社会的、他人的承受能力而盲目主张权利或超越法定权利界限而行为；同时，对一切合法的权利（包括个人的、集体的、国家的、人类的权利）给予同等的尊重和维护。同时，权利的所有者应当承担起与自己的权利相对应的义务和责任。为此，法学的理论体系和法学教学内容将进一步创新和调整。

第四，与全面建设小康社会相适应的法学教育。21世纪是中国全面建设小康社会的时代。经过二十多年的改革开放，中国社会发生了深刻变化，根据对社会转型规律的科学认识和转型后的中国社会发展趋势的科学判断，中国共产党和中国政府提出了全面建设小康社会的总纲领。全面的小康社会是物质文明、精神文明、政治文明和生态文明相互交融、协调发展、互为表征的社会。物质文明表现为生产力的发展、物质财富的丰富和物质生活的改善。精神文明表现为教育、科技、文化知识的发达、人们思想道德水平的提高、精神生活的丰富和社会风气的改良。政治文明包含文明的政治理念、文明的政治制度、文明的政治秩序和文明的政治目的，集中表现为社会制度和体制的进步、人民权利和自由的扩大、公共权力与公民权利的理性平衡。生态文明表现为人与自然的和谐，即社会经济发展与资源、环境相协调，生态环境得到改善，资源利用效率显著提高。四种文明的协调发展将使中国社会步入新的文明阶段。全面的小康社会也必将是和谐社会。四大文明的协调发展与和谐社会建构必将深刻地影响到法律的价值体系、制度构成、调整机制，从而对法律教育提出更高的要求。面对中国社会的转型和转型后的中国社会建设与发展目标以及法律的变革，中国法学教育的自身定位也将相应调整，以适应全面建设小康社会对高素质法律人才的需求。

第五，与全球化发展趋势相适应的法学教育。21世纪是全球化时代。全球化是我们所生存的这个世界正在发生的伟大历史变革之一。全球化正有力地改变着人类的生产方式、生活样式和生存状况，也正在深刻地改变着法的存在方式、价值取向、运行模式和发展方向。世界范围内的经济贸易一体化、知识产权保护、环境资源合理利用和保护、海洋和空间的合作、世界和平的维护、人权的国际保护、政治领域的对话与合作等，以及中国加入世贸组织和全面融入国际社会，所有这一切都在驱使法律发生悄悄的演化甚至剧烈的变革。这种时代变化要求法学教育必须树立国际意识和全球意识，以反映全球化的时代精神和国际竞争能力的教育理念、课程设置、教育范式、质量体系来应对全球化，培养出一批又一批具有全球意识、全球视野、全球责任、足以应对经济全球化、公共事务全球化、环境全球化、法律全球化发展趋势的高级法律人才。对于较长时期处于相对封闭状态的中国法学教育而言，这一历史任务显得尤为迫切和重大。

第六，与法律职业化发展趋势相适应的法学教育。21世纪的中国必将是一个法律职业化的时代。20世纪90年代中国开启了法官职业化、检察官职业化、律师职业化的历史进程，21世纪中国将全面实现法律职业化。为适应这种发展趋势，法学教育必须强调法律职业素质教育。法学中的素质教育既有素质教育的一般要求，又有法律职业的特殊要求。首先法学教育应当是公民素质教育。法科学生从他（她）报考法学专业的那一天起，就立志从事公共事务，无论是做法官、检察官、警官、公务员，还是当律师、法学教师，其职业选择本质上都属于公共事务（既包括政治国家的公共事务，也包括市民社会的公共事务）。从法科学生将来绝大多数要从事公共事务这个角度，必须注重对学生进行公民教育，即进行公民人格教育和公民能力教育，将他们培养成为优秀的、高素质的公民。一个法科学生只有首先成为优秀的公民，才有可能成为优秀的法律人。其次法学教育应当是高素质法律人教育。从法学院走向社会的毕业生，无论是做法官、检察官、公务员，还是当律师和从事其他法律工作，他所面对的都是社会，要处理的问题无不涉及经济、政治、道德、文化。职业的特点要求法科学生比其他学科的学生具有更扎实的人文素质，更宽厚的人文学科知识和社会科学理论，更高尚的社会公德和职业道德，更健康的心理状态和精神状态，具备良好的法律思维能力，法律表达能力和对法律事实的探知能力，尤其要具备准确掌握法律概念的能力，正确建立和把握法律命题的能力，善于进行法律解释和法律推理的能力，对即将作出的法律裁决或法律意见进行论证的能力。

总之，变化着的时代、变化着的社会，呼唤着、推动着法学教育的改革和发展，中国法学教育的改革和发展也必将更加有力地支撑、更加有效地服务这变化着的伟大时代和伟大社会。一个充满生机和希望的中国法学教育正在与中国社会同步前进在 21 世纪。

马克昌*

当代中国的刑法学教育**

　　刑法学是法学的一个部门，也是社会科学的一个部门，刑法学有它的学科特殊性，也有与法学以及社会科学的共性。所以，谈我国刑法学的教育，虽然需要谈刑法学教育的特殊性问题，但也无法不涉及它与各法学部门或社会科学的共性问题。

　　在我看来，我国刑法学教育的发展状况是良好的，培养的硕士、博士数量是多的，质量是高的，他们在学术研究和司法实际中的成就是有目共睹的。作为老一辈的学者，感到这些情况是令人欣喜的。日本著名刑法学家西原春夫教授在谈到他与我国刑法学界近二十年交往的感受时说："这些年来中国刑法学的进步，真是令人刮目相看。"自然，我国刑法学的教育也还存在这样那样的问题需要不断地改进。根据笔者从事刑法学教育的体会，觉得以下几点有必要引起关注：

　　第一，要注意进行思想品德教育。

　　教书育人是学校和教师工作的职责，从事刑法学教育也不例外。所谓育人，不仅是给学习者传授知识，更重要的是要对学生进行思想品德教育，使学生成为思想健康、品德优良的人才。刑法学教育是培养刑法专门人才的，刑法人才是要从事刑法教学科研和实际工作的，刑法工作是惩治犯罪、保障人权、维护社会秩序、实现社会公平正义的，这就要求我们培养出来的人才要有良好的思想品德，这样才能担负起应有的任务。法社会学大师艾里希说："法官的人格是正义的最终保障。"正表明了这一点。因

---

　　* 武汉大学法学院原院长、教授、博士生导师。

　　** 本文是马克昌教授于 2006 年 4 月 26 日在北京师范大学法学院成立庆典后举行的首届"京师法学名家论坛"上的演讲。

此我们在从事刑法学教育时要特别注意对学生进行思想品德教育，要求学生树立廉洁、公平、公正、正义的观念，为完成法律人的使命建立起可靠的思想保证。而要做到这一点，从事刑法学教育者必须严格要求自己，为学习者树立起榜样，不仅言传而且身教，才能取得较好的效果。否则"己不正焉能正人"，那样，所谓进行思想品德教育就会成为一句空话。

第二，要进行深厚的文化积累。

刑法是各部门的保障法，与各部门法都有密切的关系，同时犯罪行为千差万别，如何处理，不得不考虑各地的社会情况，因此学习刑法首先应当对社会学、社会经济、文化、风俗等情况以及各个行业的情况比较熟悉。再者刑法理论往往有一定的哲学背景，如刑事古典学派是以资产阶级启蒙思想家的思想为基础的，要了解刑事古典学派的理论就应对启蒙思想家的思想有所研究。最后中国的刑法学教育特别应当对反映中国古代刑法学思想的著作，如《韩非子》《商君书》《尚书》中的"吕刑"以及《汉书·刑法志》《晋书·刑法志》等著作适当地加以学习。此外，对中国古代的文学著作如唐诗宋词也需要适当涉猎，甚至背诵一些，以便提高自己的文化素养。庄子说："水之积也不厚，其负大舟也无力"。我们只有在厚重的文化积累的基础上，才能使刑法学的学习和研究达到更高的层次，因此笔者鼓励刑法学的硕士生、博士生注意在文化的积累上下一定的工夫。

第三，要重视现代刑事司法理念的教育。

从事现代刑事司法必须以现代刑事司法理念为指导，才能取得良好的效果。所以从事刑法学的教育就必须给学生讲好现代刑事司法理念，让他们在思想上牢牢树立起现代刑事司法理念，例如我们过去讲刑法学时很少讲到刑法的功能，而在当代外国的刑法学中，往往认为刑法的主要功能有：一是法益保护，就是维护社会秩序的功能。二是人权保障功能，保障无罪的人不受刑法的追究和有罪的人不受不应有的追究。由于过去对刑法的人权保障功能没有重视，因此在司法实践中造成了一些冤假错案，例如2005年湖北的佘祥林案，引起了全国的重视。最高人民法院姜兴长副院长在一次讲话中明确地提出：惩治犯罪与保障人权并重。这表明现代刑事司法理念在我们的司法实践中有一定的反映。现代刑事司法理念当然不止上面所述，此外还有疑罪从无、重重轻轻的刑事政策、刑法谦抑主义等不止一端。我们在从事刑法学的教育时要重视这方面的教育，使我们的学生能与时俱进跟上时代的步伐。

第四，必须坚持紧密联系中国实际。

我们的刑法学教育必须从中国的实际出发、从国情出发，分析刑法制度的是非优劣，才能得出恰当的结论。我们当前正处于社会主义初级阶段，正处于社会转轨时期，各种矛盾比较突出，严重暴力犯罪的发案情况仍然严峻，"杀人者死"、"杀人偿命"的观念深入人心，在这样的国情下，废除死刑是不可能做到的，因为是脱离中国实际的。又如，某些行为是否犯罪化、是否非犯罪化，在考虑时都要从中国的实际出发，才能很好地解决问题。理论是为实践服务的，理论也是来源于实践的。这就要求刑法学人应当深入刑事司法实践，倾听司法实践的呼声，总结刑事司法的经验，这样才能建立起具有中国特色的刑法学。此外，中国历史上虽存在重刑思想，刑法过于严酷，但有一些中国古代的刑法思想现在看来仍是有价值的，这些应当反映在我们的刑法学中，使人们对我国的刑法思想能有一个全面的、正确的理解。

第五，要正确对待外国的刑法理论。

我们现在的刑法典都是学习外国的刑法典而制定的，它反映了国外近代的刑法理论，我国刑法学也是如此。因此，为了推进我国的刑法学教育，我们不能不学习外国的刑法理论。但是我们只能借鉴而不能照搬，外国刑法理论的产生有其背景和文化基础，是否适合我们的情况，要分析研究，要从我国国情出发，再来解决我们国家的问题。再者，外国刑法理论也是不断创新的，对新的理论注意学习研究，例如，"二战"后德国 WEL-ZEL 提出人的违法观、当前 ROXIN 大力提倡的客观归属论对刑法理论都作出了贡献。我们认真加以研究，找出可借鉴之处，推动我国刑法学的教育和理论的发展。

此外，强调传授治学方法以及培养学生的实际工作能力，对于学习刑法来说也十分重要，希望大家能够予以重视。

赵秉志[*]

死刑改革研究与时代发展
——我的相关学术经历暨反思

【内容提要】

　　本文是笔者二十余年间涉足死刑改革研究的专题学术回顾文章。文章分三个时期介述了笔者在不同社会背景下有关死刑改革的研究成果、学术观点暨学术活动情况。在此基础上，结合笔者有关死刑改革研究的学术经历并考察我国死刑改革及其研究状况，提出了关于重大现实法治问题研究的三点反思：首先，力倡法律学人关注诸如死刑改革这样的重大现实法治问题并努力推进之，认为此乃衡量学者社会责任感和学术良知的重要标志，因为重大现实法治问题的研究和解决往往是促成社会法治进步的重要契机；其次，认为死刑改革等重大现实法治问题的聚焦研究和合理解决要受到时代发展状况的影响与制约，因而学者的研究要视时代条件积极而稳妥地推进之；最后，就如何有效地推进重大现实法治问题的研究提出了三点建言：提倡集体攻关以营造社会氛围，提倡理论与实务结合以务实改革，提倡中外合作研究以求全球视野。

【关键词】

▓死刑制度　▓死刑改革　▓时代发展

　　* 北京师范大学法学院院长暨刑事法律科学研究院院长、教授、法学博士、博士生导师，中国法学会刑法学研究会会长。

一、前　言

当今中国，死刑制度的改革无疑还是一个敏感话题，但更是一个热点问题。它关乎中国刑事法治的重大进步，关乎社会的文明发展，亦关乎国家发展的国际环境。其意义显然已超越了刑事法的视野，因而为全社会所关注。而改革理论是改革实践的引导和促进力量，死刑制度的改革由于其复杂和艰难就更加需要强有力的理论支撑。加之死刑是中国现行刑法中的主刑之一，死刑理论也是中国刑法学中的一个基础理论范畴，因而刑法学者们都有自己的死刑知识和观点，一批又一批的刑法学者们更是日益聚焦于现阶段中国死刑制度改革的研究。这是学者们的学术眼光使然，更是中国知识分子忧国忧民、关心社会发展进步的历史责任感之优良传统使然。

但是，略加考察就会发现，死刑改革的研究乃至死刑的研究成为热点问题，不过是近几年以来的情况；回溯二十年以前、十年以前乃至五六年以前，尽管学界对死刑亦有研究成果，但显然还很薄弱，没有成为重点，更没有成为热点、焦点。① 其中重要的原因，就是受到时代发展状况的制约。人们不能超越时代，这是历史唯物主义的观点。

笔者不是以研究死刑问题见长的刑法学者，但从事刑法学研究二十余年来，还是断断续续写过死刑的一些文章，主持翻译过死刑的书籍；尤其是近几年来，笔者基于对中国死刑制度改革意义的认识，逐渐投入了较多的精力来研究死刑改革问题，出版发表了一些著述，并组织参与了一系列相关学术活动，有些心得。本文拟以笔者涉足死刑的学术研究与学术活动之轨迹为主线，将之置于我国刑事法治和法学状况及时代发展背景之下进行简要的考察梳理，进而反思总结浅见体会。希望这既是对自己刑法学术研究的一次专题回顾，也能为师长同人们的交流和商榷质疑提供一点线索。

自 1983 年写作并陆续发表有关死刑的文章起，二十余年来尤其是近几年来，笔者出版研究死刑的个人专著 1 部，任主编的死刑专论 3 部和包含较多死刑内容的书籍 1 部，主译死刑书籍 1 部，主持完成有关死刑的科研项目 8 项，主持并向中央法治领导机关提交有关死刑的研究咨询报告 7 份，单独或合作撰写、发表专论死刑及其改革的文章四十余篇，另在一些书籍

---

① 据笔者粗略统计，从 1979 年我国颁布第一部刑法典到 20 世纪末的 20 年间（1979—1999），研究死刑问题的著述中，著作 4 部，博士论文 3 篇，硕士论文不到 10 篇，报刊论文近 200 篇，而且大多是研究其理论和法律理解、适用问题的；21 世纪以来的六年半时间里（2000—2006.6），研究死刑问题的著述中，著作二十多部，博士论文和博士后报告十余篇，硕士论文五十余篇，报刊论文六百余篇，而且研究死刑制度之改革与完善的著述比比皆是。

和近四十篇论文里对死刑及其改革也有所涉及。笔者关于死刑及其改革的学术研究与学术活动，大体上可以分为三个时期：（一）1997 年刑法典修订通过之前；（二）1997 年刑法典修订通过至 2002 年；（三）2003 年以来。下面分时期予以简述，并在此基础上试提出几点认识。

二、第一时期（1983 年至 1997 年刑法典修订通过前）

这一时期从笔者读研究生的后半段即 1983 年开始，到 1997 年刑法典修订通过。此期间笔者发表了 5 篇有关死刑的论文，在博士论文里涉及死刑问题，主译了 1 本有关死刑的书籍，并主持撰写和向国家立法工作机关提交了 1 份有关死刑立法完善的研究报告。下面择要予以简述：

（一）早期的有关研究和译介之作

笔者于 1981 年下半年考取中国人民大学法律系刑法专业八一级硕士研究生，1982 年 2 月至 1984 年 12 月在读，师从著名刑法学家高铭暄教授。1983 年笔者发表的涉及死刑的第一篇文章，系笔者的学士学位论文整理而成，论文中论及法国大革命时期的一位革命人物罗伯斯比尔废止死刑的思想①，但这并非是专门研究死刑之作。在研究生时期，出于对刑法理论与实务问题的浓厚兴趣，在导师的引导和同窗们的切磋下，逐步养成了学术研究的"问题意识"，笔者读硕士生、博士生时期乃至做教师后的不少文章就是从立法、实务或理论中的缺陷、问题着眼、入手的。这后来也使笔者养成了对刑法改革包括死刑改革有浓厚研究兴趣的学术习惯和特点。笔者的下述第一篇有关死刑的文章，即属分析刑法典相关法条缺陷并提出立法完善建言之习作。

20 世纪 80 年代初，我国发生了一件举世瞩目的重大法治事件，也可以说是重大政治事件，即林彪、江青反革命集团受到国家的刑事审判。罪犯江青、张春桥于 1981 年 1 月 25 日被最高人民法院特别法庭以组织、领导反革命集团罪等数罪分别被判处死刑，缓期两年执行，剥夺政治权利终身。两年后即 1983 年 1 月 25 日，最高人民法院以刑事裁定书裁定，因查明罪犯江青、张春桥"在死刑缓期执行期间，无抗拒改造恶劣情节"，故依照刑法典第 46 条规定，裁定"对原判处罪犯江青、张春桥死刑缓期两年执行减为无期徒刑；原判处剥夺政治权利终身不变"②。笔者随之读到了署名"思之"的专谈江青、张春桥被减刑的一篇文章，其主要观点是：根据

① 参见赵秉志：《罗伯斯比尔的刑法思想》，载《北京政法学院学报》，1983（2）。
② 《中华人民共和国最高人民法院刑事裁定书［1983］刑执字第 1 号》，载《人民司法》，1983（3）。

刑法典第 46 条的规定，死刑执行期间"确有悔改的"，减为无期徒刑；"抗拒改造情节恶劣、查证属实的"，执行死刑。罪犯江青、张春桥被认定的"无抗拒改造恶劣情节"与"确有悔改"之含义的确不同，但最高人民法院裁定对二罪犯减为无期徒刑在适用法律上是正确的，因为这种情况不符合执行死刑的法定条件，而减为无期徒刑是符合刑法典第 46 条控制死刑的立法精神和我国少杀政策的。① 笔者认真研读最高人民法院上述刑事裁定书和思之的文章后，觉得思之的文章未论及刑法典之死缓法条存在的一个缺陷，遂经思考写了一篇与思之文章商榷性的旨在分析死缓期满如何处理之实践与立法缺陷的短文，基本观点是：死缓期满者存在"确有悔改或同时还有立功"、"无抗拒改造恶劣情节"和"抗拒改造情节恶劣"三种情况，其中前者为法定减刑情节，后者为法定执行死刑情节，中间状态为法无规定而实践中均予减刑也符合控制死刑之立法精神和政策方向的情节，但严格讲并不符合死缓法条明确规定的法定减刑的规格，属于法律规定之漏洞，应予立法完善。即在立法上对减刑与执行死刑之条件设计应为非此即彼的矛盾关系，凡不符合执行死刑条件的情况（一是确有悔改，二是无抗拒改造恶劣情节），均应设计为符合减刑的条件。此文写成后即投给《人民司法》，历经一年多未获发表；后改投一地方司法刊物，在 1985 年笔者已读博士生时终得刊载。② 这篇短文属于笔者的早期文章。1990 年笔者在进行刑法修改论著研究的统计时发现，这篇短文也许是第一篇专门研析我国死刑立法缺陷并提出完善建言方面的文章。③ 当然，此文研析的只是我国死缓立法之内容缺陷，而并非是研究死刑制度改革问题的。但文中注意贯彻了我国坚持少杀的死刑政策理念。

　　在 1987 年底完成并于 1988 年 3 月通过答辩的博士论文《犯罪主体论》第三章"年龄与刑事责任"一章里，笔者在论述未成年犯罪人和老年犯罪人的刑事责任时，涉及这些特殊年龄者的死刑问题。后来这些见解又发表在有关论文中。关于未成年犯罪人与死刑的关系，笔者在介绍现代外国对未成年犯罪人大多不适用死刑、少数允许适用死刑之立法与实践的基础上，论述了我国 1979 年刑法典确立的对未成年人犯罪不适用死刑之原则的正确性及其理解、适用问题，并建议删除 1979 年刑法典第 44 条后段对已满 16 岁不满 18 岁的人犯罪允许判处死刑缓期两年执行的规定，明确规定

---

① 参见思之：《谈谈对罪犯江青、张春桥依法裁定减刑问题》，载《人民司法》，1983(3)。
② 参见赵秉志：《简析死缓期满如何处理的立法与实践》，载《河南司法》，1 版，1985(3)。
③ 参见赵秉志主编：《刑法修改研究综述》，589 页，北京，中国人民公安大学出版社，1990。

犯罪的时候不满 18 岁的人一律不适用死刑。① 关于老年犯罪人与死刑的关系，笔者提出，从刑事政策和刑罚目的考量，对老年犯罪人应当较为严格地限制死刑的适用，对老年犯罪人判处死缓也应当限制。② 这些观点后来得到立法的确认或为我国刑法学界所肯定。如 1997 年修订的我国现行刑法典第 49 条，即删去了 1979 年刑法典第 44 条关于对已满 16 岁不满 18 岁的人犯罪可以判处死刑缓期两年执行的规定，载明"犯罪的时候不满十八周岁的人""不适用死刑"，此一立法修改被认为是 1997 年刑法典的一个重要进步；而对于高年龄段的老年人慎用或禁用死刑之主张，已日益成为当今我国刑法学界的主流观点，如著名刑法学家高铭暄教授最近即撰文明确建议，法律上应禁止对年满 70 周岁以上之老年犯罪人适用死刑。③

　　1989 年，司法部外事司官员郑勇先生将其在国际学术活动中得到的一本死刑书籍送给了笔者，告诉笔者这本书籍的资料很丰富。笔者看到这是大赦国际于 1989 年在伦敦的一份出版物，其英文书名为《WHEN THE STATE KILLS… (The Death Penalty V. Human Rights)》，其内容分为前后二大部分，前一部分是大赦国际抨击死刑和关于废止死刑的理论论述；后一部分为"全世界的死刑状况"（THE DEATH PENALTY WORLD WIDE），对世界上 179 个国家和地区的死刑立法及其实践的沿革情况作了概要介绍，并着重介述了这些国家和地区近年尤其是 1985 年至 1988 年中期的死刑概况。当时国内外文专业资料还比较匮乏，大赦国际的资料就更为罕见。笔者翻阅此书后，从专业角度考虑认为很有翻译出版的参考价值，但由于大赦国际当时被认为是对中国不友好的国际组织，因而笔者对其出版物能否在中国翻译出版踌躇再三，最后觉得确有价值，还是决定先翻译出来再争取出版。为稳妥起见，笔者决定只翻译该书的下篇即世界各国和各地区死刑状况的信息资料部分，而舍弃上篇的十多万字关于抨击死刑以及主张废止死刑的理论部分（这很可惜，但从当时情况看只能如此，否则根本无法出版）。从 1989 年冬季到 1990 年春季，笔者和几位青年刑法学同人用了几个月的时间翻译了这部 25 万字的书稿，笔者将其定名为《现代世界死刑概况》，以表明这只是一本介绍世界各国各地区死刑状

---

　　① 参见赵秉志著：《犯罪主体论》，1 版，118—121 页，127—132 页，395—396 页，北京，中国人民大学出版社，1989；赵秉志：《论我国刑法中对未成年人犯罪不适用死刑的原则》，载《法学学刊》，1987（4）；赵秉志：《关于完善犯罪主体立法的若干建议》，载《法学研究动态》，1983（18）。

　　② 参见赵秉志著：《犯罪主体论》，161 页；赵秉志：《论老年人的刑事责任问题》，载《法律学习与研究》，1988（2）。

　　③ 参见高铭暄：《中国死刑的立法控制》，载赵秉志主编：《死刑制度之现实考察与完善建言》，1 版，22 页，北京，中国人民公安大学出版社，2006。

况的信息资料书，希望借此有助于出版。笔者为此书写了一篇近万字的"译者前言"，其中除了简介该书的内容外，主要是论述了笔者当时关于死刑的一些见解。书稿完成后，笔者即开始联系出版社，先后联系了中国人民大学出版社、中国政法大学出版社等几家出版单位，这些出版社笔者都有熟悉并担任相当职务的师长或朋友。不料他们听到是死刑方面的书籍且又是大赦国际编辑出版的，都认为题材敏感而原编辑出版者身份更敏感，当时要在我国出版实在太困难，有的马上婉拒，有的经向领导争取后告诉不行。笔者预料到了此书出版的困难，但没有想到会如此困难，经过半年的联系竟一筹莫展。后来因为 1990 年 10 月起笔者被单位公派到美国杜克大学法学院做访问学者近一年，此书稿的联系出版事宜就搁下了。在杜克大学法学院访学期间，笔者购置、复印了不少英文资料，其中死刑问题是笔者的一个重点，笔者带回了数本 20 世纪 70—80 年代有关死刑存废之争的英文书籍，其中一些提供给了当时正在中国人民大学法律系刑法专业读博士学位的胡云腾同人参考，他很有眼光地以死刑问题为其博士论文选题并于 1993 年通过答辩，其博士论文也成为我国首篇专论死刑的博士论文，后又修订出书。①

　　及至笔者 1991 年 8 月访学结束如期回国，考虑到我们翻译的前述书稿的参考价值，以及感到书稿不出版对不起几位应邀参与翻译的青年同人，笔者又致力于联系出版事宜。此时，笔者的忘年交师长、中国人民大学出版社编审熊成乾老师伸出了援助之手，熊老师是笔者硕士论文、博士论文成书时的责任编辑，多年来对笔者鼎力扶持、坦诚相交，而且他是中国人民大学出版社法律方面的资深编辑。熊老师认真审阅了书稿，认为确有出版价值。为能顺利出版，他提出了两点建议：其一，不用原书中关于中国死刑问题的介述，因为其介述不够准确且有责难之意，而由笔者另行撰写关于中国死刑问题的介绍；其二，此书采用正式出版但内部发行的方式问世，以避免公开发行的麻烦。笔者完全接受了熊老师的建议，并动手撰写了中国死刑问题的介绍，主要是介述了中国死刑立法、死刑政策及对死刑适用的限制（其中关于反革命罪之死刑立法的介述在出版时还被删去了），笔者在最后写道："中国现阶段保留并谨慎地适用死刑，是为了更有效地保护公民利益和维护社会治安。从社会和刑罚制度的发展看，中国赞成逐步地限制和缩小死刑适用范围，乃至最终废除死刑，但认为废除死刑是将来而不是现阶段要考虑的事。在 1988 年以来中国修改刑法的酝酿和研讨中，刑法理论界和实务界提出了一些适当限制和减少中国现行刑法规范中

---

① 　参见胡云腾著：《死刑通论》，1 版，北京，中国政法大学出版社，1994。

死刑适用范围的建议。"① 这样，这本名为《现代世界死刑概况》的译著终于得以在1992年8月由中国人民大学出版社出版并内部发行，据说这也是中国出版的关于死刑的第一本译作，书中的资料对于我国刑事法学界了解全球的死刑状况颇有助益，迄今仍为死刑研究者们所参考。该书面世后还有一个后续曲：大概是1994年吧，笔者所熟识的台湾月旦出版社发行人洪美华女士（法学硕士）以其兼具出版者和法学专业人士的眼光看中了这本书，请笔者帮忙联系中国人民大学出版社，希望洽谈将此书在台湾地区出版的事宜，当然她还希望能将原书未译的理论部分补译出来一并出版。后来中国人民大学出版社认为此项合作太敏感，恐不合适，就以该书系内部出版发行不宜合作而婉拒了，当然笔者也很识时务地作罢。

　　前述笔者为《现代世界死刑概况》一书所撰写的"译者前言"，略经修改得以于该书出版前一年半即在西北政法学院主办的学术刊物《法律科学》上以论文形式刊载，这是笔者自认为自己早期研究死刑比较重要的一篇文章，该文阐述了笔者当时对死刑存废之争及其发展趋势的见解，基本观点是：（1）死刑有着悠久的历史，经历了近现代的巨大变迁。近现代西方的死刑存废之争，两种对立的观点往往基于同样的事实而得出截然相反的结论，可谓见仁见智，争论方兴未艾。（2）现代国际社会死刑的发展呈现完全废止死刑和严格限制、逐步减少死刑适用两种并行不悖的潮流与趋势，而且后者是相对更占主导地位的潮流，因而不宜仅仅把废止死刑看做是国际潮流与趋势。（3）衡量一国是否真正废除了死刑，应当坚持法律规定与客观事实相结合的标准。（4）死刑存与废都可能或优或劣，"废除死刑皆优，保留死刑皆劣"的价值观念是片面的和不正确的，一切应以特定国家的具体情况及其发展进步的现实需要为转移。（5）在保留死刑的国家，应当否定死刑扩张论而充分肯定死刑限制论。（6）认为中国现阶段保留并严格限制死刑的政策和立法是符合社会实际情况及其发展进步要求的明智之举，建议中国现阶段的死刑制度应坚定地朝着"有严格限制的保留"之方向发展和完善，并提出三项立法建议：一是单行刑法增设之死刑条文原则上不应纳入刑法典而宜废止；二是原则上不应再增设新的死刑条文；三是对经济犯罪和非暴力的财产犯罪原则上不宜设置死刑。② 这篇文章提出的限制死刑比废止死刑在全球范围内更占主导地位的看法，显然随着当今世界上废止死刑的国家已占大多数而过时了，但文中其他诸多观点今天看来也还有参考价值。该文后来还被《法律科学》杂志评为优秀论文。

_____

① 赵秉志等译：《现代世界死刑概况》，1版，51—52页，北京，中国人民大学出版社，1992。

② 参见赵秉志：《关于死刑存废及其发展趋势的思考》，载《法律科学》，1991（1）。

（二）1997 年刑法典修改研拟中的有关研究和建言

中国 1979 年刑法典通过后，国家改革开放随之拉开帷幕，犯罪情况也日益发展变化，日趋严重。为因应犯罪变化和加剧的状况与趋势，国家立法机关自 1982 年起即酝酿准备修改刑法典，1988 年初正式启动修改刑法典，经过初步修改（1988.3—1989.5）、重点修改（1991）、全面系统修改（1993—1996.12）和审议通过（1996.12—1997.3）等几个时期，最终于1997 年 3 月 14 日通过了全面系统修改的刑法典。① 笔者承蒙国家立法机关的信任，作为当时刚刚在刑法学界崭露头角的青年学者，得以在 1988 年即参与刑法修改，并于 1988—1997 年间作为全国人大常委会法工委刑法修改小组的成员，全程参与了 1997 年刑法典的修改研拟工作；又同时于 1993年 12 月至 1994 年 9 月之间，在全国人大常委会法工委委托中国人民大学法学院刑法专业起草刑法总则修改之理论建议稿的过程中，协助高铭暄教授、王作富教授主持了人大法学院刑法总则修改小组的工作，该修改小组向全国人大常委会法工委提交了修改刑法总则的一个大纲和四个稿本。②

自 1988 年开始，笔者结合国家修改刑法典的进程和笔者参与刑法典修改的研拟工作，撰写了一系列有关刑法修改的论文，其中有数篇涉及或针对死刑制度的修改完善问题。在几篇相关论文中，笔者提出了我国刑法典修改中应严格限制与努力削减死刑的明确主张，并提出了一些立法措施。③

在 1996 年 4 月底全国人大常委会法工委加紧刑法典的修改工作而使刑法修改进入关键时期以后，在当时领导刑法修改工作的法工委副主任胡康生同志和法工委前副主任、顾问高西江同志等的关心支持下，笔者作为法工委刑法修改小组的成员，基于为国家立法工作努力贡献的使命感，主持并邀请三位青年学者赫兴旺、颜茂昆、肖中华参加组成刑法修改专题研究小组，对刑法典修改与完善中的一些基本而重要的问题进行集中的系统研究，历经两个多月，完成了十余万言的《中国刑法改革与完善基本问题研究报告》（以下简称《报告》）（包含 11 个专题研究报告），并将这份研究报告的要点概括整理成了万余字的《关于修改刑法若干基本问题的建议》

① 参见赵秉志主编：《新刑法典的创制》，1 版，6 页，北京，法律出版社，1997。
② 参见高铭暄、赵秉志编：《新中国刑法立法文献资料总览》（下），1 版，2877—2878 页，北京，中国人民公安大学出版社，1998。
③ 参见高铭暄、赵秉志等：《中国刑法立法十年的回顾与展望》，载《中国法学》，1989（2）；赵秉志：《略论我国刑罚制度的完善》，载《河南法学》，1989（3）；赵秉志等：《关于完善刑法总则几个问题》，载《法学》，1989（3）；赵秉志等：《我国刑法改革热点问题略论》，载《河北法学》，1993（4）；赵秉志等：《大陆刑法改革的现状与趋势》，载《大陆风》（中国台湾），1993（10）；赵秉志：《中国刑法改革的现状与走向》，载《天津社会科学》，1994（5）；赵秉志：《刑法修改中的宏观问题研讨》，载《法学研究》，1996（3），等。

（以下简称《建议》）。《报告》和《建议》于 1996 年 7 月 15 日呈送全国人大常委会法工委暨刑法室领导参考，同时也分呈给了最高人民法院刑法修改小组、最高人民检察院刑法修改研究小组、公安部刑法修改领导小组暨办公室参考。[①] 其中，"死刑的立法完善"为《报告》之七，该《报告》提出：从立法上限制和减少死刑，应成为死刑立法的总体方向。建议死刑立法削减的措施主要包括：

1. 在刑罚适用中明确规定"限制死刑适用"的原则。

2. 完善死刑制度：（1）明确死刑适用范围条件□的"罪大恶极"的含义，将之具体化为"犯罪性质和危害后果特别严重，而且犯罪人的主观恶性特别巨大。"（2）对有死刑之罪扩大死缓的适用范围，并放宽死缓犯改判无期徒刑或者有期徒刑的条件。（3）明确规定对未成年犯罪人一概不适用死刑（包括死缓）。

3. 统一死刑复核权，由最高人民法院专门行使。

4. 分则死罪条文摒弃绝对死刑法定刑的立法。

5. 删除不必要的死刑条文与罪名。除原则上废弃单纯性经济犯罪和财产犯罪的死刑外，尚需删除下列犯罪的死刑：危害国家安全罪中组织、利用反动会道门、封建迷信进行反革命活动罪；聚众劫狱罪和组织越狱罪；传授犯罪方法罪；非法制造、买卖、运输枪支弹药罪；盗窃、抢夺枪支弹药罪；强迫他人卖淫罪；组织他人卖淫罪；拐卖人口罪（包括拐卖妇女儿童）；流氓罪等危害不是特别严重的暴力犯罪或治安犯罪。[②]

上述这些关于死刑立法完善的建言，后来又在笔者单独或合作发表的其他论文中得到了进一步的理论论证与阐述。[③] 大体上代表了笔者在 1997 年刑法典修订时期关于死刑立法完善的主要思考与见解，其中一些观点似仍可为今后我国完善死刑立法所参酌。

三、第二时期（1997 年刑法典通过至 2002 年）

此一时期，笔者的关于死刑改革的研究及相关学术活动大体有三个方面：一是在关于新刑法典的学术报告、演讲中涉及死刑问题；二是在阐释、研究新刑法典的书籍中涉及死刑问题；三是写作、发表了死刑方面的 9 篇

---

① 参见高铭暄、赵秉志主编：《新中国刑法立法文献资料总览》（下），3052—3053 页。

② 同上书，3066 页。

③ 参见赵秉志等：《中国刑法修改若干问题研究》，载《法学研究》，1996（5）；赵秉志：《中国刑法修改中死刑的立法完善》，载高铭暄等著：《西原春夫先生古稀祝贺文集》，1 版，北京，法律出版社、日本成文堂，1997，同时载日文版《西原春夫先生古稀祝贺文集》，第 5 卷，日本成文堂，1998。

论文，其中多篇是阐述和探讨新刑法典关于死刑立法的改进及其理解、适用问题的，也有几篇是对死刑问题进行比较研究的。下面予以概括介述。

（一）关于新刑法典对死刑的改进等相关问题

经全面系统修订的新刑法典于 1997 年 3 月 14 日通过和颁布，并于 1997 年 10 月 1 日起施行。我国 1997 年新刑法典被认为是一部统一的、比较完备的、具有重大改革和多方面进展的刑法典，是中国刑事法治进步的一个里程碑。新刑法典通过后，笔者作为曾为全国人大常委会法工委刑法修改小组成员的刑法学者，基于使命感和专业责任感，也与其他不少刑法专家学者一样投入了阐释、演讲新刑法典的行列，在半年多的时间里，曾先后给中央和地方司法机关、法律院校等单位作过近三十场关于新刑法典的学术报告或演讲。在这些报告或演讲里，新刑法典修订过程中的死刑问题及其对死刑的改进是其中的问题之一，笔者的有关介绍和基本看法是：（1）在刑法典修订研拟的过程中，死刑的适用范围问题是国家立法工作机关提出的需要重点研究的十大问题之一，而且被视为是其中格外重要的五个问题之一。① 针对刑法典修订中认为现行刑法里死刑过多而主张减少死刑的呼声以及相反的还要求增加死刑的主张，国家立法机关认为，"考虑到目前社会治安的严峻形势和经济犯罪严重情况，还不具备减少死刑的条件。这次修订，对现行法律规定的死刑，原则上不减也不增加"。② （2）国家立法机关在坚持"原则上不减也不增加"的死刑立法精神下，顶住了刑法典修改中还要求增加死刑的主张，没有增设任何死刑条款；另外，新刑法典对于死刑立法虽然未予大幅度删减，但还是通过各种措施有所限制与削减。因而可以说，限制与减少死刑也是新刑法典取得的进展之一。 （3）通过新旧刑法典对比，介绍新刑法典对死刑限制与减少的体现，并探究其立法背景和原意。③

在笔者主编的论述新刑法典的一系列书籍和撰写的有关论文中，新刑法典对死刑限制与减少的立法进展，也是其中注意阐释、研究的一个重要

---

① 参见赵秉志：《刑法修改的背景和进程》，载《广东法学》，1997（3—4），22 页。

② 王汉斌：《关于中华人民共和国刑法（修订草案）的说明》（1996 年 12 月 24 日在第八届全国人大常委会第二十三次会议上），载《新中国刑法立法文献资料总览》（中），1543—1544 页；王汉斌：《关于中华人民共和国刑法（修订草案）的说明》（1997 年 3 月 6 日在第八届全国人民代表大会第五次会议上），载《新中国刑法立法文献资料总览》（中），1836—1837 页。

③ 参见赵秉志：《改革进步的中国大陆刑法典》，载《万国法律》（中国台湾），1998（8）；赵秉志：《中国刑法的最新改革》，载《中国研究》（日本），1998 春季号；赵秉志等：《刑法修改的主要内容述评》（一），载《法学学刊》，1997（2）。

问题。①

　　在几篇专论死刑的文章里，笔者对我国死刑立法的沿革、刑法典修订中的争论、新刑法典的立法抉择以及死刑司法适用中的疑难问题等进行了较为全面、深入的研究，其要点是：（1）新中国建立后奉行了"绝不废除死刑，但要少杀"的死刑政策。"少杀"政策在1979年刑法典里得到了较好的贯彻，这表现在死刑适用范围严格、死刑核准程序严格、确立死缓制度以及仅设置有15个条文28种死刑罪名且相当一部分死刑罪名属于备而未用等方面。（2）1979年刑法典颁行后至1997年刑法典通过之前，我国死刑立法通过单行刑法修改补充方式而急剧膨胀强化，主要表现在死刑罪名大量增加（由28种增加到70余种）、规定了绝对确定的死刑之法定刑模式以及大范围长期下放死刑案件核准权等方面。（3）在刑法典修订的过程中，围绕如何合理设置死刑的问题，我国刑法理论界与实务界存在限制、减少论与扩张、强化论两种针锋相对的主张，两种主张均提出了各自有关的立法建议。两种观点分歧的根本点，在于如何看待死刑的价值和作用。相比之下，限制、减少死刑论一直占优势，因而扩张、强化死刑论未被国家立法机关所采纳；但基于对社会治安严峻形势的担心，国家立法机关对限制、减少死刑也非常谨慎、步伐不大。（4）1997年新刑法典对限制与减少死刑的主要措施包括以下几个方面：一是修改了死刑适用的一般标准；二是规定不满18周岁的未成年人犯罪一律不适用死刑（包括死缓）；三是放宽了死缓减为无期徒刑或者有期徒刑的条件；四是削减了死刑罪名；五是对某些犯罪的死刑适用严格限制条件。（5）关于死刑之司法适用，探讨了如何理解死刑适用标准的"罪行极其严重"，如何正确把握死缓适用条件以及如何正确理解和适用新刑法典关于处理死缓犯的规定等几个疑难问题。（6）提出了进一步削减我国死刑立法的几点建言：一是建议在刑法总则中明确增设限制死刑适用的原则；二是主张应将死刑复核权收回最高人

---

① 参见赵秉志主编：《新刑法全书》，109—110页、192—203页，北京，中国人民公安大学出版社，1997；赵秉志主编：《新刑法典的创制》，79—83页；赵秉志主编：《新刑法教程》，14—17页、299—305页，北京，中国人民公安大学出版社，1997；赵秉志主编：《中国刑法典的修改与适用》，36—40页，北京，中国民航出版社，1997；赵秉志：《中国大陆新刑法典要论》，载《月旦法学》（中国台湾），1997（6）；赵秉志等：《论中国刑法的最新改革》，载《现代法学》，1993（2）；高铭暄、赵秉志：《中国新刑法典的改革》，载《比较刑法学杂志》（法国，法文版），1993（3）；赵秉志：《论中国大陆的刑法改革与人权保障》，载《东海法学研究》（中国台湾），1993（13）。

民法院统一行使；三是主张对经济犯罪和财产犯罪之死刑原则上应予删除。①

（二）关于死刑问题的比较研究等问题

此一时期笔者对死刑问题的比较研究开始有所涉足，主要有两篇较长的论文。其一是关于海峡两岸即中国大陆与台湾地区刑法中死刑的比较研究，包含如下要点：（1）认为两岸刑法中先后采纳的绝对死刑的立法方式弊端很多。这种方式与现代各国刑法所普遍采纳的相对确定的法定刑之进步趋势背道而驰，也违背罪刑相适应原则，与刑法总则的量刑一般原则亦相冲突，因而主张予以摒弃。（2）关于两岸死刑之立法内容比较，涉及死刑之适用范围、适用对象及其执行制度等，考察了两岸死刑立法内容的沿革与现状，归纳评析了学界的诸种观点，进而提出了笔者的见解。（3）关于两岸死刑立法存废之争的比较，指出两岸刑法中均保留并规定有相当数量的死刑，但理论上均存在死刑存废之争，认为两岸在相当长时间内均会保留死刑，但亦应考虑国际社会废止、限制死刑之潮流与趋势，逐步限制、减少死刑。② 其二是对中外死刑适用制度的比较，包含如下要点：（1）对于绝对确定之死刑立法方式的否定。（2）死刑适用限制条件之比较，论及死刑适用范围中的犯罪种类、犯罪情节，以及死刑适用对象中的未成年人、女性、老年人、限制责任能力的精神病人等是否适用死刑的问题。（3）死刑核准权暨批准制度之比较。（4）死刑执行方式与执行场所之比较。（5）死刑犯的赦免制度、减刑制度及死刑代替制度之比较。③

此外，这一时期笔者探讨死刑问题的论文，还涉及研究毛泽东以"慎刑"为核心的死刑限制思想及其对中国刑事法治的影响④；对死缓制度的历史与现状、立法与理论及司法适用诸问题的较为全面、系统的探讨⑤；以及在全面考察死刑不引渡原则之立法与理论的基础上，对我国关于死刑不引渡原则的立场考察与立法完善建言等⑥。

----

① 参见赵秉志等：《论死刑的立法控制》，载《中国法学》，1998（1）；赵秉志等：《死刑的限制与扩张之争》，载《法学》，1998（10）；赵秉志：《死刑研究》，载高铭暄主编：《刑法专论》，1版，525—556页，北京，高等教育出版社，2002。

② 参见赵秉志等：《海峡两岸生命刑之比较研究》，载《刑事法杂志》（中国台湾），1998（4）。

③ 参见赵秉志等：《现代死刑适用制度比较研究》，系作者向"死刑问题国际研讨会"（中国湘潭，2002年12月9—10日）提交的论文。

④ 参见赵秉志：《毛泽东死刑思想研究》，载《法学家》，2001（4）。

⑤ 参见赵秉志等：《中国刑法中死缓制度的法理探索》，载《中国司法评论》，2001（1）；赵秉志等：《论刑罚缓期执行的司法适用》，载《华东政法学院学报》，1998（创刊号）。

⑥ 参见赵秉志等：《论死刑不引渡原则》，载高铭暄、赵秉志主编：《刑法论丛》，1版，第5卷，北京，法律出版社，2002。

四、第三时期（2003 年至 2006 年 11 月）

2003 年迄今，随着国家人权保障事业和法治现代化建设的发展进步，随着国内外对我国死刑问题的日渐关注，以及笔者对我国当前死刑改革之重要意义和时机的认识，死刑改革研究遂成为笔者关注和投入精力较多的重点学术领域。而且笔者在此一时期的研究与上述前两个时期相比表现出显著不同的特点：前两个时期笔者的有关研究基本上是个人行为（尽管有合作成果），而且研究成果是零散的、不系统的；此一时期笔者以担任国家人文社会科学之刑法学重点研究基地主任和全国刑法学研究会会长的身份，有意识地倡导、组织、推动了基地学术团队、师长同人乃至有关方面和刑法学界对于死刑改革的关注与研究，并引导博士生、博士后也把研究目光投向这一重要领域，因而使死刑改革研究呈现出系统性和计划性，笔者个人的研究则成为基地学术团队和全国刑法学界相关研究的一部分。此一时期与前两个时期相比，笔者对于死刑改革研究的成果显著增多（主编书籍 4 部，写作、发表专门论述死刑改革的论文近三十篇，并在其他数篇论文中论及死刑改革问题），而且相关学术活动也丰富多样。下面择要予以介述。

（一）主持有关死刑改革的科研项目（课题）

1. 主持"中国非暴力犯罪死刑废止问题研究"项目

笔者自国家人文社会科学重点研究基地中国人民大学刑事法律科学研究中心（以下简称"中心"）1999 年 11 月建立起即担任该中心主任，至 2005 年 8 月离任，前后近 6 年，在笔者担任该中心主任期间，注意充分利用国家重点研究基地这一平台，倡导关注和研究国家刑事法治建设中的重大现实问题，并为此组织、主持了一系列科研项目和学术活动、学术会议。

"中国非暴力犯罪死刑废止问题研究"即为 2003 年初经笔者提议而由该中心自行设立的专题科研项目，该项目后来得到英国大使馆文化教育处的资助并有英国学者加入而成为中英合作项目。按照项目设计及中心与法制日报社的商定，由中心组织全国刑法专家学者撰写关于中国非暴力犯罪废止死刑方面的 25 篇系列文章在《法制日报》陆续发表。2005 年 6 月 26 日，《法制日报》在其理论版以"关于我国非暴力犯罪逐步废止死刑问题的探讨"为通栏标题，整版发表了高铭暄、赵秉志、黄京平、卢建平 4 位教授的有关文章。① 随后又在笔者主持的《法制日报》"刑法视野"专栏里陆续发表了该项目组织的张明楷教授、张智辉教授等其他学者的几篇相关文章。② 这一组废止非暴力犯罪死刑的文章相对集中地在我国中央级法制大报刊载，立即引起了国内外的关注，见仁见智。鉴于我国当时的现实情况和有关方面的意见，法制日报社于 2005 年 8 月下旬商告我们不宜再继续刊登余下的三分之二的文章。我们表示谅解，并转换载体，将已组织完成的 25 篇文章集中刊载于中国法学会刑法学研究会与我们中心合办的丛刊《刑法评论》。③ 后为有助于国际社会了解和正面评价我国刑法学界关于死刑改革的研究，我们又组织人力把此项目的所有中文文章 27 篇译成英文，同时还翻译了联合国死刑报告起草人、英国著名刑事法专家、牛津大学教授罗吉尔·胡德（Roger Hood）先生的题为："从限制到废止死刑的历史和比较研究"一文。在中国人民公安大学出版社的大力支持下，于 2004 年 3 月出版了收入中英学者 28 篇双语文章的中英文文本专题文集。该文集的作者除多半为我们中心的师生外，还有国内其他单位的知名学者张明楷、张智辉、陈泽宪、阮齐林、邱兴隆教授等十余人；笔者除前述发表于《法制日报》的文章外，在文集中还收入了另一篇文章"从中国死刑政策看非暴力犯罪死刑的逐步废止问题"。④

笔者以及该项目成果的基本观点是：（1）中国死刑之立法过多，死刑之司法的数量与质量也都堪忧，在中国法治发展、人权彰显的社会进步中，中国的死刑制度亟须改革，中国的死刑改革应是朝着限制及最终全面废止死刑之路迈进；（2）中国现行刑法中非暴力犯罪的死刑占全部死刑罪名的近三分之二，其数量繁多，分布广泛，这是很不正常的法治现象，在限制、废止死刑之路上，先行废止非暴力犯罪之死刑既是突破口也是必经之路；（3）现阶段废止非暴力犯罪死刑亦应区分不同情况、分步骤进行；（4）一些文章则分别探讨了形形色色的非暴力犯罪废止死刑的问题。

该项目的成果虽然都是三四千字的短文，但由于文章议题集中、观点鲜明而务实，尤其是首次在我国以如此规模及如此有代表性的学者群体集中而响亮地在法律大报和书刊上公开提出了中国现阶段应及时废止非暴力

---

① 参见高铭暄：《从国际人权公约看中国部分非暴力犯罪的死刑废止问题》；赵秉志：《中国逐步废止非暴力犯罪死刑论要》；黄京平：《简析我国非暴力犯罪及其死刑立法》；卢建平：《从国际社会废、减死刑的进程看我国非暴力犯罪死刑废止问题》，均载《法制日报》，2003-06-26。

② 参见张明楷：《组织卖淫罪的死刑废止》，载《法制日报》，2003-06-26；张智辉：《虚开增值税专用发票罪死刑当废》，载《法制日报》，2003-07-03，等。

③ 参见赵秉志主编：《刑法评论》，1 版，第 3 卷，1—99 页，北京，法律出版社，2004。

④ 参见赵秉志主编：《中国废止死刑之路探索——以现阶段非暴力犯罪废止死刑为视角》，1 版，北京，中国人民公安大学出版社，2004。

犯罪死刑的大胆命题，因而迅速受到国内外的关注，产生了广泛而良好的社会反响。回头来看，似乎也可以说这是在实体法领域吹响了当前我国死刑改革的号角，指出了我国现阶段死刑改革切实可行的路径与突破口。

2. 主持"限制死刑适用范围研究"项目

在完成前述的"中国非暴力犯罪死刑废止问题研究"项目的基础上，笔者与中心专职顾问高铭暄教授、中心执行主任卢建平教授、中心副主任黄京平教授等商议应当把这一课题的研究引向深入。又鉴于与英国大使馆文化教育处在前一项目中的合作成功而双方均有继续合作的愿望，于是经笔者提议，中心又于2004年5月设置了"限制死刑适用范围研究"的专题研究项目并再次得到英国大使馆文化教育处的资助。该项目选择了盗窃罪、金融犯罪、走私犯罪和税收犯罪四类（种）经济、财产性质的非暴力犯罪研究其死刑废止问题，并分别于2004年8月30—31日、12月26—27日举办了4次专题论坛，通过组织有关专家学者在调查研究的基础上撰写论文和集会研讨，突出对非暴力犯罪中的典型经济、财产类犯罪废止死刑问题进行了理论与实证结合的分析论证，从而显著深化了非暴力犯罪废止死刑的研究。

在此项目研究中，笔者具体参与撰写了有关金融犯罪废止死刑和税收犯罪废止死刑的论文。关于金融犯罪废止死刑问题，我们考察了我国对金融犯罪配置死刑的三个基础理念，即"以经济建设为中心"的国家发展观，"为经济建设保驾护航"的法律价值观，以及"行为的社会危害性决定犯罪的严重程度"的犯罪本质观，探讨了我国废止金融犯罪死刑的必要性和合理性问题，并分析预测了我国废止金融犯罪死刑的时机问题。[①] 关于税收犯罪废止死刑问题，笔者在对税收犯罪之死刑进行实证考察的基础上，指出其死刑的立法功能和司法功能均未取得立法者预想的功效，进而对税收犯罪配置死刑的合理性提出质疑，论证了我国废除税收犯罪死刑的可行性问题。[②]

3. 主持"中英死刑适用标准及死刑限制研究"项目

合理限制死刑是目前完善我国刑事法治的一项重要内容。死刑适用过多、过滥不仅已经严重影响了刑事法治的健康发展，而且在一定程度上成为影响我国社会主义人权事业发展、和谐社会建设的一个明显的障碍。近

---

① 参见赵秉志等：《中国废除金融犯罪死刑研究》，载赵秉志主编：《刑事法治发展研究报告》，1版，2004年卷，96—117页，北京，中国人民公安大学出版社，2005。

② 参见赵秉志等：《从实践到理论：我国税收犯罪死刑废止问题研究》，载《刑事法治发展研究报告》，118—133页；赵秉志等：《我国税收犯罪死刑问题的实证思考——以增值税专用发票犯罪为中心》，载《死刑制度之现实考察与完善建言》，350—371页。

年来，我国刑事法学界广泛呼吁要通过立法和司法途径大幅度减少和限制死刑适用，逐步废止非暴力犯罪死刑，从而使我国社会各界对死刑问题的研讨日趋升温，形成了社会普遍关注的话题之一。由笔者时任主任的中国人民大学刑事法律科学研究中心在大力推动限制死刑、逐步废止非暴力犯罪死刑方面已做了很多努力，在国内外引起广泛关注和好评。在此基础上，为继续推动死刑问题研究，大力推动刑事立法、刑事司法限制死刑适用，经笔者提议，中心又与英国大使馆文化教育处共同合作设立了"中英死刑适用标准及死刑限制研究"项目，该项目还得到英国政府全球机会基金的资助。作为该项目的重要组成部分，中国人民大学刑事法律科学研究中心于 2005 年 3 月 11—12 日在北京主办了"中英死刑适用标准及死刑限制"学术研讨会。国内中央政法部门的领导和专家、部分刑事法学者以及英国专家学者共计七十余人应邀出席了此次研讨会。研讨会共分为如下四个单元：（1）死刑适用标准研讨：中国刑法典第 48 条的理解与适用；（2）死刑的立法和司法限制；（3）死刑限制的程序及证据问题；（4）死刑限制及废止的外国经验。笔者担任大会主持人，并作了"论中国死刑核准制度的改革"的主题发言。此次研讨会论文集将作为项目的最终成果以中英文对照的形式交付出版，并由笔者担任主编。

4. 主持"中美死刑制度比较研究"项目[①]

本项目是我们创建北京师范大学刑事法律科学研究院后的中美合作项目。该项目旨在对保留死刑的两个代表性大国——发达国家的美国与发展中国家的中国的死刑制度及其改革进行比较研究，以促进两国法律文化的交流和死刑制度的改革。本项目迄今已召开了两次重要的会议并进行了相关的研究工作。

（1）2006 年 2 月 25 日，北京师范大学刑事法律科学研究院在北京友谊宾馆举办了"中美'关注中国死刑改革'学术座谈会"，来自中美两国法律界、法学界的专家学者等共计三十余人出席了座谈会。座谈会由笔者作为研究院院长主持，研究院名誉院长高铭暄教授、中国政法大学诉讼法学研究中心主任樊崇义教授和美国路易斯安那州地方法院首席法官海伦·金格·贝瑞甘女士分别以"当前中国死刑改革的重点和难点问题——实体法角度的观察"、"当前中国死刑改革的重点和难点问题——程序法角度的观察"、"美国死刑制度的经验与教训"为题作了主题发言。随后，与会的

① 本项目系北京师范大学刑事法律科学研究院与纽约大学法学院的合作项目，项目得到美国律师协会的资助。本项目美方主持人为纽约大学法学院资深教授柯恩先生和虞平研究员，中方主持人为研究院院长赵秉志教授和研究院国际刑法研究所副所长王秀梅教授。本项目于 2006 年 1 月启动，2006 年 12 月完成。

中美专家学者围绕"当前中国死刑改革的重点和难点问题"、"美国死刑制度的特点及其存在的问题"和"保留死刑国家死刑改革的方向：以中美两国为视角"等议题进行了广泛而深入的探讨，并发表了诸多建设性意见。①

（2）2006 年 6 月 18—19 日，北京师范大学刑事法律科学研究院暨法学院与美国纽约大学法学院、美国律师协会在北京友谊宾馆联合举办"中美死刑制度比较研究座谈会"。来自中美两国法院、律师界和法学界的专家学者等共计七十余人出席了座谈会。座谈会别开生面地选择中美两国均适用死刑较多的典型故意杀人案件进行审判实务的经验交流和理论分析，并在此基础上由中美学者就两国死刑制度改革的现状与未来进行了实体法与程序法的研讨。笔者主持座谈会并在会议第五单元"中国死刑制度改革的现状与未来"中作了实体法即刑法方面的主题发言。

笔者为上述主题发言撰写了论文《中国现阶段死刑制度改革的难点及对策——以刑事实体法为视角的考察》。这篇论文有一个形成过程：北京师范大学刑事法律科学研究院 2006 年初研究 2006 级刑法博士生入学考试试题时，经笔者提议在中国刑法课程考题里出了"论我国现阶段死刑制度改革的难点问题"这道试题，其意是考察考生对我国死刑制度改革的深层思考，也表明了我们研究院对死刑制度改革研究应当深入地关注；在筹备前述的 2006 年 2 月 25 日的"中美'关注中国死刑改革'学术座谈会"时，经笔者提议又把"当前中国死刑制度改革的重点和难点问题"确定为会议主题发言题目，其意也是希望研讨能有所深入、切中要害；及至 2006 年 4 月 2 日笔者应邀到南京大学法学院作学术讲座时，笔者特意选择"中国现阶段死刑制度改革的难点问题"作为讲题，并为此准备了一个详细的讲座提纲，对有关问题作了初步思考和探讨；在 2006 年 6 月"中美死刑制度比较研究座谈会"之前，为准备会议的主题发言，笔者以过去的讲座提纲为基础写成了前述的论文初稿，此次会议发言后又作了修改。此文可以说是对 2003 年以来笔者的有关我国死刑改革论述的深化，论文在坚持并进一步论述当今中国的死刑制度亟须改革的基础上，主要论述了两个方面的问题。第一个方面是关于中国现阶段死刑制度改革的难点问题。认为以死刑制度改革规划为视角，中国现阶段死刑制度的改革面临诸多难题：诸如改革目标的确定，改革时机的选择，改革进程的规划，改革条件尚不齐备，改革的内部环境条件制约等；论文侧重以死刑制度改革所涉领域为视角，剖析了中国现阶段死刑制度改革所面临的四大难题：一是国内外尤其是国内重大社会环境条件问题，二是死刑之刑法立法的一系列问题，三是死刑

———————

① 参见北京师范大学刑事法律科学研究院《简报》，2006（3），23—24 页。

之司法适用的种种问题，四是死刑之观念变革方面的问题。第二个方面是关于中国死刑制度改革难点之对策的五项建言：其一，司法改革与立法改革相结合，并以死刑的司法改革为中心；其二，观念变革与制度改进相结合，并以死刑的观念变革为基础；其三，促进决策者认识与民意的共同提升，并以促进决策者认识提升为重点；其四，确立死刑限制与逐步废止的方向、路径与步骤；其五，研究与死刑改革配套的立法和司法制度完善问题。

此外，还有一个重要的死刑项目即将启动。我们北京师范大学刑事法律科学研究院于 2006 年 3 月向欧盟委员会申请并已在 2006 年 7 月获得批准一个较大规模的死刑改革项目"切实推进中国限制与逐步废止死刑改革研究"。该项目为中欧合作项目，中方以我们研究院为项目主持单位并由笔者担任项目主持人，全国人大常委会法工委刑法室和武汉大学刑事法研究中心为合作伙伴；我们的欧方合作伙伴为德国马克斯－普朗外国刑法与国际刑法研究所和爱尔兰人权研究中心。该项目的主要内容设计为两个方面：一是促进中国限制与逐步废止死刑的立法和司法改革措施研究，二是转变、提升决策者和民众之死刑观念研究。该项目经准备将在 2006 年底前后正式启动，并将于两年左右完成。相信该项目的研究及其成果会对促进我国死刑制度改革发挥积极作用。

（二）主持完成有关死刑改革的研究咨询报告

在笔者主持中国人民大学刑事法律科学研究中心期间，按照教育部的要求，每个国家重点研究基地每年至少要向教育部和中央有关领导机关提交一份年度咨询报告。由于中心注意以关注重大刑事法治现实问题为重要任务，故笔者和同事们在 6 年期间向教育部和中央法治领导机关提交了数十份研究咨询报告。笔者和几位志同道合的同事于 2005 年 8 月离开人大而加盟北师大创建我国首家实体性、独立性的刑事法研究机构——北京师范大学刑事法律科学研究院后，我们注意坚持了就重大现实法治问题向中央有关法治领导机关提交研究咨询报告的做法，一年来又受中央法治领导机关委托或主动完成而提交了多份研究咨询报告。其中，笔者主持完成并提交的有关死刑改革的研究咨询报告有 6 份，这些研究咨询报告及相关研究成果反映了此一时期笔者组织和从事死刑改革研究的主要思考。

1.《中国逐步废止死刑之建言》[①]

这是 2004 年 12 月 20 日向中央法治领导机关提交的研究咨询报告。该

---

① 系中国人民大学刑事法律科学研究中心于 2004 年 12 月 20 日向中央政法领导机关提交的研究咨询报告，约 29000 字，研究者赵秉志教授，研究助理阴建峰博士。

报告系笔者在 2004 年下半年完成的"论中国非暴力犯罪死刑的逐步废止"一文①和 2004 年 12 月 11—12 日参加重庆"死刑问题国际研讨会"所提交的论文"中国逐步废止死刑论纲"②的基础上进一步修改完善而成的。在这两篇论文里尤其是这份研究咨询报告里，笔者结合我国 21 世纪社会发展的阶段性目标，可能是较为领先而系统地提出并论证了中国逐步废止死刑的命题与构想。(1) 中国可以分三个阶段逐步废止死刑：一是到 2020 年即我国全面建成小康社会之时，废止或基本废止非暴力犯罪的死刑；二是再经过一二十年的发展，在条件成熟时进一步废止非致命性暴力犯罪的死刑；三是至迟到 2050 年新中国成立 100 周年即我国建成富强民主文明的社会主义国家之际，全面废止死刑。(2) 分别论述了逐步废止非暴力犯罪死刑、非致命性普通暴力犯罪死刑以及致命性暴力犯罪死刑的构想与配套制度设计问题。(3) 论述了影响中国逐步废止死刑的民意以及决策者、立法者认识这两个重要的社会因素的提升问题。③ 上述咨询报告和论文，反映了笔者在此一时期关于死刑改革的重要学术观点。

2.《死刑核准权收回最高人民法院后制度完善之建议》④

为支持和配合最高人民法院收回死刑案件核准权的重大举措，经过一段时间的思考与研究，笔者和高铭暄教授以最高人民法院特邀咨询员的名义撰写了这份研究报告直接提交给最高人民法院首席大法官肖扬院长等领导同志，并同时提交给了全国人大常委会法工委和最高人民检察院。在该报告中，我们提出：(1) 最高人民法院收回死刑核准权具有多方面的重要意义，最高人民法院应当以收回死刑核准权为契机，推动改革和完善我国现行的死刑复核体制与模式；(2) 在改革完善死刑复核制度中，应当强调和坚持公正优先并兼顾效率、严格限制并切实减少死刑适用、有效保护被宣告死刑人的合法权益、社会效益和经济效益五项原则；(3) 报告中提出了如何完善死刑复核制度的审判机构的调整、审判组织的调整、审判方式的完善、审理内容的考量、证据制度暨证明标准的完善、审理期间的限制、辩护权的制度保障、申诉权的程序保障八个方面的建言；(4) 报告还建议最高人民法院应适时制定包含实体适用标准和证据标准在内的《死刑案件裁量标准》，而且刑事诉讼法修改中对死刑复核制度及相关制度也要

---

① 参见赵秉志：《论中国非暴力犯罪死刑的逐步废止》，载《政法论坛》，2005 (1)。

② 参见赵秉志：《中国逐步废止死刑之建言》，载《刑事法治发展研究报告》，2004 年卷，3—23 页。

③ 同上书，2—23 页。

④ 系中国人民大学刑事法律科学研究中心于 2004 年 12 月 20 日向中央法治领导机关提交的研究咨询报告，全文约 22000 字，研究者高铭暄教授和赵秉志教授，研究助理时延安博士。

合理、完善地予以规范。①

3.《当代中国死刑问题聚焦——死刑的存废、适用标准及改革完善学术观点综述》②

该《综述》是最高人民法院应用法学研究所委托我们研究院的课题。其目的是全面系统地梳理我国死刑问题研究的成果和归纳有关学术见解之精华，以为我国死刑制度改革的实践提供参考借鉴。这是一项工作量较大的研究任务。课题组成员 8 人经过近两个月的工作完成了这项近十万言的《综述》。该《综述》全面系统地考察了中国当代死刑存废之争的各种观点、政策的选择及其理由，分析了中国当代死刑司法标准的理解与适用，归纳了关于中国当代死刑立法改革与完善的种种建言。③ 可以说，这是一份很有理论和实务参考价值的死刑研究资料。

4.《五种常见多发犯罪之立法完善研究——以死刑适用标准的立法完善为重点》④

本课题报告为配合最高人民法院收回死刑核准权所启动的中国死刑改革，尤其是为切实减少死刑的适用，选择中国司法实践中适用死刑最多的故意杀人罪，故意伤害罪，强奸罪，抢劫罪和走私、贩卖、运输、制造毒品罪 5 种常见多发的严重犯罪，结合刑法理论及司法实务的经验教训，并参考借鉴国外立法例，对这 5 种罪名的立法条文进行研究，力图将其死刑适用的条件和标准严格化、具体化，提出了一系列的立法修改建言并予以说明和论证，从而希冀达到促进我国死刑限制适用与制度改革之目的。⑤

5.《我国死刑赦免制度建构研究》⑥

这是笔者和阴建峰副教授合作完成并主动向中央法治领导机关提交的一份研究咨询报告。该报告指出：（1）死刑赦免制度是赦免制度的重要组

---

① 参见高铭暄、赵秉志等：《死刑核准权收回最高人民法院后制度完善之建议》，载《死刑制度之现实考察与完善建言》，56—66 页。

② 系北京师范大学刑事法律科学研究院承担的最高人民法院应用法学研究所委托的课题，主持人赵秉志教授，参加人为刘志伟教授等 7 位中青年学者，2005 年 10 月 30 日提交，全文近十万字。

③ 参见赵秉志等：《当代中国死刑聚焦》，北京师范大学刑事法律科学研究院，2005。

④ 系北京师范大学刑事法律科学研究院于 2006 年 2 月承担的最高人民法院委托的课题，课题由研究院名誉院长高铭暄教授担任学术顾问，由院长赵秉志教授主持，刘志伟教授、阴建峰副教授等 7 位中青年学者参加，课题报告于 2006 年 4 月 10 日完成并提交给最高人民法院，课题报告及相关资料约七万字。

⑤ 参见赵秉志等：《五种常见多发犯罪之立法完善研究——以死刑适用标准的立法完善为重点》，载《刑事法治发展研究报告》，北京师范大学刑事法律科学研究院，2006。

⑥ 系北京师范大学刑事法律科学研究院于 2006 年 8 月 1 日向中央法治领导机关提交的研究咨询报告，研究者赵秉志教授、阴建峰副教授，全文约 1.4 万字。

成部分，是保留死刑国家限制死刑实际执行的重要举措，但在我国刑事法治中尚付阙如；（2）我国构建死刑赦免制度的必要性，乃是基于废止与限制死刑的国际趋势、宽容人道的现代刑法精神、我国"少杀、慎杀"的死刑政策、死刑案件错判误判之实际存在以及国家保障人权之宪政原则要求等方面；（3）我们在对中外死刑赦免制度进行考察的基础上，对构建我国死刑赦免制度提出了初步构想，涉及死刑赦免的程序、范围和条件诸方面，期望我国能建立现代科学的死刑赦免制度。[①]

6.《切实减少死刑之立法对策研究》[②]

本报告旨在配合最高人民法院收回死刑核准权所启动的中国刑事法治改革，对切实减少死刑提出立法对策的建言。报告在论述切实减少死刑之立法对策的价值蕴涵之基础上，对如何切实减少与逐步废止死刑罪名进行了分析和设计；并围绕切实减少死刑之目的，对刑罚体系和种类的改革、有关刑罚制度的改进以及赦免制度的构建等作了论证和设计。[③]

（三）其他论文里关于死刑改革的学术观点

除前述的涉及科研项目和研究咨询报告的有关论著中的死刑改革论述与建言外，此一时期笔者写作发表的其他专门论述或涉及死刑的一些论文里，也包含有若干关于死刑改革的学术观点与建言。下面择要予以介绍。

1. 关于中国现阶段的死刑政策

笔者在有关论文里论述的要点如下：（1）死刑政策是一项具体而重要的刑事政策，可以划入公共政策的范畴；（2）我国源于民主革命时期并于新中国成立后逐步确立的现阶段"保留死刑，少杀、慎杀，可杀可不杀的坚决不杀"的死刑政策是理性的，其基本得以贯彻于 1979 年刑法典中；（3）1979 年刑法典颁行后的十几年间，由于抗制严重经济犯罪和严重社会治安犯罪的需要，加之重刑主义思想的影响，我国刑法之立法与司法实践均背离了我国的死刑政策，但这一政策的正确性毋庸置疑；（4）1997 年刑

[①]　参见赵秉志、阴建峰：《我国死刑赦免制度构建研究》，载《刑事法治发展研究报告》，北京师范大学刑事法律科学研究院，2006。

[②]　系最高人民法院 2005 年 11 月委托北京师范大学刑事法律科学研究院的课题，原题为《切实减少死刑之替代措施研究》并于 2005 年 12 月中旬完成了课题研究报告初稿，经 2005 年 12 月 24 日研究院邀请最高人民法院有关领导与专家和全国刑法学界知名学者三十余人举行座谈会研讨，后将课题改为《切实减少死刑之立法对策研究》以求研究更加全面系统。本课题研究报告于 2006 年 8 月 15 日完成并提交最高人民法院等中央法治领导机关，报告学术顾问为研究院名誉院长高铭暄教授，主持人为研究院院长赵秉志教授，参加人为刘志伟教授、阴建峰副教授、左坚卫副教授、王俊平副教授等 6 位中青年学者，全文约 5 万字。

[③]　参见赵秉志等：《切实减少死刑之立法对策研究》，载《刑事法治发展研究报告》，北京师范大学刑事法律科学研究院，2006。

法典在限制死刑方面的诸多努力，实际上是重新确立和强调了"少杀、慎杀"的死刑政策；（5）在当代全球废止与限制死刑的浪潮中，我国废止死刑具有政治、经济、社会和立法技术诸方面的可行性，但从我国国情和社会平稳发展考虑，无法采纳立即废止死刑的"突然死亡法"，而应采纳严格限制、逐步减少再到全部废止死刑的"慢性死亡法"。为此要通过立法与司法、实体与程序等多种渠道控制。①

2. 关于死刑改革与人权保障

在 1998 年发表的一篇论文里笔者就提出，人权保障是当代刑法改革的鲜明主题之一，这一主题也在中国 1997 年新刑法典中得到了基本贯彻。我国刑法应当进一步限制与削减死刑，制定严格的死刑核准程序并依法由最高人民法院统一行使死刑案件核准权，以促进我国刑法的人权保障。②

近年来笔者又在一些论文里进一步论述了死刑及其改革与人权保障的关系，要点如下：（1）认为对现阶段尚需要保留死刑的国度而言，严格控制与合理减少死刑的立法与司法，事关刑法的人权保障，是当代刑罚向人道化方向发展的共识与大势；（2）认为中国现阶段的死刑立法在实体与程序上都存在诸多严重的弊端，主张中国立法机关应当站在引导社会向文明、现代化方向发展的高度，深入调查研究中国的司法实务并参考借鉴外国立法例，对中国现行刑法典中的死刑罪种进行认真的甄别和考量，进一步限制和削减死刑，将死刑限制在非用不可、合乎法理情理的极其严重的少数犯罪上，并依据刑法、刑事诉讼法和总结多年来的司法经验教训，严格死刑的核准程序，从而使中国刑法中的死刑及其适用更加科学、文明、合理和人道；（3）主张中国死刑的废止应本着谨慎、务实的态度，遵循先易后难、逐步发展的法治变革之规律，以废止罪责刑严重失衡、长期备而不用或很少适用、社会心理反应不大的死刑条款为起点，分阶段、分步骤地进行；（4）认为死刑的司法控制是现阶段相对于死刑立法控制而言更现实、具有更大空间的渠道，是促进刑法之人权保障的重要环节，因而要予以充分重视，在司法中充分认识死刑的局限性及其本身不可避免的弊端，树立慎用死刑的观念，并注意充分发挥死缓制度的功效，完善对被判处死刑人的救济机制。③

---

① 参见赵秉志：《从中国死刑政策看非暴力犯罪死刑的逐步废止问题》，载《法制日报》，2003-07-07；赵秉志等：《死刑存废的政策分析与我国的选择》，载《法学》，2004（4）。

② 参见赵秉志等：《刑法改革与人权保障》，载《中国刑事法杂志》，1998（5）。

③ 参见赵秉志：《当代中国刑法中的人权保护》，载《中共中央党校学报》，2004（4）、2005（1）；赵秉志：《全球化时代中国刑法改革中的人权保障》，载《吉林大学社会科学学报》，2006（1）；赵秉志：《论中国刑事司法中的人权保障》，载《北京师范大学学报(社会科学版)》，2006(3)。

3. 关于死刑复核程序问题

关于改革死刑复核程序问题，除前述的有关研究咨询报告涉及外，几年来笔者还撰写、发表了几篇有关论文，包含如下要点：（1）中国现行的死刑复核程序存在一系列法律和实践缺陷。一是有关法律规定过于粗疏、模糊，既缺乏可操作性，又容易引起司法适用的混乱与不统一；二是二元的死刑复核体制之合法性根据不足，有关法律与司法解释之间存在冲突；三是与刑事上诉程序相比，死刑复核程序在设计上并无多少特别之处，不利于实现该程序严格控制死刑的初衷；四是二元的复核体制在相当程度上破坏了法制的统一；五是死刑复核程序与刑事上诉程序合二为一，导致死刑复核程序虚置而名存实亡；六是死刑复核方式缺失诉讼的形态，既不利于保障控辩双方的合法权益，也无助于提高死刑复核的案件质量。（2）最高人民法院收回死刑核准权应确立司法、立法和社会三个方面的目标。其司法目标主要在于，统一死刑案件的适用标准，保证死刑案件的质量，严格控制死刑案件的数量；其立法目标在于，借此推动刑法、刑事诉讼法和法院组织法等相关法律的改进，建立健全完善的死刑复核制度及其要适用的法律规则；其社会目标在于，改善国家人权状况，促进人权保障事业，推动全社会死刑观和生命价值观的变革。（3）最高人民法院收回死刑核准权应贯彻六项原则。一是有利于切实减少死刑实际适用的原则；二是综合治理和合理解决死刑问题的原则；三是必要性与可行性相结合，循序渐进、由易而难的原则；四是促进刑罚体系的科学性的原则；五是在贯彻依法治国、构建和谐社会的大前提下，合理兼顾保障人权与维护社会稳定的原则；六是考虑国际规则、国际状况与立足本国国情民意相结合的原则。（4）最高人民法院收回死刑复核权将面临五大难题。一是死刑复核程序的性质如何确定的问题；二是案件负担过重的问题；三是复核方式如何确定的问题；四是死缓案件复核与死刑立即执行案件复核的协调问题；五是死刑案件数量是否公开的问题。（5）关于死刑复核程序正当化的基本条件与最低标准。首先，其基本条件有两个方面——在实体法上国家必须认可死刑功能的局限性，立法上切实减少死刑的适用范围，司法中尽量少用死刑；在程序法上还有赖于中国刑事诉讼制度的整体进步。其次，死刑复核程序正当化的最低标准大体有七条，涉及复核体制、复核审理方式、辩护律师参与、提审被告人、不得加重刑罚、强化复核庭之功能和死刑复核之法律监督等方面的内容。①

（四）其他相关学术活动

除前述的主持科研项目、主持完成并提交研究咨询报告、撰写发表论文和主编出版书籍之外，几年来笔者还围绕死刑及其改革进行或参与了其他内容丰富、形式多样的相关学术活动，包括主持和参加学术会议、发表演讲和作学术讲座、指导博士论文和博士后报告、创建学术机构和学术论坛、参与死刑案件辩护或提供专家咨询意见以及接受新闻媒体采访等。这些相关的学术活动促进了笔者与外界关于死刑改革的交流，丰富和深化了笔者对死刑改革的研究，在一定意义上也对促进社会对死刑改革的关注及加强我国的死刑改革研究有所裨益。下面也予以简述。

1. 主持和参加学术会议

2003 年迄今，笔者主持和参加以死刑及其改革为主题或涉及死刑改革问题的各类学术会议 20 多次。其中比较重要的依次为：

（1）"中美刑法热点问题国际学术研讨会"。由中国人民大学刑事法律科学研究中心和美国纽约大学法学院于 2004 年 5 月 18—20 日在北京共同主办，中美两国法学界、法律界专家学者百余人出席，会议收到中美学者论文 15 篇，会议议题为反恐法治、腐败犯罪、死刑改革等两国刑法中的热点问题。笔者作为大会主持人之一，向会议提交了"论中国非暴力犯罪死刑的逐步废止"的论文并作了专题发言，在论文和发言中笔者明确提出了中国可以在 21 世纪上半叶经过三个阶段逐步达到废止全部死刑的构想。这次会议产生了较大的影响。②

（2）"死刑的正当程序学术研讨会"（湘潭会议）。由中国人民大学刑事法律科学研究中心和湘潭大学死刑研究中心于 2004 年 5 月 29—30 日联合在湖南省湘潭市举办，会议得到丹麦人权研究中心的资助，来自全国刑事法理论界与实务界的近百人出席。会议以"死刑的正当程序"为主要议题，并兼及了实体法方面的死刑的限制与废止问题。会议收到论文 44 篇。笔者担任大会的主持人之一，发表了大会开幕致辞和闭幕致辞，并向会议

---

① 参见赵秉志：《略论最高人民法院收回死刑核准权之目标与原则》，北京师范大学刑事法律科学研究院"关注死刑改革"首期论坛（2005 年 12 月 25 日）论文；赵秉志，时延安：《慎用死刑的程序保障——对我国现行死刑复核制度的检讨及完善建言》，载《现代法学》，2004（4）；赵秉志，时延安：《论中国死刑核准制度的改革》，载赵秉志主编：《刑法评论》，1 版，第 8 卷，北京，法律出版社，2005；赵秉志，王超：《中国死刑控制的程序困惑及其出路》，载《中国刑事法杂志》，2006（3）。

② 参见赵秉志等：《对刑法热点问题跨越国度的审视——2004 年中美刑法热点问题国际学术研讨会综述》，载赵秉志主编：《刑法评论》，1 版，第 6 卷，北京，法律出版社，2005。

提交了 3 篇论文，作了专题发言。会议论文在会后结集出版了论文集。[①]
这次会议对推进我国死刑改革，尤其是促进对死刑正当程序的关注产生了
良好的影响。

（3）"死刑问题国际研讨会"（重庆会议）。由中国社会科学院法学研
究所、丹麦人权研究所、西南政法大学于 2004 年 12 月 11—12 日在重庆市
联合举办，中外专家学者七十余人与会，会议收到论文近五十篇。笔者在
开幕式上代表中国法学会刑法学研究会致辞祝贺会议召开，并在会议第一
单元就笔者提交的论文"中国逐步废止死刑论纲"作了大会发言。

（4）"死刑核准权收回最高人民法院之展望"学术研讨会。由中国人
民大学刑事法律科学研究中心于 2004 年 12 月 27 日在北京举办，专家学者
六十余人出席。笔者主持会议并作了题为"死刑核准权收回最高人民法院
之后的展望"的主题发言。

（5）"中英'死刑适用标准及死刑限制'"学术研讨会。会议由中国人
民大学刑事法律科学研究中心和英国驻中国大使馆于 2005 年 3 月 11—12
日在北京联合主办并得到英国政府全球机会基金资助，中英两国专家学者
百余人出席。笔者担任大会主持人，并在会议上作了"论中国死刑核准制
度的改革"的主题发言。这次会议从中国和国际视野、从实体和程序角度
对死刑适用标准及死刑限制进行了研讨。

（6）"联合国第 11 届预防犯罪和刑事司法大会"。2005 年 4 月 18—25
日在泰国曼谷举行。笔者和阴建峰博士应我们研究院学术合作伙伴加拿大
刑法改革与刑事政策国际中心的邀请，作为联合国附属性学术研究机构的
成员参加了会议，笔者在专题会议上就中国死刑的改革问题作了专题
发言。

（7）"中欧第 13 次司法研讨会"。由中国外交部和欧盟于 2005 年 6 月
20—21 日在北京举办。会议设置了"死刑"和"表达自由"两个议题。笔
者应邀出席会议并主持死刑专题论坛，向会议提交了题为"关于分阶段逐
步废止中国死刑的构想"的论文并在会议上发言。

（8）"死刑核准权收回问题专家座谈会"。由最高人民法院于 2005 年
11 月 18—19 日在武汉市召开，最高人民法院首席大法官肖扬院长及其他
多位副院长和刑事业务庭室负责人等，以及刑事法学界的八位专家，共计
二十余人出席会议。会议围绕最高人民法院收回死刑核准权研讨了转变刑
事司法理念、刑法修改完善、刑事诉讼法修改完善等方面的问题。笔者作

---

① 参见赵秉志、邱兴隆主编：《死刑正当程序之探讨》，1 版，北京，中国人民公安大学出版
社，2004。

为刑法学者应邀出席会议并作了系统发言。此次会议被认为是一次关于死刑制度改革的重要的高层会议。

（9）"关注死刑改革"系列论坛之首期论坛。"关注死刑改革"系列论坛由北京师范大学刑事法律科学研究院创办并主办，其首期论坛由我们研究院邀约武汉大学刑事法研究中心于 2005 年 12 月 24 日在北京联合举办，邀请了八位知名学者担任演讲人和评论人。近百位专家学者出席。笔者担任该期论坛的总策划人和组织者，并作了题为"最高人民法院收回死刑核准权之目标与原则"的演讲。①

（10）"切实减少死刑之替代措施"座谈会。由北京师范大学刑事法律科学研究院于 2005 年 12 月 24 日晚在京召开，最高人民法院主管刑事审判工作的张军副院长、熊选国副院长和刑事审判庭多位庭长、副庭长，以及全国刑法学界有关知名学者等共计三十余人出席该座谈会。笔者主持会议。会议研讨了我们研究院受最高人民法院委托所研拟的"切实减少死刑之替代措施"的征求意见稿及相关刑罚制度改革问题。②

（11）"完善我国刑罚制度座谈会"。由最高人民法院于 2006 年 2 月 16 日在北京召开，主题是讨论在最高人民法院收回死刑核准权的背景下如何修改刑法有关规定以进一步完善我国刑罚制度。最高人民法院主管刑事审判工作的沈德咏、张军、熊选国三位副院长和研究室、各刑事审判庭负责同志出席，四位刑法学者应邀参加会议，笔者应邀与会并发了言。③

（12）"限制死刑适用座谈会"。由最高人民法院于 2006 年 4 月 20 日在北京召开，就最高人民法院调研草拟中的关于故意杀人、故意伤害、抢劫、毒品犯罪案件适用死刑的意见征求专家的意见。最高人民法院副院长沈德咏主持会议，研究室和各刑事审判庭负责人出席，六位刑事法专家应邀出席，笔者出席会议并发言。④

2. 学术讲座和学术演讲

2004 年 5 月以来，笔者在各地总共作过关于我国死刑改革方面的学术讲座、学术演讲二十余次，以每次平均听众 300 人计，总计听众逾 6000 人。听众主要是法律院校的师生、司法工作人员、律师等法学界、法律实务界人士。讲座、演讲的题目和内容涉及我国死刑制度改革的总体构想、我国逐步限制与废止死刑的建言、我国现阶段逐步废止非暴力犯罪死刑的探讨、当前我国限制死刑的立法改革与司法改进、限制死刑的实体法问题

---

① 参见蒋安杰：《"关注死刑改革"首期论坛观点荟萃》，载《法制日报》，2005-12-29。
② 参见北京师范大学刑事法律科学研究院《简报》，2005（2），18—19 页。
③ 同上书，2006（3），6 页。
④ 同上书，2006（5），33 页。

与程序法问题、死刑核准权收回最高人民法院的相关问题、死刑案件的刑
事辩护问题、典型疑难死刑案件的研讨、当前我国死刑制度改革的热点问
题、当前我国死刑制度改革的难点及对策等视角；讲座、演讲的单位包括
中国人民大学、武汉大学、北京师范大学、西南政法大学、中南财经政法
大学、国家检察官学院、南京大学、山东大学、对外经贸大学、南京师范
大学、湘潭大学、深圳大学、贵州民族学院、南京审计学院、河南省高级
人民法院、广州市中级人民法院、三亚市中级人民法院、广州市律师协
会、澳门特别行政区检察院、台湾警察专科学校等。通过这些讲座和演
讲，在更大范围内面对面地向听众们介述了我国现阶段死刑制度改革的动
态和理论研究状况，以及笔者和我们学术团队的见解与建言，从而促进了
法学界、法律界对我国死刑制度改革的关注、思考、探讨和认同；而在境
外的演讲，则宣传介述了我国内地死刑改革的趋势及法治的进步。

3. 指导博士论文和博士后报告

在现代学位制度和学术研究中，博士是最高学位，而博士后是博士专
门从事学术研究的重要阶段，因而博士学位论文和博士后出站研究报告历
来是学术含量很高的潜心研究之精品。长期以来，笔者一贯认为，导师和
研究生都应当把现阶段国家法治建设中的重大现实问题作为学位论文选题
的一个重要方面予以考虑，因而在多年指导研究生学位论文尤其是博士论
文及博士后出站研究报告的学术活动中，比较注意对此予以贯彻。自 2003
年笔者及其学术团队致力于死刑制度改革研究之后，笔者就开始注意引导
博士生和博士后把学术眼光投向此一重要领域，笔者不但组织他们参与死
刑改革的学术课题和学术活动，而且经认真思考和规划，笔者陆续向自己
指导的几届博士生和博士后推荐了多篇以死刑改革为视角的博士论文和博
士后出站报告选题，并得到他们的采纳。目前笔者指导的属于死刑改革方
面选题的 2005 届和 2006 届的 4 篇博士论文和 1 篇博士后报告已相继问世，
包括：（1）聂立泽：《中国死刑立法控制研究》（博士后出站研究报告，
2005 年 1 月通过答辩）；（2）万云峰：《经济犯罪的死刑限制与废止研究》
（博士论文，2005 年 6 月通过答辩）；（3）张远煌：《中国非暴力犯罪死刑
限制与废止研究》（博士论文，2006 年 6 月通过答辩）；（4）黄晓亮：《暴
力犯罪死刑问题研究》（博士论文，2006 年 6 月通过答辩）；（5）马松建：
《死刑司法控制研究》（博士论文，2006 年 6 月通过答辩）。笔者指导的属
于死刑改革方面选题的 2007 届的 3 篇博士论文，则正在研究、写作过程
中，并将于 2007 年 6 月提交答辩，包括：（1）雷建斌：《死刑立法控制研
究》；（2）郑延谱：《中美死刑制度比较研究》；（3）王东阳：《死刑观念及
其变革研究》。笔者计划今后引导博士生、博士后再在死刑改革的国际刑

法规范及其在中国的贯彻、保留死刑的代表性国家死刑制度之比较研究、死刑改革与国情民意、死刑审判的正当程序、死刑适用的实体法规则和证据规则以及死刑适用较多罪名的实证研究等方面撰写博士学位论文或博士后出站研究报告，从各个不同的视角对死刑改革问题进行深入细致的研究，形成死刑改革研究的全面、系统的学术工程，从而为国家死刑改革的法治与人权事业发展和死刑理论研究的繁荣作出贡献。

4. 创建学术论坛和学术机构

为繁荣我国死刑改革的理论研究，配合最高人民法院收回死刑案件核准权及其启动的我国死刑改革的法治发展，近年来，笔者注意利用自己所主持的国家重点研究机构、首家刑事法研究院和全国刑法学研究会等重要的学术平台，组织举办了一系列死刑改革方面的学术会议、学术论坛和学术讲座。在此基础上，近年来，笔者又筹划推动我们研究院设立了专门的学术论坛和学术机构。

经笔者提议和筹划，经过一段时间的酝酿和准备，2005 年 12 月，我们北京师范大学刑事法律科学研究院创立了"关注死刑改革"这一常设性的系列论坛，该论坛设计邀请国内外著名刑事法专家学者担纲主讲，旨在持续关注我国死刑改革进程，为我国切实限制、逐步减少乃至最终废止死刑建言献策。首期论坛由研究院邀请学术合作伙伴武汉大学刑事法研究中心共同主办，于 2005 年 12 月 25 日在京圆满举行。该期论坛由高铭暄、马克昌、赵秉志、陈兴良 4 位教授担任主讲人，王作富、周道鸾、张明楷、林亚刚 4 位教授担任评论人，在百余位专家学者的共同参加下，围绕我国当前死刑改革的若干重大问题进行了演讲、评论和讨论。首期论坛受到广泛关注和好评，《法制日报》等全国性法律大报作了大幅报道。[①] "关注死刑改革"论坛创办半年多来，已成功地举办了 6 期，第 2—6 期又邀请到美国纽约大学法学院资深教授柯恩（Jerome Cohen）先生和虞平研究员、美国联邦路易斯安娜东区法院首席法官白瑞根女士、加拿大不列颠哥伦比亚省前副检察长暨维多利亚大学法学院前院长 Maureen Maloney 教授、加拿大司法部前助理部长温可乐先生等讲演美国死刑改革和加拿大废除死刑等问题。

为更有力地组织和推动我国死刑改革的研究与法治进步，在创办"关注死刑改革"系列论坛的基础上，经过半年多的酝酿、准备和向各有关方面征询意见，最近我们又建立了"促进死刑改革研究中心"这一研究院的

---

① 参见北京师范大学刑事法律科学研究院《简报》，2005（2），17—18 页；蒋安杰：《"关注死刑改革"首期论坛观点荟萃》，载《法制日报》，2005-12-29。

专项研究机构。该中心聘请国家立法机关和最高人民法院的有关领导与专家，以及知名学者十余人担任顾问或咨询专家，由研究院名誉院长高铭暄教授担任名誉主任，赵秉志教授担任主任，贾宇教授（西北政法学院院长）和陈忠林教授（西南政法大学法学院院长）担任副主任，李希慧教授（研究院中国刑法研究所所长）担任秘书长，聘请了研究院和全国刑事法学界、司法实务部门有学术造诣尤其是对死刑问题有研究的知名专家学者二十余人担任研究员。可以说，该中心是一个依托我们研究院的全国性死刑改革研究机构。我们希望并相信该中心能在组织、协调、引导、促进我国死刑改革研究方面发挥积极的作用。

5. 参与死刑案件辩护和专家咨询

现代刑事法治离不开律师的参与。根据我国现阶段的实际情况和需要，法学理论工作者作为兼职律师在刑事诉讼中发挥了重要作用。笔者自1982 年读硕士研究生时起，为理论联系实际和服务社会，在导师的鼓励、引导下，即开始作为实习律师参与刑事业务，几年后又成为正式律师。多年来在教学研究之余，作为兼职律师办理过百余起各类刑事案件。大体回想起来，其中涉及死刑或可能判处死刑案件的辩护有 11 件，有些还是很有影响的案件。从这 11 件案件涉及的罪名类型看，非暴力犯罪类 8 件（贪污罪 2 件，受贿罪 2 件，贩卖毒品罪 1 件，信用证诈骗罪 1 件，虚开增值税专用发票罪 1 件，走私普通货物罪 1 件），暴力犯罪 3 件（故意杀人罪 2 件，故意伤害罪 1 件）。经笔者辩护，11 件案件中有 8 件未适用死刑立即执行（其中将死刑立即执行改判的为贪污罪 2 件、受贿罪 1 件、贩卖毒品罪 1 件、虚开增值税专用发票罪 1 件、故意杀人罪 1 件，未适用死刑的为信用证诈骗罪 1 件、走私普通货物罪 1 件），3 件仍判处或核准了死刑立即执行（其中受贿罪 1 件、故意伤害罪 1 件、故意杀人罪 1 件）。今天看来，绝不仅仅是基于律师辩护的立场，而主要是从司法公正和慎用死刑的要求来衡量，笔者认为，上述最终判处或维持死刑的 3 个案件都还值得推敲；即使是改判死刑立即执行或未适用死刑的案件中，也还不同程度地存有实体上或证据、程序方面的问题。

另一方面，多年来笔者在参与疑难案件专家咨询的过程中，也涉及一定数量的死刑案件。笔者参与疑难案件的专家咨询有三个渠道：一是最高司法机关、地方司法机关等单位召集的专家咨询；二是笔者所在单位受委托（多是承办案件的律师事务所或律师为被告人或被害人利益委托，也有受地方公安、司法、纪检部门委托，或受有关单位委托）而以单位名义组织的专家咨询；三是笔者参加其他单位（法律院校、法学研究机构、律师事务所等）或专家学者组织的案件咨询。笔者参与咨询的死刑案件所涉及的罪名，大体是非暴力犯罪中的贪污、受贿、金融诈骗、毒品、走私等，以及暴力犯罪中的故意杀人、抢劫、强奸、绑架、故意伤害等，均属常见多发的犯罪。从疑难问题上看，主要涉及此罪与彼罪的界限、犯罪主体的认定、犯罪情节的衡量以及证据问题等。经专家咨询后，其中部分案件未判处死刑或纠正了原判的死刑。

通过作为律师参与死刑案件的辩护和参与死刑案件的专家咨询，使笔者得以对死刑案件的司法实务问题有所了解和把握，笔者在给研究生授课中，在学术演讲和学术讲座中以及在有关课题的研究中，也因此多了很多生动、具体的素材与问题，进而也启发和丰富了笔者对相关理论与立法问题的思考和研究。

6. 接受新闻媒体采访

近年来，随着死刑改革逐渐成为社会关注的热门话题，随着我国新闻媒体社会责任感和捕捉新闻热点能力的增强，死刑典型案例乃至死刑改革问题也日渐成为新闻媒体采访报道的视点。作为刑法学者，近年来笔者也数次就死刑案件或死刑制度改革接受了中央电视台、地方电视台等新闻媒体的采访。死刑典型案件如重庆綦江虹桥垮塌案中的被告人林世元受贿案、湖南省机械厅厅长受贿案和浙江纺织界知名企业家徐建平杀妻解尸案等；死刑复核制度问题如死刑执行方式、经济犯罪废止死刑以及死刑逐步废止的构想等。这些采访由于受众面广，因而会对传播死刑改革的理念发挥积极的作用。

五、几点反思心得

死刑改革无疑是中国当代重大的现实法治问题。回顾自己涉足死刑改革的学术研究和学术活动轨迹，并结合考察我国的死刑改革及其研究状况，笔者想就重大现实法治问题的研究提出以下三点反思心得，与学界同人分享。

（一）法律学人应当关注重大现实法治问题

现代法治社会是全人类的共同进步追求。重大现实法治问题的研究和解决往往是促成社会法治进步的重要契机。法律学人由于职业的特殊性即法学对法治应有的引导与促进功能，不能单纯为学术而学术，不应终日陷于自己有兴趣的具体问题之中，亦不宜只关注枝叶末节问题，而应秉持推动法治进步、造福社会与民众的使命感，积极关注和参与重大现实法治问题的研究。可以说，是否关注重大现实法治问题，乃是衡量法律人的社会责任感和学术良知的重要标志。刑事法治是现代法治的重要方面，其保护法益的广泛性、重要性和对违法制裁的特殊严厉性，决定了刑事法治领域的重大现实问题往往事关国家文明、社会进步和公民基本权益。因而尤应为刑法学者所关注。

例如，1997 年刑法典修改研拟过程中，关于应否废止有罪类推制度并确立罪刑法定原则，关于应否删除反革命罪的罪名而代之以危害国家安全罪，关于死刑限制与死刑扩张之争，关于劳动教养等保安处分措施应否纳入刑法典，关于刑法典原有的三大"口袋罪"应否删除的问题等，都是刑事法治领域的重大现实问题，因而为刑法学者们所广泛关注与重视。后来1997 年刑法典确立罪刑法定原则并废除类推制度，以危害国家安全罪取代反革命罪等立法改革措施，被国内外公认为是中国刑事法治乃至整个法治和社会进步的显著标志；而改革力度不够理想的死刑制度问题则进一步凸显出来，逐渐成为当前我国刑法改革必须面对的首要问题。

可以说，现阶段的死刑改革事关中国刑法和刑法理念的现代化，事关中国的人权保障状况和社会文明程度，是刑事法治乃至整个法治中的重大现实问题。刑法学者基于自己的事业使命感和历史责任感，无法回避这一重大现实问题，而应积极关注和参与研究，并成为死刑改革的推动力量。

（二）重大现实法治问题的研究和解决与时代发展

人类社会发展史和历史唯物主义原理告诉我们，包括法治问题在内的社会问题尤其是重大社会问题的产生、发展及其解决，都是有规律的、有条件的。其中至关重要的条件之一，就是当时的社会发展状况即时代特点。法治是上层建筑的重要组成部分，重大现实法治问题的研究尤其是其解决必然要受到时代发展状况的制约，这其中包括了社会的经济、政治、法治等制度性因素，也包括了社会心理、文化、决策者观念、民众意识等非制度性因素。理论研究可以对重大现实法治问题的合理解决起引导、促进作用，但却不能超越时代，不能无视时代条件的许可，否则，就会"欲速则不达"，甚至会延缓发展步伐。

死刑改革问题作为重大而又敏感的现实法治问题，其研究与解决更是受到时代发展状况的影响与制约。

例如，死刑改革在何种时代背景下能成为理论聚焦点？显然，在我国实行改革开放到 1997 年刑法典颁行的近二十年间，刑事法治不完备，人权保障理念未树立，为抗制日益增长的严重犯罪，导致死刑之立法剧增、司法泛滥，从决策者、立法者、司法者到普通民众盛行着推崇重刑、死刑的观念。在这样的时代背景下，死刑改革研究自然难以成为主流理论的聚焦点，死刑改革之法治实践就更遑论迈开步伐了。而近几年来死刑改革之所以日渐成为刑事法学界和实务部门关注的热点问题，乃是与时代的进步分不开的：近年来我国刑事法治完备程度大大提高，国家确立了"尊重和保障人权"的宪政原则并签署、加入了一系列旨在维护人权的国际公约，社会经济和文化的发展日趋成熟，我国死刑立法过多，适用过滥的弊端日益显现，全社会对于重刑、死刑依赖的心理逐渐弱化，国际社会废止与限制死刑的趋势也在对我国产生积极的影响，如此等等。正是在这样的时代发展背景和条件下，死刑改革问题的研究才能逐渐升温并终成焦点，死刑改革之法治实践也才有望阔步前进。

再如，在死刑改革已成为理论聚焦点的情况下，现阶段应当提出怎样的死刑改革目标、步骤和途径？这一问题同样要受到时代条件的制约。有人曾提出应当马上全面彻底地从立法上废止我国死刑的主张，这恐怕就脱离了我国现阶段的国情民意和犯罪状况、法治状况等时代条件的许可。这种过于激进的主张不但不会被国家采纳，不会对法治进步产生实际作用，反而有可能干扰决策者对死刑改革的理智判断，造成社会民众的反感，甚至会因此延缓死刑改革的进程。

我们力倡应当从先行废止非暴力犯罪之死刑做起，分阶段分情况地逐步废止所有犯罪之死刑，并建议对死刑限制与废止兼采立法控制与司法控制途径且以后者为主，就是基于对我国现阶段各方面条件的考察而作的对策性建言。若能予以合理采纳、科学实施，相信会积极推动我国死刑改革的法治实践。所以，在死刑改革的研究及其实践问题上，不顾时代条件的"一蹴而就"、"毕其功于一役"都是不现实的、不合理的；而积极稳妥地逐步推进才是应有之道。

（三）如何有效地推进重大现实法治问题的研究

关于如何有效地推进重大现实法治问题的研究，以死刑改革问题研究为例，除上述两个方面外，笔者认为尤其还应当注意提倡以下几点：

其一，应当提倡集体攻关，营造社会氛围。类似死刑改革这样重大而又敏感的现实法治课题的研究，仅靠学者个人的单兵自发作战是难有重大影响与成效的；而由学术机构、学术团体组织的集体攻关研究，则会产生广泛的社会影响。近年来，我国死刑改革研究之所以如火如荼地展开，为全社会所关注，并终于推动实践改革，这与我们一些学术机构和全国刑法学研究会的组织推动是分不开的。例如，笔者曾执掌的中国人民大学刑事法律科学研究中心和笔者现在负责的北京师范大学刑事法律科学研究院几年来主持开展了一系列有关死刑改革的学术课题和学术活动，影响广泛；中国法学会刑法学研究会也于 2004 年年会时把"死刑问题研究"作为主要议题之一，并编辑出版了两卷专论①，促使死刑改革得到了全国刑事法理论界与实务界的广泛关注。

其二，应当提倡理论界与实务界配合，理论与实务相结合。对于任何重大现实法治问题尤其是死刑改革这样的问题，若想进行卓有成效的研究并提出切实可行的解决方案，就绝不能仅仅由理论界进行理论地推演论证，而应由理论界与实务界携手并肩进行理论联系实际的探索。这是深化法学理论、促进法治实践的宝贵经验，也是近年来我国死刑改革研究不断取得成效的重要原因所在。

其三，应当提倡中外合作研究，力求全球视野。在当今全球化的时代，任何国家要繁荣发展都不能自外于国际社会和全球趋势。现代法治和法律文化的发展进步亦不例外。我们应当承认我国正在迈向法治现代化，但与法治发达国家和国际社会的法治进步准则相比还有很大的差距，在死刑制度上尤其如此；我们也应当承认在死刑改革问题上注意进行中外合作研究能开阔我们的视野，为我们提供可资借鉴的先进理念和制度措施，从而使我们获益良多。我们的学术团队近年来之所以能在死刑改革等重大现实法治问题的研究上有所贡献，与我们注意开展中外合作研究有很大的关系。

当然，要有效地推进重大现实法治问题的研究，绝不仅限于要注意以上几点，还需要有合理的规划、科学的方法、丰富多样的形式等。限于篇幅，这里不再一一论述。

六、结语

以上对笔者二十余年来涉足死刑及其改革之学术研究和学术活动轨迹作了较为全面、系统地回顾与梳理，并在此基础上试提出了几点反思心得。由于需要对二十多年间自己涉足死刑领域的论著予以查阅、活动予以统计、内容予以归纳、轨迹予以明晰，加之写作此文的这一阶段虽逢暑假仍是诸多事情牵涉精力，因而本文写得断断续续，竟耗费了月余时日，其中甘苦自知。但是，另一方面，整理和写作本文对自己而言确实是一项难得的有意义的学术回眸。如果不是想作一个系统的专题学术回顾和反思，不是想就此留下一点学术纪念，就不会有这篇文字了。

行文至此，突然意识到本文恰巧完成于一个值得纪念的日子：北师大刑事法律科学研究院 2005 年 8 月 18 日建立，恰好已满周岁了！孩子满周

---

① 参见陈兴良、胡云腾主编：《中国刑法年会文集（2004 年度）第 1 卷：死刑问题研究》（上、下），1 版，北京，中国人民公安大学出版社，2004。

岁是个重要的日子，我国许多地方有"抓周"的风俗，要以此预测一下孩子将来的发展，这自然充满了父母家人对孩子美好前途的期望。研究院在我国法学界也是个新生事物，作为全国首家独立的、实体性、综合性的刑事法学研究机构，研究院从建立之初就得到了各有关方面的广泛关注与鼎力支持，法学界、法律实务界自然也对其成长发展充满了期待。那么，周岁的研究院向关心、支持我们的各有关方面及师长同人们交上一份怎样的成长记录？对此，笔者在研究院成立周年庆典上将作的题为"以拓展刑事法学事业为己任"的致辞中，从倡导理念变革、探索制度创新和开拓学术事业三个方面对研究院一年的发展历程暨业绩作了较为系统的汇报。自信我们研究院的同人们无愧于各方面的关心和厚爱，也决心坚持不懈地努力发展我们的刑法学事业。

最后，笔者想到个人事业追求的体会，那就是只有你将个人的事业追求纳入学术团队的事业之中，纳入国家的事业发展大局之中，纳入时代的发展需要之中，个人的学术事业才会不断发展，前程远大。

谨以此文献给我们周岁的生机盎然的研究院和刚刚起步的法学院。

Zhao Bingzhi

The Study on the Death Penalty Reform and the Times Development
—My Relative Academic Experience and Retrospect

Abstract: This is the author's retrospective article dealing with the special research on the death penalty reform for his 20-year study in this field. In this article, the author introduces his academic achievements, standpoints and activity of the three different periods about the death penalty reform in the distinct social background. From which, together with the author's academic experience of the death penalty reform study and the survey of the research actuality of the death penalty reform in our country, the author puts forward three points of retrospect about the study on the constitutionality matter of great immediate significance. Firstly, we should sparkplug the jurisprudent to show solicitude for the constitutionality matter of great immediate significance, such as the death penalty reform, and we should boost such study. This indicates weightily the scholars' social responsibility and academic conscience, because it becomes the turning point which makes the social constitutionality progress after the study and settlement of the constitutionality matters of great immediate significance. Secondly, the author thinks that the condition of the time affects and limits the concentrating study and reasonable resolution of the matter which is of great immediate significance, such as the death penalty reform. So the scholars should boost this according to the times conditions actively and steadily. At last, the author gives three pieces of advice on how to boost the study on the constitutionality matters of great immediate significance: we should tackle key problems to construct the social ambience; we should take the reform practically with the combination of practice and theory; we should integrate the theory and practice to take the reform practically; we should study the matters together with the foreign scholars to obtain the global view.

Key words：Death Penalty System；Death Penalty Reform；Times Development

卢建平 *

从政策上控制死刑

【内容提要】

目前关于控制死刑有很多的建议，有人主张从立法上废减死刑罪名，有人建议加强司法控制，也有人主张走综合路线。本文认为，在政策仍然具有巨大影响的当今中国，应该重视政策在控制死刑方面的重要作用，从政策上控制死刑。

【关键词】

■死刑　　■刑事政策　　■控制

我们正在建设社会主义和谐社会，但和谐并不意味着没有矛盾和冲突，正如古人所云：君子和而不同，小人同而不和。在承认矛盾和冲突的前提下，在不同的基础上和谐地生活，法律的调整就是非常必要的。正因为如此，胡锦涛同志强调，我们所要建设的社会主义和谐社会应该是民主法治、公平正义、诚信友爱、充满活力、安定有序、人与自然和谐相处的社会。民主法治在和谐社会中的位置凸显，而此时的"法治"相对于改革开放之初的"法制"在内容上已经有了质的升华：从原来社会主义法制初级阶段的"有法可依，有法必依，执法必严，违法必究"上升为"民主、科学、公正、人道"的现代法治（即"法律的统治"，Rule of law）；在功能上也已有了巨大的变化：从统治、专政甚至镇压的工具转化为调整、规范和治理的手段。从这样的和谐社会法治观来看，我们的刑法特别是刑罚

＊　北京师范大学刑事法律科学研究院常务副院长、教授、博士生导师。

制度亟待改革，而死刑制度的改革首当其冲。

目前，刑法专家学者和大众意见最为分歧的莫过于死刑问题了：作为社会精英的专家学者，以社会良知和理性的代表身份，主张废止至少是限制死刑的适用；而政治家与社会公众则强烈地主张保留死刑，有的甚至要求增加死刑条款。对此，以科学理性为指导，从全球化的视野关注我国死刑立法与实践的刑事法学者们是极不满意的。他们形成了一种强烈的共识，那就是应该坚定不移地贯彻"少杀慎杀"的政策；在目前废除死刑条件尚不具备的情况下应尽可能地限制死刑适用的数量，提高死刑适用的门槛，考虑及时废除对非暴力犯罪的死刑规定，限制死刑适用的对象，严格死刑适用的程序，扩大死缓的适用范围，探寻死刑的替代措施等。一句话，中国的死刑制度必须改革！

当然，对于如何改革死刑制度，有不同意见。激进者主张一步到位，从立法上加以限制或废止，缓和者建议先在司法上逐步限制。而本文认为从刑事政策的视野来考察死刑问题，确立限制乃至废止死刑的刑事政策，从政策上控制死刑，应是稳妥可行的选择。

一、少杀慎杀是我国一贯的死刑政策

由于我国的历史特点，我国的刑事政策包括死刑政策基本都源于党和国家领导人的表述，而这种死刑政策应该是死刑立法和死刑司法的"灵魂"和"统帅"，死刑立法和死刑司法均受制于死刑政策。例如我国 1979 年刑法第 1 条就明确了刑法是"依照惩办与宽大相结合的政策"等制定的。在没有刑法典或刑法不完备的时候，政策起了很大的作用。[①]

保留死刑而坚持少杀、慎杀，反对多杀、错杀这一基本政策是根据毛泽东死刑思想确立的。毛泽东死刑思想主要包括：（1）"杀人要少，但是绝不废除死刑。"（2）"必须坚持少杀，严禁乱杀。"（3）"判处死刑一般经过群众，并使民主人士与闻。"（4）提出死刑缓期执行制度。这是建国之初新中国领导人根据历史和现实作出的冷静而正确的抉择。

在我党建党初期，就曾经提出过废除死刑的设想。而在新中国成立以后不久，刘少奇就代表中共中央在 1956 年 9 月 15 日提出了废除死刑的设想。他指出："现在，革命的暴风雨时期已经过去了，新的生产关系已经建立起来，斗争的任务已经变为保护社会生产力的顺利发展，因此，斗争

---

① 例如我国 1979 年刑法第 9 条规定："中华人民共和国成立以后本法施行以前的行为，如果当时的法律、法令、政策不认为是犯罪的，适用当时的法律、法令、政策。如果当时的法律、法令、政策认为是犯罪的，依照本法……规定应当追诉的，按照当时的法律、法令、政策追究责任。但是，如果本法认为是犯罪或者处刑较轻的，适用本法。"由此可见，当时的政策作用之大。

的方法也就必须跟着改变，完备的法制就是完全必要的了"。"党中央委员会认为，除了极少数的罪犯由于罪大恶极，造成人民的公愤，因而不能不处死刑的以外，对于其余一切罪犯都应当不处死刑，并且应当在他们服徒刑的期间给以完全人道主义的待遇。凡属需要处死刑的案件，应当一律归最高人民法院判决或者核准。这样，我们就可以逐步地达到完全废除死刑的目的，而这是有利于我们的社会主义建设的。"①

在"文化大革命"浩劫以后迅速颁行的1979年刑法基本体现了慎用死刑的政策：死刑只能适用于"罪大恶极"的犯罪分子，"犯罪时不满18岁的人和审判时怀孕的妇女，不适用死刑"，死刑核准权由最高人民法院行使；同时，分则条文共用15个条文设置了28种死罪，分别占分则条文和罪名总数的14.6％和23.0％；并且，没有绝对死刑的规定。

即使在20世纪80年代主张严打的邓小平也没有背离慎用死刑的基本立场。他曾尖锐地指出："对经济犯罪特别严重的，使国家损失几百万、上千万的国家工作人员，为什么不可以按刑法规定判处死刑？1952年杀了两个人，一个刘青山，一个张子善，起了很大作用。现在只杀两个起不了那么大作用了，要多杀几个，这才能真正表现我们的决心。"② 这似乎是要多运用死刑、重用死刑，但他同时又一再告诫人们尤其是我们的政法工作人员："杀人要慎重"③。可见，小平同志尽管主张对严重经济犯罪注重适用死刑，但这也只是从局部、从个别而言注重适用死刑，而且，这一"注重"也只是相对于我们在50年代的执行死刑人数而言的。他所说的"多杀"，也只是相对于50年代杀了刘青山、张子善这么两个人的历史事实而言，并不意味着要大量增加死刑的适用。而且，他在指出对某些严重犯罪判处死刑时，一再强调要"依法"判处，也就是说，必须符合刑法总则与分则以及特别刑法规定的死刑适用条件的犯罪，才能适用死刑，而不能把并非罪大恶极的犯罪分子拔高适用死刑。④ 应当说，从总体上讲，小平同志还是坚持主张"少杀、慎杀"政策的。受小平同志"杀人要慎重"这一思想所指导，我们当然要坚持一贯奉行的"严格限制死刑"的死刑政策。不仅如此，小平同志还指出："我们对刑事犯罪活动的打击是必要的，今后还要继续打下去，但是只靠打击并不能解决根本的问题，翻两番、把经济搞上去才是真正治本的途径。"⑤ 重温小平同志的教导，我们可以得出

①　《刘少奇选集》，下卷，255页，北京，人民出版社，1985。
②　《邓小平文选》，第3卷，153页，北京，人民出版社，1993。
③　同上书，153页。
④　参见马克昌等：《邓小平刑法思想研究》，载《法学评论》，1996（3）。
⑤　《邓小平文选》，第3卷，89页。

这样一个结论：预防犯罪包括严重犯罪，最根本的还是要发展经济，坚持"综合治理"的方针，而不是一味地强调重刑、增加死刑。

二、死刑的扩张趋势与死刑政策的矛盾

虽然我国的死刑政策基本没有变，但是由于表述或者认识上的问题，在我国的刑事立法和刑事司法实践中，背离这种政策的现象却经常发生。

随着社会治安形势的恶化和严重经济犯罪、严重刑事犯罪上升的态势，立法机关从 1982 年开始着手补充增设死刑罪名，截至 1996 年底，共增设死罪 49 种，从而使死刑罪名高达 77 种，死刑罪名所占的比例得以较大幅度地提高。对于上述死刑立法的发展变化，我国有学者指出，1979 年刑法颁行以后，我们一贯坚持的"保留但严格限制死刑"的死刑政策并没有得到充分的强调和切实的执行。[①] 甚至有人认为，我国现行的死刑政策已由"限制死刑"向"对严重刑事犯罪分子注重适用死刑"转变。[②] 更有学者认为，我们所称的"坚持少杀"的死刑政策，在现行立法和司法上均已无有效保障，刑法和刑事诉讼法为贯彻"少杀"政策而确立的限制性制度，几乎被全部修改，我国 1979 年以后的补充刑事立法所奉行的是"崇尚死刑、扩大死刑"的指导思想，因而，该阶段的死刑政策似表述为"强化死刑"比较符合实际。[③] 对此，我们认为，"保留但严格限制死刑的适用"是我国一贯奉行的死刑政策，至少在政策层面上，或者是公开表述出来的政策层面上，我国的这一立场没有变化。但可惜的是，这一政策在 20 世纪 80 年代以后没有得到很好的执行，甚至出现了重刑化和崇尚死刑的倾向。二十多年来，死刑万能、重刑主义的思想认识逐渐占据了主导地位，少杀、慎杀提得少了，限制死刑讲得也不多了，加之立法上一再修改原有罪名的法定刑，提高新设置罪名的法定刑，导致死刑罪名和死刑条款成倍地增加；在司法实际中，有些地方的司法人员乃至个别领导干部甚至提出"可杀可不杀的杀掉，可抓可不抓的抓起来"，"严打"中个别地方甚至规定，将杀人捕人的定额作为考察地方政法机关工作业绩的重要指标，导致实际上判处死刑人数以惊人的速度增长；同时，补充刑事立法对死刑的适用已不仅注重于"严重刑事犯罪分子"，还注重于贪污、受贿、贩毒等"严重经济犯罪分子"和"严重破坏社会秩序的犯罪分子"。无怪乎有外国学者在谈论我国的死刑政策时指出，中国 1979 年刑法以后的补充刑事立法

---

① 参见马克昌著：《刑罚通论》，110 页，武汉，武汉大学出版社，1995。
② 参见胡云腾著：《死刑通论》，170 页，北京，中国政法大学出版社，1995。
③ 参见赵秉志著：《刑法争议问题研究》，上卷，627 页，郑州，河南人民出版社，1996。

与其说是向着限制的方向发展，不如说是向着扩大的方向发展。

那么，现行刑法体现了什么样的死刑政策呢？在 1997 年刑法典修订的过程中，围绕死刑的扩张与收缩，也曾有过一段非常热烈的讨论，但最终是以一种比较保守主义的立场获胜而告结束的。现行刑法在"不增不减、大体保持平衡"的立法思想指导下，共设置了七十余种死罪，其范围覆盖国事犯罪、军职犯罪、危害公共安全的犯罪、暴力犯罪、严重的经济犯罪和职务犯罪；死刑适用的程序也显粗放，刑法、刑事诉讼法关于死刑复核的程序规定被搁置，多数死刑判决在省级法院就被核准了，这严重地违反了我国现行刑法和刑事诉讼法的规定；而最为国内外舆论所抨击的是我国死刑判决的数量高居世界之首！在司法实践过程中，虽然司法机关尽了很大的努力，死刑适用的数量有所下降，没有跟随犯罪总量的上升而攀升，但是我国死刑判决仍然位于世界各国之首。死刑适用标准的不统一、程序上的缺陷、错案冤案的频发，使得死刑问题成为备受国内外舆论关注的焦点。这一现象应当引起我们的反思，同时也促使我们从更高的理性角度来思考目前的死刑政策。

另外一个值得注意的矛盾现象是：一方面，从形式上看，随着我国社会主义法治建设的进步，政策或者刑事政策似乎在退步。伴随着罪刑法定主义思想的开始深入人心，不仅"政策"一词在 1997 年刑法的条文中不见了踪影，在人们的思想观念和司法实践中也开始退位了。另一方面，就实质而言，也有那么一些人，基于他们固有的传统的政策观，把政策看成是高于法律或者与法律不相容甚至是与法律相对立的东西，从"严打"、"从重从快"等政策口号中捕捉到了所谓死刑政策的变化，因此在立法和司法实践中逐步背离了我们的基本死刑政策。其实这都是对于政策的误读，是对刑事政策和刑法关系的误读，对我国死刑政策的淡化或者背离与这样的状况有着直接的关联。

在我们看来，刑事政策学是研究国家和社会对于广义的犯罪现象给予惩治的惩罚权来源的正当性、配置的科学性、行使的合法性与目的的合理性的科学。刑事政策作为指导反犯罪斗争的战略和艺术，既源于刑法实践又高于刑法实践，反过来又指导刑法实践和刑法变革。而刑法实践与刑法变革虽然受刑事政策的指导，但常常又走在刑事政策和刑法理论的前面。二者呈现一种互动的促进关系。刑事政策对于刑法制度改革的指导不仅要体现在刑事立法的完善上，如调整刑法体系，修正犯罪概念，完善未成年人刑法，充实与完善刑罚制度，改革死刑制度、自由刑制度和财产刑制度，增加资格刑，修改刑法分则体系，完善相关罪名；也要体现在刑事司法制度（如刑事诉讼制度和刑事执行制度）上，更重要的是体现在刑事司法实践中。在建设现代法治的过程中，政策不仅不会消失，反而会受到法治更多的倚重（当然也会因此受到法治更为严格的约束）；刑事政策这一传统资源的作用不仅不会降低，反而会在现代法治建设的进程中因为其与刑法关系的科学界定而表现得更加突出。我们也有理由期待，我国的死刑政策将在控制和限制死刑的实践中发挥更大的作用。

三、刑事政策视野中的死刑政策及死刑控制

刑事政策给予我们的最大启迪就是方法论的革新。对待死刑问题，我们不能仅仅从规范法学的角度、在刑法适用的层面来讨论，而更应该从宏观、中观和微观的角度进行考察。

如果从宏观角度考察死刑问题，那么以下几个维度是不能忽略的：

其一是政治维度。中国是一个社会主义国家，我们的社会已经摆脱了阶级矛盾为主要矛盾的对抗性阶段，正在向着和谐、富裕、民主、法治的目标迈进。

其二是社会发展的维度。经济社会发展造就的福利应该由全民共享。从社会责任论的角度看，社会发展过程中的种种不如意、种种缺陷对于犯罪的产生有着直接的关系，因此应着力通过发展、建立更加合理和公平的社会制度，从根本上来预防犯罪。

其三是经济的考虑。社会资源总是稀缺的，所以要加以科学合理地配置；国家的法律资源包括刑罚资源也是有限的，除非绝对必要，否则不能滥用。过度使用刑罚会导致刑法贬值，过度使用死刑必然导致死刑的贬值。

其四从历史文化的角度看，按照古人所谓"治乱世用重典"、"刑罚世轻世重"等说法，难道说现在的中国是乱世？刑法科学的普及也使"杀人偿命"等所谓的"天经地义"受到越来越多的质疑。

其五从国际上看，死刑废止已经成为国际潮流。虽然也有一些扩大死刑、强化死刑的例子，但那毕竟是少数国家在少数历史时期的所作所为，限制乃至废止死刑已为绝大多数国家所认可和采纳并日渐扩大。同时，一些国际组织也在极力谋求废止死刑，至少将死刑予以严格限制，联合国于1989年12月15日通过的《旨在废除死刑的〈公民权利和政治权利国际盟约〉第二选择议定书》即《死刑废止公约》业已生效且措辞严厉，该议定书明确规定："废除死刑有助于提高人的尊严和促进人权的持续发展。"其第2条第1项规定："本议定书不接受任何保留，唯在批准或加入时可提出这样一项保留：即规定在战时可对在战时犯下最严重军事性罪行被判罪的

人适用死刑。"① 现在批准该议定书的国家有 53 个，签署的有 9 个。② 一些国家和国际组织也常常用死刑问题来对死刑执行较多的国家横加指责，甚至不惜干涉别国内政。而执行死刑较多的国家对此似乎并未理直气壮地予以回击，我国似乎也并未对此进行过据理力争，从而使我国在所谓的人权问题上有时处于被动局面。况且，在国际刑事司法领域，死刑不引渡已成为一项国际惯例，并在实践中导致一些按照我国刑法应当被判处死刑的犯罪分子不能被引渡回国接受制裁。因此，减少并限制死刑，已成为我国与国际接轨、顺应国际潮流的必然选择。

在中观的层次上，我们主要考察刑罚配置的科学性和有效性。因为刑法（刑罚）资源是有限的，所以要进行科学配置；由于刑法的特殊严厉性，所以要突出刑法的最后性，其中尤其要强调死刑在诸刑罚措施中的最后性。从刑罚轻缓、经济、人道、科学的国际发展潮流看，必须破除过于依赖死刑等重刑的思想观念。此外也要坚持实践是检验真理唯一标准的立场，对我国严打等政策实施的效果进行客观理性的评价。

在微观的层次上，我们主要考察死刑适用的合理性与合法性，确保死刑判决的公正。外国刑法及司法实践中的死刑条件非常严格，如日本最高法院于 1983 年 7 月 8 日在对一个死刑案件的判决中判示：在适用死刑的时候，必须对犯罪的性质、动机、情节，尤其是杀害手段和方法的执拗性、残忍性，后果的严重性，特别是被害人的数目、被害者家属的感情、社会的影响、犯人的年龄、有无前科、犯罪后的表现等情况作全面考虑。如果其罪责确实重大，不论从罪刑均衡的角度还是从一般预防的角度来说，都认为不得不判处死刑的场合，才允许选择死刑。美国司法实践中，所有死刑判决均为故意杀人，但故意杀人仅为必要条件，而非充分条件，一般为抢劫加杀人，或者杀多人，或者有其他情节（如酷刑），或者雇凶杀人，或者是精心策划的，才会判处死刑。

归纳起来，就是要重新明确少杀慎杀的死刑政策地位，或者说是在当前建设社会主义和谐社会的新的历史时期将死刑政策予以重新表述，提高并统一对于这一死刑政策的认识，并更进一步将废除死刑作为我们全党全国人民的远期奋斗目标，将控制并限制死刑作为我们的现实任务！

四、从政策上控制死刑

国务院总理温家宝曾经说，出于国情，中国不能够取消死刑，但将用

① 王铁崖主编：《国际法资料选编》，112—114 页，北京，法律出版社，1993。
② 参见［英］罗吉尔·胡德著：《死刑的全球考察》，刘仁文等译，北京，中国人民公安大学出版社，2005。

制度来保证死刑判决的慎重和公正。[1] 这里体现了用制度来控制死刑的思想，而控制死刑的制度既可以是立法，如逐步减少死罪罪名，从部分废止逐步过渡到全面废止，并认真研究死刑的替代措施；也可以是司法，如严格死刑的适用条件、适用对象、适用程序，扩大死缓的适用范围。但是这些还远远不够。我们主张，应该在限制并逐步废止死刑的新时期刑事政策指引下，从政策上、观念上控制死刑的立法与司法实践：要树立科学、进步、人道、高效的现代刑法观念；要破除死刑依赖、泛刑主义、重刑主义等旧观念的束缚。现实生活中，经常会听到因为刑法这里或那里存在空白，以至于某类行为猖獗等言论。其实这是一种典型的刑法依赖思想，它必然倒向刑罚专制主义，而后者的目的之一就在于希冀通过重刑与恐吓来铲除犯罪的发生。然而历史已经表明，泛刑主义、重刑主义不仅是不人道的、反人性的，而且也是注定要失败的。

从压制型社会到和谐社会再到自由社会，这是人类社会发展的必然轨迹。在和谐社会中，差异、矛盾和冲突在所难免，犯罪也是客观存在的。有这样一种逻辑：犯罪总是意味着冲突和对抗，是对现有秩序的破坏，因而是造成无序的根源。在多数中国人眼里，犯罪就是秩序的极端对立物。对犯罪严厉打击直至消灭，是控制社会无序状态、实现社会有序化的重要手段。今天的中国拥有的安定团结的局面实在来之不易，对秩序的体认与理解也比任何时候更加深刻。"稳定压倒一切"就是这种认识与渴望的集中表达与最好诠释。这也决定了我们这个社会对于犯罪的基本态度：因为我们对犯罪是如此的深恶痛绝，所以必欲除之而后快！死刑的较多运用与这样的社会观念不无关系。

然而，秩序不是简单地意味着没有犯罪，秩序的内涵包括社会的可控性、社会生活的稳定性、行为的互动性和社会活动的可预测性。秩序不等于风平浪静。犯罪并不能被排斥于秩序之外，不存在没有犯罪的社会，当然也就不存在没有犯罪的秩序。秩序，是一种动态的和谐有序。一方面，人人都按照恒常的关系或标准相互交往，从而结成需求和供给均衡的正常关系网；另一方面，社会角色的违背以及对这些违背进行处理的场面，也内在于秩序之中，是构成秩序有机的一环。可以说，正是对"有加害就有责任"的追究的无数实践使得法治深入人心，这也是对秩序的动态诠释。从这个意义上说，民事生活中，违约并不为法律所禁止，法律关心的是违约造成的损害必须得到充分的补偿。同样道理，只要能确保刑法的反应是不可避免的、及时的，犯罪就一点儿也不可怕，秩序内在的连续性仍然可

---

[1]　参见 2005 年 3 月 14 日中国网，http：//www.china.org.cn。

以保持。

历史与现实经验告诉我们，高压统治的社会，缘于金字塔的控制方式，犯罪率往往很低，社会安定，尤其是社会治安安定，但却不能说它是有秩序的，起码不能说是高层次秩序。很显然，任何一种赤裸裸的暴力或者温和的暴力威胁，抑或一种愚民政策，都可能造成社会表面的歌舞升平的安定状态，从而获得低犯罪率的效果。这种情形就好像海底火山爆发前，平静的海面底下却暗流汹涌，平静只是暂时的。相反，一个真正有序的社会，应该是通过各种社会政策包括刑事政策的制度化安排达成利益协调、公平竞争的人际关系。它惩治犯罪，更重视预防犯罪；它不追求消灭犯罪，但力求使因犯罪行为而失衡的法益格局得到修复。只要犯罪被控制在社会能容忍的范围内，只要犯罪仍在国家控制力所涉的层面内，更为主要的，只要犯罪在社会控制范围内能够通过程序化方式得到有效公正的惩处与矫正，这个社会仍不失为一个有秩序的社会。也就是说，只有这样的秩序，即能够具有承受、吸纳、化解犯罪的能力并通过法律程序化的方式使犯罪得到惩治，使遭受侵害的权益得到补救，也使犯罪人的合法权益得到保障并在此过程中强化法治的权威的秩序，能够经得起犯罪导致的直接的破坏性后果检验的秩序，才是具有张力和活力的真正的秩序，这样的社会才是真正和谐的社会，因为它已经具备了和谐所必需的制度基础（法治）和价值目标（人权）。

死刑问题的研究牵涉方方面面，死刑的限制与废止也不是较短时期内就能完成的。在中国这样的国度里，也许需要十数年乃至数十年间几代人的共同努力，才能最终彻底废除死刑。因此，理论界和实务界对于死刑的关注将会长期进行下去。我们当然不会希冀在一夜之间就能实现废除死刑的目标，但也不愿意废除死刑成为一个我们可望而不可即的百年梦想！中国共产党在历史上已经数次提出关于废止死刑的主张，而限制死刑是目前我们所奉行的政策。所谓从政策上控制死刑，就是将废止死刑作为我们共产党人为之奋斗的一个目标，并在这个目标的指引下重新界定限制死刑政策的科学内涵，以此指导我们的刑事立法和司法，影响社会的刑法实践和刑法观念。

Lu Jianping

Control the Death Penalty on Policy Level

Abstract：There are numerous suggestions made by Chinese scholars to limit or control the use of capital punishment in China. Someone proposes the abolition of certain incrimination that could be sentenced to death while others emphasize the importance of judicial control. The author insists that the criminal policy has still a very significant impact on the criminal law enforcement in the context of rule of law，and proposes in consequence to control or limit the death penalty on policy level.

Key words：Death Penalty；Criminal Policy；Control

张远煌[*]

犯罪原因之微观考察
——以罪前情景为视角

【内容提要】

犯罪既是一种社会现象，也是发生于特定情景中一种个人行为。罪前情景作为探讨微观犯罪行为发生机制的一个基本概念，旨在通过分析影响犯罪动机和犯罪行为实施的一系列最直接因素，将犯罪成因的研究从传统的专注于解释"人们为什么犯罪"，转移到同时兼顾分析"人在什么样的情景中最容易犯罪"这一更具有实践指导意义的命题上来，为犯罪控制实践和刑法的正确适用，提供更直接的观念指导和对策建议。

【关键词】

■犯罪原因　■微观考察　■罪前情景

一、问题的提出

犯罪既是一种社会现象，也是一种个人行为，这是犯罪学的一个基本观点。不仅如此，在逻辑顺序上，犯罪首先应当是个人实施的反社会性行为，因为在阶级社会中，"犯罪是孤立的个人反抗统治阶级的斗争"[①]。犯罪现象只不过是作为个体现象的犯罪行为的综合所表现出来的事实状态。因此，离开了犯罪行为发生规律的准确把握，只着眼于社会角度对犯罪现象

---

[*] 北京师范大学法学院与刑事法律科学院党委书记、教授、博士。

[①] 《马克思恩格斯全集》，中文1版，第3卷，379页，北京，人民出版社，1972。

的原因和条件进行一般性论述，是难以深刻理解犯罪的真实过程的。而这种研究上的局限性却客观地存在于我国现阶段的犯罪学研究中。[①]　当然，从社会政治、经济、文化、自然环境以及人的一般心理和生理特征入手，分析犯罪现象存在和发展变化的原因，对于把握犯罪现象的总体趋势和控制犯罪的宏观决策十分必要。但犯罪控制作为一项实践活动，更有赖于对犯罪的客观过程进行剖析，把握犯罪实施的一般规律，以此为犯罪预防的组织、实施提供具体的指导。罪前情景正是作为探讨犯罪实施过程的一个基本概念而提出的。就微观考察而言，犯罪行为总是发生于特定情景之中。"它同其他任何社会行为一样，是个体人格对外在情景的一种具体应答，也遵循着'刺激—反应'的一般社会心理模式"。[②]　也即，因社会或个体因素的影响已形成了一定不良主观倾向的个体，只有在具体情景的作用（刺激）下，才会产生具有明确指向性的犯罪动机和将这种动机外化为现实的侵害行为。在这里，行为人在犯罪之时所置身于其中的情景，作为犯罪动机形成和外化的不可或缺的条件，构成了解释犯罪过程的基本要素。

关于犯罪与情景问题的研究，是现代犯罪学在犯罪成因研究方面由平面转向纵深发展的重要标志。但如同"情景因素作为犯罪行为的动机根源之一还没有作过专门的研究"[③]　一样，在犯罪学领域，情景因素作为决定或影响具体犯罪行为的一个方面也缺乏系统的专门研究。在国外的一些有代表性的犯罪学论著中，虽然在解释了犯罪现象的一般原因之后，已经注意到了探讨具体形势对犯罪行为的作用，但这种研究尚处于初步分析阶段，在分析的力度和论证的充分性方面，较之传统的犯罪原论，也只是轻描淡写。[④]　在我国，人们对于情景因素对犯罪的诱发和促进作用整体上尚缺乏认识，只有少数学者在传统罪因体系基础上提出的"犯罪的实现场"和"犯罪实现的条件"等概念，在一定程度上触及了这个问题。本文在此提出"罪前情景"这一概念，就犯罪实施过程中的情景因素作一初步探讨，以期引起学界对该问题的重视，从多层次分析犯罪的规律和提出预防

---

① 对此，只要浏览一下我国现阶段犯罪学论著的内容目录就不难发现。

② ［法］西蒙·加桑著：《犯罪学》，法文 3 版，38 页，巴黎，达罗兹，1994。

③ ［前苏］B. H. 库德里亚夫采夫主编：《犯罪的动机》，中文 1 版，72 页，北京，群众出版社，1992。

④ 如法国犯罪学会主席西蒙·加桑教授在其代表作《犯罪学》中，虽然正确指出了研究情景因素对于完善犯罪原因论和解释具体犯罪行为的重要性，但在阐述中也仅仅结合犯罪人人格的转化，简要地对犯罪中的情景因素进行了分析。参见［法］西蒙·加桑著：《犯罪学》，380—384 页。前苏联犯罪学论著也注意到了在阐述犯罪现象的一般性原因之后，进一步探讨"具体形势的作用和便利犯罪的情况"，但这种分析同样失之肤浅。参见［前苏］B. K. 茨维尔布利等主编：《犯罪学》，中文 1 版，104—107 页，北京，群众出版社，1986。

犯罪的措施，使犯罪学研究的社会价值得以充分体现。

二、罪前情景的含义

情景，即事物在具体场合中所呈现的样态。① 此处作为与个体社会活动状况密切联系的概念，本质上是指个体的具体生活情景。这种情景的内容不是单一的，而是个人生活状况诸方面的综合，也是直接影响个体行为的那些状况的综合。② 在社会生活中，情景因素不仅构成了个体社会活动的背景条件，而且也参与着作为个体行为内驱力的动机的形成过程。犯罪行为作为人类社会性行为的一种表现形式，在形成机理方面与其他社会行为并无差别。一方面，行为人犯罪前所处情景的构成状态，左右着其已有的犯罪动机的外化情况；另一方面行为人在是否应当（值得）通过实施反社会性行为来满足自己的某种需要的问题上，即在犯罪的动机斗争方面，也受制于其周围的情景状态。因为从人类行为的驱动力看，需要是一切行为最深层的动力。③ 而"对需要转变为犯罪动机的过程有影响的因素，除了人，作为努力想满足这一需要的违法主体，他所处的具体生活情景也有重要影响"④。基于这种分析，所谓罪前情景，就是指个体在实施犯罪前所面临的直接促使其形成与其原有心理结构相适应的犯罪动机和将这种动机转化为侵害行为的外在形势。据此，罪前情景有别于下述相关概念：

首先，罪前情景并不是传统的犯罪原因（条件）概念的代名词。对犯罪原因（条件）的表述尽管多种多样⑤，但就其实质而言，犯罪原因（条件）所要说明的是犯罪现象存在和发展变化的根据，所要回答的问题是"社会为什么有犯罪"或者"人们为什么会实施犯罪"。显然，在犯罪与社会的对立关系上，犯罪原因（条件）概念，对犯罪的考察只是从旁观者角度（社会角度）进行的，并且它所涉及的只是抽象的和静态的犯罪，没有将犯罪视为是在具体情景中才得以进行的一种具体的行为过程。罪前情景着眼于人类行为发生的一般机制，从行为人角度来研究犯罪，将犯罪看成是具有不良主观倾向的个体在一定情景中符合逻辑的自然演进过程，所要着重说明的问题是"在什么情景中人最容易产生犯罪动机和将动机转化为犯罪行为"。因此，两种概念考察犯罪的切入点和对于实施犯罪预防的价

---

① 参见《现代汉语词典》，925 页，北京，商务印书馆，1979。

② 参见 [日] 安倍淳吉著：《社会心理学》，42 页，北京，群众出版社，1992。

③ 参见罗大华等编著：《犯罪心理学》，75 页，北京，群众出版社，1984。

④ [前苏] B.H. 库德里亚夫采夫主编：《犯罪的动机》，105 页。

⑤ 参见曹子丹主编：《中国犯罪原因研究综述》，1 版，3 页，北京，中国政法大学出版社，1993。

值是不同的。

其次，罪前情景不同于"犯罪的实现场"或"犯罪实现的条件"。犯罪的实现场（作用场），是指由时间、空间和侵害对象诸要素构成的为实施犯罪所必需的背景条件，其本身不是犯罪的原因，但却具有削弱或增强犯罪原因的作用，从而抑制或促进犯罪行为的发生。① 犯罪实现的条件，则指在有了基本罪因、罪源之后，犯罪人选定或创造的实现其犯罪意图所必需的各种主、客观因素（坚定的犯意、适当的目标、可靠的对象和相应的时空条件等），当缺少这些因素的组合时，犯罪就不会实现或者实现不足。② 上述概念虽然表述上有所差别，但都是为了说明在犯罪原因已经存在的情况下，有哪些因素强化或抑制了该犯罪原因对行为人实施侵害行为的决定性作用。因此，这两个概念都是在传统的犯罪现象原因范围内提出问题的。其目的在于分析犯罪现象原因发生作用的一般条件，论证"犯罪原因论离不开犯罪的实现场，否则，它就会成为空中楼阁"。③ 由此说明在犯罪原因与犯罪结果之间，还有赖于条件性因素的介入。也正是在这种条件与原因被人为地分离并从属于原因的意义上，它们才对"在什么条件下容易发生犯罪"的问题有所涉及。而罪前情景概念的提出并非是为了在犯罪现象原因范畴内解决犯罪的实现条件问题，而是基于构成犯罪现象的犯罪行为都是人与其所处情景相互作用的结果这一经验事实，在将影响犯罪动机的产生和转化的情景因素（内因与条件）视为一个不可分割的整体的前提下，剖析犯罪行为发生的客观过程，以此探求情景与犯罪之间的互动规律。因此，罪前情景与前述二概念分析问题的层次和范围是不相同的。

再次，也不能将罪前情景简单地等同于"致罪情景"。致罪情景是犯罪心理学从"形成犯罪情景的心理"角度提出的概念，它是指"有利于采取实施犯罪的决定和提出相应犯罪目的的情景。"④ 可见，在内涵上致罪情景只限于促成犯罪动机的情景。但事实上，情景因素不仅有诱发动机的功能，而且也具有促成动机转化为行为的功能。正因如此，在罪前情景的概念中，理应还要包括便利实施犯罪，即利于犯罪动机外化的情景。

总之，罪前情景的概念是为了分析激发犯罪动机和促成犯罪行为实施的一系列最直接的情景因素而提出的。其目的在于将犯罪成因的研究从专

---

① 该概念的具体表述，可参见周密著：《论证犯罪学》，1 版，136 页，北京，群众出版社，1991。

② 该概念的具体表述，可参见姚华、衣家奇：《论犯罪实现的条件》，载《青少年犯罪问题》，1997（3）。

③ 周密著：《论证犯罪学》，138 页。

④ ［前苏］B. H. 库德里亚采夫主编：《犯罪的动机》，73 页。

注于解释"人们为什么要犯罪"转移到同时兼顾分析"人在什么样的情景中最容易犯罪"这一更具有实质性意义的命题上来，克服传统的犯罪原因论只注重从正面角度（社会角度）展开，而忽视"设身处地"的视角转换，从而难以提出具有操作性的具体措施指导预防实践活动的弊端。

三、罪前情景的形成

对罪前情景形成的考察，应当从情景的客观内容和主观体验两个方面进行分析。虽然情景本身的性质与刺激强度无疑有其客观性，但对这种客观内容的主观体验却因人而异，从而同样的客观内容对不同感受对象具有不同的主观意义。因此，探讨罪前情景的形成，也应坚持主客观相统一的原则。如果只着眼于情景的客观性，忽视了它对不同个体的实际意义，则理论上就难以解释为什么同样的情景刺激对不同的人会引起不同的行为。

（一）罪前情景形成的客观因素

罪前情景的形成大多由于社会方面的原因。这具体表现为社会在犯罪控制方面存在的具有一定时间和空间范围的各种隐患或不安全因素。如在空间方面，某一区域内治安状况不良，犯罪后规避处罚的概率较高；行为人所处的职业环境中管理制度混乱；或者邻里、同事之间人际关系反常等。在时间方面，既可能具有长期的性质，如矛盾或冲突久拖不决，也可能是短时间的或一次性的，如在公共场所中的偶然争斗等。

除了社会性因素外，罪前情景也常常源于下述几方面的原因：

1. 由犯罪人方面形成。这可区分为两种情形：一是犯罪人为满足某种需要而故意造成的，如公务人员履行职务时故意刁难行为相对人，以此营造行贿和受贿的情景；二是犯罪人基于与犯罪意图无关的行为而形成罪前情景，如行为人因观看淫秽录像后处于亢奋状态而激起性犯罪动机。

2. 由被害人方面形成。在许多情形下，犯罪行为之所以发生，正是由于被害人自己的行为态度或生活方式客观上（有意或无意的）营造了一种现实的罪前情景。现代犯罪学研究表明，犯罪者与受害者之间的关系实际上是一种相互作用的动态关系，"犯罪之被害不再是一种消极客体，他在犯罪产生过程中和在减少犯罪过程中，都可能成为积极的主体。"[1] 例如，被害人的轻信和利欲往往是诈骗犯罪的主要原因，而盗窃犯罪的发生，常常是犯罪人利用了被害人防范上的弱点。类似情景的出现或存在，对犯罪人来说都属于"该出手时就出手"的有利情景。

3. 因自然力量而形成。这是指因某些自然因素的出现或存在，形成

---

[1] 康树华主编：《比较犯罪学》，1 版，444 页，北京，北京大学出版社，1994。

了某种不容易控制的情形。如气候恶劣条件下发生的交通肇事，在灾难现场发生的盗窃、抢劫行为等。

除了上述单一的情况外，实践中也可能出现某些组合形势，如甲方的醉酒状态与乙方的挑衅行为相结合，就形成了一种发生冲突的客观情景。此时，再附之以行为人原有心理结构上的某种缺陷，斗殴或伤害行为就会现实地发生。

（二）罪前情景的主观体验

由于个体的先天素质和社会实践的差异，不仅同一对象或客观过程对不同个体会产生不同的反映，而且同一客观过程对处于不同时间和空间条件下的同一个体，也可能形成不同甚至完全相反的主观印象。"外部世界对人的影响表现在人的头脑中，反映在人们头脑中，成为感觉、思想、动机、意志……"① 正因如此，面对同样的外在形势，人们的社会反应会呈现多样性。就罪前情景而言，其出现或存在本身并不会自然对置身于其中的个体发生作用。只有当个体对之予以确认和体验后，才会对犯罪的决意和实施犯罪的方式产生真实的意义，从而由潜在的罪前情景变成为现实的罪前情景。因此，罪前情景对犯罪行为发生的作用，一方面取决于罪前情景的客观内容（刺激的强度与频率），另一方面也深受个体据此形成的主观评价的影响，在某些情形下，甚至主要取决于个体对情景的体验和认识，而不是客观情景本身。② 由此，所谓罪前情景的主观体验，也就是个体面临某一客观情景时的心理反应。

当面临的罪前情景一定时，个体会形成何种主观体验，主要受制于以下三类因素：（1）个体已经历的社会化过程，即个体在各种社会单位"学习社会与文化的信仰、价值、规范与社会角色的过程"③。社会化的目标在于：社会教给人们以纪律，同时教给人们以抱负，即教给人们以相应于特定社会地位的权利和义务。④ 以此使个体能够理智地控制自己的需要和冲动，成为他所置身的那个社会的合格一员。当某一社会单位（家庭、学校、邻里、工作单位等）未能充分发挥对其成员的社会化功能时，个体的社会化经历就会出现缺陷，抵御外界诱惑刺激的能力就会弱化。这正是不同个体在面临同一客观情景时会产生不同动机和实施不同性质行为的重要

---

① 《马克思恩格斯全集》，第 4 卷，228 页。

② 这包括两种特殊情形：犯罪人由于判断上的错误，将中性情景甚至不利情景误认为是利于实施犯罪的情景；或者因行为人犯罪欲望十分强烈并且具有冲动的个性特征，从而对罪前情景不加选择。

③ 〔日〕雄秀白等著：《现代社会学》，101 页，中国台湾，台湾五南图书出版公司，1979．

④ 参见〔美〕L. 布鲁姆等著：《社会学》，127—129 页，成都，四川人民出版社，1991．

原因。（2）个体的心理和生理素质。除了个体的社会化程度外，个体的心理和生理素质对其在一定情景中采取何种性质和何种方式的反应，也有深刻的影响。如青少年活泼好动与好奇心重、自制力差的特点，决定了他们更容易受周围情景的影响而实施攻击性或挑衅性这法犯罪行为。现代心理学的研究成果也表明，胆汁质——兴奋型气质类型——的人，对情景刺激更为敏感，在冲突情景中产生犯罪动机和实施暴力犯罪的也更为普遍，等等。① 此外，当面临急迫的外在形势时，个体对之是否作出反社会性反应，主要取决于其一般心理素质，如意志的顽强性、判断的准确性、反应的灵敏性，而并非其原有的道德水准。（3）事件发生时的外部氛围。某一状态的存在在社会舆论和同辈群体中引起的反应，也往往左右着个体对该情景的反应方式。

四、罪前情景的分类

关于罪前情景的分类，是一个尚待深化的问题。在这方面，法国犯罪学家从犯罪人格与外在环境相互作用的角度提出的三类情景因素具有一定的代表性②：（1）特殊或危险情景。这类情景的特点是始终存在着不用刻意寻求的犯罪机会，如乱伦情景，贪污、挪用公款的情景。（2）惯常或中性情景。（3）混合情景。在这种情景中，一方面对个体而言存在着现实的犯罪机会，另一方面在个体的人格结构和外在刺激之间不一定存在亲和性。应当说，上述分类概括性强，并在一定程度上揭示了不同序列的情景因素在犯罪发生过程中的作用。但不足之处在于：在内容上只涉及了犯罪的实现情景和预备情景，而没有涉及影响犯罪活动形成的情景；同时，没有从情景因素中区分出由事实情况决定的客观内容和由个人评断决定的主观意义，从而难以阐明外在刺激与行为人心理反应对犯罪行为发生的作用性质和作用强度。因而，它只是非完整意义上的罪前情景的分类。

前苏联学者将具体犯罪的形势按照影响犯罪人行为的程度分为四类：激发性形势、促进性形势、中和性形势和妨碍性形势。③ 这种分类本身是相当全面的，但对各类形势的构成内容和构成形式却缺乏具体的说明。

笔者认为，从前述罪前情景的概念出发，依据情景因素在促成犯罪行为的方式及作用层次上的不同，可将其分成两种基本类型：前者属于犯罪的"发动性"因素，可称之原发性情景；后者属于由内在动机向外在行为

---

① 有关这方面的论述和实证统计可参见［日］井上惠美子著《现代社会心理学》，195页，北京，群众出版社，1987；李田夫等著：《犯罪统计学》，1版，38页，北京，群众出版社，1988。

② 参见［法］坎贝戈著：《犯罪学的基本问题》，156页，巴黎，巴黎大学出版社，1988。

③ 参见［前苏］B.K. 茨维尔布利等著：《犯罪学》，105页。

过渡的"中介性因素"，可称之为过渡性情景。

（一）原发性情景

原发性情景相对于犯罪行为的产生而言，具有"导火线"的作用，特定个体正是由于某一情景的存在或出现，才得以获得犯罪的内驱力；如果没有这一情景，行为人就不会产生针对某一具体对象实施侵害的决意。

基于对犯罪实践的经验观察，原发性情景对犯罪动机的形成作用可以表现为两种形式：（1）由某一孤立事件在较短时间内诱发犯罪动机并随即引发犯罪行为的实施。这是各类激情性犯罪的典型模式。例如，因相互发生口角而导致突发伤害，面对亲密伙伴的背叛或不忠顿生愤怒而实施报复性侵害。在这类情形中，犯罪动机的产生、外化正是由于某一孤立事件的存在而即时完成的，行为人主观上并未对所面临的情景及其行为后果进行认真考虑。这也反映出这类犯罪中的行为人并不一定都具有成熟的主观恶性，犯罪的主观方面主要是其心理结构中的发生因素具有不稳定性，如粗暴、敏感、嫉妒、缺乏自制力等。（2）由一系列前后相继的持续性事件在时间的演进中逐渐引发犯罪的动机和促成犯罪行为。这种原发性情景主要存在于人际关系较为密切的小团体中（家庭、邻里和职业团体）。置身于某一小环境中的个体，当种种压力、冲突、诱惑在一定时间内像"滚雪球"式地逐渐积累，行为人又没有意识到或找不到解决问题的正当手段时，就会逐渐形成某种不良意识，并在外在情景发展到一定程度时，伴随着犯罪动机的产生和强化，犯罪行为就符合逻辑地成为解决问题的方式。现实中的"杀亲"行为，便属于这方面的典型例证。

此外，某些职业环境也有可能成为犯罪的原发性情景，如公务人员和金融或财会人员实施的犯罪中之所以多为贪污、贿赂、挪用公款等与职业活动有关的犯罪，就与他们所处的"持续性"环境有关。由于职业活动中环境的压力与物质诱惑不时地在他们身上起作用，唾手可得的便利条件也在为形成非法获得的动机推波助澜。在这种情景中，如果外部监督不力，人们更容易滋生不良动机和实施危害社会的行为。这也正是单位犯罪和"集体腐败"行为之所以存在的一个主要原因。

原发性情景诱发犯罪的客观作用是有差别的。就其性质来看，大致可以分为三类：（1）决定性情景。这类情景或者表现为对行为人的人格尊严或其他权益构成了现实的侵犯，或者表现为对行为人内在的正常需要结构形成了巨大的冲击力，如受到无端攻击或朋友、配偶的严重背叛以及遭遇重金贿赂等。面对这类情景，即使社会化过程较完善和心理结构正常者也容易作出过激或为社会所不容的反应，更不用说原本在这方面就有缺陷者。（2）轻微的诱发性情景。这表现为在行为人正处于犯罪的动机斗争之中，对是否实施某一犯罪尚犹豫不决时，由于外界情景的诱发，使其产生了犯罪的决意。在这种情形下，外在形势不仅仅是提供了实施犯罪的便利条件，而且情景本身也渗入了犯罪的心理历程，即对犯罪动机的成熟发挥了作用。（3）中性情景。如特定的职业环境。社会分工本身无所谓犯罪的诱发性。犯罪行为的发生仅仅对有不良倾向者而言，因为客观上存在着实施犯罪的便利条件，于是"触景生情"，产生了相应的犯罪动机。

（二）过渡性情景

过渡性情景是指为潜在的犯罪人所利用或创造的利于实现其犯罪意图的某种事实或状态，如在潜在的被害人独处的情形，已接近财物保管处所的事实，自然或照明条件利于隐蔽以及便于获取作案的工具，等等。这类情景一般与个人犯罪动机的形成无关，但却制约着犯罪活动是否外化为犯罪行为，并影响着犯罪的具体方式。"罪前情景大部分表现为实现犯罪行为的动机，也就是说，这种情景将人已具有的动机引出来，并创造了实现动机的条件。"[1] 除了激情性犯罪、人格障碍者和醉酒者犯罪对行为时的情景是否有利极少考虑外，对绝大多数犯罪人而言，某种可借助于实施犯罪的外在情景是否出现或存在，往往成为犯罪行为是否付诸实施以及实施程度（犯罪欲望的满足程度）的先决条件。

对照人类行为的一般发生机制不难发现如下基本事实，即犯罪虽然表现形式复杂多样，但它总是行为人在特定的时间、空间条件下，采取一定手段对一定客体所实施的不法侵害。据此，构成过渡性情景的客观因素主要有：（1）时间、空间条件。时间、空间因素，是制约人类活动的基本因素。在不同的时空条件下，人的情感体验以及活动的方式与内容也不相同。对犯罪人而言，时空因素的制约性主要表现在实现犯罪动机的安全系数的大小，即在此时此地实施犯罪被发现、被抓获的风险程度。所获收益应当大于或至少等于所付出的代价，始终是支配人类行为的基本法则，对同样具有理性思维能力的犯罪人也是如此。作为这一定律对犯罪发生作用的例证，就是犯罪行为的发生在时空分布上具有明显的不均衡性。[2] （2）侵害对象。侵犯对象对实施犯罪的制约性表现在：对人实施侵害时，被害人可被利用或可被控制的程度，决定着行为人是否着手实施犯罪和实施的

---

① ［前苏］B. H. 库德里亚夫采夫主编：《犯罪的动机》，76 页。

② 如在时间上，杀人、伤害、强奸、入室盗窃，夜间 22 时以后最多，而性犯罪一般自春季开始增加，至夏季尤甚；在空间方面，人口密度大的地区发案率高于人口密度小的地区，人口变动频繁的场所的犯罪率高于人口稳定的场所，等等。有关这方面的统计和研究结论，古今中外具有高度的一致性。参见李田夫等著：《犯罪统计学》，196 页；林纪东著：《刑事政策学》，1 版，41—42 页，中国台湾，台湾编译馆，1970。

程度。在这方面，被害人在心理特征、行为倾向上存在的缺陷（如幼稚、贪图小利、举止轻浮、对自己的人身及财产安全缺乏应有的防范）以及其自身的某些心理特点（年龄、性别及身体状况等）甚至职业特征，在犯罪人的角度，都是犯罪能够得以顺利实施的情景。当这种情景未出现或不存在时，其内在的犯罪欲望往往会被暂时抑制，而另觅适合的侵害对象。在对物的侵害上，物品的属性、价值以及管理状态，对犯罪人而言，也意味着有无必要和是否值得实施侵占行为。侵害对象的这种制约作用，在犯罪实践中，则表现为侵害对象的相对集中性。① （3）作案工具。作案工具决定着犯罪活动的机械功能和破坏能量。当缺乏足以对抗被害人反抗、有效破坏障碍物或案后逃逸的工具时，往往会对行为人实现犯罪的决心带来不利影响。因此，能否获取或是否存在适宜的作案工具也是制约犯罪动机向犯罪行为过渡的一个重要因素。

如同原发性情景一样，过渡性情景对犯罪的促进作用也并非是个常数。在客观性质上，它既可能是便于犯罪实施的，也可能是中性的。在后一种情形下，罪前情景实际上只是被犯罪人视为适合实现犯罪意图的情景。

作为罪前情景的两大构成形式——原发性情景与过渡性情景——在现实中往往是以组合状态存在的。不同的组合状态，决定着犯罪发生的现实可能性的大小。以下为原发性情景或过渡性情景的不同组合，可形成四种不同的对应关系：

如上图所示，所形成的四种由重到轻的罪前情景依次为：

A 型：由于集合诱发性情景和利于实现犯罪的情景，成为最为严重的一类罪前情景。在这种危险情景下，不仅由动机向行为转化的概率极高，而且不排除外界刺激成为犯罪发生的主要原因。

B 型：这类情景具有一定的严重性。尽管不存在利于实现犯罪的外在

---

① 如在社会人口中，就存在着"高被害人群"的事实；在物的方面，不同价值和处于不同状态的物品遭受侵害的比例也有明显的区别。参见李田夫等著：《犯罪统计学》，135 页；[美] D. 斯坦利·艾慈恩、杜格·A·蒂默著：《犯罪学》，中文 1 版，221 页，北京，群众出版社，1988。

情景，但却存在对犯罪动机的形成有重要影响的原发性情景。如果该情景得以持续存在，随着犯罪动机的强化，犯罪行为也会倾向于现实地发生。实践中多数犯罪正是在这种情景中实现由内在动机向外在行为转化的。

C型：这类情景主要代表了惯犯或职业犯罪的情形。尽管在行为的当时并无诱发性事件存在，但由于行为人有较为稳固的犯罪心理，实施犯罪的动机始终存在，因而会积极利用或创造利于实现犯罪意图的各种情景。

D型：实质上是正常情景。在这种情景中，由于作为情景构成要素的人、事、物均处于正常状态。因而，除非行为人已在其他生活环境中形成了稳定的犯罪心理，一般不会激发处于该情景中的个体的犯罪动机或发生犯罪动机的外化。

五、结语

由于犯罪表现形式的复杂性和结构的多层次性，对犯罪成因的研究应当兼顾宏观层次上的整体把握和微观层次上的精细剖析。虽然这两种研究角度最终在犯罪预防层面上是统一的，但对科学研究而言，缺少一个视角，对犯罪成因的把握将是不全面和不深刻的。只有从社会角度和行为人角度考察作为社会现象的犯罪和作为个体现象的犯罪行为，才能全面揭示犯罪的规律，才能为犯罪预防的宏观决策和具体运作提供强有力的理论支持。还应当指出，虽然罪前情景概念是从犯罪学角度提出的，其直接目的在于推动社会有针对性地组织和实施各类情景预防措施，最大限度地消除、限制各种诱发犯罪或便于实施犯罪的外在因素，但其研究意义不仅限于此。首先，从适用刑罚的角度看，从具体犯罪情景出发，利于从行为人与所处环境的相互关系角度考察犯罪人的主观恶性和行为倾向，使"罪刑相适应"和"刑罚个别化"的原则贯彻建立到更加客观的基础上；其次，罪前情景从一个侧面说明，由犯罪动机的产生到犯罪行为的实施，并非犯罪人单方面作恶的结果，其间还存在着包括被害人在内的外界情景因素的不同程度的影响和作用。犯罪动机的产生与实现，本质上是犯罪人与被害人及微观环境相互作用的结果。认识到犯罪发生的这一基本原理，无疑有助于摆脱单纯从道德情感角度评价犯罪行为和犯罪人的传统观念，科学地认识犯罪现象。

Zhang Yuanhuang

Micro-reviewing the Reason for Crime
—From the Angle of Pre-situation in Crime

Abstract：Crime is not only a social phenomenon，but also an individual be-
havior which happens in a specifical situation. As a fundamental conception
in discussing generative mechanism in micro-crime，pre-situation in crime ，
through analyzing a series of direct factors which affect crime motive and
committing a crime ，transfer the study on the reason for crime from tradi-
tional "Why do people commit a crime " to both "Why do people commit a
crime " and "In what situation are people inclined to commit crimes" . The
transferring in the reason for crime will supply with more direct guidance
and countermeasure for controlling the crime and accurately applying the
criminal law .

Key words：the Reason for Crime；Micro-review；Pre-situation in Crime

狄世深[*]

也论犯罪的生物因素

【内容提要】

　　犯罪的生物因素是指影响犯罪心理形成和犯罪行为发生的犯罪人个体解剖生理方面的特点，包括年龄、性别和遗传等。年龄大小对犯罪行为的发生有着重要影响，不同年龄阶段犯罪人身心发育状况和社会阅历的不同，会直接影响到他们各自犯罪率的高低，以及犯罪类型、行为方式上的差异。女性在生理上与男性不同的特征，直接影响着她们的犯罪活动，影响女性犯罪行为及其特征的生理因素主要有体力差、雌激素、月经周期、性早熟等，并且，近年来女性犯罪出现了一些新的变化特点。关于遗传与犯罪的关系问题，主要有孪生子论、基因与犯罪等方面的观点，但都尚需进一步的探讨。

【关键词】

■犯罪　■生物因素　■年龄　■性别　■遗传

　　犯罪行为的发生固然有其自然和社会环境方面的因素，但在同样的环境条件下，为什么绝大多数人能遵纪守法，而极少数人却胆敢去实施犯罪？我们认为，这是犯罪人的生物因素在其中起了一定的作用，尽管我们

　◂　北京师范大学法学院副教授、法学博士。

并不能将大多数犯罪行为的发生简单地归因于生物因素。应该说，最早从生物学方面寻找犯罪原因的是意大利犯罪学家龙勃罗梭，他提出了天生犯罪人论，企图从罪犯身上找到一些异常特征来说明犯罪与人的生物学特征的联系，他的天生犯罪学说曾经盛极一时，但后来因受到来自各方面的抨击而被淘汰。犯罪的生物因素是指影响犯罪心理形成和犯罪行为发生的犯罪人个体解剖生理方面的特点，如年龄、性别和遗传等。我们之所以要研究生物因素，是因为人在具有社会属性的同时，也是有血有肉的自然有机生物体，忽视、否认这一因素的观点显然不是科学的态度。犯罪人的生物因素为犯罪心理的形成提供了必要的生理基础，在一定程度上影响着犯罪人的心理特征。

一、年龄与犯罪

年龄大小对犯罪行为的发生有着重要影响。为了深入细致地研究不同年龄阶段的生理特征与犯罪之间的关系，我们可将人的一生划分为青少年期、成年期和老年期三个阶段。可以说，不同年龄阶段犯罪人身心发育状况和社会阅历的不同，会直接影响到他们各自犯罪率的高低，以及犯罪类型、行为方式上的差异。

（一）青少年期与犯罪

青少年期一般是指 10—25 岁的年龄阶段。这一时期正处于人生的发育阶段，是一个人从幼稚走向成熟的过渡时期，也是一个充满矛盾的时期。生理上的急剧变化和心理发育的相对迟缓之间的矛盾、个体需要的不断增长与社会家庭满足能力之间的矛盾、性冲动与道德法律的制约之间的矛盾、独立意向增强与辨别能力较低及对父母的依附之间的矛盾、社会不良影响与青少年抵制能力不足之间的矛盾、精力旺盛与安全意识淡薄之间的矛盾、认识和意志与情感和行为之间的矛盾等，都表现得较为突出。青少年身强体壮，血气方刚，好奇心强，模仿性强，可塑性大，但却容易感情冲动，不计后果，逆反心理强，自控能力差，缺少社会经验，缺乏对复杂事物的判断和鉴别能力，很容易在外界不良因素的诱惑下误入歧途，走上违法犯罪的道路。

当前，青少年犯罪已成为人们关注的社会焦点问题之一。尤其引人注意的是，近年来青少年犯罪率一直呈上升趋势，并呈现出不断低龄化、中学生犯罪率显著上升的特征。据有关统计资料显示，我国青少年犯罪总数已经占到了全国刑事犯罪总数的 70% 以上，而其中十五六岁少年犯罪案件则又占青少年犯罪总数的 70% 以上，可见，十五六岁这个年龄段是易发犯罪的高危年龄；目前我国未成年人犯罪的初始年龄与 20 世纪 70 年代相比也普遍提前了二岁至三岁，十三四岁以下少年犯罪的比例在不断上升，不少青少年罪犯从 10 岁或 11 岁就开始小偷小摸，到 12 岁至 14 岁时就已经能"小人作大案"了。[①] 尤其要指出的是，初始犯罪年龄在犯罪学上具有重大的意义，犯罪人初犯年龄越小，其再次犯罪的可能性就越大，矫正起来也就越困难。目前青少年犯罪低龄化的趋势，必然带来我国重新犯罪率的升高，给本已状况不好的社会治安带来更大的压力，对此，必须引起我们的高度重视。

青少年犯罪具有以下特点：（1）从犯罪动机看，具有动机简单，有时是出于追求享乐、好奇、自我表现和寻求刺激等特点，带有一定的盲目性和随意性。（2）从犯罪类型看，多为财产、暴力和性犯罪，其中，盗窃、抢劫案件占到青少年犯罪总数的一半以上，特别是近几年，以前不大常见的诈骗、寻衅滋事、敲诈勒索、绑架、贩卖毒品等犯罪案件有不断上升的趋势。（3）从犯罪形态看，团伙性犯罪居多，这是因为，青少年这一特殊年龄阶段决定了他们单个人势单力薄，而求众好胜的犯罪心理就促使他们通过结伙来相互利用、相互依存、相互壮胆，增加安全感，他们多是三五成群、七八一伙地共同作案。（4）从犯罪手段看，日益呈现出成人化、智能化的趋势，具体表现为设计型、预谋型的犯罪增多，采用的手段也越来越狡猾，例如，有的青少年盗窃团伙实行盗窃、窝赃、销赃"一条龙"。

（二）成年期与犯罪

成年期一般是指 25—60 岁的年龄阶段。与青少年期相比，这一时期是一个人成家立业的阶段，在生理、心理、社会适应能力等各方面都趋向成熟和稳定，考虑问题全面，生活目标清楚，意志坚强，善于控制自己的情感，所以一般较难形成犯罪心理，其犯罪率相对较低。但如果在青少年时期有过犯罪前科，此期又被诱发，或在生活中遇到重大挫折、矛盾激化、感情冲动，或者私欲膨胀、贪婪无度，都可导致犯罪行为的发生。

成年期与青少年期相比，其犯罪特点有：（1）犯罪心理上的诡秘性、预谋性和多样性等比较突出，犯罪人中累犯、惯犯较多，这势必会给案件侦破和罪犯改造工作带来较大难度。（2）犯罪类型以精心策划实施的恶性杀人、伤人、强奸、劫财、骗财案件，以及贪污、受贿、渎职案件居多，特别是贪污、受贿等职务犯罪，绝大多数都集中在这一年龄阶段。

（三）老年期与犯罪

老年期是指 60 岁以上的年龄阶段。这一时期的人多已从工作岗位上退

---

① 参见王福军、吴景华：《浅析未成年人犯罪的特点、原因及对策》，载《三明论坛》，2005（4），47 页。

下来，社交活动也随之减少。其特征是身体各器官功能下降，体力和精力衰减，反应迟钝，情感单调，兴趣范围缩小，对年轻时的经历记忆犹新，而对新的经历则容易遗忘，并且还往往表现出精神空虚、固执己见、疑神疑鬼、爱发脾气、自我封闭等特点。与青少年期和成年期相比，因受生理条件限制，老年期犯罪的能力下降，机会减少，进而犯罪率也大为降低。

老年期犯罪的特点有：（1）因攻击力减弱，较少实施暴力犯罪，其侵害对象多为抵抗能力较弱的妇女、儿童、老人、残疾人和病人等，并具有智能性、隐蔽性和间接性等特点。与此相关，其犯罪手段多为较少使用体力的犯罪，如诱骗、教唆、盗窃、放火、投毒、赌博、伪造、窝赃、伪证等。（2）由于生活范围的缩小和孤独感的增加，在受到或自认为受到冷落、歧视的情况下，有时也会实施激情杀人或伤害等暴力犯罪，受害者多是其子女或配偶等。（3）老年人因身心发生较大变异，犯猥亵、强奸特别是奸淫幼女罪的比例也较大。

二、性别与犯罪

性别是指男女两性之间生理上的差别。男女之间这种生理上的差别在犯罪活动方面也能明显地反映出来。下面主要分析说明一下，与男性相比较女性生理特征对女性犯罪的影响以及近年来女性犯罪的一些变化特点。

（一）女性生理特征对女性犯罪的影响

犯罪的性别差异首先是由男女之间的生理差异造成的，女性在生理上与男性不同的特征，直接影响着她们的犯罪活动。影响女性犯罪行为及其特征的生理因素主要有以下几点：

1. 体力差与犯罪

女性的肌肉力量、腕力、爆发力和耐力都较男性差，因此，女性一般较难实施暴力犯罪，更多的是从事非暴力性的软犯罪，像诈骗、盗窃、放火、非暴力性的杀人、非暴力性的伤害、拐卖妇女儿童以及性犯罪等。也正是由于女性体力差，大部分犯罪中女性都少于男性，尤其是在那些需要有较强体力才能实施的犯罪中，女性所占的比例更少。许多女性犯罪人即使在进行攻击性的凶杀、抢劫等体力性犯罪时，也往往采取减弱其体力性的手段加以实施，或者采用投放危险物质、放火、于睡眠中杀死对方的方式，或者选择小孩、老人、病残人等体力比自己还差的人作为犯罪对象。因此，我们可以说，女性犯罪大多具有非体力性的性质，并且轻罪较多。

2. 雌激素与犯罪

科学研究表明，激素对于犯罪的发生、犯罪的类型和方式具有重要作用。雄激素中的睾丸酮会助长男性和女性的攻击性，而当个体的内分泌失调时，雌激素中的孕激素则可以减轻其冲动性和紧张性。由于女性体内的雌激素具有减弱、抑制攻击性的作用，再加上受传统观念和教育的影响，女性犯罪较少具有攻击性，女性的主动性、支配性和自信心也较男性差，其犯罪多带有依附性，并且发生率较低。但同时也是由于雌激素的作用，女性罪犯的情感比较细腻，对犯罪过程的体验较深，故往往难以摆脱习惯定式的驱动，具有较难悔改的特点。尤其是女性的性犯罪，更具有顽固性、持久性和恶劣性的特点。

3. 月经周期与犯罪

月经周期和更年期是女性特有的生理现象，其对女性生理、心理状况会产生明显的消极影响，是女性犯罪的危险期。月经周期中无论是性激素，还是垂体促性腺激素都将发生一系列变化，它们通过一定的神经机制影响妇女的心理活动和行为，引起情绪的低落、紧张等变化。尤其是在临近月经前和月经期，女性的情绪更容易抑郁、烦躁、焦虑、恐惧或发怒，再加上女性情绪中固有的敏感、忌妒心强、意志薄弱、对刺激的反应亢进等特点，极易导致犯罪。女性进行的许多犯罪，如杀人、放火、在商店盗窃、妨害公务等，都与其月经周期有着密切的联系。有关统计结果还表明，很大比例的女性暴力犯罪、自杀，以及女性犯罪比例较高的盗窃都发生在经期前四天和经期这段时间内。更年期的女性有记忆力减退、注意力不集中、心情烦躁等心理变化，若受到外界不良刺激或诱惑，很容易实施暴力、经济等犯罪活动。再有，尽管大多数女性杀人、伤人犯罪都有其强烈的情感因素，但却不像男性那样会立刻爆发，而是有一个比较缓慢的累积过程，被害人也多为她们感情的倾注者。另外，孕期和哺乳期也是女性的犯罪多发期。

4. 性早熟与犯罪

性早熟是指男性在 9 岁半前、女性在 8 岁前出现第二忤征，并且女孩在 10 岁前出现月经等现象。随着物质生活水平的提高，女性性早熟等已成为引起女性犯罪活动的一个重要生理因素。实践中有不少女性罪犯都有性早熟的情况，其实施的绝大多数犯罪都与性有着直接或间接的关系。女性犯罪者多以色相诱惑他人，由异常的性冲动引起性犯罪者占有相当的数量，实施其他犯罪时也往往兼犯有性犯罪。再有，女性性早熟还不可避免地带来低龄女性犯罪的增加，很多犯罪少女都过早地体验了性生活。少女早恋、同异性发生性关系的年龄段越早，出现犯罪的可能性就越大，性防线一旦被突破，便为堕落打开了方便之门，也等于为犯罪做好了铺垫。[①]

---

① 参见孙莹：《少女犯罪多与性有关》，载《北京晚报》，2003-07-29。

（二）近年来女性犯罪的变化特点

1. 女性犯罪率呈明显上升趋势

世界人口中男女两性的正常比例应该是各占一半左右，其中男性略多一点。然而，从犯罪数量上来看，各国罪犯中的男性均明显多于女性，女性罪犯往往比男性罪犯要少好几倍，这种情况即使在女性多于男性的国家也不例外。据最新统计资料，由于多方面原因，在不同的国家中，女性犯人在全体犯人中所占的比例是不一样的，并且从世界范围来看，近些年来，女性犯罪率还呈普遍增长的态势，这引起了人们的广泛关注。例如，德国女性犯人在全体犯人中所占的比例为 24%；美国是 30%；在新西兰，从 1986 年到 2000 年十四年间，女犯增加了 162%；马来西亚在过去两年当中女犯增加了一倍；即使是在押犯总量一直保持比较稳定的日本，过去六年当中女犯也增加了 44%。

在我国，女性犯罪占犯罪总数的 10%－20%，但近年来我国女性犯罪率上升的幅度却非常大，女性犯罪在整个刑事犯罪中所占的比例及其对经济发展和社会稳定带来的危害都已不容忽视。例如：北京市海淀区人民检察院 2001 年共受理女性刑事犯罪 242 件共 310 人，而 2002 年这一数字上升到了 273 件共 365 人。[①] 据上海市闵行区检察院监所检察科对该区最近几年女性犯罪资料的统计分析，发现女性犯罪增长率远远高于男性，最近三年来分别以 25%、37%、41% 的速度增长。而北京市朝阳区通过对近两年来女性犯罪的调查发现，该区女性犯罪案件以平均每年 45% 的速度递增，且仍有逐年上升的趋势，在被调查的 657 名女性犯罪人员中，其行为所触犯的罪名也十分广泛，共涉及 50 多种罪名。北京市石景山法院的统计也表明，该区女性犯罪现象趋于严重，仅 2001 年一年该院受理的女性犯罪案件中涉及的罪名就有 17 种，和 2000 年相比，女性犯罪数量上升了 83.3%。

2. 女性罪犯的社会构成发生较大变化

据 2003 年 10 月中旬在南京召开的女犯改造工作座谈会提供的信息，尽管从总体上看，目前女性罪犯在在押犯总人数中所占比例仅为 4% 左右，但近年来中国在押女犯的数量却剧增，高学历罪犯比例也大幅上升。具体情况是：从 1997 年底至 2002 年底的 5 年间，全国在押女犯人数净增了2.9 万名，平均每年增加 13%，大大超出了在押犯的平均增长数。在女犯数量急剧增加的同时，女犯的社会构成也发生了很大变化。从年龄上看，

---

① 参见郝胡兰、王敏：《北京女性刑事犯呈上升趋势，作案者多文化程度低》，载《北京晚报》，2003-09-22。

18 岁至 35 岁女犯占大多数，达在押女犯人数的 50.92%，同时 36 岁至 60 岁的女犯人数有大幅上升，与 1997 年相比，上升幅度达 128%；从文化程度上看，高学历女性罪犯比例大幅上升，虽然目前女犯初中以下文化程度仍占绝对多数，但与 1997 年相比，截至 2002 年底，被捕前为公务员、教师、医生等稳定职业的女犯上升了 62%，在押女犯中具有研究生学历的上升了 56.33%①；从职业上看，近年来在女性罪犯中所占比例上升速度最快的是个体经营者、无业失业者，农村女性罪犯所占比例依然是首位，但由于农民占中国人口的绝大多数，就人口比例来说，农村女性的犯罪率并不算高。

3. 女性犯罪的类型和形式呈现多样化、复杂化

从当前女性犯罪的种类和形式上看，女性犯罪和男性犯罪的差距正在缩小，女性犯罪类型已不再是过去单纯地以杀人、伤害、侵犯财产为主，而是呈多样化发展，女性涉毒罪犯、职务罪犯、重刑犯比例增大，团伙犯罪、流窜犯罪呈上升趋势。需要指出的是，虽然女性犯罪近年来逐年上升，但女性的自身生理特点使其犯罪手段仍多为非暴力性犯罪，其中以盗窃、贩毒、遗弃、卖淫、组织、协助组织卖淫，引诱、容留、介绍卖淫和贩卖淫秽物品等罪居多。并且这类犯罪的组织也越来越严密，流动性也越来越大，给侦破和处理带来了较大难度。而女性暴力犯罪多为抢劫、杀人、故意伤害、寻衅滋事等，这类案件虽少，但女性一旦涉及，则多有男性同案犯，而且多为恶性的暴力犯罪。

4. 家庭暴力和婚外恋成为当前女性暴力犯罪上升的主要原因之一

相关调查显示，一部分女性暴力犯罪与遭受家庭暴力侵害有着极为密切的关系，近几年家庭暴力的不断增加已成为女性暴力犯罪上升的一个主要因素。

家庭暴力主要指肉体上的伤害，如殴打、体罚、捆绑、行凶、限制人身自由等行为，也包括性的摧残和精神上的折磨。近年来，在我国二亿七千多万个家庭中，每年大约有十万个家庭因家庭暴力而解体。由于在家庭中女性的体力明显不如男性、男尊女卑的观念根深蒂固、女性在经济上处于依赖男性的地位以及文化修养、文明素质等方面的原因，女性往往成为家庭暴力中的主要受害者，丈夫对妻子的欺凌占我国家庭暴力的大多数。现实社会中，妻子因长期遭受家庭暴力的虐待而在忍无可忍的情况下怒杀丈夫的案件非常多见。调查发现，女性犯罪者最初对家庭暴力的容忍都是

① 参见王宇、蒋德：《中国在押女犯数量剧增，高学历罪犯比例大幅上升》，载《法制日报》，2003-10-17。

缘于"家丑不可外扬"的心理，害怕邻居、娘家人、朋友和单位知道，也害怕丈夫会加倍虐待、折磨，可当这种侵害积累到一定程度而不堪忍受时，便采取伤害或杀人的方式进行不计后果的"反抗"。

据江苏省妇联权益部 2001 年对南通监狱女子分监 1477 名女犯所作的问卷调查，在回收的 513 份有效答卷中，有 237 个家庭存在家庭暴力问题。其中有 125 人的犯罪直接与家庭暴力有关，有 93 人长期受丈夫的殴打、虐待，有 62 人因家庭暴力问题犯故意杀人罪，制造了多起伤害、投放危险物质、爆炸、纵火等危及社会安全的恶性案件，有 41 人被判无期徒刑或死缓。在答卷中，50％的受虐女性曾迫切地希望离婚，但却没有如愿，有 23.6％的受虐女性曾向娘家及亲朋好友或有关机构求助过，但被求助者有 15.61％采取不管理或虽然管理但却劝其不要声张的态度。这种不被遏制的家庭暴力，终因施暴者有恃无恐而变本加厉，使受虐女性在积愤难消的情况下，走向疯狂报复的极端。[①]

丈夫婚外恋的增多也是导致女性暴力犯罪上升的一个不容忽视的因素。由于女性对感情过于看重，当遇到丈夫有婚外恋的情况时，大多首先是感觉情感受到伤害，继而是委曲求全地加以挽回，当得不到相应的回应后，性格偏激的人会将爱转化为愤怒和复仇心理，孤注一掷地选择毁灭对方、自身，甚至杀死年幼亲生儿女的方式来表达悲愤或憎恨之情。[②] 据有关统计资料，女性杀人，50％以上都是因为感情受挫。我们甚至可以这样说，男人犯罪是为了钱和性，女人犯罪则是为了钱和情，女性因情犯罪的比例要大大高于男性。

5. 社会转型对女性犯罪的影响增大

首先，由于政治的进步、经济的发展、社会的开放和观念的更新，女性同以前相比获得了相对独立平等的社会地位，有了更多参与社会活动的机会。这是导致女性犯罪特别是贪污、受贿、挪用、经济诈骗等犯罪大幅度上升的一个重要因素。

其次，由于女性在当今市场经济社会的竞争中处于相对弱势地位，再加上女性需要生育子女以及受重男轻女传统思想的影响，不少单位不愿录用女性，这势必会直接影响到女性及其家庭的生存和生活质量，成为引发女性犯罪的又一因素。

再次，近年女性犯罪急剧上升的原因还包括，社会上各种不良风气的

---

① 参见王有佳：《家庭暴力透视：现代化城市生活中的一颗"毒瘤"》，载《人民日报》，2003-04-03。

② 参见王景丽：《国际反家庭暴力日：关注家庭暴力》，载《南方日报》，2003-11-25。

影响以及某些女性法制观念淡薄、好逸恶劳思想严重、虚荣心强等。特别是有相当一部分女性罪犯，她们不但文化程度低，而且又没有一技之长，还不愿从事收入不高和比较辛苦的工作。她们固执地认为，拥有金钱就拥有了一切，故实践中她们犯直接获取财物的盗窃罪和能快速获取暴利的毒品犯罪、性犯罪的比较多。

三、遗传与犯罪

遗传是生物的一种属性，遗传信息是以"密码"的形式储存在构成基因的 DNA 分子中的。犯罪的谱系学研究发现，在寻发犯罪者和累犯、惯犯中多具有较高的遗传因素。英国现代心理学家艾森克认为，"由犯罪父母遗传的一些因素增加了子女犯罪的可能性这种观点尤其适用于习惯性犯罪。在遗传因素面前，不利的环境因素充当着产生反社会行为的催化剂。"[①] 但就目前来看，对遗传与犯罪的关系这一问题在犯罪学研究中尚存在诸多不同看法。下面就其中的主要观点作一述评。

（一）孪生子论

遗传因素在犯罪中所起的作用主要是通过孪生子的研究来证实的。每个个体的基因一半来自父亲，另一半来自母亲。同卵孪生子具有完全相同的基因型，而由于遗传物质传递的复杂性，异卵孪生子在遗传因素的相似性上远低于同卵孪生子。在同样的环境中他们之间表现的差异就反映了遗传因素的影响。只要孪生子中的一个成为罪犯，那么由于遗传的原因另一个成为罪犯的几率就比较大，这就是犯罪学家所说的"孪生子论"。

在早期的研究中，所发现的同卵孪生子的犯罪历史一致率平均为60％，异卵孪生子的一致率仅为30％。近期更为广泛的研究却表明了这种犯罪一致率的降低，如丹麦对 3586 对孪生子进行的调查发现，同卵孪生子的犯罪一致率为35％，异卵孪生子的一致率为13％。在挪威进行的一项类似研究发现，男性孪生子中同卵孪生子的犯罪一致率仅为26％，异卵孪生子的一致率为15％。[②] 但由此我们仍可以认定，遗传因素在犯罪形成过程中起着重要作用。

然而，邓恩、多博赞斯基等美国、德国和荷兰学者又早在 20 世纪 60年代，通过应用遗传学理论对 111 对同卵孪生子的调查研究指出，遗传仅能使某些人以一种具有较高犯罪概率的方式，对某种环境作出预先确定的

①　［英］艾森克：《人格理论与犯罪问题》，王俊秀译，载《青少年犯罪研究》，1998（8—9），69 页。

②　参见刘宗粤：《国外犯罪行为生物因素研究进展》，载《人弖检察》，2002（11），56 页。

倾向性反应，同卵孪生子虽然在生理结构上相同，但是某些同卵孪生子的行为类型却有着很大的区别，某些罪犯的同卵孪生兄弟显然也是奉公守法的公民。[①]

（二）基因与犯罪

随着近年来分子生物学技术的发展，越来越多的人试图从染色体和基因方面寻找犯罪的根源。染色体是具有固定形态的遗传物质的存在形式，一条染色体是一条卷曲的、由蛋白质包裹的双链DNA。基因是具有特定的DNA序列、决定一个生物物种的所有生命现象的最基本的因子。人体估计有3000—4000个基因分布在细胞核的23对染色体中，每一个个体的所有性状归根结底都是由基因决定的。由于犯罪是一个复杂的社会现象，是多种个体因素和社会因素相互作用的结果，另外，还由于基因型与表现型之间关系的复杂性，目前并没有发现明确的"犯罪基因"，所以，某个基因和染色体的异常并不一定导致犯罪，而只是增加了犯罪的可能性，基因只有通过同环境进行复杂的相互作用才会表达出来。

最近几年，一些科学家采用基因分析法，对同性恋、吸烟、离婚、自杀、精神分裂症、酗酒、羞怯、政治自由主义、智力以及犯罪行为等进行了解释，但直到今天，在对人的侵犯性和暴力性进行的生物学研究中，学者们仍然存在很大争议。例如"冲动基因"，它是英国布里斯托尔大学的乔纳森·伊万斯博士在研究基因与人类自杀行为之间关系的时候偶然发现的，他给这种基因取了个5HT2C的代号，并且认为这种基因可以预测哪些人有自杀的倾向。一方面，"冲动基因"是通过抑制人的大脑中某些特定区域里的血清素使他们变得性格外向，行为鲁莽，容易酗酒、赌博，甚至故意伤害自己，暴力犯罪的比例较高。另一方面，拥有这一基因的人却又富有创造性和决策力，这对于推进社会的发展有好处。[②]

目前，在染色体、基因与犯罪关系的研究中最能引起人们关注的是染色体异常理论，这种理论认为性染色体为XYY型的染色体异常与暴力犯罪有关。人类的体细胞中共有23对染色体，其中前22对称为"常染色体"，其在男女两性中都是相同的。第23对染色体称为"性染色体"，具有两种形式，其中女性"性染色体"的组成为XX，男性为XY。但是如果初级卵母或精母细胞在减数分裂时发生错误，性染色体不分离，就会产生有两条性染色体的卵子或精子，由这样的卵子或精子发育成的个体染色体总

---

① 参见陈显容、李正典著：《犯罪与社会对策——当代犯罪社会学》，1版，421—422页，北京，群众出版社，1992。

② 参见贤华：《犯罪本能论的演绎》，载《福建公安高等专科学校学报》，1999（3），94页。

数为 47 条，有 3 条性染色体。多 1 条 Y 染色体的 XYY 型男性被称为 "超男性"。这类男性具有身高超常、肌肉发达等生理特征，易实施攻击性行为。就整体而言，XYY 型男性并不一定存在智力障碍问题，但是如伴有智力障碍则有犯罪的倾向，容易进行杀人和性犯罪，攻击性强，且不能自制。1965 年英国的杰可布斯等人研究了 197 个犯罪人，发现其中很大一部分人的染色体属于 XYY 的异常态，因此就认为，"超男性" 染色体中多出的一个男性染色体在某种程度上与这类男性的暴力行为有关，是导致他们实施犯罪的生理因素。但是迄今为止有关研究尚不能解释说明，为什么并非所有暴力犯罪人的性染色体都是 "超男性"，而大多数性染色体异常的人并未实施犯罪，以及女性暴力犯罪现象的存在。

2003 年 4 月 14 日，经过美、英、日、法、德和中国科学家 13 年共同努力，绘制出了人类基因组的框架图，完成了人类基因组的排序工作，并且了解到，人类拥有 3000 个至 4000 个基因，也知道了大部分基因的位置及结构。随着人类进入 "后基因组时代"，越来越多的基因的功能将得到认识，遗传与犯罪的关系的研究也将得到进一步的发展。

目前，犯罪行为的生物学因素只是作为犯罪社会因素的补充，与犯罪有关的生理因素的研究还比较欠缺，除以上所谈到的几个方面，还有血型，以大脑为中枢的神经系统的生理因素，肾上腺素、胰岛素等激素的水平，解剖生理结构特征，生物化学因素，微量元素水平等一些方面的因素。

Di Shishen

Biological Factors of Crime

Abstract：Biological factors of crime refers to individual physical characteristics of the perpetrators, which affect the criminal acts, including age, gender and heredity. Age has an important impact on formation of criminal acts. The different age perpetrators have different body and mind development situation and different social experiences, which will directly affect the criminal rate , type and behavior fashion. The different physiological characteristics in women and men directly affect their criminal activities. Poor physical strength, oestrogen, menstrual cycle, sexual precocity, etc. directly affect female criminal activities. In recent years, there have been some new female crime characteristics. On the heredity-crime relationship, there are twins theory, gene-crime relationship theory, but requires further exploration.

Key Words：Crime; Biological Factors; Age; Gender; Heredity

孟　军[*]

犯罪嫌疑人权利救济概论

【内容提要】

救济权是犯罪嫌疑人享有的一项重要的保障性权利。犯罪嫌疑人救济权具有法律关系主体特定、权利救济内容法定、救济方式多样等特征。它既是犯罪嫌疑人享有的一项宪法性基本权利，属于公权利范畴，同时还具有请求性权利、防御性权利、受益性权利、程序性权利的特质。研究犯罪嫌疑人权利救济有着重要的理论意义和现实意义。

【关 键 词】

■犯罪嫌疑人　■救济　■基本权利

人权保障是刑事诉讼理论研究中一个永恒的中心话题。现代刑事诉讼制度产生伊始，便与人权及其保障问题结下了不解之缘。可以说，刑事诉讼制度不断走向文明的发展史，就是一个对人权保障日益重视和完善的过程。[①] 刑事诉讼制度中，犯罪嫌疑人、被告人的自由和权利是人权保障的核心，这是因为整个刑事诉讼过程都是围绕着犯罪嫌疑人、被告人的刑事责任展开的。在刑事诉讼中贯彻人权保障一方面要求国家不得非法干预犯罪嫌疑人、被告人的自由和权利，即使进行必要的干预也只能在法律规定

---

* 北京师范大学法学院讲师、法学博士。

① 参见林劲松著：《刑事诉讼与基本人权》（前言），1 版，1 页，济南，山东人民出版社，2005。

的条件下进行；另一方面在犯罪嫌疑人、被告人权利受到侵害的情况下，权利受侵害人能够得到及时、有效的救济。在刑事侦查阶段，犯罪嫌疑人与侦查机关地位悬殊，权利极不对等，在这一阶段容易发生侵犯人权现象。诉讼结构上的控辩平等主要发生在刑事审判阶段，而在追诉方与被追诉方力量悬殊的侦查阶段，有必要对处于被追诉地位的犯罪嫌疑人权利保护给予更多关注。因而，犯罪嫌疑人权利救济成为刑事诉讼中极为重要的理论课题。

一、犯罪嫌疑人救济权的含义和特征

权利救济范畴研究是研究犯罪嫌疑人权利救济的逻辑起点。救济权的含义是什么，它具有什么特征和性质等，直接关系到对犯罪嫌疑人权利救济制度的认识及制度的具体架构。目前对救济权的研究多集中在私法领域，犯罪嫌疑人救济权无疑属于公法领域的问题，那么公法领域的救济权是怎样的呢？

（一）犯罪嫌疑人救济权的含义

1. 救济

"救济"一词在社会生活中运用得较为广泛。一般意义上的救济指的是一种物质上的救济和帮助，例如在人们生活困难或遭受自然灾害时所给予的一种物质上的救济和帮助，是社会给弱者的一种物质救助行为，以使受救济的人摆脱困境或暂时脱离险境。具体分类有失业救济、救灾救济、急难救济、医疗救济、社会救济等。从救济得以存在的基础来说，它们中"有的基于法律的直接规定，有的基于人道主义原则，有的基于特定共同体长期共同生活所积淀下来的惯例或习俗"[①]。本文探讨的是一种法律制度上的救济。

2. 法律救济

法律意义上的救济不同于一般意义上救济的含义，它指的是一种法律制度，是国家通过一定途径和程序裁决事实或法律上的争议，通过制止或矫正侵权行为，从而使权益受损害的人获得法律上的补救。《牛津法律大辞典》对"救济"一词的解释是"救济是纠正、矫正或改正正在发生或业已造成伤害、危害、损失或损害的不当行为"[②]。从这一定义看，法律救济的概念主要包含以下要素：第一，法律救济的前提是发生了不当行为。这种不当行为既可以来自于个人，也可以来自于国家机关；不当行为本身既

[①]　贺海仁：《自我救济的权利》，载《法学研究》，2005（4），63页。

[②]　《牛津法律大辞典》，764页，北京，光明日报出版社，1988。

可以是违法行为，也可以是不适当行为。第二，不当行为对当事人的权利造成损害。这种损害既可以是正在发生的，也可以是已经产生损害结果的。第三，法律救济是对受侵害权利的恢复、修复、补偿或赔偿。

救济作为一种法律制度，可以从多种角度来理解。对权利受损害人而言，通过法律救济可以使其受损害的权利得到补救，法律救济就是其享有的一种权利；对于国家机关而言，通过对受损害人权利的补救，说明国家机关行使权力不当，法律救济客观上成为对国家机关行使权力的一种监督途径；同时，作为一种制度，法律救济还意味着一套程序规则，包括多种救济手段和方法等。

救济作为一种制度广泛存在于一国法律中，宪法以及刑法、民法、行政法等部门法都有救济的相关内容。刑事救济作为救济制度的一种，是指在追究刑事犯罪过程中发生的救济。它包括对被害人的权利救济和对犯罪嫌疑人、被告人的权利救济。犯罪嫌疑人、被告人是刑事诉讼中的主要诉讼主体，在整个刑事诉讼过程都享有权利，因而对其权利的救济也贯穿于侦查、起诉、审判整个过程始终。本文着重从权利的角度来论述刑事侦查阶段对犯罪嫌疑人权利的救济。

3. 犯罪嫌疑人救济权

救济权，是指"当宪法和一般法律所规定认可的权利受到侵犯因而形成某一特殊或具体的法律关系时（主要是诉讼法律关系，也包括非诉讼法律关系），此法律关系的当事人（首先是权利被侵害人）所享有的某些法律权利"[1]。依此解释，本文理解的救济权，是公民享有的，在其权利受到国家机关或者个人的不利影响时，从法律上获得自行解决或依法请求裁决机关予以保护和救助的权利，即保障公民的权利和自由不受违法和不当行为的侵害的一种权利。

犯罪嫌疑人救济权是救济权的一种，救济权的概念当然对犯罪嫌疑人救济权有统领作用，但犯罪嫌疑人救济权同时又具有自身特定的内涵。本文认为，犯罪嫌疑人的救济权是指在刑事侦查活动中，当侦查机关或侦查人员实施的侦查行为违反了相关法律规定，侵害了犯罪嫌疑人法定权利时，犯罪嫌疑人依法向有关机关提出申请，要求该机关就侦查行为的合法性与正当性进行裁决，以保障其权利和自由不受违法和不当侦查行为侵害的权利。

（二）犯罪嫌疑人救济权的特征

1. 犯罪嫌疑人救济权的行使形成了救济法律关系

---

[1] 王永福主编：《中国人权百科全书》，1版，117页，北京，中国大百科全书出版社，1998。

　　由犯罪嫌疑人救济权的定义可以看出，就救济的起因而言，通常是因为犯罪嫌疑人认为侦查机关的侦查行为侵犯了其合法权益，甚至造成了其合法权益的损害或损失，要求排除或者赔偿这种损害或损失。这就形成犯罪嫌疑人与侦查机关就侦查行为产生争议，而引出有权机关依法处理和裁决这种争议的过程。在这一过程中几方主体形成了救济法律关系。

　　侦查中救济法律关系主体一般由这几方构成：一方面有原始的双方"当事人"，一方是做出侦查行为的侦查机关，其是救济的被提起对象；另一方是作为救济对象的犯罪嫌疑人，其是救济权的享有者和救济申请的提出者。双方当事人之间的争议是产生救济的前提。另一方面争议的解决是在有权机关的主持下进行的。有权机关的职责是启动救济程序，对存在的纠纷进行裁决，对受损害的一方予以救济或给加害的一方予以惩罚。这里所讲的有权机关既可以是侦查侵权争议双方之外的主体，例如法院，这将形成典型的司法救济方式；该有权机关也可以存在于侦查系统内，例如原决定机关的特定部门或者原决定机关的上一级机关，这形成的是一种行政性救济方式。有权机关根据犯罪嫌疑人的救济申请就争议事项作出裁决，有权机关所为的行为是法律行为，该行为是由法律规范设计的，该行为一旦作出就具有法律上的约束力。

　　2. 救济法律关系发生是因为犯罪嫌疑人就具体侦查行为的做出提出了异议

　　法律上的救济制度是为了解决法律上的纠纷，补救侵权行为所造成的损害，没有法律上的权利纠纷，没有侵权损害就不存在救济。在侦查活动中，犯罪嫌疑人就侦查机关的具体侦查行为产生异议，认为该侦查行为侵害了犯罪嫌疑人的合法权益，是引起侦查中救济的基本前提和根本原因。当然，这里的犯罪嫌疑人的合法权益受到侦查行为的侵害，只是表明犯罪嫌疑人的一种主观判断，并不表明侦查行为已经实际违法侵害了犯罪嫌疑人的合法权益。是否构成侵权并造成损害，要由法定主体依据法定的程序进行审查。

　　3. 犯罪嫌疑人权利救济法定

　　国家以法律规定国家机关与犯罪嫌疑人之间权利义务的方式来调整在刑事追诉活动中的社会关系，因此，包括救济权在内的犯罪嫌疑人享有的权利以及权利实现的机制，都应当由法律所规定或确认。立法明确规定犯罪嫌疑人权利救济机关、救济对象、救济方式和方法，具有确定性、程序性的特点。对于可以实现权利补救但没有形成法律制度的某些方式，不应称其为法律救济。舆论宣传上的解决方式，例如新闻媒体登载读者来信，通过媒体反映情况而使问题得到解决；政治上的解决方式，如人大代表或通过人大代表反映意见，使问题得到解决，这些都不具有确定性、程序性，因而都不是我们这里所说的法律救济。

以对救济权的法律规定为基础，形成了权利救济的法律制度。侦查中的救济作为法律救济的一种，具有法定性，也相应形成为制度，犯罪嫌疑人可以基于立法设置的救济权和救济方式直接获得救济。具体来说，犯罪嫌疑人救济权的法定性主要体现在以下几个方面：第一，犯罪嫌疑人救济权利法定。犯罪嫌疑人享有救济权利，与其享有的人身权、财产权等一样，都是真正的法定权利，如果没有法律的赋予和规定，犯罪嫌疑人就不可能在侦查中寻求和获得救济。第二，刑事侦查中，实施救济的主体法定。实施救济的主体是法定的国家机关，并不泛指所有的国家机关或组织及个人所能够提供的救济，至于具体由哪个国家机关提供救济也完全取决于法律的规定。第三，对犯罪嫌疑人救济的途径法定。犯罪嫌疑人的合法权益受到侵害后可以通过多种途径获得补救，但作为法律意义上的救济是指那些具有法律效力的途径，即法定救济途径。第四，对犯罪嫌疑人救济的程序法定。犯罪嫌疑人救济权行使的步骤、方式和方法都由法律明确加以规定。犯罪嫌疑人救济作为一种法律制度，应遵循法的一般规律，具有程序性特点。只有通过法定、公正的程序才能使犯罪嫌疑人救济权的有效性得以实现。同时，程序法定可以保证侦查行为的效率，避免犯罪嫌疑人任意提起救济，以及防止因提起的救济无序而阻碍侦查任务的实现。

4. 犯罪嫌疑人救济权的行使具有延伸性

犯罪嫌疑人对侦查行为产生异议，认为自己的合法权益受到侵犯虽然主要发生在侦查阶段，但是犯罪嫌疑人的身份会随着诉讼阶段的变化而分别成为被告人、上诉人、判决确定的犯罪人等，因而其享有的救济权也就不是阶段性权利，而是贯穿于诉讼的全过程。对于犯罪嫌疑人在侦查阶段享有权利的救济，可以在侦查阶段提出，也可以在审判阶段提出，有的在审判后阶段仍可以提出，还可以提出宪法诉讼，甚至申诉至相关国际机构。对于犯罪嫌疑人来说，只要是对侦查行为的异议，侦查阶段以后进行的每一个诉讼环节都可以说是对侦查阶段救济权的展开和延续，尽管每一阶段权利救济的具体方式并不相同。

5. 犯罪嫌疑人权利救济的系统性及方式多样性

犯罪嫌疑人权利救济是在犯罪嫌疑人的合法权益受到侵害（或可能受到侵害）的情况下，基于犯罪嫌疑人的请求和通过法定途径与程序而实现的。侦查中犯罪嫌疑人权利救济并不是对某一种救济途径的简单概括，它是由一系列的救济制度构成的。每一种对犯罪嫌疑人权利救济的具体制度，基本上都包括犯罪嫌疑人提出救济申请、救济程序启动、对侵权争议的裁决以及对裁决结果的执行。而这些具体救济制度结合在一起体现了一定的系统性，从整体上维护着犯罪嫌疑人救济权的有效行使。

侦查中，由于侦查行为范围广泛、复杂，既有对犯罪嫌疑人采用的各种强制措施，也有侦查过程中的强制性侦查方法，这些都可能侵犯犯罪嫌疑人的合法权益。正是因为侦查行为对犯罪嫌疑人的权益所产生的影响是多方面的，为切实保障犯罪嫌疑人的合法权益不受侵害，就需要通过多种途径、方法为犯罪嫌疑人所受的侵害提供救济，因而犯罪嫌疑人权利救济途径和方式呈现多样性的特点。

二、犯罪嫌疑人救济权的性质

（一）获得救济是犯罪嫌疑人享有的一项基本权利

首先，"救济在本质上是一种权利，即当实体权利受到侵害时从法律上获得自行解决或请求司法机关及其他机关给予解决的权利。"[①] 就犯罪嫌疑人权利救济而言，权利救济本身是犯罪嫌疑人享有的一种权利。

其次，犯罪嫌疑人救济权是对权利进行救济的权利。"权利依赖于救济（Rights depends upon remedies）"[②] "法律和救济，或者说权利和救济这样的普通词组构成了对语"[③]。根据权利之间的因果关系可以将权利分为原权利与补救性权利。"以后权利救济前权利之连带关系，学理上把前后两个权利区分为原权利与救济权。由权利侵害发生之原状回复或损害赔偿之请求权，谓之救济权。其原来之权利，谓之原权利。"[④] 原权利又称为第一性权利，是指未经侵害就存在的法定权利或法律关系主体通过法律实践而创设的权利，如人身自由权、财产所有权等。补救性权利又称第二性权利，是指权利主体在原权利受到侵害时所产生的权利。现代法治社会，在追究犯罪嫌疑人刑事责任时，并不是将其作为追诉客体，其享有的同普通公民一样的权利除了因追查犯罪受到特定限制外，依然受到法律保护，例如人身权、财产权等。同时，针对其被追诉的地位另外赋予犯罪嫌疑人其他程序性权利，例如辩护权、沉默权等。这些实体性权利和程序性权利就是犯罪嫌疑人享有的"原权利"。如果这些"原权利"受到国家追诉机关的不法侵害，就需要另外的权利——救济权，来对原权利进行补救。这种补救是由犯罪嫌疑人行使救济权，通过引入裁决机关对犯罪嫌疑人和侦查

---

① 程燎原、王人博著：《赢得神圣——权利及其救济》，2版，358页，济南，山东人民出版社，2002。

② H. W. R. Wade, *Administrative Law*, Fifth Edition, Oxford, Clarendon Press, p. 513.

③ 《牛津法律大辞典》，764页。

④ 史尚宽著：《民法总论》，29页，北京，中国政法大学出版社，2000。

机关就侦查行为是否侵权的争议进行裁决。

最后，救济权是犯罪嫌疑人享有的一项基本权利。同普通权利相比，基本权利具有基础性、关联性、不可转让性、不可剥夺性以及基本权利是普通权利的基础等特征。[①] 犯罪嫌疑人虽然处于受刑事追诉的地位，但其不是诉讼客体，其依然享有独立的人格和尊严，救济权就是这种独立人格和尊严的体现，并且是对犯罪嫌疑人的尊严和价值的保障，其具有基础性。犯罪嫌疑人享有的基本权利构成一个体系，基本权利可以分为实体性的基本权利（包括实体基本权利与程序基本权利）与保障性的基本权利。基本性权利若缺少保障性权利，就不是完整的基本权利。犯罪嫌疑人救济权就属于这种保障性权利，其享有的其他实体性权利离不开救济权的保障。同时，犯罪嫌疑人的救济权和其享有的实体性权利之间也是互相依赖的，如果没有人身权、财产权等实体性基本权利作为救济的内容，救济权就是空洞的权利，其存在失去了内容依托。犯罪嫌疑人救济权具有不可转让、不可剥夺性。普通权利，例如债权，可以转让。犯罪嫌疑人救济权是犯罪嫌疑人享有的特有权利，和其人身具有紧密联系，并且为法律所确认，是不可转让和不可剥夺的。作为基本权利，犯罪嫌疑人救济权是部门法中规定的救济制度的基础。部门法中规定的犯罪嫌疑人享有的控告权、申诉权、请求复议权、上诉权等都是以宪法中的救济权这一基本权利为基础的。因此，将犯罪嫌疑人救济权列入上述基本权利范围之内，成为基本权利不可或缺的一部分，实不为过。日本学者将救济权视为"确保基本权的基本权"是有道理的。[②]

（二）犯罪嫌疑人救济权是一种公权利

公权利，即公法权利，是相对于"私权利"提出的，它是指公民对国家主张的权利，或者说是国家对公民承诺的自由和利益，这里的义务主体是国家。关于"公权利"，行政法学者探讨较多，"所谓私权，只是存在于私人相互之间的权利，国家对之处于第三者的关系。反之，若为公权，国家或公共团体本身居于当事者或义务者的地位，因此，国家对人民权利的保护方法因公权或私权而有显著差异。公法和私法的特殊性即存在于此点。"[③] 刑事诉讼法与行政法同作为国家公法，在某些方面有相似性，都涉及公民个人和国家机关的关系，都存在公民一方相对于国家机关出现时所具有的权利问题，它是对公民一方权利另一种角度的理解。一般认为，犯

---

① 参见王永福主编：《中国人权百科全书》，243—244 页。

② 参见左卫民等著：《诉讼权研究》，1 版，5 页，北京，法律出版社，2003。

③ ［日］美浓布达吉著：《公法与私法》，黄冯明译，124 页，中国台湾，商务印书馆，1966。

罪嫌疑人的权利相对于国家"公权"而言，是"私权"。"私"权之所以为"私"，从该权利享有主体的"私人"身份来讲，无疑是正确的。但是另一方面，"私权"尚不够明确，因为它易于同私人在"私法上的权利"混淆。犯罪嫌疑人的权利其实是私人一方在刑事诉讼法（公法）上的权利，或者说由刑事诉讼法领域中私人一方对代表国家的国家机关所享有的权利。

笔者认为，犯罪嫌疑人救济权是一种公权利，是因为：第一，犯罪嫌疑人的救济权是在刑事诉讼活动中发生作用的权利。刑事诉讼活动是国家追诉犯罪的活动，从本质上讲，是国家行使国家权力的活动。犯罪嫌疑人进入这个活动中所具有的权利才是刑事诉讼中的权利。这是界定犯罪嫌疑人救济权的起点。第二，刑事诉讼法是在与国家机关相互关系的结构上来确定犯罪嫌疑人权利的，犯罪嫌疑人与国家追诉机关在权利义务关系上所具有的这种特别"相对性"是犯罪嫌疑人权利的标尺。就是说，犯罪嫌疑人救济权只存在于刑事诉讼法律关系的权利义务结构中。在刑事诉讼法律框架中，对应着追诉主体的相应义务——以追诉主体的义务作为参照系来认识犯罪嫌疑人的权利，是对犯罪嫌疑人权利的基本定位，正是这一定位使犯罪嫌疑人权利有了特殊性。从公权利的提法上讲，它属于公权利。第三，就犯罪嫌疑人与法定裁决机关的关系而言，救济权的行使意味着犯罪嫌疑人请求国家保护自己的合法权益；就国家而言，救济权的行使意味着国家法定裁决机关必须按照法定的司法程序公正地进行裁决，以保护犯罪嫌疑人的合法权益。这里救济权的义务主体是国家，由国家承担相关义务，这也意味着犯罪嫌疑人救济权是一种公权利。

（三）犯罪嫌疑人救济权是一种请求性权利

犯罪嫌疑人救济权本身是一种权利。这种权利在形式上表现为一种救济请求，即犯罪嫌疑人认为侦查机关的侦查行为侵犯了其合法权益时，享有向救济机关申请救济的权利。救济的目的是对侦查中的侵权行为所造成的消极后果进行补救，以保护犯罪嫌疑人的合法权益不受侵害。对犯罪嫌疑人的救济能够依据申请而进行，并且只有在犯罪嫌疑人的救济申请提出之后，救济才能够开始，犯罪嫌疑人是救济程序的发动者。并且，有关国家机关实行不告不理原则。但是，基于侦查关系的特殊性，在一定情况下，法律赋予了一定国家机关的主动救济权能，即使犯罪嫌疑人没有提出申请，该机关也有权对涉及犯罪嫌疑人权利的侦查行为进行审查。这一点不同于民事救济和行政救济，后两者完全遵循不告不理原则。

犯罪嫌疑人救济权是一种公法上的请求性权利，犯罪嫌疑人请求一定国家机关就侦查行为是否侵权作出处理决定。这里救济权的权利人与义务人是不平等的，救济权的义务人是国家机关，只有国家机关针对救济事项作出行为，犯罪嫌疑人的救济权才能得到实现。因此，犯罪嫌疑人提起救济时，国家机关不得拒绝受理或裁决。从这个意义上讲，犯罪嫌疑人的救济权可以理解为是一种"积极的权利"。公法权利的义务主体是国家，由国家的代表机关承担义务。在刑事侦查中，公法请求权由犯罪嫌疑人向国家主张。

（四）犯罪嫌疑人救济权是一种防御性权利

"市民权利的首要意义在于使社会个体摆脱封建社会对其人身及职业的束缚，它是一种自由，抵御非法压制与攻击的权利，旨在排除其他个体、群体以及政治权威对个人生命、自由与财产的侵犯。国家对于这些权利负有不加侵犯和防止侵犯的义务。所以基本权利从出现开始便是被当做一种'防御权'来看待，也就是个人排除、抵御公共权力干涉的权利。"[①]基本权利本身具有防御的性质，救济权则是权利防御性的直接体现或者说是权利防御的途径。公法关系中，救济权对抗的对象是所有国家的公共权力，不但是行政权、司法权，还包括立法权。凡宪法保护的公民权利，如果受到政府权力的侵害，公民有权行使救济权，按照法定程序请求停止侵害，此时，侵害公民权利的政府行为无效。防御功能是救济权的基本功能，如果公民没有对抗公共权力滥用的权利，那么他们的其他权利也不可能真正得到保障。

犯罪嫌疑人的救济权是犯罪嫌疑人在国家机关违法或不当的侦查行为侵害自己实体或程序权利时，予以抵抗的一种权利，其作用是使违法或不当的侦查行为不能发生效力或是就已发生的侦查行为造成的损害得到赔偿。一般而言，鉴于社会秩序与侦查犯罪的特殊需要，出于侦查犯罪的权威性与效率性考虑，国家侦查行为的作出具有公定力，但是，侦查行为的公定力不是绝对的。如果不论侦查机关如何专横地行使权力，一味地承认其公定力，那么犯罪嫌疑人的合法权利将普遍成为权力的牺牲品。这样做显然有悖于社会正义，且反过来又进一步助长了国家权力的专横。但是，又必须看到，犯罪嫌疑人的抵抗或防御对侦查权的效力具有否定性，使用不当必将妨害合法正常的侦查权的运用，导致极大地妨害侦查效率，为此必须有恰当的方式。赋予犯罪嫌疑人救济权，使其启动救济程序，由有关机关对侦查行为进行审查，兼顾了犯罪嫌疑人的防御性权利与侦查行为的有效性。犯罪嫌疑人对侦查行为不服，只能在事后寻求一种救济途径，而不得在事中直接相抵抗。但这不影响犯罪嫌疑人救济权是一种防御性权利的性质。

---

① 杨心宇主编：《现代国家的宪政理论研究》，1版，92页，上海，上海三联书店，2004。

（五）犯罪嫌疑人救济权是一种受益性权利

"所谓受益权，是指公民可以请求国家为某种行为，因此而享有一定利益的权利。"[①] 受益权不同于自由权，自由权是人民为保障其自由，要求国家或他人不得侵犯之权利。这里讲的受益权也不是指公民在结果上实际获得了利益，而是指公民积极地要求政府有所作为的权利。"受益权包括经济上的受益权（如生存权、工作权）、行政上的受益权（如请愿权）、教育与文化上的受益权（如受教育权）、司法上的受益权。"[②] 司法上的受益权是指人民在其权利受到侵害以后，有向法院提起诉讼要求法院予以司法救济的权利。

犯罪嫌疑人救济权是一种福利性权利，是一种司法上的受益性权利。从受益性角度看，犯罪嫌疑人救济权意味着犯罪嫌疑人有资格利用国家救济机关解决与侦查机关的侵权争议，排除侦查机关对权利的侵犯，国家救济机关有义务提供法律救济。拒绝救济就构成对救济请求权的侵犯，国家要承担相应的法律责任。在犯罪嫌疑人救济法律关系中，犯罪嫌疑人是申请救济人，而国家是义务人，救济机关是代表国家履行义务。

（六）犯罪嫌疑人救济权是一种程序性权利

根据权利内容性质不同，权利可以分为实体性权利和程序性权利。犯罪嫌疑人救济权属于公力救济，公力救济与私力救济的一个很大区别就是公力救济的程序性。而私力救济是非程序性的，当事人可以在法律范围内或边缘上随心所欲。犯罪嫌疑人就自己权利受侵害的事实向一定机关提出请求，就其内容而言，可能是请求得到人身或财产方面的实体利益，也可能是程序方面的利益。但就这种请求过程而言，是程序性的。救济请求与其他权利的请求不同，其涉及的是程序性内容，它是当事人发动、启动法定程序的权利。离开程序，救济权无法得到实现。同时，它也是要求国家机关依照法定程序作出裁判、解决纠纷的权利。因而，犯罪嫌疑人救济权表现为启动救济程序、获得特定机关公正处理的一种程序性权利。由于刑事侦查中，犯罪嫌疑人救济所要解决的是具有法律公定力的侦查行为，涉及的是侦查机关与犯罪嫌疑人的争执关系，因此各国法律往往对犯罪嫌疑人救济规定了极为严格的程序规则。法律对犯罪嫌疑人救济的规范和调整，多是根据犯罪嫌疑人救济活动不是一次性活动，而是一系列活动过程的特点，从程序上加以规范，从而使对犯罪嫌疑人的救济成为依次连贯进

---

① 刘敏著：《裁判请求权研究——民事诉讼的宪法理念》，1版，22页，北京，中国人民大学出版社，2003。

② 同上书，22页。

行的法定的程序性活动。

三、研究犯罪嫌疑人权利救济的意义

我国已经确立了"实行依法治国，建设社会主义法治国家"的治国方略，保护人权的内容也明确写入宪法。建设社会主义法治的目标就是要实现法治，而法治的终极目标就是在于确认和保护公民权利。保护公民权利的方式是多元的，但法律救济无疑是最基本和最重要的保障方式。可以说，一个人的权利受到侵害后能否得到及时、有效的救济是衡量一个国家司法水准高低和法治实现程度的重要标尺。刑事诉讼中，刑事被追诉人处于被追究的诉讼地位，其权利极易受到代表国家行使权力的侦查机关的侵害。诉讼过程中加强对刑事被追诉人权利的保护固然重要，但其权利受到侵害后能否得到救济也是很关键的问题，救济是刑事被追诉人权利保护的最后防线。

"如果真想让人们实际地享有实体权，那么必须就救济程序问题进行十二分的研究。"[1] 从犯罪嫌疑人的角度看，对犯罪嫌疑人权利救济制度的研究，可以加强对犯罪嫌疑人合法权利的保护，使得其能够运用法律武器捍卫自己合法的自由和权利，通过司法程序反抗来自国家机关的不法侵害。另外，对救济权的全面肯定，能够引起全社会对犯罪嫌疑人权利的重视，有助于公民权利意识的生成。而公民权利意识正是法治社会赖以存在的基础，权利意识的生长无疑将极大推动我国的法治进程。

从我国目前正在进行的刑事司法制度改革角度看，对犯罪嫌疑人权利救济制度进行研究是完善我国司法制度的需要。首先，端正对犯罪嫌疑人权利救济的认识可促进司法制度的改革与完善。司法制度通常涉及的三个方面：即司法体制、司法人员和司法程序。救济理论对这三个方面都会产生影响。救济权一旦被广泛认可为包括犯罪嫌疑人在内的公民的基本权利，侵权行为就会被尽可能地纳入到司法程序中解决。对司法人员执法行为的规范以及司法程序的作用就会得到全社会重视。而这必然导致对我国刑事司法制度现状的检讨和反思，从而促进刑事司法制度的改革与完善。其次，对犯罪嫌疑人权利救济进行研究将为刑事诉讼法的再次修改提供理论依据。刑事诉讼法必须以追诉犯罪和保障人权为宗旨，对犯罪嫌疑人权利救济的理解必将影响到对刑事诉讼具体制度的认识和设置，尤其是目前引人关注的刑事审前阶段的改革。再次，救济理论可以指导司法实践。无

---

① ［日］小岛武司著：《诉讼制度改革的法理与实证》，陈刚、郭美松等译，1 版，59 页，北京，法律出版社，2001。

论进行司法解释，还是着手具体的个案处理，都不能忽视保障犯罪嫌疑人的合法权利。

　　另外，从法学研究角度看，建立犯罪嫌疑人权利救济理论体系，便于从宏观上对刑事诉讼制度总体进行研究。成熟的救济理论会对刑事诉讼价值、诉讼原则、诉讼结构以及刑事诉讼法与宪法的关系等理论问题产生深刻影响，并对诉讼中具体问题研究提供指导，从而推动刑事诉讼法学发展。

Meng Jun

Survey on the Criminal Suspect's Right to Get Remedy

Abstract: To get remedy is an important protecting right for the criminal suspect. There are several characteristics of the criminal suspect's right to get remedy. The right to get remedy is the criminal suspect's legal right. The subject of the right is specific in legal relationship and there are many kinds of ways for the criminal suspect to get legal remedy. In essence, the criminal suspect's right to get remedy is a kind of constitutional fundamental right, and at the same time it is civil public right, right of claim, defensive right, benefit right and procedural right. It is important to research on the criminal suspect's right to get remedy in law theory and practice.

Key words: the Criminal Suspect; Remedy; Fundamental Right

郭理蓉*

自由刑政策研究

【内容提要】

  自由刑的运用政策是一国刑罚政策的重要组成部分，也是衡量一国刑罚政策轻重的重要标准。本文分析了自由刑在刑事政策上的合理性与局限性，并借鉴经济学上的边际效益法对自由刑进行分析，认为自由刑的合理适用应遵循"轻轻重重"两极化的刑罚政策。从这一结论出发，对我国目前的自由刑政策进行反思，并提出了我国自由刑政策合理化调整的若干建议。

【关键词】

■自由刑 ■刑罚政策 ■两极化 ■合理化

　　自由刑是以剥夺或限制犯罪人的人身自由为内容的刑罚方法。自由刑是目前各国刑法中适用最为广泛、普遍、地位最为重要的刑罚方法。当今世界，极少有国家不存在自由刑，在绝大多数国家刑法中，大部分乃至全部犯罪都可以用自由刑进行处罚。自由刑存在之普遍、适用之广泛、地位之重要，非其他刑罚方法可比。[1] 因此，自由刑的运用政策不仅是一国刑罚政策的重要组成部分，也是衡量一个国家刑罚政策轻重的重要标准。[2]

---

　*　北京师范大学法学院讲师、法学博士。

　①　参见李贵方著：《自由刑比较研究》（前言），长春，吉林人民出版社，1992。

　②　参见杨春洗主编：《刑事政策学》，398页，北京，北京大学出版社，1994。

一、刑事政策视野中的自由刑

(一) 自由刑之合理性分析

作为预防和控制犯罪的重要手段，任何一种刑罚方法的选择都是以其是否有利于实现刑事政策的目标为基准和出发点的。换言之，任何一种惩罚方法之所以能被确立为国家的刑罚并予以适用，都是由于其在刑事政策上具有一定的积极意义，即对于预防和遏制犯罪是必要而且有效的（至少在决策者看来如此），能够满足国家预防和控制犯罪的刑事政策的需要。自由刑经历了漫长的演变历程而逐渐在各国刑法典中"站稳脚跟"并最终在现代各国刑罚体系中占据中心地位，当然是有其存在的合理性依据的。

首先，自由刑具有刑罚的本质属性，这是其作为一种刑罚方法之地位得以确立的基础和前提。刑罚在本质上首先体现为一种痛苦，使犯罪人承受剥夺性痛苦是刑罚的惩罚性质与内在属性。[①] 而何种措施可致剥夺性痛苦以及痛苦程度如何，则与特定历史时期的政治、经济、文化背景以及社会价值观念密切相关。在古代社会，人民既无权利也谈不上自由，他们所拥有的只是生命和身体，因而当时的刑罚惩罚也主要体现为对生命的剥夺和对身体的残害。随着资产阶级革命运动的兴起，自由被提高到可以与生命、健康相媲美的地位，具有了与生命、身体同等的价值。在此前提下，以使犯罪人的人身自由受到限制或剥夺以及强制劳动所产生的痛苦为内容的自由刑作为一种具有严厉惩罚性的刑罚方法才登上历史舞台并逐渐在各国刑罚体系中占据了中心地位。

其次，自由刑具有预防犯罪、改恶向善的功能和作用，有利于实现刑事政策的目标。作为宣告刑及执行刑的自由刑，对于犯罪人能够起到特殊预防的作用，即通过隔离及改造犯罪人，从而使自由刑的再犯防止机能的作用得以发挥和实现。剥夺自由刑将犯罪人与社会相隔离，在此期间，社会便可免受犯罪人的侵害。这种隔离的无害化作用，对预防和抑制犯罪来说十分重要。但是，通过隔离防止再犯毕竟是一种消极的做法。自由刑的受刑人，只要其最终仍要返回社会，则对其进行改造、使其成为不再犯罪的公民而重返社会的过程，不仅在刑事政策上极为重要，也是尊重个人尊严的人道主义的要求。在剥夺犯罪人自由期间，通过进行罪犯再教育与矫治工作，引导犯罪人改恶从善，应成为现代自由刑执行机构的一项重要职

---

① 参见张明楷：《新刑法与并合主义》，载《中国社会科学》，2000 (1)，104 页。

责和目标（有学者称之为"洗衣厂"功能①）。通过狱内再教育和矫治使受刑人在刑满出狱后能再度适应自由社会的生活，成为对社会有用的人。这种重返社会才是执行自由刑的最终目的，是现代自由刑所固有的刑事政策上的意义。② 同时，当法定刑、宣告刑被现实化即被实际执行时，客观上会对一般人产生威慑作用即一般预防作用。正如贝卡利亚所指出的："对人类心灵发生较大影响的，不是刑罚的强烈性，而是刑罚的延续性……处死罪犯的场面虽然可怕，但只是暂时的……丧失自由的惩戒则是长久的和痛苦的，这乃是制止犯罪的最强有力的手段，这种行之有效的约束经常提醒我们：如果我犯了这样的罪恶，也将陷入这漫长的苦难之中。"③

再次，自由刑是刑罚文明化、人道化的重要标志。自由刑作为一种刑罚方法的地位之确立标志着刑罚开始从野蛮走向文明。古代社会的刑罚以死刑和肉体刑为主，行刑方式的残忍和严峻的肉体折磨是古代社会刑罚的主要特征。随着资产阶级启蒙运动的兴起，残忍、野蛮的刑罚方法变得不受欢迎。现代意义的自由刑正是伴随着刑罚人道主义的脚步登上历史舞台，它既是人道刑罚的产物，又是人道刑罚的代表。④ 同时，自由刑本身的发展历程也是一个人道主义的演进过程。从早期自由刑通过严厉的苦役劳动折磨罪犯，到后来改善、复归行刑目标的提出，监狱条件和状况的极大改善，直至现代对剥夺自由刑本身的批判以及自由刑替代措施的出现，刑罚人道主义始终作为一条主线贯穿其间。自由刑的产生和发展不仅意味着刑罚方法的变革，也意味着刑罚观念、社会伦理观念以及社会价值观念的变革。

最后，自由刑本身所具有的特点和优势使其能适应刑事政策的变化和需要，从而成为一种具有旺盛生命力的刑罚方法。自由刑以时间为单位，具有可分割性，便于实现罪刑相称，极大地克服了死刑和肉体刑的缺陷，并且其误判易纠的特点也使之具有很强的灵活性和变易性。而且，自由刑本身包括了两类体现不同刑罚观念、具有内在逻辑联系的刑罚方法：剥夺自由刑与限制自由刑。这样，当古典的剥夺自由刑方法受到现代刑罚思潮强烈冲击之时，自由刑并未因此而失去阵地，相反，却不断进行自我更

---

① 所谓"洗衣厂"功能，意指社会把犯罪人送入监狱，就如同顾客把其肮脏不能再穿用的衣物送给洗衣店浆洗以便取回穿用的心情一样，希望送进去的人经过刑事矫治之后，能再度成为有用的社会成员。所以，执行自由刑的刑事矫治机构应该能够具有好似洗衣厂的功能。参见林山田著：《刑罚学》，190 页，中国台湾，商务印书馆，1992。

② 参见［日］大谷实著：《刑事政策学》，黎宏译，117 页，北京，法律出版社，2000。

③ ［意］贝卡利亚著：《论犯罪与刑罚》，黄风译，46 页，北京，中国大百科全书出版社，1993。

④ 参见李贵方著：《自由刑比较研究》，47 页。

新，为刑法改革运动提供巨大的动力与空间。[①]

（二）自由刑之局限性分析

尽管自由刑在刑事政策上具有十分重要的意义和价值，但因其本身存在的弊端或局限以及执行过程中的某些问题，而难以尽收其在现代刑事政策上所预期的积极的刑罚效果。详言之，主要表现在如下几个方面：

第一，自由刑本身的特点及其执行方式与其所要实现的目的之间存在矛盾。作为自由刑在刑事政策上的意义，特别被期待的是，通过执行自由刑，积极促进受刑人重返社会。[②] 而就自由刑的执行方式而言，将犯罪人关押在监狱中即剥夺自由的方式的确可以有效防止犯罪人在拘禁期间继续危害社会，其隔离排害的效果是显而易见的；但同时，将犯人关押在监狱中，中断其社会生活，久而久之，会使犯罪人丧失作为市民的自我意识，长期与社会生活的隔绝使受刑人重返社会面临着重重困难。对正常社会生活适应上的障碍、被监禁的个人在监狱期间的合法生产（如果有的话）损失、监禁期间对他产生的负效用和他获释后合法活动生产率的减弱，都增加了其获释后重新犯罪的可能性。[③] 不仅如此，受刑人在与其他受刑人相接触的过程中，还可能形成"交叉感染"，相互传染恶习，从而形成新的犯罪性。因此，长期自由刑具有同使受刑人重返社会的最终目的不相适应的一面。短期自由刑又如何呢？短期自由刑因其刑期短，缺少刑罚应有的严厉性，不能充分发挥对犯罪人教育改造的功能和刑罚威慑的功能；特殊预防和一般预防的功能微弱；收监执行可能造成"交叉感染"，使犯轻罪的人变得更恶劣，增强人身危险性；同时，其作为国家刑罚的一种，对罪行轻微的犯罪人适用，不但不能促使犯罪人悔过自新，而且有可能使犯罪人自暴自弃，甚至产生对抗情绪。短期自由刑所具有的上述诸多缺陷使其广受批评。

第二，作为执行自由刑所进行的矫正，受到报应和一般预防等其他刑罚目的的制约，从而可能与特殊预防的需要发生冲突。[④] 个别化是刑罚执行应遵循的一项重要原则，对犯罪人的矫正尤应关注犯罪人的人身危险性。自由刑的执行必须受宣告刑的刑期的制约，就是说，判决时刑期是确定的，而犯罪人的人身危险性在执行过程中可能发生变化，有的人在审判时人身危险性较大，但在行刑过程中，通过教育改造，人身危险性可能剧

---

① 参见李贵方著：《自由刑比较研究》，48 页。

② 参见［日］大谷实著：《刑事政策学》，117 页。

③ 参见［美］理查德·A·波斯纳著：《法律的经济分析》（二），蒋兆康译，297 页，北京，中国大百科全书出版社，1997。

④ 参见［日］大谷实著：《刑事政策学》，118 页。

减；有的人在审判时人身危险性较小，但在行刑过程中变本加厉，人身危险性剧增。对于前者，虽然可以通过减刑制度来进行行刑调节，但在其不具备减刑条件的情况下，便可能出现尽管已无必要但仍需执行部分刑罚即"刑罚过剩"的情况；相反的，对于后者，在无合法正当理由的情形下，不能仅因其人身危险性增大而延长其刑期，所以，便会出现虽然有必要继续关押，但因刑期已满不得不放虎归山的情况，从而使刑罚的特殊预防目的难以实现。

第三，自由刑是一种不经济的刑罚。刑罚抑制犯罪虽然可以产生积极的社会效益，但刑罚的这种社会效益的取得又不是无本万利的。自由刑尤其是剥夺自由刑的社会成本是相当高的。例如，在上海市，根据有关实务部门的分析，平均每人每年的行刑成本为 2 万元左右，而且还不包括历年来的硬件设施投资与折旧费用。[①] 而监禁时间越长，刑罚成本自然就越高。这就需要国家财政投入大量的经费。据统计，2002 年，我国监狱系统日常经费支出 165.4 亿元，其中，国家财政拨款 127.3 亿元，生产补充 39.4 亿元。另外，监狱基本建设项目支出 30 多亿元。[②] 这样，就使国家在自由刑成本的投入上面临困境：监狱拥挤、人满为患的现状亟待改善，而投入过多，又可能会使监狱成为国家财政的一个重大负担。虽然自由刑执行过程中，通过强制犯罪人劳动可以创造一定的经济价值，但国家在监管机构与监管设施以及监管人员的配备方面所付出的巨大财力与人力远远超出了犯罪人所创造的价值。因此，总体上来说，自由刑的成本远远高于其所取得的收益，因而是一种不经济的刑罚方法。

尽管自由刑所存在的缺陷和问题已经引起广泛的关注和讨论，一些激进的学者甚至提出了完全废除剥夺自由刑的主张[③]，但多数人对此还是持比较冷静、现实的态度，一致性的看法认为，至少在目前的阶段，自由刑的使用仍是必要的。因为，迄今为止，人们在刑罚方法上所做的一切改革、所提出的一切替代方案，都无力弥补废除剥夺自由刑后所留下的空白。自由刑在刑事政策上仍有其存在的重要意义和价值。

[①] 参见上海市监狱管理局专家组：《社会化在监狱工作中的定位》，载《监狱理论研究》，2002 (1)。

[②] 参见司法部范方平副部长 2002 年 7 月 15 日在全国司法厅（局）长座谈会上的讲话。转引自郭建安：《社区矫正制度：改革与完善》，载《刑事法评论》，第 14 卷，317 页，北京，中国政法大学出版社，2004。

[③] Jan Van Di jk etc., *Criminal Law in Action*, Arnhem, 1986, p. 281.

二、自由刑政策的经济分析：借鉴边际效益分析法

刑罚作为抗制犯罪的重要手段，需要一定的物质支撑：刑事体制（包括立法与司法）的运行需要投入大量的人力与物力。自由刑是刑罚体系中最占用社会资源的刑罚方法，而社会所能分配给司法的那部分资源总是有限的，因此，自由刑的设定和运用就不能不考虑效益问题。

经济分析是一种统一的方法，适用于解释全部人类行为。[①] 自由刑所具有的连续性使得借鉴经济学上的边际效益分析方法对其予以说明成为可能。

如下图所示：

上图中，M 为边际改造效果曲线，表示每增加一个单位刑期所取得的改造效果。通常的，在服刑初期，由于疑惧、苦闷、悲观以及对立等心理[②]的存在，受刑人的抵触情绪较大，改造效果也相对较差；随着时间的流逝和对监禁生活的逐步适应，受刑人的情绪逐渐稳定，教育改造工作也逐渐地发挥作用，受刑人开始对自己的犯罪行为进行反思，边际改造效果随之提升。当 X＝b 时，边际改造效果达到最高。此后，由于长时间监禁造成受刑人对监狱的厌恶感增强以及其心理上的社会抛弃感增强、自信心

---

① 参见［美］加里·S·贝克尔著：《人类行为的经济分析》，王业宇、陈琪译，7 页，上海，上海三联书店、上海人民出版社，1995。

② 参见刘灿璞、何为民等编著：《罪犯改造心理学》，49—56 页，北京，群众出版社，1987。

降低等原因，边际改造效果递减。当 X＝a 时，边际改造效果为 0。所以，边际改造效果曲线整体呈现先升后降、开口向下的抛物线形态。

I 为收益曲线即总改造效果曲线，是以边际改造效果曲线 M 为基础而形成的。当 X∈［0，b］时，由于边际改造效果递增，所以收益曲线（总改造效果曲线）在此段较为陡峭，或者说，总改造效果对刑期具有较高的弹性。这意味着，适用较低的刑量即可获得较高的改造效果。当 X＞b 时，边际改造效果递减，收益曲线变得相对平缓，且越往后越平缓。在此段，总改造效果对刑期的弹性较小。这表明，要取得相应的改造效果，就需要更长的刑期。当 X＝a 时，总改造效果达到最大，这也就决定了有期徒刑的最高刑期。当 X＞a 时，边际改造效果为负，总改造效果呈下降趋势，这表明，无期徒刑的改造效果较差，其所起的作用主要体现为隔离。①

C 为犯罪危害程度曲线，收益曲线（总改造效果曲线）与犯罪危害程度曲线的交点所对应的就是实现对该犯罪的改造效果所需判处的刑期 c。需要说明的是，犯罪危害程度曲线表现为平行的曲线系，代表着不同的犯罪危害程度。假设有 10 条犯罪危害程度曲线，如图，在 Y∈［0，5］内，总改造效果曲线的斜率较大，而在 Y∈［5，10］内，总改造效果曲线相对平缓，因此，在 Y∈［0，5］内实现每单位改造效果所需的刑期比在 Y∈［5，10］内实现每单位改造效果所需的刑期要短。据此，我们可以得出如下结论：对于危害程度较轻的犯罪，判处较短的刑期就可以实现改造效果；而对于危害程度较重的犯罪，要实现相应的改造效果则需要判处更长的刑期。这表明，从边际效益的分析出发，"轻轻重重"两极化的刑罚政策是具有合理性的。

当然，上述分析是没有考虑服刑成本的。通常来说，服刑成本包括监禁成本和其他成本（包括被监禁的个人在监狱期间的合法收入损失、监禁期间对他产生的负效用如对受刑人家庭的负面影响、社会评价的降低以及受刑人获释后合法活动生产率的减弱等）。如果考虑到服刑成本，则收益曲线就要相应下移。如上图所示，在仅考虑监禁成本 f 的情况下，收益曲线 I 平行下移为 I′。从上图中可以看出，当 X∈［0，d］时，收益为负，也就是说，改造效果为负。这意味着，在刑期短于 d 时，适用监禁是不经济的。如果进一步考虑到其他成本 g，曲线 I 进一步下移至 I″。则当 X∈［0，e］时，收益（改造效果）为负，这表明，在刑期短于 e 时，采取监禁刑是不经济的。据此，我们可以得出第二个结论：短期自由刑是一种不经

---

① 需要说明的是，上述改造效果曲线是根据罪犯改造的一般心理分析而形成的曲线，在例外情况下，可能会有所偏离。

济的刑罚。

三、我国的自由刑政策及其合理化调整

(一) 我国现行刑法中的自由刑政策述评

与死刑政策不同，在我国，自由刑的运用政策并没有表现为一个如此明确、简洁、概括的表述，但是，从刑法关于自由刑的设置以及自由刑的司法适用来看，仍然可以总结出我国自由刑运用政策的几个特点：

其一，在自由刑设置和运用上，偏重于运用剥夺自由刑，刑罚开放性程度较低。我国刑法中的自由刑包括 4 个具体的刑种：管制、拘役、有期徒刑和无期徒刑。除管制刑以外，其余都属于剥夺自由刑。可见，在现行刑法的自由刑体系中，剥夺自由刑仍然占据绝对的主导地位。而即便是管制刑这一我国刑法中仅有的开放型自由刑，也似乎颇有些"讨嫌"，在刑法修订过程中，无论是理论界还是实务界都不断有人提出废除管制刑的建议。① 所幸的是，立法者在权衡利弊之后，最终采纳了保留管制刑的意见，并对管制刑的内容予以补充、修正，使管制刑的适用范围有所扩大。1979年刑法分则中涉及管制刑的条文有 20 条，可适用管制刑的罪名共有 22 个，分别约占刑法分则条文总数和罪名总数的 19.6%、17.2%。现行刑法分则涉及管制刑的条文有 84 条，可适用管制刑的罪名至少有 105 个②，分别约占刑法分则条文总数和罪名总数的 23.7%、24%。这一立法修订的政策趋向无疑是值得肯定的。但从司法实践的情况来看，管制的适用比例还是很低的。1997 年刑法修订前，管制的适用率仅为 2‰左右，这几年虽有所提高，但各地平均也不过 1%左右。③ 因此，总体而言，无论是在刑事立法还是司法中，监禁刑仍是我国目前极受重视、运用最多的刑罚方法，非监禁刑只处于从属和辅助地位。

其二，注重中、长期自由刑的适用，刑罚投入量总体较大。从立法上来看，现行刑法在重刑（无期徒刑、长期徒刑）的配置上并不节俭，刑罚配置具有明显的重刑倾向。从我国现行刑法分则中关于自由刑的幅度配置来看，在全部自由刑幅度配置类型中，法定刑幅度下限为 5 年或 5 年以上有期徒刑的自由刑幅度（包括有期徒刑和无期徒刑）有 11 种共 177 个，分

① 参见高铭暄、赵秉志编：《新中国刑法立法文献资料总览》（下），2130 页、2407 页，北京，中国人民公安大学出版社，1998。

② 之所以说"至少"，是因为这一数据并未含括选择性罪名排列组合的所有情形。

③ 据统计，1999 年、2000 年、2001 年我国被判处管制刑的罪犯占罪犯总数的比例分别为 1.23%、1.21%、1.26%。参见郭建安等：《略论改革和完善我国的社区矫正制度》，载《法治论丛》，2003 (3)，3 页。

别占自由刑幅度配置类型总数和自由刑幅度总个数的 39.3％、25.8％。而 1979 年刑法分则规定的自由刑幅度配置类型中，法定刑幅度下限为 5 年或 5 年以上有期徒刑的自由刑幅度（包括有期徒刑和无期徒刑）有 8 种共 35 个，分别占自由刑幅度配置类型总数和自由刑幅度总个数的 33.3％、23.5％。可见，我国历来重视中、长期自由刑的运用，现行刑法更是变本加厉。在这样的刑罚政策指导和立法前提下，司法适用中的重刑主义倾向也难以避免。据统计，2002 年全国法院审理并判决生效的刑事案件共 493500 件，被判刑的有 690506 人，其中，判处 5 年以上有期徒刑至死刑的有 160324 人[①]，占全年被判刑人数的 23.2％。另据一项对天津市、上海市监狱系统的调查结果显示，在 140 名服刑人（调查是随机性的）中，被判处 4—10 年有期徒刑的占 43.5％，被判处 11 年有期徒刑以上刑罚的占 39.3％。[②]

其三，大量设置和适用拘役刑。短期自由刑因其具有惩罚功能弱、威慑力不强、教育改善之特殊预防功能差、易导致交叉感染制造出更加危险的累犯等弊端而广遭责难，成为现代刑事政策上引起争论最多的刑罚方法。短期自由刑弊大于利，这已是学者们的共识。在当前，世界各国都严格限制短期自由刑的适用并积极寻求短期自由刑的替代措施。而我国立法者却对短期自由刑表现出极大的热情和肯定态度，不仅无意限制反而进一步扩大其适用范围。1979 年刑法分则条文中，规定有拘役刑的有 69 个，占分则条文总数的 67.6％。而在 1997 年修订刑法分则条文中，规定有拘役刑的有 269 条，占分则条文总数的 76％。而且，现行刑法一改以往拘役刑与 3 年以下有期徒刑、管制等较轻刑种搭配规定的传统，开始将拘役刑与中长期有期徒刑（5 年有期徒刑）大规模地（107 个）搭配规定。据统计，现行刑法中规定拘役刑的自由刑幅度有 324 个，约占全部自由刑幅度总数的 47.2％。可以说，现行刑法对拘役刑的配置"大有全面撒网之势"。[③] 这种无视拘役刑的诸多弊端而盲目扩大其适用的做法不仅缺乏合理性，而且显然与国际上限制短期自由刑的趋势相悖。

（二）我国自由刑政策的合理化调整

结合前述自由刑的利弊分析以及经济分析的结论，笔者认为，我国刑法中自由刑的合理适用应遵循"轻轻重重"的刑罚政策。"轻轻重重"是刑事政策的两极化发展方向。[④] 所谓"轻轻"是指对轻微犯罪特别是人身

---

① 参见《中国法律年鉴》，1320 页，2003。
② 参见袁登明博士论文：《行刑社会化研究》，北京，中国人民大学，2003，218 页。
③ 参见周光权著：《法定刑研究》，131 页，北京，中国方正出版社，2000。
④ 参见［日］森下忠著：《刑事政策之论点Ⅱ》，1 页，日本东京，成文堂，1994。

危险性小的罪犯诸如过失犯、偶犯、初犯等实行轻刑化、替代刑和非刑罚化政策；"重重"是指对于重罪以及人身危险性大的罪犯更多地适用更长的监禁刑。"轻轻重重"政策有利于将有限的司法资源重点运用于那些对社会最具危害性的犯罪，从而实现刑罚资源的有效、合理配置。

依据"轻轻重重"的刑罚政策，笔者认为，我国自由刑政策应在以下两个方面进行合理化调整：

其一，调整现行刑法中的自由刑设置。就总则来说，我国现行刑法中有期徒刑的上限相对较低，其与无期徒刑、死刑之间的跨度过大。笔者认为，应适当提高有期徒刑的上限，如提高到 20 年、数罪并罚的以 30 年为上限等。这样，一方面可以强化有期徒刑的威慑、改造效果；同时，在一定程度上可能也有助于减少死刑的适用。此外，对刑法分则的法定刑幅度配置也应予以调整。根据前述对自由刑的边际改造效果的分析，在犯罪危害程度较轻的区间内，实现每单位改造效果所需的刑期较短；而在犯罪危害程度较重的区间内，实现每单位改造效果所需的刑期则相对较长。据此，在自由刑幅度的设置上，对于较轻的犯罪，其起刑点应较低，法定最高刑与最低刑之间的幅度也较小；而对于较严重的犯罪，其起刑点则相应较高，法定最高刑与最低刑之间的跨度也应适当扩大。

应该注意的是，虽然说，根据"轻轻重重"的刑罚政策，对于较为严重的犯罪，应处以较长时间的监禁，但动辄适用长期自由刑的做法也是不足取的。因为，在一个正常的社会中，严重的犯罪毕竟是少数的。相应的，重刑的适用范围也应该是较窄的。如果重刑的适用范围过于广泛，根据边际效益递减的规律，其结果将可能导致重刑威慑力的丧失。同时，长期自由刑在教育改善功能上所具有的缺陷及其适用所可能产生的罪犯再社会化障碍等负面效应决定了对其适用应遵循谦抑性原则。因此，在刑法分则中对于严重犯罪设置跨度较大的法定刑的同时，还应在法定最高刑与最低刑之间划分出多个量刑档次或幅度，这一方面可以减少因法定刑幅度过大而导致的量刑方面的不便；另一方面，也可以将较重的自由刑的适用范围限于那些危害程度确实更为严重的犯罪，从而真正体现"重其重者"的政策。

其二，鉴于短期监禁刑的不经济性，应限制短期监禁刑的适用，对于较轻微的犯罪，应尽可能地采用非监禁的刑罚方法。短期自由刑存在弊端，这已是刑法学者们的共识。短期自由刑虽然具有诸多缺陷，但大量轻罪的存在使得短期自由刑的存在具有现实意义。因此，"就刑事政策的观点而言，并不能由于短期自由刑的弊多利少，而轻易主张放弃短期自由刑。"① 在保留短期自由刑的同时，对短期自由刑的适用加以必要的限制，并积极寻求短期自由刑的替代措施，以减少其可能产生的消极影响，这是当前世界各国刑事立法和刑事司法的基本趋势。鉴此，针对现行刑法中广泛适用拘役刑的现状，同许多学者一样，笔者也认为，应将刑法中拘役刑的适用范围予以缩小，改革拘役刑的执行方式、改善执行条件等，并寻求合理的替代措施。我国已有学者对此进行了探讨，提出了不少建议。例如，充分发挥罚金刑、资格刑的替代作用，增设新的替代措施如劳役刑，充分发挥缓刑的作用，改革拘役刑的执行方式、改善执行条件等。② 就拘役刑的替代措施而言，笔者认为，增设新的合理的、可行的替代措施固然可采，但首先应该注意对既有的可用资源的充分利用。就拿管制刑来说，管制刑在降低行刑成本、减少监禁刑交叉感染等方面具有独特作用，我国刑法分则条文中对于很多较轻的犯罪，都有"处……拘役或者管制"的规定，因此，完全可以将管制刑作为拘役刑的替代措施予以考虑，这样，既在操作上方便易行，又不会引起立法修改的复杂问题。

---

① 林山田著：《刑罚学》，199 页。

② 参见张绍谦：《短期自由刑存废之研究》，载《法学评论》，1995（5），10—11 页；赵秉志等：《论我国短期自由刑问题的应对方案》，载《人民司法》，2003（8），24—26 页。

Guo Lirong

Study on the Policy of the Penalty of Freedom-related

Abstract: The policy of penalty of freedom-related is an important part of the penal policy of a state. It is also a significant criterion to evaluate the penal policy. Discussing rationality and localization of the penalty of freedom-related and analyzing by means of marginal benefit in economics, the author holds that the penalty of freedom-related should be applied rationally by following the bipolarization policy. Furthermore, the author puts forward some suggestion to rationalize the policy of penalty of freedom-related in China.

Key words: Penalty of Freedom-related; Penal Policy; Bipolarization; Rationalization

阴建峰*

现代特赦制度新探

【内容提要】

　　本文首先简要探讨了关于特赦制度的一般理论，揭示了特赦的概念、类型、效力及其适用范围；在此基础上，论文就如何在我国的现行法律框架内重构特赦制度进行了较为详细的论述。

【关 键 词】

■现代赦免制度　■特赦制度　■制度重构

一、前言

　　我国所建构的和谐社会同时是法治社会，法治社会通过必要的宽容可以促成社会的和谐。价值理念上的宽容指涉实体社会时必会涉及法治中的赦免制度。在我国目前的法律中，只有宪法、刑法与刑事诉讼法对特赦制度稍有涉及。我国现行宪法第 67 条规定，全国人大常委会有权决定特赦；而第 80 条同时规定，国家主席根据全国人大常委会的决定发布特赦。我国1997 年刑法典和 1996 年刑事诉讼法典也都只是在关于累犯、不起诉等其他相关制度的规定中，对赦免有所提及。从司法实践而言，自 1975 年 3 月19 日以后，我国便再未实行过特赦，以致该制度逐渐被虚置。从理论研究角度说，尽管包括特赦在内的赦免制度属于宪法学与刑法学的交叉地带，但现今无论是宪法学还是刑法学理论，都有意无意地忽略了对该问题的研

---

　　* 北京师范大学刑事法律科学研究院副教授、法学博士。

究。为什么备受古代帝王乃至当今各国普遍重视的赦免制度在我国现行法律体系中几乎无立足之地，在司法实践乃至理论研究中亦处于被如此冷落的尴尬境地呢？笔者以为，这实际上是受我国长期社会政治与文化因素影响所致。数千年封建重刑文化之影响以及长久以来极"左"思潮和极端政治的荼毒，使我国社会从政府到民众在整体上还缺乏基本的宽容。而没有宽容的社会，又怎能有赦免制度的容身之地？[①]

然而，现代赦免制度尤其是其中的特赦制度，作为刑事政策体系的一种制度形式，直接关涉宪政体制和刑事法治领域诸多核心而又敏感的问题，并进而反映了刑事法治与宪政制度在价值理念上的紧密关联。[②] 因此，对于赦免乃至特赦制度给予必要的理性分析和深入的研究，应该说具有重要的理论价值和实践意义。而本文即拟就特赦制度予以专门研究，以期对现代赦免制度的构建有所助益。

二、特赦概念之界定

（一）特赦的概念及其特征

关于特赦的概念，学者们的观点大体一致。通常认为，所谓特赦是指由国家元首或者最高国家权力机关以命令的方式，对已受罪刑宣告的特定犯罪人，全部或部分免除其刑罚执行的制度。

由特赦的上述概念可知，其具有如下基本特征：（1）特赦权通常归属于国家元首或者最高国家权力机关。不过，也有极少数国家将特赦权赋予政府首脑。（2）特赦令通常是以命令的形式发布。与大赦令不同，特赦令不具有规范性质，它是在具体案件中适用法律的命令。[③]（3）特赦是适用于特定犯罪人的赦免制度。此处所谓特定犯罪人，并不仅限于特定的个人，而可能是特定的多数人。当然，特赦制度也可能是适用于特定犯罪的赦免制度。新中国成立以来的七次特赦，其"特定性"主要考虑的就是犯罪类型的特定性。而此时就犯罪人而言，"特定性"即体现为特定多数人。（4）特赦所针对的是已受罪刑宣告的犯罪人，其效果是全部或者部分免除刑罚的执行。因此，特赦只能适用于已经被有罪判决确定刑罚的犯罪人，对于判决确定前的犯罪人，则不能实行特赦。而有学者认为，特赦是对受

---

① 参见陈兴良：《〈赦免制度研究〉序》，载陈兴良著：《书外说书》，231页，北京，法律出版社，2004。

② 参见陈东升著：《赦免制度研究》（引言），1版，2页，北京，中国人民公安大学出版社，2004。

③ 参见［俄］库兹涅佐娃等主编：《俄罗斯刑法教程（总论）》，下卷，黄道秀译，830页，北京，中国法制出版社，2002。

罪刑宣告的特定犯罪人免予追诉或免除其刑罚执行的制度。① 这一观点显然存有疏漏，因为免予追诉是就有罪判决确定前的犯罪人来说的，而这有违特赦之基本特征。

（二）特赦与大赦的区别

当然，要准确把握特赦之内涵，还需要将其与大赦区别开来。关于两者之间的差异，理论界多有论述。

20 世纪初我国有学者即根据多数国家的实例从三个方面揭示了两者之区别："大赦系将一类的罪犯（通常为政治犯军事犯）全赦，其赦免时，往往仅声明某某事件或者某某时期的全体罪犯，而不声明被赦免者的个人姓名；特赦则系对于特定的个人所实行的赦免，此其一。大赦不仅可行于法院判决确定之后，抑且可行于法院判决确定以前，所以，大赦不独可以免除刑罚的执行，抑且可以免除刑事的诉追；特赦则仅行于法院判决确定以后，此其二。大赦的效力可以使犯罪者的犯罪行为在法律上完全消毁，所以被赦免者不独可以完全免刑，即再犯时亦不以累犯论；而恢复公权，亦为当然的结果；特赦虽得随特赦的明令而免除其刑罚的一部或者全部，甚或恢复公权，然其犯罪行为，法律并未消毁，再犯时仍视为罪犯，此其三。"②

中国当代的刑法理论，对该观点基本予以认同，只是进一步作了细化。较有代表性的观点认为，大赦和特赦的区别主要在于：（1）大赦对于一般的犯罪或特定的犯罪，均可普遍实行；特赦只能对特定犯罪人的特定犯罪实施。（2）大赦有消灭罪刑宣告的效力；特赦在多数国家的大多数情况下都只能免除刑罚的执行，而不能使宣告之罪归于消灭。（3）大赦对于其所赦免的犯罪，无论在判决前或判决确定后均发生效力；而特赦之效力，仅及于判决确定后的犯罪，对判决确定前的犯罪，不能实行特赦。（4）大赦是以全国或某一地区、某一事件的全体犯罪人为对象，因而通常包括很多人，并且不需要注明被赦者的姓名；而特赦是以特定犯罪人为对象，既可能是多人，也可能是一人，一般需要说明被赦者的姓名。（5）大赦通常要经过立法程序，制定成法律；而特赦一般不需经过此程序，往往是经一定的机关、团体或个人提出申请，由有特赦权的国家元首、最高国家权力机关或者政府首脑决定即可实行。（6）大赦之罪不可能成为累犯的基础；而特赦之罪通常有可能成为累犯的基础。③

---

① 参见陈兴良著：《本体刑法学》，1 版，891 页，北京，商务印书馆，2001。
② 王世杰、钱瑞升著：《比较宪法》，修订版，285 页，北京，中国政法大学出版社，1997。
③ 参见马克昌主编：《刑罚通论》，2 版，698—699 页，武汉，武汉大学出版社，1999。

应该说，上述观点从传统意义上较为合理地表述了大赦与特赦的本质差异。当然，也应该看到，大赦与特赦如今都呈现出新的发展变化，这导致两者之间的界限日益模糊。例如，许多国家和地区出现了免刑而不免罪的大赦，而特赦则同时出现了"罪刑皆免"的实际变异。这就意味着，有时根本无法从是否"罪刑皆免"的角度界定两者之间的区别。也正是基于在某些情况下无法将两者区分开来，美国联邦大法院便曾宣布：大赦与特赦的区别不具有法律上的重要性，而只是哲学上的兴趣而已。[①]

三、特赦制度的类型

对于特赦制度，从各国立法乃至理论研究来看，也存在不同的分类方法。概而言之，主要有以下几种：

（一）特别特赦与普通特赦

根据效力的不同，可以将特赦制度区分为普通特赦和特别特赦。我国台湾地区有些学者即持该分类方法。所谓普通特赦，是指特赦的效力只是对所宣告的刑罚免除执行，可以是全部免除，也可以是只免除尚未执行的那一部分刑罚的执行，而不是使原宣告的罪刑归于无效。普通特赦也正是传统意义上的特赦。而所谓特别特赦，是指特赦的效力可以使已受宣告的罪刑归于无效，即行为人虽受有罪宣告，但若获得特赦，对其宣告的罪责和刑罚都归诸消灭。[②] 特别特赦则是传统意义的特赦之变异形式。

（二）个人赦免与集体赦免

这是根据特赦制度的对象数量所作出的区分。法国刑法理论中即存在如此分类之方法。根据法国有关刑法理论，所谓个人赦免，是指由被判刑人自己向国家元首提出特赦申请，并在经过法定程序后得到赦免。而集体赦免，则是指由监狱管理部门向国家元首提出建议，对那些表现突出的被判刑人给予减刑以使他们尽早回归社会，然后在某个时候（例如国庆节），由国家元首签署一份单一特赦令，列举每一个获得特赦者的名字。这种集体特赦措施仍保留有特赦所必须具备的"个人化特点"。[③]

（三）无条件特赦与附条件特赦

这是根据所施行的特赦制度是否被附加条件而作的区分。以前，特赦

---

① 转引自［韩］郑贤美等著：《赦免制度之现状与思考》，韩文版，94页，韩国刑事政策研究院，2003。

② 参见张灏编：《中国刑法理论与实用》，1版，432页，中国台湾，台湾三书局，1980；马克昌主编：《刑罚通论》，698页。

③ 参见［法］卡斯东·斯特法尼等著：《法国刑法总论精义》，罗结珍译，1版，559页，北京，中国政法大学出版社，1998。

通常都表现为无条件特赦；而在当代，一些国家往往对赦免的适用附加特定的条件，这就是附条件特赦。可以给特赦附加的条件有很多种。概括而言，主要包括：（1）以获得特赦的人应当向受害人支付损害赔偿为条件。（2）将特赦作为一种刑事政策工具或者技术手段，以便采取保安处分措施。（3）以当事人在或长或短的期限内遵循某些程序或者服从某些规定为条件。此处所指的条件已非诸如未受到有罪判决等"否定性义务"，而是强制当事人履行的一种具体的积极义务。例如，接受戒毒治疗、接受社会部门或"刑事后委员会"的监护、不进零售酒店、对被害人给予赔偿、支付罚金等。（4）以被特赦的受刑人在一定的期限内不得受新的有罪判决为条件。不过，对于此一情形能否视为附条件特赦，理论中也存在争议。此种附条件特赦常见于法国、德国的刑事司法领域。例如，法国1954年2月15日法令设立的集体特赦即属于此种情况：如果获得特赦的人在此后的5年内被判处监禁刑或者更重的刑罚，所给予的特赦将溯及既往予以撤销，而且新判决所确定的刑罚和被缓刑的刑罚将一并执行。但有法国学者却认为，这实际上属于一种真正的行政性的缓刑。[①] 有德国学者亦认为，它不应属于赦免，在本质应归属于缓刑制度。对此，我国也有学者认为，附刑事条件的赦免，在本质上应属于缓刑制度的一个类型，将其归属于赦免制度的范畴，可能混淆两种制度的应有界限。同时，将此类有可能事后撤销的"附条件赦免"归结于赦免制度，必然带来司法实践中无法解决的尴尬问题。[②] 但是，笔者以为，将此种附条件缓刑纳入赦免制度的范畴也无可厚非。因为赦免制度的价值便在于调节利益冲突、衡平社会关系、救济法律不足，而普通缓刑往往受法律规定的条件限制，在特定情况下并不能构成。此种情况下，当然可以凭借附条件缓刑发挥赦免制度的固有功能。至于给特赦附加一定条件，无非是传统特赦制度的改良，这种新的附条件特赦在灵活运用并发挥上述功能的同时，在一定程度上可以起到防卫社会之功效。只是若将最终是否获得赦免交由法官决定，并形成所谓"司法裁判上的赦免"，则确如部分学者所言，有混淆司法权和行政权之嫌疑。[③]

四、特赦制度的范围与效力

（一）特赦制度的范围

特赦制度原则上适用一切犯罪，无论任何时期，特赦的请求均不受限

---

① 参见［法］卡斯东·斯特法尼等著：《法国刑法总论精义》，660 页。

② 参见于志刚著：《刑罚消灭制度研究》，1 版，505 页，北京，法律出版社，2002。

③ 参见陈东升著：《赦免制度研究》，124 页。

制：犯罪的性质对于特赦的请求并不具有任何意义，而且对被判处者本人也不具有任何影响。① 同时，所有的犯罪人，不论是成年人还是未成年人，不论是初犯还是累犯，也不论是本国人还是外国人，都可以得到特赦。但是，要使被判刑人获得特赦，宣告其有罪的判决便应当是最终确定的判决。也就是说，应当是不得再行提起任何上诉的判决。此外，还应当是具有执行效力的有罪判决，因为特赦的法律效果正体现在全部或者部分免除这种刑罚的执行上。如果刑罚已经执行完毕，或者刑罚已经完成时效，或者刑罚附有缓期执行，原则上都不能给予特赦。②

（二）特赦制度的效力

首先，从传统意义上讲，特赦的效力只及于刑而不及于罪，它只是免除执行刑罚的全部或者一部。作为一种刑罚消灭事由，特赦等同于执行刑罚的方式，它所产生的效果与刑罚正常执行完毕的效果相同。因此可以说，获得特赦即等于刑罚已经执行完毕③，可以获得与刑罚执行完毕完全相同的法律后果。从我国1997年刑法典第65条、第66条之规定来看，赦免（即指特赦）与"刑罚执行完毕"被并列规定为构成累犯的前提条件。这也表明，我国刑法中的"特赦"也具有与"刑罚执行完毕"相同的刑事法律后果。因此，特赦通常并不妨碍累犯的构成。

其次，由于传统意义上特赦的效力只及于刑而不及于罪，因此不管是全部免刑还是部分免刑，犯罪人均当然地存在前科。换言之，特赦的效力通常并不及于前科，不能消灭前科。因此，原来的有罪判决与宣告的刑罚乃保留记载于"犯罪记录"。但是，也有前苏联刑法学者曾指出，在特赦的情况下，前科并不是绝对不能消灭，如果经过特别的请求，即专门申请特赦犯罪人的前科或者申请特赦时要求一并赦免前科，也可能导致前科归于消灭。④

再次，针对主刑的特赦，即便是全部特赦，并不必然引起对从刑或附加刑的特赦。确定被判刑人是否应服从刑的依据仍然是原有罪判决。只有在特赦令中明文规定对从刑或者附加刑也给予特赦时，才能免除执行这些刑罚。此外，法国刑事诉讼法典第763条还规定，被判无期徒刑获得特赦的人，如特赦令并未规定免除其受禁止居留，仍然应当禁止其居留于特定地点。

---

① 参见［前苏］贝斯特洛娃著：《苏维埃刑法总论》，1版，6—34页，北京，中央人民政府法制委员会，1954。

② 参见［法］卡斯东·斯特法尼等著：《法国刑法总论精义》，658页。

③ 同上书，661页。

④ 参见［前苏］贝斯特洛娃著：《苏维埃刑法总论》，6—33页。

最后，与大赦禁止溯及既往相同，特赦所产生的法律后果也不溯及既往。例如，意大利军事刑法典第 73 条即规定，除有关法令另有规定外，特赦不使因受处罚而丧失的官衔恢复。特赦也不得对第三人的合法权益造成损害。例如，法国刑法典第 133-8 条便明确规定，特赦不妨碍受害人对犯罪造成之损失取得赔偿的权利。基于特赦不损及第三人利益的规定，因犯罪而丧失之财产或者其他利益，归他人者，不能当然得到恢复。

（三）特赦制度之变异

如前所述，传统意义上特赦制度的效力仅在于全部或者部分免除刑罚的执行，但随着相关立法的发展，特赦制度的效力也出现变异，产生了罪刑皆免的特赦制度。而这实际上即是前述的特别特赦。换言之，变异后的特赦制度之效力有时也会及于罪和刑，它既可以使罪犯所受的有罪宣告归于无效，又可以使其刑罚消灭。因此，如果此种情况下犯罪人在特赦后再犯罪，则被赦免之罪不能成为累犯的条件。[①]

法国刑法中大赦性质的特赦便是特赦效力发生变异的一种形式。有法国学者认为，设立大赦性质的特赦之目的是为了使某些特赦具有更为广泛的效力。此种特赦的效果在于，使获得这种特赦的人实行的犯罪行为得到赦免，并且溯及既往地使该行为不再具有违法性，从而使原来受到的有罪判决成为不曾发生。但是，这种效果仅能依法律规定而产生。[②] 事实上，我国台湾地区赦免法也有类似规定，该法第 3 条规定，受罪刑宣告之人经特赦者，免除其刑之执行，其情节特殊者得以其罪刑之宣告为无效。

当然，特赦与大赦在效力上的趋同，并不意味着此种情况下特赦就等同于大赦，通常还可以从适用的对象是否特定以及赦免令是否在有罪判决确定后实施等方面加以区分。值得一提的是，由于罪刑皆免之特赦的存在，导致关于赦免的理论出现新的变化。例如，日本理论界即仅将此种罪刑皆免的情况称为特赦，而将免刑而不免罪之特赦易名为"刑罚执行的免除"。

五、我国特赦制度的重构

认同赦免制度之存在价值者，通常都会对特赦制度给予肯定。笔者认为，随着社会的深入发展、法制的持续进步以及人权的不断张扬，赦免已从作为无上皇权重要组成之恩赐制度，逐渐演变为统治者用以调节利益冲突、衡平社会关系乃至弥补法律不足之有效的刑事政策。然而，在我国现

---

① 参见马克昌主编：《刑罚通论》，698 页。

② 参见［法］卡斯东·斯特法尼等著：《法国刑法总论精义》，663 页。

今法律框架下，赦免制度已处于被虚置、冷落的尴尬境地，因而甚有重构之必要。笔者主张，应以前文所述特赦的一般理论为基础，在我国的现行法律框架内着力完善特赦制度，并辅之以大赦、赦免性减刑等基本赦免类型；同时，亦应严格规范赦免权的使用，力求形成以特赦为核心的现代赦免制度。

（一）重构特赦制度之必要

特赦作为国家元首或者最高国家权力之职权，是各国使用频率最高的一种赦免制度。尽管特赦也可能导致诸多弊端，但由于在适用范围、效力与适用程序等方面所受到的限制，其弊端和负价值相对于大赦而言要轻微得多。更何况，现代特赦制度的弊端和负价值根本不能掩盖其所蕴涵的重要的刑事政策机能，而这也正是该制度得以存在的价值之所在。首先，特赦是对法律过于僵硬状态的一种补救，是刑事制度运作不可缺少的安全阀，其可以有效弥补法律不足、救济法治之穷。国家通过现代特赦制度的运作，以牺牲局部或个体利益乃至一定程度之形式正义为代价，获得了维护社会整体利益和实现个案处理的实质正义之功效。其次，特赦的对象多是一些特殊犯罪人，如果不加赦免，将会影响国家的政治、经济、国防等方面的利益。而这些特殊的犯罪人若按照正常法律制度又不可能得到宽大，为在贯彻罪刑法定原则之下切实维护国家利益，利用特赦制度是最适宜的办法，可以较好地体现刑法的政治策略性调整。① 再次，特赦是以个案审查的形式逐案审查颁行，可以区别情况决定是否给予犯罪人赦免，更容易使赦免符合法理、人情，符合实质正义的要求。② 此外，特赦的适用，可以促使犯罪人对社会感恩图报，珍惜得来不易的自由，强化教育改造的效果，从而鼓励其自新迁善，并达成预防其重新犯罪之刑罚目的。最后，特赦也可以起到一定的救济司法误判、错判的功效。事实上，正如有俄罗斯学者所指出的："特赦之所以必要，是因为从形式上限制各种免除刑事责任、免除刑罚和前科可能违背现实生活的需要，与对犯罪人采取特别措施的合理性不一致。"③

（二）重构特赦制度的类型与效力

笔者认为，重构后的特赦制度可以包含普通特赦和特别特赦这两种情形，以普通特赦为常态，以特别特赦为补充。进而言之，所谓普通特赦，是指特赦的效力只是对所宣告的刑罚免除执行，可以是全部免除，也可以

---

① 参见赵秉志主编：《海峡两岸刑法总论比较研究》，1版，下卷，829—830页，北京，中国人民大学出版社，1999。

② 参见陈东升著：《赦免制度研究》，265页。

③ ［俄］库兹涅佐娃等主编：《俄罗斯刑法教程（总论）》，下卷，832页。

是只免除尚未执行的那一部分刑罚的执行，而不是使原宣告的罪刑归于无效。普通特赦也正是传统意义上的特赦。普通特赦的效力通常并不及于前科，不能消灭前科。针对主刑的普通特赦，即便是全部特赦，也并不必然引起对从刑或附加刑的特赦。只有在特赦令中明文规定对从刑或者附加刑也给予特赦时，才能免除执行这些刑罚。而且，普通特赦所产生的法律后果也不溯及既往。而所谓特别特赦，是指特赦的效力可以使已受宣告的罪刑归于无效，即行为人虽受有罪宣告，但若获得特赦，对其宣告的罪责和刑罚都归诸消灭。特别特赦则是传统意义之特赦的变异形式。它既可以使罪犯所受的有罪宣告归于无效，又可以使其刑罚消灭。因此，如果此种情况下犯罪人在特赦后再犯罪，则被赦免之罪不能成为累犯的条件。全国人大常委会作为法定的赦免权人，可以根据具体个案情状的需要因情施赦，灵活解决社会政治、经济、外交等诸方面所面临的问题。事实上，这也有许多立法例可资借鉴。例如，韩国赦免法第 5 条即规定，特别赦免免除刑罚的执行，但在特殊情况下，有罪判决之效力亦可丧失。我国台湾地区赦免法中亦有同样的规定。日本恩赦法中实际上也有此一区分，只不过将通常所谓的特别赦免仍称为特赦，而将通常所谓的普通特赦谓之"刑罚执行的免除"。就此而论，在我们力图重构的现代赦免制度中，应无须设置刑罚执行的免除这一赦免形式。

此外，笔者还认为，我国也可以借鉴法国、德国等国家的经验，对赦免的适用附加特定的条件。例如，以获得特赦的人应当向受害人支付损害赔偿为条件，或者以当事人在或长或短的期限内遵守某些手续或者服从某些规定为条件，或者以被特赦的受刑人在一定的期限内不得受新的有罪判决为条件，等等。[1] 这对于增强特赦的合理性、合法性，弥合社会整体利益与个人利益之间的冲突，缓解社会和被害人及其家属可能存在的不满，无疑大有裨益。

（三）重构特赦制度的适用范围

新中国历史上的七次特赦针对的对象主要是战争罪犯，而只有第一次特赦涉及反革命罪犯和普通刑事犯。我国的战争罪犯是民族解放战争和民主革命战争的产物，它的形成有着极其复杂的政治因素。在有条件实施特赦时，首先集中解决战犯问题，是政治上的需要，有利于扩大爱国统一战线，有利于祖国的统一大业。[2] 但是，在现今和平年代，如果仍将赦免的

---

① 参见［法］卡斯东·斯特法尼等著：《法国刑法总论精义》，660 页。

② 参见郭金霞、苗鸣宇著：《大赦 特赦——中外赦免制度概观》，1 版，212 页，北京，群众出版社，2003。

对象限定为战争罪犯，赦免制度被虚置、边缘化之状况也就不可避免会出现了。鉴此，笔者主张，应将普通刑事犯纳入赦免之对象范围。相应的，特赦制度原则上应适用于一切犯罪，犯罪的性质对于特赦的请求通常并不具有任何意义。[①] 而且，所有的犯罪人，不论是成年人还是未成年人，不论是初犯还是累犯，也不论是本国人还是外国人，都可以得到特赦。但是，要使被判刑人获得特赦，宣告其有罪的判决便应当是最终确定的判决。易言之，应当是不得再行提起任何上诉的判决。此外，还应当是具有执行效力的有罪判决，因为特赦的法律效果正体现在全部或者部分免除这种刑罚的执行。如果刑罚已经执行完毕，或者刑罚已经完成时效，原则上都不能给予特赦。[②] 就适用的刑罚类型而言，特赦既可以适用于自由刑、财产刑乃至资格刑，也可以适用于死刑。例如，对于死刑犯，虽然都是罪行极其严重的犯罪分子，但是赋予死刑犯以求赦权，这不仅是我国正式签署的《公民权利与政治权利国际公约》第 6 条所明确要求承担的国际义务，而且还可以有效遏制和减少死刑的适用和实际执行。

总之，只要从政治、经济、社会发展等大局考量，有利于国家或者社会整体利益，则均可以考虑施行特赦，而没有必要将特赦的适用范围局限于某些罪行、罪名或者某种刑罚。事实上，作为衡量是否行赦需要考虑的重要因素，政治、经济、社会形势是不断发展变化的，一旦限制赦免的适用范围，则很可能无法适应社会发展的需要。

六、结语

尽管周边国家如韩国、日本等近年来均有赦免之实践，韩国甚至因其赦免的频繁施行而被谓为"赦免共和国"，但我国至今已有 30 年之久未曾施行赦免。究其缘由，除了我国社会从政府到民众在整体上尚缺乏基本的宽容之因素外，当然还包括多方面的原因，诸如宪政尚不健全、法治水平相对较低、刑事司法体制相对脆弱、刑罚万能主义和重刑思想依然有很大的影响等。同时，亦有担心对犯罪人实行赦免会引起社会治安状况失控、危及"稳定压倒一切"的大局之顾虑。其实，在竭诚建设社会主义"法治国家"之今天，以特赦为核心的现代赦免制度代表了刑罚轻缓化之方向，

---

① 当然，从我国现今实际情况出发，的确也有些罪行目前尚不宜赦免。例如，对贪污贿赂案件的赦免。事实上，这不是因为贪污贿赂案件不能赦免，而是因为在目前情况下对贪污贿赂案件的赦免，将有悖于其维护国家、社会整体利益之初衷。前两年饱受非议的"廉政账户"问题即足以说明，在条件尚不成熟的现阶段对贪污贿赂犯罪予以赦免，很可能超出普通民众的心理承受能力，不能发挥赦免的刑事政策机能。

② 参见［法］卡斯东·斯特法尼等著：《法国刑法总论精义》，658 页。

是重刑桎梏中宽容精神的有力突围，顺应了刑事法治发展之基本规律。它在遵从依法治国之宪政理念的同时，突出了以德治国的仁政思想，集中凸显了依法治国和以德治国的有机结合，为社会主义政治文明和法治文明拓展了新的领地。[①] 现代赦免制度的存在，不仅是对"国家尊重和保障人权"之宪政精神的充分印证，而且也正与我国努力构建社会主义和谐社会之宏伟目标相契合。[②] 伴随着中国宪政与法治建设的进程，亟待重构合乎宪政与法治要求的、以特赦为核心的现代赦免制度。

[①]　参见陈东升著：《赦免制度研究》，294 页。

[②]　党和国家如今已明确提出努力构建社会主义和谐社会的宏伟目标，而和谐社会的构建必须借助于法律制度的推动与保障。法律是整个社会关系调节器的重心，在构建和谐社会的进程中居于支配地位，起着关键作用。不过，由法律的稳定性之要求所决定，凡是法律均具有确定性、普适性、规范性之特征。而确定性、普适性、规范性之法律必然又蕴涵着僵化与不灵活的弊端，从而导致在特定个案中出现形式正义与实质正义、一般公正与个别公正无法兼顾之尴尬境地。现代赦免制度作为一种带有弹性的刑事政策措施，正是对上述情状的必要弥补和有效调和，其存在实际上是法治国家对于法治的一种谦抑。因此，和谐社会的构建，也期待着符合宪政与法治要求的现代赦免制度早日诞生。

Yin Jianfeng

A New Analysis on Modern Pardon System

Abstract: This article primarily discusses the general theory on free pardon system in brief and reveals the definition, type, effectiveness and applicable area. Then it dissertates how to rebuild the amnesty system in the frame of actual law in China in detail.

Key words: Modern Amnesty System; Free Pardon System; System Rebuilding

王雨田 *

解析英国刑法中的普通法渊源

【内容提要】

普通法，是一个多义词，在英国刑法中指法官所造之法，源于人们的习惯，通过法官的判决确立。普通法上，在刑法领域犯罪的创制经历了一个由少到多、由简到繁的过程。在早期，人们并不认为议会的决议与普通法法院的判例性质不同。19世纪以后，随着制定法的大量增加，制定法所规定的犯罪占据了主导地位。尽管如此，在内容上，制定法仍然是建立于普通法基础之上的。普通法的演化和发展是通过遵循先例原则（stare decisis）进行的，在英国刑法体系中，法官的作用，总体上看受到了越来越多的约束。尽管在普通法术语的解释上以及刑事责任领域还存在造法的空间，尽管他们也掌握着解释制定法的大权，但法官们在这些领域也是（或者应该是）十分小心谨慎的，原则上他们不应超越立法机关的立法权。现代英国刑法中的普通法，成长在立法权的阴影之下，面临着与立法权的直接冲突与间接冲突。

【关 键 词】

■判例法　■普通法　■制定法

---

* 北京师范大学刑事法律科学研究院博士后研究人员、武汉大学刑法学博士。

　　英国刑法，是从普通法发展而来。随着历史的发展和两大法系的融合，制定法大量进入到英国的法律体系之中，《欧盟人权法》也已正式成为英国刑法的渊源，英国刑法的法律渊源呈现出多元化趋势。在这个多元化的渊源体系中，普通法的地位和作用如何，它究竟是如何运行的，又面临哪些难题和问题，这些对于我国刑法学界而言，都显得比较模糊和陌生。鉴于它们是我们认识和了解英国刑法的基本前提，在比较刑法学研究中十分重要。本文拟从繁杂的英国刑法渊源体系中，拨开层层迷雾，解析英国刑法的普通法渊源。

一、普通法在刑法渊源中的含义

　　普通法（common law），是一个多义词。《牛津法律大辞典》对普通法的解释就有七种。其基本含义之一，指作为自 12 世纪及以后形成发展的英王高度集权司法体制，皇家司法逐渐发展实施并对全英格兰都通用的一般规则。[1] 这个意义上的普通法，是最为严格意义的解释。[2] 普通法在英国一直延续至今。

　　1066 年，诺曼公爵征服英格兰，建立起诺曼王朝，史称"威廉一世"。为了巩固统治，威廉一世禁止主教们对百户区法庭行使宗教性的管辖权，排除了教会势力对于世俗法院的干预（作为交换条件他设立了教会法庭），同时，在全国进行土地大检查，这为英国封建土地所有权的建立发挥了巨大作用。通过土地登记，颁布《末日审判书》，威廉在英国建立起封建领主制度。伴随着这些措施，威廉一世在英国创建了专制君主制度，并形成了强大的王权。强大的王权为普通法的形成奠定了基础。

　　在威廉一世之后，亨利一世进一步推进威廉时期的土地、财政改革。他从御前会议中分出部分职能，创建了负责行政和财务的财务庭。同时，派出司法长官，以监督国王诉讼的名义，到全国各地巡回。这些巡回法官抓住机会，扩大自己的权限，将巡回审判的管辖权扩张至所有归王室法院管辖的案件，从而为普通法的诞生迈出了实质性的一步。

　　亨利二世在位时，英国法律获得重大发展。亨利二世进一步从御前会议中分设出专门处理民刑案件的普通诉讼法庭（该法庭通过 1215 年的《大宪章》固定在威斯敏斯特），同时，他还进一步扩大了巡回审判的范围，创立了陪审制度。1166 年《克拉伦敦法令》的颁布，标志着巡回审判成为

---

① 参见［英］戴维、沃克著：《牛津法律大辞典》，李双元等译，231 页，北京，法律出版社，2002。

② 参见［日］望月礼二郎著：《英美法》，34 页，中国台湾，台湾五南图书出版公司，1990。

制度。① 作为普通法特有的制度，巡回审判制既是普通法得以形成的前提条件之一，也是普通法发展、壮大并不断更新、深入社会生活的重要动力。

在诺曼征服时，英国当地存在分散的习惯法。无论是关于土地诉讼的各种规则，还是处理契约纠纷、侵权损害案件的具体做法，巡回法官处理案件的依据主要来自当时各地的各种习惯法。这些习惯法是普通法形成和发展的源泉。②

强大的王权、中央集权的政治体制，王室法院的设立，巡回审判制度的实行，以及英国各地存在的分散的习惯法，是催生英国普通法的基础和土壤。普通法判例正式形成于从 1166 年到 1179 年的亨利二世统治时期。③普通法在英国最终形成了。

普通法具有四个特点：（1）它主要是封建法。（2）它以习惯法为基础。（3）它以判例为表现形式（这些判例在 13 世纪以后开始得到系统化的编纂）。（4）法官在其形成和发展过程中处于极为重要的地位。普通法源于各地的习惯，在适用判例的过程中，法官也在解释法律，同时还负责普通法的执行，正因为法官这种立法者、解释者、执行者的三位一体的身份，普通法也常常被称为法官法。④

在刑法领域，有的英国刑法学者称普通法就是"法官所造的法（judge-made law）"。⑤ 也有学者认为："普通法是这样一部分英国法：它们不是由立法者立法活动的结果，而是源于人们的习惯，通过法官的判决和确立的规则得以正当化并发展而来。"⑥ 还有学者认为，普通法不仅仅通过法院的判决发展而来，其发展的基础还包括 17 世纪的科克和黑尔、18 世纪的霍根斯、Foster 以及 Blackstone 这样的经典作家的著作。⑦ 其实，在笔者看来，后两种说法并不矛盾，因为经典作家的著作正是对英国长期以来判例法的整理和总结。综合以上英国学者的看法，我们可以得出英国刑法学者通常所讨论的普通法，即，法官所造之法，源于人们的习惯，通过

---

① 参见阎照祥著：《英国史》，55 页，北京，人民出版社，2003。

② 参见何勤华主编：《英国法律发达史》，12—29 页，北京，法律出版社，1999。

③ Adekemi Odujirin, *The Normative Basis of Fault in Criminal Law: History and Theory*, University of Toronto Press, Toronto, 1998, pp. 40—41.

④ 参见何勤华主编：《英国法律发达史》，24—25 页。

⑤ William Wilson, *Criminal Law Doctrine And Theory*, Addison Wesley Longman Limited, London, 2003, p. 13.

⑥ Richard, Cross & Jones, *Criminal Law*, Sixteenth Edition, Butterworth, London, 2004, p. 10.

⑦ Andrew Ashworth, *Principles of Criminal Law*, Second Edition, 1995, p. 4.

法官的判决确立，经典作家的著作对其进行了归纳和整理。本文拟立足于英国刑法学者的这种理解，追寻英国刑法普通法的发展轨迹。

二、普通法犯罪在刑法中的具体演化

由于普通法是英国整个法律体系的基础，毫无疑问，它也是英国刑法的基础。普通法上，在刑法领域里犯罪的创制经历了一个由少到多、由简到繁的过程。

早期的英国习惯将重伤害、杀人、强奸、偷窃、夜盗、放火、抢劫作为七种重罪加以谴责。除了杀人罪以外，英国法律将所有造成损害的行为都看作为对私人的损害，可以通过赔偿的方式解决。如果被害人接受赔偿，那么，行为人就不必受刑事处罚。但是，在诺曼征服之后，新国王们不愿意让私人有这样的处分权力，这确立了国王对所有犯罪进行刑事惩罚的权力。[①]

从 12 世纪到 14 世纪，国王法院通过判决确立了和严重犯罪有关的刑法规则，这些犯罪被称为"重罪"。在 14 世纪，一些不太严重的犯罪开始演化，它们在后来被称为"轻罪"。有一些轻罪最终通过法官在个案中的判决以及星座法院确立下来。在文艺复兴之后，普通法法官发展了有些轻罪，他们常常声称拥有将特定行为界定为轻罪的权力，但是，在重罪方面他们却从不试图宣称拥有这样的权力。[②]

具体而言，星座法院在其存在期间创制了非法集会、伪证、诽谤以及恐吓陪审员等犯罪。随着 1641 年星座法院被废除，这些犯罪由普通法法院接管。在 17 世纪，国王法院（也宣布其为星座法院的平行法院和继承法院），声称其享有惩罚不法的无限权力。在这种无限权力下，普通法在 1664 年创制了公然裸露罪，在 1676 年创制了渎神罪，共谋罪也明确得到认可（特别是在 1664 年）。在 18 世纪，普通法通过扩展诽谤罪规定了煽动罪，在 1727 年又规定了不道德诽谤罪，同年，还规定了伪造罪。大约在 1763 年，当普通法认为以不道德目的收女子学徒为犯罪时，普通法开始将性方面的不道德思想规定为犯罪。1788 年规定了盗墓罪。至少在 1784 年规定了未遂罪，至少在 1801 年规定了教唆罪。[③]

直到 19 世纪，刑法几乎都是普通法，即法官所造之法。在普通法所创

---

① Richard G. Singer, Jonh Q La Fond, *Criminal Law*，2 版，影印本，2 页，北京，中国方正出版社，2003。

② Richard, Cross & Jones, *Criminal Law*, Sixteench Edition, Butterworth, London, 2004, p. 10.

③ Glanville Williams, *Criminal Law: General Part*, Stevens, 1962, pp. 592—595.

制的犯罪中，包括了谋杀罪、非预谋杀人罪、强奸罪、殴打胁迫罪、夜盗罪以及盗窃罪。对普通法的发展产生了特别重要影响的是重述著作。在这些重述著作中，最著名的有 Hale、Hawkins、Foster 和 Blackstone。这些著作记载了刑事案件中重要的判决，同时也对判决进行某种形式的理性化和系统化。后一过程对于刑法的未来发展至关重要，因为刑法与其他领域的实体法律以及衡平法相比，缺乏稳定的学说基础。[①]

然而，随着制定法的崛起以及地位的提高，普通法在刑法中的地位受到了冲击。

三、制定法的崛起与普通法地位的变化

英国的制定法分为议会制定法和从属性制定法。在制定法中，议会制定法占有最高地位，其效力高于从属性立法。从属性立法中，最重要的是根据议会制定法授权的委任立法，此外还有根据国王大权的立法。

在早期，人们并不认为议会的决议与普通法法院的判例性质不同。这是因为，议会原来只是作为一个法院而设置的，常常就具体案件决定审判程序，即使与具体案件无关而具有将来效力的立法，仍然也是法官处理案件可以援引的特别决定，法官对这些决定可以和所有的判例同样处理，法官可以根据自身的正义观念任意扩张或缩小制定法的词句含义，并以此作为自己审判的基础，有时，甚至会无视其存在。到 14 世纪后半叶，议会以及议会制定法的概念才真正开始形成，制定法与判例仍然是同一性质的法律渊源。16 世纪中叶，亨利八世的宗教改革后，提高了议会的地位，制定法的权威也迅速提高了，不久，制定法成为国家最高权威性的命令，是外部对于法院的命令，与普通法性质不同，法官不能够再将制定法与普通法同样对待，如果脱离开制定法中议会的意志，他们就不能在具体案件中实现正义。1688 年，光荣革命确立了近代意义上的议会主权，法官对于制定法的立场发生了显著的变化，他们仅将自己看做是宣布法律者，而自行否定了其造法的作用。到 18 世纪末，议会主权原则深入人心，法官可以按照自己所认为的正义自由解释制定法规范的观点已经衰退。[②] 制定法尽管在英国具有悠久的历史，但成倍增长则是在 18 世纪之后，在 18 世纪，英国共制定了 6730 项法律，在 19 世纪，则达到了 10308 项，制定法地位迅速提高。[③]

---

① William Wilson, *Criminal Law Doctrine And Theory*, Addison Wesley Longman Limited, London, 2003, pp.13—14.

② 参见［日］望月礼二郎著：《英美法》，104—108 页。

③ 参见何勤华主编：《英国法律发达史》，33 页。

在英国刑法中，随着制定法的大量增加，犯罪的罪名也越来越多，从整体上看，制定法所规定的犯罪占据了主导地位，普通法上的犯罪只占少部分。这意味着在议会的立法中找不到这一部分普通法犯罪，它们只是存在于法官所确立的法律规则中。具体而言，包括两种情况：第一种情况是，无论犯罪定义还是量刑均包含于普通法；第二种情况是，犯罪定义由普通法调整，而量刑则由制定法规定。例如，谋杀罪是普通法罪名。"在任何法律中都找不到谋杀罪的概念，不过通过司法判决却可以综合地解释出其定义，谋杀罪的刑罚，就是由制定法规定的（对于谋杀罪，制定法规定了绝对确定的法定刑——终身监禁）。非预谋杀人罪也是一个普通法上的罪名，其最高刑罚按照制定法的规定是终身监禁，不过，和谋杀罪相比，它却可能判处较轻的监禁刑、罚金甚至缓刑或当庭释放。相关的制定法只是给出相应的谋杀或者非预谋杀人的罪名，在此基础上规定其刑罚。"①

尽管如此，在内容上，制定法仍然是建立于普通法基础之上的。因为，在刑事责任一般原则的问题上，实际上所有渊源都来源于普通法。例如精神病、自我防卫、胁迫以及关于共同犯罪的规则等。这些原则普遍适用于所有犯罪。特别是，当一种新的犯罪为制定法所规定时，"普通法被推定适用于该犯罪，除非法律明文规定不适用普通法。也就是说，除非制定法明文规定了特殊规则，这些新罪的刑事责任原则应当适用普通法。"②可见，有关刑事责任的一般原则，也是普通法存在的重要领域。同时，由于普通法上还存在一部分犯罪，以及一些制定法犯罪的术语仍然是普通法术语，因此，普通法在这些领域仍然占据支配地位。

据此，19世纪以前，普通法主导着英国刑法，但是，随着历史的发展，制定法逐渐增多。从罪名的数量看，在现代英国刑法中，制定法犯罪占了大多数，普通法犯罪只占少数。在这些普通法犯罪中，有些犯罪无论是罪名还是刑罚，均由普通法调整。还有一些犯罪，尽管罪名是普通法罪名，但其量刑却由制定法调整。可见，在刑法的整体框架下，制定法与普通法之间，呈现出一种犬牙交错的状态，但制定法业已在现代英国刑法中占据主要地位。③

为什么普通法犯罪在数量比例上只占少数了呢？一方面是因为制定法

---

① Richard, Cross & Jones, *Criminal Law*, Sixteenth Edition, Butterworth, London, 2004, pp. 10—11.

② Ibid, p. 11.

③ 此外，在20世纪70年代英国加入欧盟后，1998年的《欧盟人权公约》以及欧盟人权法院的相关判决，也成为了英国刑法的渊源，英国国内法的规定不能与之相抵触。

犯罪的急剧增多，另一方面是因为普通法犯罪的停滞不前。这种状况的出现在根源方面实际上与人们对于普通法属性的认识变化紧密相关。在早期，普通法上法官们享有创制犯罪、规定其犯罪构成的权力，这种权力的存在毫无疑问与缺乏其他有效的立法机关有关。法官是万能的法律创制者，这种权力相对地在长时间里没有受到任何影响。需要的时候，法官们就会创制新的犯罪，他们通常将其创制的正当性建立于一个更加泛化的将"有伤公共风化"、腐蚀"公共道德"以及"对公众造成妨碍行为"入罪化的权力。这样的例子包括渎神罪，未遂、阴谋、煽动犯罪，盗墓以及公然裸露的犯罪。但是，在 19 世纪中期，法院创制犯罪的权力受到了质疑，该质疑并不仅仅限于法官本身。"这种现象与议会以法律和社会改革的有效工具的面目出现有关，也与知识界反对由未经选举产生的法官所创制的法律认为其限制了人民自由的思想有关。人们建议废除普通法犯罪并代之以刑法典。这些呼吁尽管在其他一些普通法司法区内得到了采纳，但在英格兰遭到了抵制。时不时，有一些实质性的将刑法用成文注脚固定下来的努力。其中，最有名的是将 1861 年的《侵犯人身法》和 1968 年、1978 年的《盗窃法》合并在一起。"① 既然已经存在大量的立法，而且其存在的根基也遭受到了前所未有的质疑，普通法的作用自然在制定法的"笼罩"之下大大萎缩了（当然《欧盟人权公约》也是普通法不能与之抵触的）。

四、普通法运行方式——遵循先例原则的制度构造

英国刑法普通法的演化和发展是通过遵循先例原则（stare decisis）得以运行的。遵循先例是包括普通法在内的整个英国法律体系的核心，其含义是指，在英国的法院体系中，高一级法院的判决对于低一级法院的判决具有约束力。一般而言，当法官审理案件的时候，他们首先考察以前是否存在类似案件，如果该先例是由同级或者上级法院作出的，那么，法官在目前的案件中必须遵循先例所确立的法律规则，如果先例是下级法院作出的，法官可以不必遵循但肯定必须考虑其法律规则。②

遵循先例的原则具体化到刑法领域之后显得颇为复杂。实际上，这些规则与英国刑事法院体系紧密相关。刑事法院体系的复杂性加剧了遵循先例原则适用的复杂性。正因为如此，了解英国刑法遵循先例原则必须从刑法法院体系在刑事审判中的基本构造入手。

---

① William Wilson, *Criminal Law Doctrine And Theory*, Addison Wesley Longman Limited, London, 2003, pp. 14—15.

② Gary Slapper, David Kelly, *Principles of The English Legal System*, Third Edition, Cavendish, London, 2001, p. 34.

在英国，犯罪分为简易程序罪和可起诉罪，有陪审团审判的犯罪和无陪审团审判的犯罪。对于简易程序罪，不实行陪审团审判，治安法院（Magistrate's Court）是一审法院，其上诉法院是国王法院（Crown Court），同时，高等法院女王分庭（Queen's Bench of the High Court）可以就法律问题接受来自治安法院和国王法院的上诉，其再上一级法院为上议院（House of Lords）。对于可起诉罪，首先由治安法院审查送往国王法院审理，是否实行陪审团审判是被告的权利，被告也可以放弃该权利而由法官直接审理。上诉法院刑事分庭（Court of Appeal Criminal Division）是上诉法院，上议院是上诉法院的上级法院。由于英国加入了欧盟，因此欧盟人权法院也成了刑事司法体系中的重要一环。

立足于以上二元的刑事司法体系，根据英国学者的归纳，到目前为止，遵循先例原则在英国各级法院适用的具体情况如下：

1. 在英格兰和威尔士，欧盟人权法院的判决对于所有英国法院具有约束力，但其判决对其自身无约束力。

2. 上议院的判决对于所有下级法院具有约束力，同时，上议院在1966年的一个判决中宣布其不受自身先前判决的约束。

3. 上诉法院（刑事分庭）在法律问题上受上议院以及自己作出的判决和先例的约束，不过就其自身的判决和先例而言，也存在例外。这些例外是：（1）在其先例尽管没有遭到明确否定但是与随后上议院的判决相抵触时，必须拒绝适用；（2）当存在两个互相冲突的先例时，应当选择对被告有利的先例，如果不存在这种关系时，一般应选择后来的先例，但是后一先例有误除外；（3）不应适用在适用上有瑕疵的先例，对于其他上诉法院的类似错误先例也是如此；（4）如果上诉法院的判决与上议院先前的判决存在不可调和的矛盾时，不一定遵循该先例；（5）如果先例在对法律有误解和错误适用的情况下，上诉法院有权力（而非义务）不遵循，通常这种权力只有对于上诉人有利时方可适用，尽管制定法未作要求，但传统上须由三名法官的"全勤法庭"行使；（6）尽管只涉及法律问题，但是在量刑上无论先例是否与制定法一致都一概不受之约束。当上诉法院拒绝就有关问题遵循其先例时，它会宣布以后该先例都不应得到遵循（即推翻了该先例），但是它不能推翻与当前问题无关的先例。

4. 女王法院分庭受上议院判决的约束，同时也受上诉法院或刑事上诉法庭判决的约束，当然，应当引用而没有引用相关上议院的瑕疵判决除外。该庭在审理上诉案件的时候，遵循先例的规则同上诉法院（刑事分庭），但先例所适用的法律被错误理解或者错误适用时不能遵循之。

5. 高等法院独任审判时要受上述所有法院的判决的约束，如果存在两个相互冲突、不可调和的女王分庭法院的判决，那么，应当适用后一判决。对于其他高等法院的判决，尽管会作为有很强说服力的判决加以考虑，但不一定必须遵循该判决，在其确信其有误的情况下，只能拒绝遵循。在面临两个相互冲突的其他高等法院判决的情况下，应当假设第二个法官已经充分考虑了第一个判决，一般应遵循第二个判决，但有一个例外，即，其确信第二个法官在遵循第一个判决方面有误。

6. 枢密院司法委员会，是英国其他独立区以及某些英联邦国家的上诉法院。其判决对各级英国法院并不产生约束力，但是，它们是具有很强说服力的权威判例。[①]

五、普通法演化和发展所面临的冲突

在缺乏立法机关的背景下，普通法的演化和发展不存在任何制度上的障碍。对于已经出现过的刑法问题，在遵循先例的原则下做到同样案件同样的处理，对于新出现的刑法问题，法官们可以将其与先例区别开来，根据公平和正义以及他们所理解的普通法而发展和确立新的法律规则。[②] 但是，随着立法活动的增强，以及制定法地位的提升、立法权的崛起，普通法在演化和发展的过程中必然会与立法权相冲突。

1. 英国普通法与制定法的直接冲突——犯罪之创制

随着制定法的增多，在创制新的犯罪方面，普通法与制定法（或者是议会的立法权）之间的冲突日益尖锐。

因为，按照资产阶级的三权分立学说，立法权当然应当由立法机构享有，然而，在普通法上，法官们依传统却同时享有创制新犯罪的权力，这无疑有悖于现代政治的理论基础。起初，这种冲突并不是特别明显，因为人们普遍认为，从历史上看，普通法发展背后隐藏的原理是，新的案件只不过是已有原则基于不同事实的表现，换句话讲，法官的角色在于发现并且宣布已经存在的法律，而不是创制法律。然而，正如上文所述，越来越多的人认识到，有时法官们事实上的确是在"创制"法律，而不只是"发现"法律。在这种新的认识之下，普通法上法官创制新犯罪的权力受到了严重质疑。

在制定法异常活跃的情况下，普通法上法官应否仍然享有创制犯罪的权力，这是英国刑法在制定法崛起之下必须作出回答的一个重要问题，长

①　Richard, Cross & Jones, *Criminal Law*, Sixteenth Edition, Butterworth, London, 2004，pp. 25—27.

②　长期以来，英国法院的法官们认为他们只是在普通法中"发现"法律规则，而并非创制法律。

期以来，理论界甚至有些法官自己就一直对此存在质疑。在美国，法官这种创制新犯罪的权力在19世纪中期实际上已经停止了，大多数立法明确废除了普通法犯罪。① 但是在英国情况却并非如此。尽管理论界存在批评之声，但法官们在20世纪还时不时重申，他们保留有在固有的"腐蚀公共道德"、"造成公共不法"这样古老的保护伞下创制新犯罪的权力。② 典型的如虚假指控抢劫的行为。在1933年的Rex诉Manley一案中，一位妇女向警察虚假指控自己被人抢劫了，其结果是，为了搜捕并不存在的劫匪，警察浪费了大量宝贵的时间，无辜的第三者受到了怀疑。在这个案件中，没有任何法律规定这种虚假的报案构成犯罪，普通法上也不存在任何先例，然而，法官认为这种行为构成了普通法上的轻罪，法庭判处该妇女犯有"公共不法罪"（Public Mischief），并且以该新罪名对其定了罪。③

又如出版刊登有卖淫广告的杂志的行为。在1962年的肖诉检察长一案中，被告出版了一本卖淫女子的"女士指南"，在这本指南里，刊载了卖淫女子的姓名、照片、地址、电话号码以及其他一些顾客信息。卖淫本身并不是犯罪，但是公然引诱卖淫是犯罪。上议院维持了对被告的有罪判决。尽管没有任何制定法规定禁止出版这样的指南，但是法院仍以共谋"腐蚀公共道德"（Corrupt Public Moral）为名认定被告构成犯罪。④

这两个判例都遭到了理论界的抨击。例如，学者们对什么是"公共不法罪"提出了质疑，认为所谓的"公共不法罪"就是任何偶然发生的不足以符合法官口味的行为，这样一来，刑罚惩罚也就不需要费多大力气了。⑤ 此外，学者们对于肖诉检察长一案也认为侵犯了立法权。

终于，上议院在1972年的Knuller Ltd诉DPP一案中，一致否决了法院所拥有的这种创制新犯罪的保留权。该判决还否决了法院保留的拓宽已有犯罪的范围以将不受惩罚的可惩罚行为包含在内的权力。⑥ 这样一来，在英国普通法上，时不时"闪现"的法官创制新犯罪的权力就不复存在了。上议院立场的转变源于上议院法官们对于传统的法官"发现"法律观

---

① Richard G. Singer, Jonh Q La Fond, *Criminal Law*，2版．影印本，6页，北京，中国方正出版社 2003。

② William Wilson, *Criminal Law Doctrine And Theory*，Addison Wesley Longman Limited, London, 2003, pp. 14—15.

③ Wayne R. Lafave, *Criminal Law*, Fourth Edition, West Publishing Co, st. Paul, 2003, p. 75.

④ Richard G. Singer, Jonh Q La Fond, *Criminal Law*，2版，影印本，6页，北京，中国方正出版社，2003。

⑤ Jackson, "Common Law Misdemeanor", *The Cambridge Law Journal*, 193(1937), p. 198.

⑥ Richard, Cross & Jones, *Criminal Law*, Sixteenth Edition, Butterworth, London, 2004, p. 17.

点的否定。在承认法官的确创制法律的背景下，法官普通法上的创制新罪名的传统受到怀疑。正如上议院议长 Leid 勋爵的说法，批评有以下几点：（1）在民主社会里，应当由立法机关创制新犯罪；（2）如果允许以发展旧有的法律为名创制新犯罪，那么，法律规则会产生不确定性；（3）法官创制新犯罪的权力有损于罪刑法定原则（Legality）。正是基于以上理由，在1972 年的 Knuller Ltd 诉 DPP 一案中，上议院最终明确否定了普通法上法官们创制新犯罪的权力。这样，在创制新犯罪方面，英国刑法最终同美国刑法完全一致了。

可见，无论在理论界还是实务界，英国只有在最近 40 年来，才普遍认可法官的确在创造法律的观点，并在普通法上明确废除了法官创制新犯罪的权力。

尽管表面上看起来，法官们不准备创制新犯罪了，其创制新犯罪的权力似乎降到了零点，但是，英国法院的法官们仍然拥有改变和发展普通法的权力。事实上，有时候，这种权力也是属于立法权的，它同样既可以缩小也可能扩展刑事制裁的范围。

例如，在 1991 年的 R vs. R Owen J 一案中，一审判决认可了 Hale 在其重述中所持的丈夫在强奸妻子时通常不受惩罚的观点（Hale 认为普通法上丈夫不能强奸妻子，因为妻子在与丈夫结婚时，就已经在性关系方面作了不可撤回的承诺）。不过，法官也指出，在本案中并不发生这种豁免，因为双方已经分居。在同一年的另一起案件中，另外一位法官得出了不同的结论。他否认在法律上曾经存在过任何有约束力的规则。这种免除处罚的说法只不过是任何人都会怀疑的老古董重述者胡扯。最终，在 R vs. R Owen J 中，上诉法院和上议院认为，实际上这种推定的同意不能在一个主流伦理为无论政治还是经济上男女平等的社会里得到支持。Wilson 教授指出，该案有三点值得引起重视：第一，在该案中，未受挑战的、存在了若干世纪的一项刑法原则不复存在了，仿佛它一文不值；第二，法官们，无论他们处于何种审判级别，在拒绝遵循该原则方面，都没有任何困难。一个法官可以认为本案与先例不同，另一个法官则可以否定该先例的约束力，还有一个法官甚至推翻了该先例，重要的似乎是，他们不喜欢该先例；第三，每一个判决的结果都是扩展了刑事责任的范围，使其溯及力适用于被告。实际上，被告因为行为时所不存在的法而遭受了惩罚。但是，该判决得到了欧盟人权法院的肯定。①

---

① William Wilson，*Criminal Law Doctrine And Theory*，Addison Wesley Longman Limited，London，2003，p. 17.

尽管在学术界大多数人都非常欢迎上议院的判决结果，但是对于上议院是否有权力如此行事则存在怀疑。有人将其形容为"明目张胆的"司法造法（judicial law-making），并且使判决具有溯及力。不过，1994年的司法改革已经将此通过制定法的方式固定下来，再加上欧盟人权法院的认可，这一方面的问题已经不再受到质疑。[①]

从上文可以看出，英国刑法在制定法已经占据主导地位的背景下，传统意义上的法官创制新犯罪的权力，已经不再存在了，但是，英国法院的法官们仍然享有改变和发展普通法的权力。并且这种改变和发展普通法的权力，同样可以根据需要控制刑事责任的范围大小。尽管受到了一定程度的限制（如不能创制新的罪名），但是由于普通法调整着刑法总则的基本原则和一少部分犯罪，因此，实际看来，普通法仍然是十分重要的、不可或缺的刑法渊源。

2. 英国普通法与制定法的间接冲突——判例之造法

普通法由于不能像从前那样创制新的犯罪，这使其丧失了非常重要的一部分"造法功能"，但是，通过判例发展普通法从来就是普通法的运行方式，英国普通法造法的功能并未完全消失，到目前为止，这种造法功能只局限于少数领域了。正如上文所述，在刑事责任领域，普通法仍然是重要的法律渊源。例如，在制定法规定了新犯罪的情况下，尽管制定法并没有明确规定新的可以用于辩护的理由，普通法法官通过判例仍然可以创制新的适用于该罪的辩护理由。这些新的辩护理由毫无疑问就是普通法所创制的在刑事责任方面的法律。

普通法在刑事责任领域方面规则的演化也可能会与立法权发生冲突。典型的例子如刑事责任年龄方面的未成年（infancy）辩护理由。

在英国刑法中，如果儿童的年龄达到了法定年龄，也并不表明他当然地被认为具有犯罪能力，应当负刑事责任。长期以来，英国刑法通过判例在普通法上发展了一项重要的原则——无犯罪能力推定反驳原则（presumption of doli incapax）。该项原则的存在由来已久，自14世纪以来，普通法上就已经存在。[②] 按照普通法，无犯罪能力推定反驳原则事实上使未成年人负刑事责任年龄的阶段有一个过渡期，这个过渡为10到14岁。在这个年龄阶段，未成年人不具备犯罪能力是可以反驳的。根据该原则，未成年人并不在其10岁生日那天一夜之间具备了完全的刑事责任能力，如果

---

① Clarkson, Kenting, *Criminal law: cases and materials*, Fourth Edition, Sweet & Maxwell, London, 2003, p. 610.

② Elizabeth Stokes, "Abolishing The Presumption of Doli Incapax", in Pickford Jane (ed.), *Youth Justice: Theory and Practice*, Cavendish Publishing, London, 2000, p. 53.

起诉方能够证明当其实施行为时，儿童知道其行为是"严重错误"的，那么，对其行为可以在刑法上归责，起诉方对此必须证明到超出合理怀疑的程度。[①]

在 20 世纪 90 年代，有法院曾经认为普通法上的该推定已经过时，并且与公共利益相悖，因此认为这一推定已经被废除了。据此，在 1996 年 C（A Minor）诉 DPP 案中，一名 12 岁的男孩在受到起诉后，以 10 到 14 岁儿童推定为无刑事责任能力的原则不再适用为由提起上诉。上诉法院维持了原判，被告继续向上议院提出上诉，上议院虽然维持了原判，但其理由是：该可反驳推定的原则在法律上已经根深蒂固（well established），只有议会才可能废除之。议会很快心领神会，并于 1998 年通过了《犯罪与违法法》明确废除了可反驳的推定这项普通法原则。[②]

可见，按照上议院的观点，该案之前有些法官认为该项原则已经被废除的观点是超越了权限的，因此与立法权冲突。当然，最终法院保持了谨慎的态度，在废止该项原则方面"收回了脚步"，从而避免了和立法权冲突。但这也同时表明，英国刑法在普通法方面的确存在过侵犯立法权的现象。

3. 普通法犯罪和术语的解释与立法权的冲突

普通法演化的过程中与立法权所面临的最后一个方面的冲突，在于普通法法官们对普通法犯罪及普通法术语的解释上。相比于上述两种冲突而言，这种冲突在冲突方式上是不同的，它是在法官们解释普通法犯罪及其术语的过程中产生的。也就是说，这是一种法律解释方面可能会发生的与立法权的冲突。

法官们在审理案件的过程中，必须遵循先例。只有上议院才可以不受自己判决的限制。因此，在有先例的情况下，必须遵循先例，在没有先例的情况下，法官们可以根据具体情况发展普通法以适用于眼前的案件。尽管普通法在遵循先例原则下具有其固定的发展轨迹，但并不表明这种轨迹是不会出现反复的。这是因为，尽管判决的结论必须明确并且唯一，但是，法官们可能对于同一问题存在很大的分歧，有的时候，多数派仅仅只占有极少的优势。因此，在有些问题上，普通法会显得摇摆不定，并不一定具有连贯性。

典型的如英国刑法中的客观轻率，就是法官造法的结果。英国刑法在

---

① Michael T Molan, *Criminal Law*, Fourth Edition, Old Bailey Press, London, 2003, p. 85.

② Russell Heaton, *Criminal Law*, Oxford University Press, London, 2004, p. 153.

客观轻率兴起之前，一直采用的是主观轻率标准，也称 Cunningham 轻率，该轻率标准是通过 1957 年 Cunningham 案确立的，比后经历了 1979 年的 Stephenson 案得到进一步明确。根据该案的指导规则，所谓轻率，是被告已经预见到可能会造成一定的结果，而仍然冒此种危险。由于这种对于轻率的理解要求行为人主观上认识到危险，因此也被认为是主观轻率。[①] 1979 年的 Stephenson 案上诉法院进一步明确了轻率的含义，认为判断是否构成轻率，应当采用两个标准：（1）行为人是否已经预见到结果发生的可能性；（2）冒该危险是否是不正当的（unjustifiable）或者不合理的（unreasonable）。危险是否正当取决于行为的社会意义以及法律所禁止结果发生的几率。在危险是否正当和合理的判断之上，是社会一般人对行为人的行为进行的判断，因此，在主观轻率中，含有客观的因素。[②]

　　进入 20 世纪 80 年代，在轻率领域中，情况发生了变化。上议院并没有完全认可上诉法院的轻率定义，原因在于上议院并不完全满意于在所有的情况下都贯彻上述主观标准，这一立场通过 Caldwell 案得到阐明，并确立了另外的一个轻率标准——Caldwell 轻率。客观轻率据此登上英国刑法的历史舞台。上议院在 Caldwell 案中，对于轻率，作了比 Cunningham 轻率更为宽广的解释。这一标准，除了包含 Cunningham 轻率外，还包括了行为人主观上没有认识到明显危险进而实施行为的情况。这被认为是从客观上认定轻率，因此，该标准又被称为客观标准。在客观轻率登上英国刑法的历史舞台以来，一段时期内，在许多犯罪领域，客观轻率大有取代主观轻率之势。从 1982 年 Caldwell 案兴起，到 1982 年 Lawrence 案的巩固，再到 1992 年 Reid 案的发展，最后到 2003 年 Gemmell 和 Richards 案 Caldwell 轻率的终结，其发展轨迹显示，在英国刑法中，客观轻率经历了一个从崛起再到逐渐衰落的过程，目前已不似刚刚"出道"时威风八面，而是业已失去了昔日的影响力，蜷缩在少数犯罪之中，显得日薄西山了。[③]

　　由此可见，普通法在通过遵循先例原则保持相对的稳定性的同时，法官们（尤其是上议院的法官们），在解释普通法犯罪及普通法术语时，仍然享有推翻先例和发展普通法的权力。

　　不过，法官们的这种权力也不是没有限制的。正如上文所述，1972 年上议院曾经明确指出，不允许法院拥有扩展已有犯罪成立的范围的保留

---

① 　Smith，Hogan，*Criminal law*，Butterworth，London，1999，pp. 61—62.

② 　Clarkson，Kenting，*Criminal law*：*cases and materials*，Fourth Edition，Sweet & Maxell，1998，p. 156.

③ 　参见王雨田：《从 RvG 案看英国刑法客观轻率的发展趋势》，载《刑法问题与争鸣》，第 2 辑，北京，中国方正出版社，2004。

权，从而将不受惩罚的可惩罚行为包含在内（因为这属于立法权的范畴）。但是，法院同时也指出，法官拥有澄清已经成立的犯罪，并将其适用于该犯罪范围内出现的新情况的权力。因此，在不得扩展已有犯罪的成立范围与可以将其适用于新情况中间就存在冲突。也就是说，法官在澄清已经成立的犯罪并将其适用于新情况时，不能逾越其犯罪成立范围的界限。那么，什么是应当介入的领域，什么是不应当介入的领域，这在英国刑法中，是法官们必须立场鲜明但又可能因理解上的差异而导致与立法权相冲突的问题。

为了避免法官们在先例和制定法的解释中超越立法权，Lowry 勋爵在上述 1996 年的 C（A Minor）诉 DPP 案中确定了五个标准，当存在以下情况时，法官们应当慎重：（1）当结论存在疑问时；（2）当议会倾向于立法时；（3）当问题不仅仅只涉及法律问题还涉及有争议的社会政策时；（4）当需要摒弃基本原则时；（5）当改动不一定会产生最终结果或者确定性时。但是，对照以上五个标准，有学者指出，英国的法官们有些时候在创制法律时缺乏应有的谨慎。[①] 这也为英国刑法普通法规则在现实中呈现出某种不稳定性埋下了隐患。

可见，在英国刑法体系中，法官的作用总体上看受到了越来越多的约束。尽管在普通法术语的解释上以及刑事责任领域还存在造法的空间，尽管他们也掌握着解释制定法的大权，但是，法官们在这些领域也是（或者应该是）十分小心谨慎的，原则上他们不应超越立法机关的立法权。现代英国刑法中的普通法，成长在立法权的阴影之下，这也是历史发展的必然。

[①]　Molan. M. Lanser. D. and Bloy. D，*Bloy and Parry's Principles of Criminal Law*，Fourth Edition，Cavendish Publishing，London，2000，pp. 4—5.

Wang Yutian

Analysis on Common Law Resources of England and Wales Criminal Law

Abstract: Common law is of multiple meaning, it means judge-made law in England and Wales Criminal Law, it originated from people's custom, ascertained by judge's verdict. In common law, there is a gradual development on creation of crime. In early time, people did not think that the resolution of parliament is different from case law in common law courts. Since 19th century, with substantial increase of statutory crimes, statutory crimes has taken a major role. However, statutory law is based on common law. The development and common law is of institution foundation by stare decisis. Generally speaking, the role of judges is facing more limits. Although they have room to create law in criminal responsibility and interpretation of common law terms, and they have power of interpreting statutory law, judges are prudent and should be prudent in these areas, in principle, they can't go beyond the legislative power of legislation. Modern common law is developing under the shadow of legislative power, facing direct and indirect conflict with legislative power.

Key words: Case Law; Common Law; Statutory Law

吴宗宪[*]

西方国家刑罚哲学述评

【内容提要】

　　本文论述了西方国家刑罚哲学的概念、历史发展和主要内容。作者认为在众多的相关术语中，刑罚哲学是最为恰当的一个概念。然后介绍了西方国家刑罚哲学演进的不同阶段，详细介绍了不同刑罚哲学的具体内容。在论述中，特别注意论述了这些刑罚哲学观点流行的原因、人们的不同看法以及它们在矫正领域的应用和效果。最后进行了简要评价。

【关 键 词】

■西方国家　■刑罚　■刑罚哲学

　　一般而言，刑罚哲学（punishment philosophy, philosophy for punishment）是指导刑罚的制定、适用和执行活动的基本观念。刑罚哲学对于刑事司法活动的各个方面，都有重要的指导和影响作用。本文探讨欧美等西方国家中刑罚哲学的概念、历史演进和主要的刑罚哲学观点，特别是着重探讨了这些观念在罪犯矫正领域的体现。

---

　　* 北京师范大学刑事法律科学研究院教授、犯罪与矫正研究所所长。

一、刑罚与刑罚哲学概述

刑罚哲学是有关刑罚的观念和学说。在了解刑罚哲学之前，首先应该了解人们对于刑罚的看法。在英语文献中，刑罚和惩罚往往使用同一个词，即 punishment，其中，在处理犯罪人时使用的这类措施，通常称为或者翻译为"刑罚"。根据《不列颠百科全书》（国际中文版）的解释，刑罚是指"对一个有触犯法律或命令的犯罪行为的人所施加的某种痛苦或损失"[1]。根据赫伯特·帕克（Herbert L. Packer）的观点，刑罚有三种基本成分：第一，进行了犯罪；第二，因为犯罪而对犯罪人施加痛苦；第三，其主要目的既不是为了补偿犯罪被害人，也不是为了改善犯罪人的状况，而是为了预防未来的犯罪或者使犯罪人遭受应受的痛苦。[2]

在不同的论著中，人们对刑罚哲学采用了不同的概念。除了"刑罚哲学"这个名称之外，有的人将刑罚哲学称之为"矫正理念"（correctional ideology）。例如，哈里·艾伦（Harry E. Allen）等人认为，"矫正理念是指与犯罪人治疗（treatment）有关的一系列观念和实践。"[3]

有的人将刑罚哲学称之为"矫正目的"（purposes of corrections）。例如，诺曼·卡尔森（Norman A. Carlson）等人认为，有四种基本的、并且往往是相互重叠的矫正目的。[4] 托德·克利尔（Todd R. Clear）等人认为，基本的矫正目的有四种：报应、威慑、剥夺犯罪能力和改造，此外，他们还把恢复性司法（restorative justice）作为一种新的矫正目的。[5]

有的人将刑罚哲学称之为"矫正原理"（rationales of corrections）或者"矫正哲学"（correctional philosophy）。

还有的人将刑罚哲学直截了当地称为"惩罚犯罪人的正当理由"（justifications for punishment of offenders）[6] 或者"刑罚的正当理由"（justifi-

[1] 《不列颠百科全书》（国际中文版），第 14 卷，24 页，北京，中国大百科全书出版社，1999。

[2] Herbert L. Packer, *The limits of the criminal sanction*, Stanford University Press, Stanford, CA, 1968, pp. 33—34.

[3] Harry E. Allen & Clifford E. Simonsen, *Corrections in America: An introduction*, Ninth Edition, Prentice-Hall, Upper Saddle River, New Jersey, 2001, p. 55.

[4] Norman A. Carlson, Karen M. Hess & Christine M. H. Orthmann, *Corrections in the 21st Century: A practical approach*, West/Wadsworth, Belmont, CA, 1999, p. 14.

[5] Todd R. Clear, George F. Cole & Michael Reisig, *American corrections*, Seventh Edition, Thomson/Wadsworth, Belmont, CA, 2006, pp. 64—69.

[6] Ira J. Silverman & Manuel Vega, *Corrections: A contemporary view*, West Publishing Company, Minneapolis, Saint Paul, 1996, p. 20.

cation for punishment)①，认为每个社会都形成了惩罚犯罪人的正当理由，这些正当理由在不同的时间有不同的内容，但是，最主要的正当理由有三种，即报应、威慑和剥夺犯罪能力。

但是，在笔者看来，在论述这类内容时，使用"刑罚哲学"的概念来称呼它们可能是最为恰当的，理由主要是：

第一，刑罚具有久远性的特点。首先，对犯罪人进行惩罚是长期以来就有的观念，体现这种观念的刑罚在很早就已经产生。自古以来，就有犯罪的人要受惩罚的观念。因此，适用和执行刑罚的活动及其结果中，就具有惩罚的内容，这在很长的历史阶段中是一直存在的。其次，刑罚的概念也是很早就已经产生的，而矫正（correction）概念的产生及其流行，则是很晚的事情。矫正概念的流行是 20 世纪中期以后的事情。因此，用很晚才产生的一个概念来称呼在遥远的时代就已经产生的现象和观念，是不恰当的。

第二，这类观念对整个刑事司法领域都有影响，而不仅仅是对矫正和监狱领域有影响。刑罚哲学对涉及处理犯罪行为和犯罪人的各个社会领域和部门都有影响作用，特别是对其中的刑事司法领域的影响作用可能要更大一些。仅仅就刑事司法领域而言，它主要由警察、检察（起诉）、审判、矫正或者监狱部门组成，刑罚哲学对这些部门的工作人员及其活动都有影响，而不仅仅是对矫正或者监狱部门产生影响。例如，迈克尔·戈德弗雷德森（Michael R. Gottfredson）等人的研究表明，法官在量刑时对不同刑罚哲学的考虑或者重视程度是不同的，这种差别反映了不同刑罚哲学对法官量刑活动的不同影响力（参见表 1）。

表 1：　　　　　法官在量刑中对不同刑罚哲学的考虑程度②

刑 罚 执 行	百 分 比
报应	36％
改造	36％
一般威慑	34％
特别威慑	9％
剥夺犯罪能力	4％

---

① Philip L. Reichel, *Corrections: Philosophies, practices, and procedures*, Allyn and Bacon, Boston, 2001, p. 62.

② Michael R. Gottfredson & Don M. Gottfredson, *Decision making in criminal justice: The rational exercises of discretion*, Plenum Press, New York, 1999, p. 146.

由此可见，刑罚哲学不仅对法官的量刑活动有影响，而且这些影响还是比较复杂的，往往是多种刑罚哲学同时发生影响。

从有关论著的内容来看，刑罚哲学具有下列特点：

1. 多样性

刑罚哲学的内容具有多样性。这种多样性涉及很多方面。首先，是指刑罚哲学本身的多样性。究竟有哪些基本的刑罚哲学，学者们有不同的看法。诺曼·卡尔森（Norman A. Carlson）等人认为，基本的刑罚哲学有四个：惩罚（punishment）、控制（control）、治疗（treatment）和预防（prevention）。① 菲利普·赖克尔（Philip L. Reichel）则认为，基本的刑罚哲学有五种：威慑（deterrence）、剥夺犯罪能力（incapacitation）、改造（rehabilitation）、恢复（restoration）和报应（retribution）。② 在 2004 年出版的《美国矫正：导论》一书第 10 版中，哈里·艾伦等人认为多年来在矫正活动使用的主要矫正理念有三类：惩罚理念（punishment ideology）、治疗理念（treatment ideology）和预防理念（prevention ideology）；每一类中又包括若干不同的具体理念。③ 梅斯（G. Larry Mays）等人认为，指导矫正计划、矫正机构的刑罚哲学有八种，它们在不同的历史时期支配着矫正系统。这八种刑罚哲学是：报应、威慑、改造、隔离（isolation）、剥夺犯罪能力、重新整合（reintegration）、赔偿（restitution）和恢复。④

其次，是指刑罚哲学内容的多层次性。刑罚哲学不仅仅涉及矫正制度与矫正实践本身的很多问题，而且也涉及犯罪原因、犯罪人的本性、犯罪的道德意义等多方面的问题，还涉及社会上的刑事政策、社会对犯罪的反应等问题。

最后，是指刑罚哲学对矫正研究和实践的许多方面都有影响。刑罚哲学不仅仅对矫正研究有影响，而且对矫正实践的几乎所有环节都有影响。刑罚哲学对矫正系统的影响具有广泛性和多样性的特点。

根据刑罚哲学的多样性特征，西方学者一般都认为，"刑罚哲学是指

---

① Norman A. Carlson, Karen M. Hess & Christine M. H. Orthmann, *Corrections in the 21st Century: A practical approach*, West/Wadsworth, Belmont, CA, 1999, p. 19.

② Philip L. Reichel, *Corrections: Philosophies, practices, and procedures*, Allyn and Bacon, Boston, 2001, p. 63.

③ Harry E. Allen, Clifford E. Simonsen & Edward J. Latessa, *Corrections in America: An introduction*, Tenth Edition, Prentice-Hall, Upper Saddle River, New Jersey, 2004, pp. 43—52.

④ G. Larry Mays & L. Thomas Winfree, *Contemporary corrections*, Wadsworth Publishing Company, Belmont, CA, 1998, pp. 2—10.

与对待犯罪人有关的一系列观念和实践。"①

2. 实践性

实践性是指刑罚哲学对于刑事立法和司法实践具有重要的作用和意义。

刑罚哲学并不仅仅是学者们在大学和研究部门空谈的抽象概念，它具有明显的实践性，即刑罚哲学对矫正实践活动具有很大的指导或者影响作用。这种指导或者影响作用可以在不同的层次，不同的角度反映出来。从监狱工作人员来讲，他的刑罚哲学可能直接影响到他在每天的日常工作，影响到他如何对待犯人的自我管理，如何对待接触到的犯人。从一个监狱的监狱长来讲，他的刑罚哲学可能影响到整个监狱的管理模式和社会心理气氛，影响到整个监狱对犯人的处置和对待。从更高层次的矫正官员来讲，他们的刑罚哲学可能影响到更大范围的矫正政策和矫正立法，影响到整个社会对待犯人的矫正模式。

当然，推而广之，刑罚哲学还会在更多的部门、更广的范围产生实际影响作用。包括影响立法部门的刑事立法和相关立法活动，影响警察对待犯罪人的活动，影响检察官对待犯罪人的态度，影响法官的量刑等。

3. 关联性

关联性是指不同的刑罚哲学之间的密切联系性质。

几乎在所有的社会中，都有多种刑罚哲学，而且这些刑罚哲学之间有密切的关联性。从不同的角度和侧面来看，这些刑罚哲学之间存在着一定的相互重叠、相互包容的特征。例如，一些形式的惩罚，可能会被看成是控制的手段；一些治疗措施可能会被看成是预防方法或者改造手段等。分析这些刑罚哲学的角度和侧面越多，就会发现越多的相互关联性和重叠性。

关联性的另一种表现是不同刑罚哲学之间的冲突。例如，人们在一方面把矫正系统看成是惩罚犯罪人的机构，主张惩罚观念；另一方面却又想改变或者治疗犯罪人。这样，就不可避免地在惩罚和治疗这两个很不相同的观念之间发生冲突。在不同的刑罚哲学之间相互发生冲突的时候，人们很难掌握它们之间的平衡，而往往是以某种观念为主，在此前提之下，可能会考虑相冲突的另一种观念。在人类的刑罚和监狱历史上，解决刑罚哲学冲突的最常见方法是，在一个时期某种理念居主导地位；在另一个时期，又有一种新的理念居主导地位。这样，就形成了刑罚哲学的历史更替

---

① Harry E. Allen & Clifford E. Simonsen, *Corrections in America：An introduction*, Prentice-Hall, Upper Saddle River, New Jersey, 2001, p. 55.

和演变。

4. 共同性

刑罚哲学具有共同性的特点。这意味着，尽管在文字表述和具体内容上可能有所不同，但是，各种刑罚哲学的核心内容可能都是相同的，这些核心内容具有超越时空性。

一方面，刑罚哲学具有时间上的共同性。自古至今，人类社会经过了很多朝代更替和社会变化，但是，许多刑罚哲学却是共同的，在古代社会中存在，在现代社会中也存在，只不过在具体内容、在文字表述、在强调重点等方面，可能各有侧重或者细微差别。例如，惩罚理念、报应理念等，似乎是亘古不变的，几乎在人类历史的所有阶段，都存在这样的刑罚哲学。菲利普·赖克尔用一个表格显示了这种时间共同性（参见表2）。根据他的研究，在监狱制度发展的所有历史阶段，都存在五种惩罚哲学，只不过在不同的历史阶段强调的重点有所不同。

表2：　　　　　　　　　监狱制度时代及其哲学[①]

萌芽时代（中世纪到19世纪初）	感化院时代（19世纪初到19世纪60年代）	教养院时代（19世纪60年代到20世纪初）	监狱工业时代（20世纪初到20世纪30年代）	改造时代（20世纪30年代到20世纪70年代）	报应时代（20世纪70年代到今天）
威慑	威慑*	威慑*	威慑*	威慑	威慑*
剥夺犯罪能力	剥夺犯罪能力*	剥夺犯罪能力	剥夺犯罪能力*	剥夺犯罪能力	剥夺犯罪能力*
改造	改造	改造*	改造	改造*	改造
恢复	恢复	恢复	恢复	恢复	恢复
报应	报应	报应	报应	报应	报应*

注：这五种哲学在每个时代都存在，但是，每个时代往往更加强调其中的一至二种哲学（用＊号表示）。

有的学者还提出了"钟摆效应"（pendulum effect）[②] 或者"钟摆摆动"（pendulum swings）[③] 的概念，来说明刑罚哲学的历史循环性或者时间共同性。根据这种论述，刑罚哲学是一个连续体（continuum），它的一

---

① Philip L. Reichel, *Corrections: Philosophies, practices, and procedures*, Allyn and Bacon, Boston, 2001, p. 63.

② Norman A. Carlson, Karen M. Hess & Christine M. H. Orthmann, *Corrections in the 21st Century: A practical approach*, West/Wadsworth, Belmont, CA, 1999, p. 22.

③ Harry E. Allen, Clifford E. Simonsen & Edward J. Latessa, *Corrections in America: An introduction*, Tenth Edition, Prentice-Hall, Upper Saddle River, New Jersey, 2004, pp. 52—53.

端是惩罚，包括报应、犯罪控制和强硬政策；它的另一端是预防，包括治疗和改造、正当程序以及自由裁决权。每个时期的主导刑罚哲学就是这个连续体中的某个点，不同时期的主导刑罚哲学就在这两端之间的某个点上产生：刑罚哲学朝着惩罚一端倾斜，矫正政策就会具有较多的惩罚性；刑罚哲学朝着预防一端倾斜，矫正政策就会具有较多的改造性和人道性。一般而言，当社会的犯罪率呈现下降趋势时，刑罚哲学往往趋向预防或者缓和；相反，当社会的犯罪率呈现出急剧上升的趋势时，刑罚哲学往往趋向于惩罚。例如，在美国，自1976年以来，犯罪率的不断增加促使社会再次转向惩罚理念。[①]

另一方面，刑罚哲学具有地域上的共同性。尽管各国的具体刑罚制度可能存在差别，刑事政策的强调重点可能有所不同，刑罚的具体名称可能有所不同，但是，不管国家之间在矫正、监狱及其他刑罚领域存在多大差别，它们之间都会有很多共同的刑罚哲学。这种地域上的共同性不仅存在于西方国家之间，也存在于其他地区的国家之间。

5. 深层性

刑罚哲学具有深层性。这种深层性意味着，刑罚哲学不是具体的物质存在或者物质实体，而是一些抽象的观念、思想或者学说。它们不是具体的矫正组织或者矫正机构，也不是具体的矫正措施或者矫正制度，而是隐含在这些具体的现象背后的抽象存在，是看不见、摸不着的存在形式。尽管刑罚哲学是看不见、摸不着的，但是，在矫正、监狱乃至整个刑罚领域中，刑罚哲学的影响几乎是无所不在的。大到不同的矫正体系、矫正机构的形成与运行，小到矫正人员的某一项具体决定的作出和某种行为的实施，可能都是某种刑罚哲学的反映。在矫正及监狱和刑罚领域的各个环节、各个方面，几乎都可以观察到它们所隐含的刑罚哲学。

二、刑罚哲学演进的历史阶段

从西方国家监狱和矫正发展的历史来看，刑罚哲学是不断变化的。这种历史变化似乎表现出两个明显的特点：一是刑罚哲学越来越精细化，包括文字表述的精细化、包含内容的精细化、体现形式的精细化等。例如，通常所说的报应观念在古代的表述很简单，"以眼还眼，以牙还牙"（an eye for an eye, a tooth for a tooth），或者被称为"同态复仇"（lex talionis, the law of the scale）。但是，到了近现代社会，对同样观念的文字表

---

① Harry E. Allen & Clifford E. Simonsen, *Corrections in America: An introduction*, Prentice-Hall, Upper Saddle River, New Jersey, 2001, p. 63.

述要复杂得多、精细得多。二是刑罚哲学的历史演进呈现出螺旋式发展的特点。现在所说的很多刑罚哲学在人类社会很早的时候就产生了，经过漫长的历史时期之后，它们又会以新的面目出现，表现出一定的循环性。因此，了解历史上的刑罚观念，对于理解现代的刑罚哲学是很有帮助作用的。

（一）六阶段论

关于刑罚哲学历史演进阶段，人们有不同的看法。犯罪学家菲利普·赖克尔（Philip L. Reichel）将监狱制度及其哲学的历史变化分为六个时代（era），可以称之为"六阶段论"。其主要内容和特点是[①]：

1. 萌芽时代

萌芽时代（wellbring era）是指从中世纪到 19 世纪初的历史阶段。在这个阶段，今天的主要刑罚哲学都已经出现并且逐渐得到发展。

这个阶段的主要特点是：

（1）在美国和世界上的许多地方，尝试使用各种惩罚哲学观念。

（2）在刑罚措施方面，大量使用肉刑、死刑和流放（exile），特别是英国等国家将大量犯人运送到海外殖民地。

（3）在这个阶段，也出现了早期的监禁制裁形式。比较著名的是教皇克雷芒十一世（Pope Clement Ⅺ）[②] 1704 年在罗马创办的圣米切尔救济院（Hospice of St. Michael）和 1553 年由爱德华六世（Edward Ⅵ）在伦敦创办的贫民习艺所（workhouse）。它们成为后来的看守所和监狱的早期萌芽。圣米切尔救济院强调对有不良行为者的隔离，而贫民习艺所重视劳动的价值。

2. 感化院时代

感化院时代（penitentiary era）是指从 19 世纪初到 19 世纪 60 年代的历史阶段。这个阶段的刑罚哲学以威慑和隔离为主，在用刑罚威慑犯罪人的同时，努力通过监禁将犯罪人从社会中隔离开来，使犯罪人无法继续进行犯罪行为。

这个阶段的主要特点是：

（1）在美国产生了两个对以后的刑罚哲学和监狱制度影响极大的监狱制度：第一种制度是宾夕法尼亚制（Pennsylvania system）。宾夕法尼亚制因产生于 1829 年在宾夕法尼亚州的费城建立的东郊州立感化院（Eastern

---

① Philip L. Reichel, *Corrections: Philosophies, practices, and procedures*, Allyn and Bacon, Boston, 2001, pp. 63—125.

② 克雷芒十一世（1649—1721）在 1700—1721 年间在位。

State Penitentiary）而得名，又称为"隔离沉默制"（separate and silent system）。第二种制度是奥本制（Auburn system）。奥本制因产生于 1817 年在纽约州的奥本建立的奥本监狱（Auburn prison）而得名，又称为"杂居沉默制"（congregate and silent system）。①

（2）在这两个制度之间，人们进行了很大的争论。最后，由于经济方面的原因，宾夕法尼亚制在大多数美国监狱中停止实行［这种监狱制度制要求每个犯人有自己的监舍，因此，又称为"独居制"（solitary system）］。

3. 教养院时代

教养院时代（reformatory era）是指从 19 世纪 60 年代到 20 世纪初期的历史阶段。这个阶段的刑罚哲学以威慑和改造为主，在强调用监禁刑罚威慑犯罪人的同时，重视采取很多措施改造犯罪人。

这个阶段的主要特点是：

（1）产生了以鼓励犯人改恶从善为宗旨的监狱制度——爱尔兰制（Irish system）。这个制度的雏形是苏格兰人亚历山大·麦克诺基（Alexander Maconochie，1787—1860）在英国殖民地诺福克岛（Norfolk Island）创立的"点数制"（mark system），根据这一制度，那些通过自己的良好行为挣得一定点数（分数）的犯人，可以获得很多优惠待遇，直至提前释放。② 后来，爱尔兰人沃尔特·克罗夫顿（Walter Crofton，1815—1897）进一步完善这一制度，发展了释放证（ticket-of-leave）制度和中间制度（intermediate system）。③

（2）这些尝试为以后的缓刑和假释制度的产生，奠定了基础。

4. 监狱工业时代

监狱工业时代（industrial era）是指从 20 世纪初到 20 世纪 30 年代的历史阶段。这个阶段的刑罚哲学与感化院时代相同，即以威慑和剥夺犯罪能力为主。

这个阶段的主要特点是：

（1）特别强调犯人在监狱内的劳动，认为犯人的劳动可以使社会和犯人都能够从中受益。

（2）创立了各种形式的犯人劳动组织形式，包括出租制（lease sys-

---

① 关于这两种制度的产生及详细内容，可以参见吴宗宪著：《西方犯罪学史》，119—120 页，北京，警官教育出版社，1997。

② 关于亚历山大·麦克诺基及其"点数制"的情况，参见吴宗宪著：《西方犯罪学史》，123—124 页。

③ 关于沃尔特·克罗夫顿及"爱尔兰制"的情况，参见吴宗宪著：《西方犯罪学史》，124—125 页。

tem)、合同制（contract system）、计件制（piece-price system）、公共使用制（public account system）、政府使用制（state-use system）和公益劳动制（public works and ways system）。①

5. 改造时代

改造时代（rehabilitation era）是指从 20 世纪 30 年代到 20 世纪 70 年代的历史阶段。这个阶段的刑罚哲学以改造为主，强调通过医学模式，将犯罪人改造成正常的守法公民。

这个阶段的主要特点是：

（1）人们更加关注犯罪人，而不是犯罪。

（2）有一些人群和专业性组织推动了改造犯罪人理念的发展与活动的进行，例如，"进步改革者"（progressive reformer）②，美国监狱协会（American Prison Association）③，威克沙姆委员会（Wickersham Commission）④，联邦监狱局（Federal Bureau of Prisons）⑤。

（3）医学模式成为改造理念的主要体现形式，并且为了推行医学模式而发展了犯罪人分类制度。

6. 报应时代

报应时代（retributive era）是指从 20 世纪 70 年代到今天的历史阶段。在这个阶段，强调对犯罪人的威慑、剥夺犯罪能力和报应。

这个阶段的主要特点是：

（1）一些重要的社会事件促使刑罚哲学转向报应主义。这些事件涉及多个方面：

在社会方面，包括一系列的暗杀事件，例如，约翰·肯尼迪（John F.

---

① 关于这些制度的具体内容，参见吴宗宪著：《当代西方监狱学》，747—749 页，北京，法律出版社，2005。

② 进步改革者（progressive reformer）是 19 世纪后期 20 世纪初期的一群社会改革者，他们相信可以通过政府干预解决社会问题，包括改造犯罪人的问题。

③ 美国监狱协会（American Prison Association）是今天的美国矫正协会（American Correctional Association，ACA）的前身，成立于 1870 年，1954 年改用现名。

④ 威克沙姆委员会（Wickersham Commission）是一个由乔治·威克沙姆（George Wickersham）担任主席的委员会，它的正式名称是全国法律遵守与实施委员会（National Commission on Law Observance and Enforcement）。该委员会应美国总统胡佛（Hoover）的要求，在 1929—1931 年间开展活动，委员会在 1931 年发表的报告，呼吁对犯罪人进行改造，从而帮助美国监狱系统进入改造时代。

⑤ 美国联邦监狱局（Federal Bureau of Prisons）是管理联邦系统的监狱的行政机构，隶属美国司法部，1930 年根据美国国会的批准成立。

Kennedy)①、罗伯特·肯尼迪（Robert Kennedy)② 和马丁·路德·金（Martin Luther King, Jr.）③ 的被暗杀以及反对越南战争的示威游行等。

在政治方面，发生了黑人穆斯林运动（Black Muslim Movement)④、黑豹党（Black Panther Party)⑤ 组织或者与其有关的一系列事件，并对监狱犯人的管理产生了重要影响。

在学术方面，一些人认为治疗计划"没有效果"，医学模式有问题。例如，罗伯特·马丁森（Robert Martinsen）等人在 20 世纪 70 年代中期（1974—1975）发表研究报告和出版专著，认为根据他们对 1945—1967 年间的治疗计划的研究，发现除了少数和个别例外情况之外，改造活动对累犯几乎没有效果。麦克纳马拉（D. E. J. Macnamara）在 1977 年发表文章认为，医学模式的基本假设就是它的基本缺陷：医学模式认为，犯罪人是"病人"，但是在事实上，犯罪人是像大多数非犯罪人那样的"正常人"，犯罪人与非犯罪人的差别在于，犯罪人是社会化不足的人，他们被迫生活在遭受虐待、残忍、歧视和剥削的社会中，因此，那些教育计划、职业培训计划或保健治疗都不会产生真正的"疗效"，因为他们不可能消除经过二三十年形成的反社会条件反射（antisocial conditioning）。⑥

（2）这些事件导致矫正哲学发生重大转变。这些转变在两个方面特别明显：

一是认为应当给犯罪人判处他们应当承受的公平刑罚；

二是认为应当通过既能威慑现有的犯罪人，又能威慑潜在犯罪人的刑

---

① 约翰·肯尼迪（John F. Kennedy）在 1963 年 11 月 22 日被暗杀时，担任美国第 35 任总统。

② 罗伯特·肯尼迪（Robert Kennedy）是约翰·肯尼迪（John F. Kennedy）总统的弟弟，曾担任美国司法部长，在 1968 年 6 月 5 日被暗杀时，他正在以参议员的身份竞选下届总统。

③ 马丁·路德·金（Martin Luther King, Jr.）是美国黑人民权运动的领袖，1968 年 4 月 4 日在田纳西州的孟菲斯遭到暗杀。

④ 黑人穆斯林运动（Black Muslim Movement）又称为"伊斯兰民族组织"（Nation of Islam)，是美国各种近似宗教的黑人民族主义团体在 20 世纪演化出来的宗教与文化社团。主要观点是命令黑人放弃基督教，认为基督教是白种人奴役非白种人的主要策略。同时，要求黑人共同努力，挽救堕落的人，包括犯罪人、吸毒者等，了解自己的真正历史，谋求经济的独立等。1985 年该组织解散。

⑤ 黑豹党（Black Panther Party）是 1966 年在美国加里福尼亚州的奥克兰创立的美国黑人革命党。最初的宗旨是在黑人居住区进行巡逻，以便保护居民免受警察野蛮行为的伤害。后来发展为革命性的激进组织，在 20 世纪 60 年代末期和 70 年代初期，黑豹党人在加里福尼亚、纽约和芝加哥与警察发生激烈冲突。70 年代中期以后，由于不满意该党的暴力行为方式而失去大批党员，这促使该党将工作重点从暴力行为转变为常规的政治活动，并为黑人居住区提供社会服务。

⑥ D. E. J. McNamara, "The medical model in corrections: Requiescat in pace", *Criminology*, 14 (1977), p. 441.

罚来保护公众。

（3）出现重刑主义倾向，刑罚政策趋于严厉。在一些地方，特别是在美国的一些地区，大量矫正计划和矫正人员被削减。

（二）九阶段论

犯罪学家弗兰克·施马莱格（Frank Schmalleger）和约翰·奥迪茨·斯米克拉（John Ortiz Smykla）主要以美国的情况为主，将监狱及其刑罚哲学的发展分为九个时代，他们的论述可以称之为"九阶段论"。[①]

1. 感化院时代

感化院时代（penitentiary era）是指从 1790 年到 1825 年的历史时期。这个时代的主导刑罚观念是改造和威慑。这个时代监狱制度的特点是采用独居沉默制（separate and silent system）和杂居沉默制（congregate and silent system）。这个时代的典型矫正机构是宾夕法尼亚州费城的沃尔纳特街感化院（Walnut Street Penitentiary）和纽约州的奥本监狱。

2. 监狱剧增时代

监狱剧增时代（mass prison era）是指从 1825 年到 1876 年的历史时期。它以 1825 年在纽约州建成辛辛监狱（Sing Sing prison）为起点。这个时代的主导刑罚观念是剥夺犯罪能力和威慑。这个时代监狱制度的特点是，采取集体劳动（congregate labor），犯人共用监狱空间而不必保持沉默，实行监狱劳动合同制。这个时代的典型监狱是辛辛监狱和 1852 年在加利福尼亚州建成的圣昆廷州立监狱（San Quentin State Prison）。

3. 教养院时代

教养院时代（reformatory era）是指从 1876 年到 1890 年的历史时期。这个时代从 1876 年在纽约州的埃尔迈拉建成第一个教养院——埃尔迈拉教养院（Elmira Reformatory）[②] 开始。这个时代的主导刑罚哲学是改造。这个时代监狱制度的特点是使用不定期刑和假释制度。这个时代的典型监狱是在纽约州为青少年犯罪人修建的埃尔迈拉教养院和在印第安纳州的印第安纳波里斯修建的印第安纳妇女和少女感化院（Indiana Reformatory for Women and Girls）。

4. 监狱工业时代

监狱工业时代（industrial ear）是指从 1890 年到 1935 年的历史时期。这个时代的主导刑罚哲学是剥夺犯罪能力，让犯人在监狱工业（prison in-

---

① Frank Schmalleger & John Ortiz Smykla, *Corrections in the 21st century*, Glencoe/McGraw-Hill, New York, 2001, pp. 192—196.

② 关于埃尔迈拉教养院的情况，参见吴宗宪著：《西方犯罪学史》，121—122 页。

dustry）组织中参加劳动。这个时代监狱制度的特点是：为了组织犯人劳动，创立了很多监狱工业组织形式，包括公共使用制、合同劳动制、政府使用制、犯人出租制、公益劳动制等。这个时代没有特别典型的监狱，实际上大部分监狱都在以不同的形式组织犯人进行规模不等的劳动。

5. 惩罚时代

惩罚时代（punitive era）是指从 1935 年到 1945 年的历史时期。这个时代的主导刑罚哲学是报应。这个时代监狱制度的特点是：强调对犯人的严厉惩罚和监禁，为此将犯人监禁在大监房（Big House）中，犯人生活在懒惰、单调和挫折之中。这个时代的典型监狱是建在加利福尼亚州阿尔凯特拉兹（Alcatraz）的美国感化院（这座监狱从 1934 年建成使用到 1963 年 3 月 21 日关闭，仅存 29 年）。

6. 治疗时代

治疗时代（treatment era）是指从 1945 年到 1967 年的历史时期。这个时代的主导刑罚哲学是改造（rehabilitation）。这个时代监狱制度的主要特点是采用医学模式，创立了与此相关的一套犯人分类、治疗和不定期刑等制度。但是，由于第二次世界大战之后监狱人口的剧增，导致监狱过度拥挤、食物供给很差等问题，造成很多监狱的犯人进行抗议、实施暴力行为，甚至发生骚乱。特别是 1967 年在圣昆廷监狱发生的犯人种族骚乱，导致刑罚哲学的转变和这个时代的结束。这个时代的典型监狱是美国马里兰州 Jessup 的帕图森特矫正所（Patuxent Institution）。[①]

7. 社区矫正时代

社区矫正时代（community-based era）是指从 1967 年到 1980 年的历史时期。这个时代从约翰逊总统在 1967 年任命的犯罪委员会的建议开始，这个委员会认为，社区是犯罪人的问题的一种来源，因此，要利用社区资源改造犯罪人。这个时代监狱制度的特点是：创立了一系列社区矫正制度和组织形式，包括大量使用罚金、赔偿、社区服务以及中途之家（halfway house）、工作释放中心（work release center）、群体之家（group home）等。这个时期没有典型的监狱，但是，这个时期的另一个特点是继续发生大量的监狱骚乱和暴乱，其中最著名的可能是 1971 年 9 月 9 日至 13 日在纽约州的阿蒂卡监狱（Attica prison）发生的犯人暴乱，这次暴乱有 1281 名犯人参加，最后造成 32 名犯人和 11 名监狱工作人员死亡，造成的财产

---

① 帕图森特矫正所是为需要特别治疗的男女犯人设立的一个特别矫正机构，它对犯人的矫治措施在当代西方国家的矫正领域中产生了较大影响。有关该矫正所的情况，可以参见吴宗宪主编：《中国现代化文明监狱研究》，555—556 页，北京，警官教育出版社，1996。

损失超过 300 万美元。

8. 监禁时代

监禁时代（warehouse era）是指从 1980 年到 1995 年的历史时期。这个时代的主导刑罚哲学是剥夺犯罪能力，将罪犯大量监禁起来。这个时代监狱制度的特点是：在量刑指南的指导下，大量犯人被判处监禁刑，源源不断地被送进监狱。在 15 年间，被矫正机构监管的犯人从 180 万人猛增到将近 600 万人，由此造成监狱普遍过度拥挤。假释委员会的自由裁决权被终止，监狱条件的恶化等因素引发更多的犯人骚乱。这个时代没有十分典型的监狱，很多监狱都有类似的处境。

9. 公平惩罚时代

公平惩罚时代（just deserts era）是指从 1995 年以后的历史时期。这个时代的主导刑罚哲学是报应，将 18 世纪流行过的刑罚观念复活。这个时代的特点是：产生了所谓的"公平惩罚"（just deserts）理念，强调应该对犯罪人判处他们应当承受的刑罚；法官的量刑主要考虑犯罪的严重性，而很少或者不再考虑犯罪人本身的特点；不再使用不定期刑，并且要求犯人在监狱中执行完大部分所判的刑期；在矫正系统中，不再强调对犯人的改造和治疗，虽然给犯人提供这样的机会，但是，不再强制犯人参加有关的改造和治疗活动；制定和实施所谓的"严惩惯犯法律"（three-strikes law）[①]；监狱严重拥挤。美国的这种刑罚哲学迅速向其他国家和地区传播，对整个西方国家的刑罚哲学和监狱制度，产生了很大的影响。

尽管西方国家的刑罚哲学内容繁杂，但是，大体上可以划分为两类：一类是惩罚哲学；另一类是改造哲学。下面分别论述。

三、惩罚哲学

惩罚（punishment）是西方国家乃至世界各国最重要的刑罚哲学之一。人们在很早的时候就已经相信，惩罚是犯罪人为其犯罪行为付出的代价；惩罚的效果能够从受到惩罚的个别犯罪人扩展到更多的人。一般而言，惩罚犯罪人的理由多种多样，其中最主要的有三种，即报应、威慑和剥夺犯罪能力。晚近以来惩罚观念的发展，仅仅是这些观念的演变而已。

（一）报应

报应（retribution）是指根据犯罪行为的严重程度对犯罪人进行相应

---

① "严惩惯犯法律"（three-strikes law）的本来含义是，如果第三次犯罪，就要受到严厉惩罚。20 世纪 90 年代初期从美国的加利福尼亚州开始，其他一些州也通过了这样的立法，用来威慑那些习惯性犯罪人。

惩罚的刑罚观念和措施。

报应是最古老的刑罚哲学之一。自从最初的刑罚制度产生以来，这种观念就伴随产生。这种观念认为，犯罪人是社会的敌人，他们有意违反社会规则，因而应当受到与其犯罪相称的惩罚。报应意味着要对犯罪人判处和执行各种刑罚，包括死刑。

从历史上来看，报应哲学有不同的内容，其中影响较大的有四种①：

(1) 神学观点（theological view），认为对犯罪人进行报应（retaliation）是为了实现惩罚犯罪人的宗教使命。惩罚犯罪人的行为，实际上是社会代替上帝进行的行为。

(2) 美学观点（aesthetic view），认为惩罚犯罪人是要解决犯罪行为引起的社会不和谐（social discord），用偿还行为（requital）重建和谐感（sense of harmony）。根据这种观点，通过惩罚犯罪人，可以消除犯罪引起的紧张情绪，实现社会的和谐。

(3) 赎罪观点（expiatory view），认为惩罚犯罪人是为了通过让犯罪人遭受痛苦，洗刷去他们的罪过（guilt），表示社会的谴责。

(4) 功利主义理论（utilitarian theory）认为，刑罚是实现有益的、符合社会需要的结果的一种手段。只要在对犯罪人进行了个别化的仔细研究之后，对他们适用了从形式到程度都最适合的刑罚，就可以获得这样的结果。

20 世纪 70 年代开始，报应观念在西方国家中重新复活，被一些学者加以论述或者发挥。这主要是由于人们对当时的刑罚哲学和实践不满意造成的。报应主义复活的典型形式，就是用"公平刑罚"（just deserts）观点解释报应主义。例如，安德鲁·冯赫希（Andrew von Hirschi）认为，制裁部门有权选择一种反应形式表达道德谴责（moral disapproval），即刑罚。根据这些学者的论述，应当仅仅根据报应的需要对犯罪人适用刑罚，而不能主要用刑罚来达到其他的目的，例如，威慑，剥夺犯罪能力或者改造。

报应观念重新复活的一个重要表现，就是由戴维·福格尔（David Fogel）在 1975 年提出的"公平惩罚模式"（just-deserts model），或者称之为"公平模式"（justice model）、"报应模式"（retribution model）。② 戴

---

① 　Harry E. Allen & Clifford E. Simonsen, *Corrections in America: An introduction*, Pren-tice-Hall, Upper Saddle River, New Jersey, 2001, p. 57; Ira J. Silverman & Manuel Vega, *Corrections: A contemporary view*, West Publishing Company, Minneapolis, Saint Paul, 1996, p. 20.

② 　Dean J. Champion, *Corrections in the United States: A contemporary perspective*, Prentice-Hall, Upper Saddle River, New Jersey, 2001, p. 23.

维·福格尔是美国伊利诺伊州法律实施委员会（Illinois Law Enforcement Commission）的执行主席，他在 1975 年出版了《我们是活的证人：矫正的公平模式》[①] 一书，论述了他的公平模式。他的基本观点是，矫正应当从改造（rehabilitation）转向"公平"（fairness）。这种转变可以通过一些途径来实现，例如，废除使用不定期刑；大大限制法官的自由裁决权，让法官根据犯罪类型使用所建议的刑罚；废除假释；采用定期刑。根据他的观点，监狱不应当改造犯罪人，不应当把监狱变成治疗场所（therapeutic settings）；监狱仅仅是惩罚犯罪人的场所，人们不应当要求监禁要有治疗的功能。这些观点引起了刑罚学家们的极大兴趣，因为在这一时期发生的许多监狱骚乱中，犯人们都声称量刑差异（sentencing disparity）是不公平的。

在后来的论著中，戴维·福格尔进一步指出，任何犯罪人都应当受到平等的对待；犯罪人应当受到与其犯罪相称的、应有的惩罚；由于种族、性别、社会经济地位等方面的差别而造成的量刑差异，是不能容忍的。在刑罚执行中，也应当体现与犯罪的严重性相适应的区别对待：犯罪越严重，受到的监管就越严格。

戴维·福格尔的观点受到了像约翰·霍华德协会（John Howard Association）[②]、全国犯罪与少年犯罪委员会（National Council on Crime and Delinquency）[③] 等组织的批评。这些组织担心，如果戴维·福格尔的建议被州立法机构采纳的话，会导致大量犯人涌入监狱等一系列严重后果。美国等一些西方国家后来的发展表明，戴维·福格尔的观点对刑事立法和刑事司法活动产生了巨大的影响。

（二）威慑

1. 威慑及其含义

威慑（deterrence）是指通过向犯罪人施加痛苦或者其他不利后果来预防未来犯罪的刑罚观念和措施。

根据这个定义，威慑通过两种方式维持社会秩序。首先，向犯罪人表明，他的犯罪行为是不受欢迎的，他为此要遭受痛苦，因此，以后不要再

---

① David Fogel, "... *We are the living proof...*"：*The justice model for corrections*，W. H. Anderson，Cincinnati，1975.

② 约翰·霍华德协会（John Howard Association）是以 18 世纪英国著名的刑罚改革家约翰·霍华德（1726—1790）的名字命名的刑罚改革民间组织，在英国、美国、加拿大等一些国家都有这样的组织。

③ 全国犯罪与少年犯罪委员会（National Council on Crime and Delinquency）是总部设在美国旧金山的一个研究犯罪问题的民间组织，这个组织出版研究刊物《犯罪与少年犯罪》（*Crime and Delinquency*）。

进行这样的行为。其次，向社会上的其他人表明，特别是向那些正在考虑进行犯罪行为的人表明，进行犯罪行为会带来痛苦的后果。如果他们要进行犯罪行为，就会受到和犯罪人一样的对待。

威慑是一种古老的刑罚哲学。早在 18 世纪时，古典学派的创始人、意大利犯罪学家贝卡里亚（Cesare Beccaria）就在其著名的著作《论犯罪与刑罚》（1764）中阐述过这种观点。后来，古典学派的其他学者也论述过这种观点，这种观点体现了典型的功利主义原则。

现代的刑罚理论通常将威慑分为两种：特别威慑和一般威慑。

（1）特别威慑（specific deterrence，special deterrence）。又称为"个别威慑"（individual deterrence），这是指通过惩罚犯罪人使其不敢再次犯罪的刑罚功能。刑罚的这种功能意味着，通过对犯罪人判处刑罚，使犯罪人懂得他们的行为是不受社会欢迎的，如果进行犯罪行为，就会带来不愉快的后果，从而阻止犯罪人在以后继续进行犯罪行为。在影响刑罚的特别威慑效果方面，刑罚的及时性具有特别重要的意义。如果在犯罪之后的很长时间之后才受到刑罚处罚，就不能在犯罪与刑罚之间建立起清晰的条件反射联系，刑罚就不能有效地发挥阻止进一步犯罪的作用。

（2）一般威慑（general deterrence）。这是指以惩罚犯罪人为榜样阻止其他人进行犯罪行为的刑罚功能。

刑罚的这种功能意味着，司法部门把惩罚犯罪人作为"榜样"，向其他人表明，如果他们进行类似的犯罪行为，就会受到和犯罪人一样的惩罚。一般威慑发挥效果的首要因素是刑罚的严厉性，即对犯罪人判处的刑罚要有足够的严厉性，使其他人对犯罪人遭受的刑罚产生恐惧心理，害怕自己也会受到类似的严厉惩罚。否则，如果刑罚太轻，就起不到一般威慑的作用。而且，刑罚的必然性也是十分重要的。如果其他人感到，刑罚虽然严厉、可怕，但是，许多犯了罪的人不一定会受到惩罚，因而也会激起其他人的侥幸心理，使他们敢于冒险进行犯罪行为。这样的话，也起不到一般威慑的效果。

2．威慑研究

长期以来，人们对威慑问题进行了很多研究。1994 年，里查德·怀特（Richard A. Wright）在其著作《为监狱辩护》一书中，通过文献调查，对以往的威慑研究进行了总结和评论，归纳出了一些一般性的结论。

关于特别威慑，里查德·怀特归纳出了下列一般性结论①：

---

① Richard A. Wright，*In defense of prisons*，Greenwood Press，Westport，CT，1994，pp. 104—105.

（1）法律制裁或正式制裁（包括逮捕、法庭审理和短期拘留）似乎与个人后来的犯罪行为有中等程度的反向联系，这支持特别威慑或理性选择的观点。不过，没有证据表明，较严厉的刑罚（例如长期监禁）比较宽和的刑罚（例如短期拘留）有更大的特别威慑效果。

（2）法律制裁或正式制裁不可能降低犯罪人中的绝对累犯率（absolute recidivism rate），也不可能降低犯罪人中的简单累犯率（simple recidivism rate），不过，仍然可以通过降低个别犯罪人中的总体犯罪率（overall rate of offending）或者犯罪频率而产生显著的特别威慑效果〔这就是抑制效应（suppression effect）〕。

（3）法律制裁或正式制裁在威慑个人犯罪行为方面的效果，会受到犯罪行为在个人犯罪生涯（offending career）中所处的位置的影响。犯罪在个人的犯罪生涯中发生得越早，刑罚就越能阻止个人在未来可能会发生的犯罪行为。不过，刑罚对于慢性犯罪人（chronic offender）[①] 仍然有一定的特别威慑效果。

（4）对于刑罚的必然性的认识，也受个人犯罪生涯的发展程度的影响。特别是与慢性犯罪人相比，犯罪新手（novice offender）认为自己犯罪后更有可能要受到惩罚。

（5）犯罪人对于刑罚必然性的认识，会受到他们实际遭受刑罚处罚的必然性的影响（或者受到他们在犯罪生涯中被逮捕和监禁的客观可能性的影响）。

（6）法律制裁或正式制裁的特别威慑效果，可能受犯罪人卷入犯罪生涯的程度的影响。特别是，对于那些把实施犯罪作为一种生活方式的职业犯罪人来说，刑罚的威慑效果不如对业余犯罪人那样大。

（7）最后，在作为特别威慑物（specific deterrent）的法律制裁或正式制裁与非正式制裁（informal sanction）或法外因素（extralegal factor）之间，似乎存在着一种互动关系。个人越担心受到朋友和家庭的报复（reprisal），或者越担心受到工作或良好的社会声誉方面的损失，刑罚在阻止未来的个人犯罪方面就越有效。

关于一般威慑，里查德·怀特归纳出了下列一般性结论[②]：

（1）在实际的刑罚的必然性、所认识到的刑罚的必然性与犯罪率之

---

① 慢性犯罪人（chronic offender）是指长期多次实施犯罪行为的人。根据美国犯罪学家沃尔夫冈（Marvin E. Wolfgang）等人的论述，慢性犯罪人就是指在18岁以前被逮捕过5次或者更多次并且有可能变为成年犯罪人的少年犯罪人。关于他们对慢性犯罪人的调查的情况，参见吴宗宪著：《西方犯罪学》，655—659页。

② Richard A. Wright, *In defense of prisons*, Greenwood Press, Westport, CT, 1994, p. 90.

间，存在着中等程度的反比关系。

（2）在实际的刑罚的必然性、所认识到的刑罚的必然性与犯罪率之间，几乎没有联系（little relationship）。

（3）在阻止犯罪方面，所认识到的刑罚的必然性（the perceived certainty of punishment）的作用比实际的刑罚的必然性（the actual certainty of punishment）更大一些。

（4）强硬的刑事司法政策会增强潜在犯罪人对刑罚的必然性的认识，这种政策对犯罪率有中等程度的初始威慑效果（initial deterrent effect），但是，几乎没有持续威慑效果（residual deterrent effect）。

（5）尽管人们对法律制裁或正式制裁、非正式制裁或法外因素与威慑之间的关系的因果模式（causal model）仍然有争议，但是，这种关系可能是互动性的，而不可能是单向性的（independent）。这意味着，法律制裁或正式制裁对个人行为的大量影响作用，是通过非正式制裁或法外因素这些中介因素发挥作用的。

（6）几乎没有经验性证据表明，威慑效果对不同类型的犯罪都有可能发生。这就是说，对于所有类型的犯罪来说，刑罚的必然性似乎仅仅发挥从微弱的到中等的威慑效果。

（7）最后，有一些经验性证据表明，威慑效果对不同类型的犯罪人都有可能发生。特别是，与那些富裕的人和年轻人相比，下层阶级的人和老年人似乎更会受到刑罚的必然性的威慑。

里查德·怀特认为，可以从威慑研究中获得四个与决策者有重要关系的明显教训（palpable lesson）[①]：

（1）在实现一般威慑和特别威慑方面，逮捕和刑罚似乎有中等程度的效果。

（2）在威慑犯罪方面，刑罚的必然性要比刑罚的严厉性重要得多。为了阻止大多数人不去实施犯罪而使用长期监禁刑，是没有必要的。决策者和刑事司法官员的一个基本目标（essential goal），应当就是增强对大多数犯罪人进行逮捕、定罪判刑、施用中等刑罚或短期拘留的必然性。

（3）在威慑方面，个人的认识起着关键作用。所认识到的刑罚的必然性比实际的刑罚的必然性更重要，因为大多数人是按照自己的认识行动的。这意味着，决策者和刑事司法官员应当十分重视向公众传递犯罪得不偿失的信息。有影响的、广为人知的制止犯罪活动，是阻止犯罪的一种基

---

① Richard A. Wright, *In defense of prisons*, Greenwood Press, Westport, CT, 1994, pp. 105—106.

本方式。刑事司法官员们应当从政治家们的笔记本中吸取一个教训，那就是形象（imagery）比内容（substance）更重要。在预防一般人的犯罪方面，大量报道宣传的警察打击行动（它们会成为当地的晚间新闻），要比影响很小、秘密进行的调查活动奏效得多。

（4）尽管一般人和犯罪新手可能会受到广为人知的制止犯罪活动的威慑，但是，慢性犯罪人不会受到这类活动的威慑。对于那些有许多犯罪经验的犯罪人来说，所认识到的刑罚的必然性精确地反映了实际的刑罚的必然性：因为经验告诉他们，犯罪在实际上是得大于失的。如果假定法律制裁或正式制裁与非正式制裁或法外因素之间关系的互动效果模式（interactive effects model）是正确的，那么，慢性犯罪人也会较少受到法律制裁或正式制裁的威慑，因为他们与传统社会的联系很弱（这种联系是通过对"正直的"朋友和家庭成员的依恋形成的），也没有什么需要保护的"良好的"社会声誉。这意味着，决策者和刑事司法官员应当不再强调对慢性犯罪人的威慑，应当不再偏爱剥夺犯罪能力的措施。

3. 威慑的效果

从当代西方国家学者对威慑效果的研究来看，通常用四种思路（和方法）检验威慑的效果。这四种思路（和方法）及其主要研究结论如下：

（1）检验受惩罚的概率与犯罪率之间的关系。根据这种思路和方法，通过研究两类变量之间的关系，来检验一般威慑的效果。第一类变量是（如果犯罪的话）人们可能遭受惩罚的概率。这类变量的具体表现形式包括被逮捕、被定罪、被监禁或者遭受其他惩罚。第二类变量是犯罪率。按照这种思路，如果威慑有效果的话，那么，随着受惩罚概率的增加，逮捕等形式的惩罚的数量就应该下降。但是，没有一致的证据表明，存在着这种关系。尽管一些研究发现，刑罚的必然性会导致犯罪率的降低，但是，其他的一些研究却发现了不一致的结果，或者没有发现这两类变量之间存在联系。

（2）检验刑罚的威胁是否会减少违法行为。根据这种思路，如果威慑有效果的话，那么，刑罚的威胁应当会减少违法行为。这方面的最著名研究，是由罗斯（H. L. Ross）、麦克利里（R. McCleary）和拉弗里（G. LaFree）在 1990 年发表的关于强制拘留法（mandatory jail law）对酒后驾车（drunk driving）的威慑效果的研究。他们的研究发现，当这类法律变得强硬起来以后，可以产生短期的威慑效果，但是，这类法律的长期威慑效果是很小的（negligible）。[①]

---

① H. L. Ross, R. McCleary & G. LaFree, "Can mandatory jail laws deter drunk driving? The Arizona case", *Journal of Criminal Law and Criminology*, 81 (1990), pp. 156—167.

（3）认知研究（perceptual research）。按照这种研究思路和方法，研究人员询问被试人：如果他们违反了某一项法律，他们有多大的被逮捕和遭受惩罚的可能性？然后，研究人员询问被试人，他们实际上是否会实施特定犯罪？如果威慑有效果的话，那么，那些感到自己可能会被逮捕和遭受惩罚的人，就不大可能实施特定犯罪。这类研究倾向于认为，如果认识到遭受惩罚的可能性越大，个人就越不可能实施会招致惩罚的犯罪。

（4）研究对已经受到惩罚的人的威慑效果。根据这种思路进行的研究的效果不一致。一些研究表明，大部分犯人有过在以前被逮捕、定罪甚至被监禁的历史。这些研究也表明，将近 2/3 的重罪犯在从监狱释放后的 3 年之内再次被逮捕，而那些有最广泛的犯罪记录的重罪犯，最有可能重新犯罪。不过，另外一些研究表明，刑法对某些类型的犯罪行为可能具有抑制效果（suppressive effect）。与那些受到较轻惩罚的犯罪人相比，那些遭受到严厉惩罚的少年犯罪人、被逮捕的配偶虐待者、被逮捕的酒后驾车者和被逮捕的初次犯罪人，都不大可能在以后实施新的犯罪。

（三）剥夺犯罪能力

1. 剥夺犯罪能力及其方法

剥夺犯罪能力（incapacitation）是指从身体上或者生理上消除犯罪人继续犯罪的能力的刑罚观念和措施。

从最广泛的意义上讲，剥夺犯罪人的犯罪能力可以采用两类方法：

（1）与犯罪人的身体有关的方法。这是指通过去除犯罪人的肢体或者影响犯罪人的身体使其不能继续犯罪的方法。包括断肢（例如砍去盗窃犯罪人的手）、阉割（尤其是对性犯罪人和严重暴力犯罪人使用）、外科手术（amputation）和精神药物等。

（2）与地理空间有关的方法。这是指通过将犯罪人限制在一定地理空间之内，使其不能继续犯罪的方法。例如，将犯罪人监禁在监狱或者其他类似机构内，把犯罪人驱逐出境，对犯罪人采取流放措施等。

不过，在现代西方国家中，采用第一类方法的已经十分罕见，在一些信奉伊斯兰教的国家中，可能还采用这样的刑罚方法。即使在使用第二类方法时，也主要是使用监禁的方法，其他方法的使用不是很普遍。

美国学者菲利普·赖克尔（Philip L. Reichel）将剥夺犯罪能力的方法分为两类[①]：

（1）监禁方法。这是目前西方国家最为流行的剥夺犯罪能力的方法。

[①] Philip L. Reichel, *Corrections: Philosophies, practices, and procedures*, Allyn and Bacon, Boston, 2001, p. 41.

使用这种方法的基本思路是，只要将犯罪人限制在一定的地理空间之内，使他们不能在社会上自由行动，就可以防止他们继续危害社会和他人。

（2）技术方法。这也是晚近兴起和使用的一类剥夺犯罪能力的方法。剥夺犯罪能力的技术方法主要包括化学药物（chemicals）、外科手术（surgery）、电子监控（electronic monitoring）等。

除了上述方法之外，西方国家的学者们在研究剥夺犯罪能力时，更加关注从另外一个角度划分出的剥夺犯罪能力的方法类型，即根据剥夺对象的不同，将剥夺犯罪能力划分为两类：集体剥夺犯罪能力和选择性剥夺犯罪能力。因为他们认为，这两类剥夺方法具有更加重要的犯罪控制和矫正政策方面的意义。

2. 集体剥夺犯罪能力

集体剥夺犯罪能力（collective incapacitation）是指对实施某类犯罪的所有犯罪人都判处同样的监禁刑罚的刑罚观念和方法。

在使用这类方法时，强制性地规定对实施了某种类型犯罪的所有犯罪人，都判处同样的监禁刑。例如，对所有抢劫犯都判处 5 年监禁，从而将他们全部关进监狱监禁起来，使他们不能继续进行犯罪行为。一些研究似乎证实了这种观点。例如，美国全国政策分析中心（National Center for Policy Analysis）在 1997 年发表的一份报告认为，美国犯罪减少的一项重要原因，就是对于犯罪人来说，犯罪变得代价越来越大。实施任何严重犯罪之后被关进监狱的可能性都已经大大增加。这份报告认为，对于犯罪人来说，增加犯罪的潜在代价（potential cost）的最好的综合性指标，就是"预期惩罚"（expected punishment），即犯罪人预见到的实施某项犯罪之后会被监禁的天数。研究者认为，从 1980 年到 1995 年，对于杀人犯罪而言，预期惩罚增加了二倍多；对于强奸犯罪而言，预期惩罚增加了三倍多。[①]

但是，这种简单原始的方法，是不可能获得成功的。其原因是：

（1）大量增加监狱中犯人的数量。将大量的犯罪人不加选择地一律判处同样的监禁刑罚，是造成监狱中人满为患的重要因素。20 世纪后期美国和其他一些西方国家中监狱犯人剧增的重要原因，就是推行集体剥夺犯罪能力的刑罚哲学所造成的结果之一。尽管一些研究认为，将犯罪人关进监狱可以减少社会上的犯罪，但是，在这种刑罚哲学的指导下，不可避免地会大大增加监狱中犯人的数量，导致监狱过度拥挤，并且由此引发一系列消极后果。

（2）增加了建造监狱的成本。监狱人口的增加，必然会要求大量建造

---

① 参见 http：//www.public-policy.org/~ncpa/studies/s203/s209.html。

新的监狱，以便关押不断增加的犯人。但是，在当今西方国家中，建造监狱的费用是极其昂贵的。建造大量监狱必然会花费巨额的资金，从而会导致在政府预算中监狱费用挤占其他费用的现象，例如，监狱费用挤占社会福利、教育等方面的费用，从而引起这些领域的连锁消极反应。

（3）长期监禁刑并不是控制或者减少犯罪的有效手段。大量研究表明，在集体剥夺犯罪能力政策下对犯罪人判处和执行过长的监禁刑罚的做法，并不是控制或者减少犯罪的有效手段。尽管在一些西方国家和地区出现了犯罪下降的趋势，并且一些人把这种下降归因于监禁率的增加，但是，这种归因可能是符合实际情况的，也可能是不符合实际情况的。例如，詹姆斯·奥斯丁（James Austin）等人在 1989 年发表的一份报告认为，"在美国和加拿大，犯罪率并没有随着监禁率的增加而下降。相反，随着每 10 万人口中被判处监禁刑罚的犯罪人数量的增加，犯罪率也上升了。"他们进一步认为，"近年来，美国刑事司法系统针对公众对犯罪的恐惧，采取了将更多的犯罪人长期监禁起来的做法。这种做法并没有导致犯罪率的显著下降。事实上，监禁了大多数犯罪人的州，继续有很高的犯罪率。"[①]

为了消除集体剥夺犯罪能力政策带来的消极后果，人们又发展起了选择性剥夺犯罪能力的刑罚哲学。

3. 选择性剥夺犯罪能力

选择性剥夺犯罪能力（selective incapacitation）是指有选择地剥夺那些具有高度危险性的犯罪人的犯罪能力的刑罚观念和方法。

选择性剥夺犯罪能力的观念和方法的产生，是多种因素发挥作用的结果。其中的一类因素就是关于慢性犯罪人的研究。这类研究普遍认为，一少部分慢性犯罪人多次实施犯罪，他们人数虽然很少，但是，他们实施的犯罪数量却在犯罪总数中占有很大比例，因此，只要将这部分犯罪人监禁起来，就可以大大减少犯罪数量和降低犯罪率。例如，沃尔夫冈（Marvin E. Wolfgang）等人的研究发现，在所调查的人口中，慢性犯罪人仅占少年犯罪人总数的 18％，占所调查人口的 6.3％；这些慢性犯罪人却实施了 51.9％的犯罪，而且，他们所实施大多数是严重犯罪：他们实施了 71％的杀人犯罪、73％的强奸犯罪、82％的抢劫犯罪和 69％的重伤害犯罪。[②]

但是，与选择性剥夺犯罪能力政策有关的一个问题是，究竟应该怎样

---

① 转引自 Norman A. Carlson，Karen M. Hess & Christine M. H. Orthmann，*Corrections in the 21st Century*：*A practical approach*，West/Wadsworth，Belmont，CA，1999，p. 119。

② 参见吴宗宪著：《西方犯罪学》，656 页。

选择需要剥夺其犯罪能力的那些犯罪人呢？需要剥夺其犯罪能力的是那些危险性最大、重新犯罪的可能性最高的犯罪人，但是，如何确定这些犯罪人呢？为了解决这个问题，一些学者进行了有关的研究。其中最著名的一位研究人员，可能是参加了兰德研究（RAND study）的一位研究人员彼得·格林伍德（Peter Greenwood），他创立了一种识别那些监禁较短时间之后可以释放的、适合进行"选择性剥夺犯罪能力"的犯罪人的体系。根据他利用自我报告方法对三个州的 2190 名犯罪人的研究，按照犯罪人是否具有下列特征，可以识别他们是低度危险性犯罪人、中度危险性犯罪人还是高度危险性犯罪人。这些特征是[①]：

（1）以前因为同类犯罪被定罪；

（2）在本次逮捕之前的两年期间，有一半以上的时间被监禁着；

（3）在 16 岁以前被定过罪；

（4）在州少年教养院中服过刑；

（5）在以前的两年中非法使用过毒品；

（6）在少年时代非法使用过毒品；

（7）在以前的两年中，有一半以上的时间处于失业状态。

根据他的研究，犯罪人具备的上述特征越多，他们重新犯罪的危险性就越大，就越需要进行选择性剥夺犯罪能力。他确定的衡量犯罪人是属于高危险性、低危险性还是中等危险性的临界点（cut point）是四个或者四个以上的特征；只要犯罪人具有四个以上的特征，就属于高危险性犯罪人。彼得·格林伍德按照上述特征和临界点衡量所研究的犯罪人，发现45％的犯罪人可以归入慢性犯罪人的行列。

另一项不太出名、但可能是更加有效的选择性剥夺犯罪能力的鉴别工具，是 20 世纪 80 年代在华盛顿特区由 INSLAW 研究公司的布赖恩·佛斯特（Brian Forst）等人发展起来的。这些研究人员利用多元回归分析方法，识别出了九项与犯罪人的高累犯率有关的因素，这些因素是[②]：

（1）大量饮酒；

（2）使用海洛因；

（3）最近一次被逮捕时的年龄（22 岁以下的犯罪人有较高的重新犯罪率）；

（4）犯罪生涯的长短（卷入犯罪生涯几年）；

（5）在以前的 5 年期间被逮捕的次数；

① Richard A. Wright, *In defense of prisons*, Greenwood Press, Westport, CT, 1994, pp. 120—121.

② Ibid, pp. 122—123.

（6）以前被监禁过的最长一次监禁的时间长度；

（7）以前被判缓刑的次数；

（8）最近一次是否因为暴力犯罪而被逮捕；

（9）最近一次是否因为非暴力犯罪而被逮捕（这一因素与累犯行为是负相关的）。

研究人员给每项因素标上不同的分数，例如，"使用海洛因"为＋10分，"最近一次被逮捕时年龄在 43 岁或者更大"为 －10 分。识别慢性犯罪人的临界点是 47 分。研究人员根据这个工具评定所研究的对象，将最初研究样本（1708 名联邦假释犯）中的 200 人识别为慢性犯罪人（占 11.7％）。在以后 5 年的追踪调查期间，170 人（占所识别出的慢性犯罪人的 85％）又犯了罪，逮捕数据表明，这 200 人平均每人实施了 10 次犯罪。

4. 犯罪生涯剥夺

犯罪生涯剥夺（criminal career incapacitation）是指通过有选择性地剥夺犯罪能力，阻止一些犯罪人延续其犯罪生涯，从而避免他们继续犯罪的刑罚观念和方法。

科恩（F. Cohen）1983 年发表的一项研究表明，通过识别有较高犯罪发生率的犯罪人而阻止其犯罪生涯的继续，是一项重要的选择性剥夺方式。这项研究得出了两个重要的结论[1]：

（1）被判决犯有抢劫和夜盗犯罪的犯罪人，是进行选择性剥夺犯罪能力的最佳人选（prime candidate）。这是因为，平均起来他们实施这些犯罪的比率较高，犯罪生涯较短。

（2）对这些人判处的监禁刑罚可以缩短他们的预期犯罪生涯（expected career），从而降低抢劫和夜盗犯罪的发生率。

她发现，对抢劫犯罪人判处 2 年监禁刑可以降低 8％的抢劫犯罪，仅仅增加 7％的监狱犯人数量。

（四）惩罚的效果

惩罚是人类社会中最为悠久的刑罚哲学之一。那么，刑罚的惩罚效果究竟如何呢？从西方国家学者们的研究来看，如果在适当的时间、以适当幅度加以适用的话，一些刑罚可能是有效果的。刑罚可能是治疗的必要前提（predecessor），对于少数严重犯罪人来讲，如果不给予一定形式的强制或者威胁，他们就不可能寻求或者接受治疗。但是，当在矫正领域中应用这种刑罚观念时，结果总是消极的，无论是对于接受惩罚的犯罪人而言，

---

[1]　Ira J. Silverman & Manuel Vega, *Corrections: A contemporary view*, West Publishing Company, Minneapolis, Saint Paul, 1996, pp. 22—23.

还是对于施加惩罚的国家来讲，都是如此。矫正工作人员倾向于刻意寻求轻微违规行为或者不服从行为（minor rule infringements or nonconformism），例如，大声玩闹，粗鲁言语，逃课（skipping class），以便对犯罪人进行惩罚，他们忽略了犯罪人表现出的积极的行为。给犯罪人制定的规则，往往都是具有惩罚性的。

美国学者哈里·艾伦等人认为，"正如高的犯罪率所证实的那样，根据法律判处的刑罚似乎不能创造出很多对法律的尊敬，即使在那些迅速、严厉和必然地判处刑罚的司法管辖区中，也是如此。"[①] 如果在一个声称是开明的、自由的社会中过度使用刑罚（overuse of punishment），就会创造出这样的一种环境，即那些受到刑罚处罚的人，会把施加刑罚的人看成是穷人和无助者的迫害者（persecutor）。不顾犯罪情节而进行起诉活动，就会导致"政治犯"（political prisoner）的产生。犯罪人就会对刑罚产生抗拒心理和抗拒行为，而国家为了对付这些犯罪人，就会使用越来越严厉的刑罚措施。这样的刑罚就会促使犯罪人变得越来越复杂、越来越老练，变得用他们不断提高的犯罪技能来逃避惩罚。犯罪人会对刑罚变得麻木起来，执法者就可能习惯于自动地把刑罚作为唯一的控制手段。在这个过程中，犯罪人和执法者双方都会不断堕落下去。

从西方国家的情况来看，人们已经达成这样的共识，即"历史和科学都不同意使用刑罚可以阻止犯罪的观点"[②]。正如一些西方国家的学者们所认为的那样，许多因素都会削弱刑罚作为减少犯罪的手段的效果。这些因素包括：

1. 刑罚的严厉性

为了威慑而使用刑罚时，必须避免过分严厉地使用刑罚，因为过分严厉的刑罚会激起公众对犯罪人的同情。

2. 犯罪人的特点

那些最有可能被监禁的犯罪人，已经习惯于经受剥夺，习惯于在日常生活中个人目标遭受到挫折的情况。

3. 罪刑难以相称

人们在实践中不可能制造出一种"计算尺"，用来准确地确定报应（即刑罚）程度与不同类型犯罪之间的绝对相称。

4. 单纯的强制并不能改变人们的行为

---

① Harry E. Allen & Clifford E. Simonsen, *Corrections in America: An introduction*, Prentice-Hall, Upper Saddle River, New Jersey, 2001, p. 59.

② Ibid, p. 60.

研究已经表明，单纯使用强制不能保证被强制的对象改变自己的行为，不能保证这些人遵从新的法律规范，也不能保证这些人服从自己以前曾经违反过的法律规范。

5. 威慑效果的差异性

刑罚的威慑能否产生遏止犯罪和表达社会谴责的效果，往往是因人而异、因犯罪类型的不同而有差别的。对于威慑能否产生效果的问题，不能一概而论。

在探讨刑罚的意义和效果时，要注意从遭受刑罚惩罚的犯罪人的角度来看待问题。如果犯罪人认为，刑罚是对他们的意志的一种不公平强制，是执法当局权力的一种表现时，那么，刑罚就会增强他们的这种信念，就只能会鼓励他们保持自己的消极行为模式。相反，如果犯罪人认为，对他们所判处的刑罚是公平的，他们被判刑是咎由自取，他们自己应当遭受刑罚惩罚的话，那么，刑罚就会产生转变犯罪人的态度和行为的积极效果。如果一个亲社会犯罪人（prosocial offender，即那些没有完全卷入犯罪生活的犯罪人）受到恰当的刑罚惩罚，他就可能会因此而放弃犯罪；但是，如果他受到了过度的惩罚，那么，这种刑罚就会引起犯罪人的愤怒，就会摧毁他们接受改造的可能性。

从西方国家关于刑罚效果的研究情况来看，可以得出下列几点结论：

1. 如果恰当地适用刑罚，刑罚会产生一定的积极效果，就可以发挥转变犯罪人和减少犯罪的作用。"恰当地适用"包含很多内容，例如，恰当的时间、适当的幅度、合适的方式和适宜的对象（犯罪人）等。

2. 刑罚的积极效果的发挥，要受很多因素的制约，特别是会受到社会经济因素的制约。虽然一种刑罚措施可能是很有效的，但是，如果没有获得社会上的广泛支持，或者行刑成本过于昂贵（执行刑罚的经济代价过大），这样的刑罚措施就不可能实行，即使实行了也不能长久维持下去。

3. 西方国家中监禁刑罚的积极效果是有限的，因此，才促使他们不断寻找新的监禁替代措施，例如，中间制裁（intermediate sanction）、社区矫正（community corrections）等。

四、改造哲学

（一）改造及其演变

惩罚和改造可以说是贯穿西方监狱学或者矫正的两种主要的刑罚哲学观念。

改造（reformation, rehabilitation）的基本含义就是，通过适当的措施和活动改变犯罪人的犯罪行为和态度。

在西方国家的历史上，改造经历过不同的发展历程。这些发展历程与人们如何回答两个基本问题有关，即"谁是犯罪人？""我们应当如何对待犯罪人？"

早在 18 世纪末起，基督教的一个派别——贵格会（Quaker）① 的教徒，就开始将其教义和思想引入犯罪和监狱领域。从 1790 年开始，在美洲大陆上兴起了贵格会改造运动（Quaker reform movement）。② 贵格会教徒认为，犯罪人是疏远上帝的人，因此，要对他们采取相应的改造措施：实行独居监禁，让他们在相互隔离的环境中，阅读《圣经》，进行忏悔，从而达到改造的目的。贵格会教徒认为，他们的这种做法可以帮助犯罪人找到回归上帝的道路，一旦犯罪人发现了上帝，他们就会自动停止犯罪。在这种思想影响下，在监狱领域中进行了大量的改革。包括在管理上，将已决犯人与被羁押的证人、债务人分开关押，将男犯与女犯分开关押，让犯人参加艰苦的劳动，平时保持沉默，阅读《圣经》进行忏悔；在监狱建筑的设计上，引进了单独监禁监舍（solitary confinement cell），建造由这类监舍组成的监房等。

从 1890 年兴起的教养院运动（reformatory movement），对这两个问题提供了不同的答案。根据教养院运动的倡导者们的看法，犯罪人是一些生活条件差的"不幸的人"，他们没有受到适当的教育，也没有受到适当的训练和纪律的熏陶，因此，要对他们采取以教育为核心的改造措施。在这种理念的指导下，在教养院（即早期的监狱）中，提倡对犯人的多种教育，强调培养犯人的职业技能，实行旨在让犯人形成内在控制的监管纪律模式，希望通过培养犯罪人的内在控制力，防止他们在释放之后重新犯罪。

在 20 世纪初期，产生了"医学模式"（medical model）。根据这种模式，把犯罪人看成是有病的人，从犯罪人身上寻找犯罪的原因。在对待犯罪人的问题上，强调要像医生治疗病人那样，对犯罪人进行诊断和治疗。对犯罪人进行诊断的目的，就是确切了解犯罪人的问题，然后采取相应的治疗措施。当发现犯罪人有一定好转时，就通过假释等形式将他们释放到社区中，使他们继续接受监督和治疗。当认为犯罪人完全"治愈"时，就将犯罪人释放出监狱，让他们重新回到自由社会，过正常的生活。在这种刑罚哲学之下，所采取的改造措施与医生治病的措施极为相似，监狱似乎也变成了另外一种医院。医学模式对刑罚哲学产生了深远的影响。

---

① 贵格会教徒反对暴力，在举行宗教仪式时，大部分时间都是沉思默祷。

② Harry E. Allen & Clifford E. Simonsen, *Corrections in America: An introduction*, Prentice-Hall, Upper Saddle River, New Jersey, 2001, p. 61.

自 20 世纪 60 年代后期开始，又产生了"重新整合模式"（reintegration model）。这种模式在犯罪原因和犯罪人处置方面，有不同的观念。根据这种模式，社区是犯罪的基本原因因素（basic etiological factor），犯罪人被看成是遭到当地社区排斥和歧视的人。由于犯罪的原因与社区有关，因此，在改造犯罪人方面，要重视利用矫正工作人员可以支配和利用的社区资源，去解决犯罪人的问题。具体的改造措施包括降低贫困率（poverty rate）、增加对儿童的资金投入、促使城市恢复活力（urban revitalization）和加强职业培训等。在这种刑罚哲学下，要求犯罪人积极参加各种旨在解决问题的活动或者计划，矫正工作人员的任务就是充当中间人和组织者，寻求社区资源为改造犯罪人服务。

（二）改造的不同含义

美国学者菲利普·赖克尔（Philip L. Reichel）认为，改造（rehabilitation）[①] 是矫正领域中一个恰当的术语，是一个可以与刑罚（punishment）联系起来的合适术语。他根据改造哲学的历史发展顺序，仔细辨别了改造一词的三种含义[②]：

1. 作为拯救（reclamation）的改造

菲利普·赖克尔认为，改造一词有很长的历史。不过，在改造一词的最早期历史时期，可以把它更精确地称为"拯救"（reclamation）。因为拯救的意思就是从邪恶中拯救犯罪人，以便征服（overcome）犯罪人。人们拯救犯罪人，使其回到正确的生活方式。由于这些正确的生活方式是道德的基础，因此，宗教在拯救过程中起着重要的作用，这是毫不奇怪的。例如，在 19 世纪后期，贵格会教徒的教义在美国宾夕法尼亚的监狱活动中产生了重要影响。根据贵格会教徒的主张，监禁犯罪人的目标之一，就是拯救犯罪人的灵魂。

除了宗教的动机之外，拯救也有世俗的基础，即人道主义（humanitarianism）的成分。根据这种意义，相信通过消除痛苦和苦难，可以促进人类的福利。除了拯救灵魂之外，贵格会教徒也相信，监禁是肉刑和死刑的一种更加人道的替代方式。这种人道主义的观念，是改造理念发展过程中出现的一种必要的、但不是充分的进步。

---

① 从一般的字面意思来看，rehabilitation 有大致相同的含义，例如，"通过治疗和教育，恢复到良好的健康状态或者有用的生活"；"回到良好的状态；在稳固健康的基础上重建"。目前，rehabilitation 一词是英文文献中使用得极其频繁的一个词，同时，它也代表了一类刑罚哲学。因此，有必要仔细辨别这个词与相关词之间的关系。

② Philip L. Reichel, *Corrections: Philosophies, practices, and procedures*, Allyn and Bacon, Boston, 2001, pp. 48—50.

2. 作为"改造"（reformation）的改造

人道主义和改造之间的联系，似乎在19世纪"改造"变成一个流行术语之后看得更加清楚。尽管拯救（reclamation）既包含拯救灵魂的宗教意义，也包含人道主义的世俗含义，但是，"改造"基本上就是一个世俗的概念。此外，拯救也包含着不需要犯罪人发生具体的变化就可以实现的含义。相反，根据早期的"改造"的含义，为了把犯罪人从邪恶的方式中拯救过来，就要向犯罪人提供认识错误、使其回到本来就有的善良本性的机会。另一方面，早期的"改造"也意味着，为了使犯罪人采取新的、经过改进的生活方式，必须要求在犯罪人身上发生一些具体的变化。这就是拯救（reclaimed、rescued）与"改造"（reformed）或者转变（changed）之间的区别。

在转变犯罪人这种意义上，早期的"改造"将改造哲学（rehabilitation philosophy）向前大大地推进了一步。不过，与现在所说的改造（rehabilitation）不同，在早期的"改造"过程中假定，犯罪人对自己的转变是负有责任的。这意味着，只要提供了从坏向好的方面转变的机会，犯罪人就会通过自己的方式（device）发生转变。社会的责任就是在人道的环境中，向犯罪人提供教育、职业和宗教方面的机会。犯罪人的主要责任是，发现哪些机会是对他们自己的转变最有帮助的。但是，只有当其他人也参与发展针对特定犯罪人的个别治疗计划的时候，改造（rehabilitation）才变成了可以用来描述刑罚哲学的恰当术语。

3. 作为个别化治疗的改造

到了20世纪，改造才具有了"个别化治疗"（individualized treatment）的含义。不过，在20世纪，人们对改造的看法是有争议的。怀疑者认为，不可能真正转变犯罪人；赞同者认为，这样的转变在多种环境中都可以发生，其中包括监狱。根据个别化治疗的观念，犯罪与疾病（特别是精神疾病）具有相似之处：大部分精神病人是可以治愈的，因此，大部分犯罪人也是可以转变的，可以用与治疗疾病相类似的方式转变或者改造犯罪人。对犯罪人的个别化治疗，是矫正领域中医学模式的核心。

由此可见，根据菲利普·赖克尔的论述，尽管改造有拯救、转变的含义，但是，改造在当代的主要含义就是个别化治疗。

不过，也有人对此持有稍微不同的看法。例如，英国学者克利福·霍林（Clive Hollin）认为，"改造模式（rehabilitation model）持这样的立场，即预防犯罪的最好方法是直接处置作为犯罪原因的那些经济、社会或者个人因素。治疗模式（treatment model）是改造模式的一种特殊情况，这种模式认为，为了减少犯罪的发生，应当直接对犯罪人开展工作"。[1]

（三）改造模式

在西方监狱或者矫正领域内，不同的刑罚哲学往往都与相应的刑罚或者矫正模式相联系。例如，惩罚（punishment）与公平模式（justice model）相联系，控制与监禁模式（custodial model）相联系，治疗（treatment）与医学模式相联系（medical model），预防（prevention）与重新整合模式（reintegration model）相联系。因此，改造哲学自然也与一定的模式相联系。

对于与改造哲学相联系的模式，人们使用了不同的名称。有的学者使用了"改造模式"（rehabilitation mode or reform model）的名称[2]，认为这种以改造哲学为核心的所谓"改造模式"的主要的内容，是指利用各种方法影响和转变犯罪人，这些方法包括职业培训、文化和其他教育、心理咨询、个别心理治疗、集体心理治疗等。

克莱门斯·巴特勒斯（Clemence Bartollas）认为，人们可能会在不同的意义上使用"改造模式"这个术语，因此，他把这个模式分为三种更小的子模式[3]：

1. 医学子模式（medical submodel）。这种子模式把犯罪人当做病人看待和治疗；

2. 适应子模式（adjustment submodel）。这种子模式强调，要帮助犯罪人发展社会接受的态度和行为模式，以便使他们变成更有责任感的、守法的人；

3. 整合子模式（reintegration submodel）。这种子模式认为，犯罪人的问题必须在他们开始犯罪的社区中解决，矫正系统的任务就是给犯罪人提供能够促使他们追求守法生活方式的交往、体验和机会。

（四）医学模式

西方国家矫正中的医学模式（medical model）就是用医学观点看待犯罪和犯罪人，并且用医学方法处置犯罪人的一种矫正模式。医学模式是改造哲学最主要的具体体现形式之一。这种模式又称为"治疗模式"（treat-

---

[1]　Clive Hollin, "Rehabilitation", *The Sage dictionary of criminology*, in Eugene Mclaughlin & John Muncie（eds.）, Sage Publications, London, 2001, p. 242.

[2]　Dean J. Champion, *Corrections in the United States：A contemporary perspective*, Prentice-Hall, Upper Saddle River, New Jersey, 2001, p. 22.

[3]　转引自 Ira J. Silverman & Manuel Vega, *Corrections：A comprehensive view*, West Publishing Company, Minneapolis, St. Paul, 1996, p. 15。

ment model)。①

医学模式或者治疗模式的基本观点认为，犯罪行为是犯罪人本身的心理或者生理条件的产物，犯罪人是可以治疗的。根据医学模式，在理解犯罪人及其犯罪原因时，十分强调犯罪人自身存在的心理或生理问题；在处置犯罪人方面，重视利用医学的，特别是精神病学以及心理学的方法。在当代西方国家，医学模式最典型的应用领域之一，就是在对待、处置具有药物滥用（吸毒）、酗酒和其他一些心理与行为问题的犯罪人方面。在对治疗这些犯罪人时，大量使用多种医疗方法（其中包括药物）。

根据佩斯（D. F. Pace）的论述，较早时期的医学模式和晚近的公平模式之间存在很多的差别（参见表3）。

表3：　　　　　　　　医学模式和公平模式之间的比较②

方面	医学模式（1930—1974）	公平模式（1974—现在）
犯罪原因	社会或者个人的疾病	对社会环境的理性适应形式
犯罪人的形象	犯罪人是病人，是无法控制的社会经济或者心理力量的产物	犯罪人能够支配自由意志；能够不借助犯罪而生存下去
矫正目标	治疗犯罪人和社会；让犯罪人和社会恢复健康；改造	在一定刑期为用人道的方法控制犯罪人；提供自愿治疗
矫正机构的责任	改变犯罪人，促使犯罪人重新融入社会	用法律的、人道的方法控制犯罪人；适当的治疗和监禁；自愿治疗；保护社会
治疗和刑罚的作用	把自愿的或者非自愿的治疗作为改变犯罪人的手段；治疗是强制性的，用刑罚强迫进行治疗，刑罚和治疗被看成是相同的	仅仅使用自愿治疗；认为刑罚和治疗是不同的：刑罚对社会有利，而治疗对犯罪人有利
法律制裁（刑罚）的目标	确定最适合改造犯罪人的条件	确定符合正义的条件：惩罚犯罪人就是对社会的最好保护，并且可以预防犯罪人未来的犯罪
刑罚的类型	灵活的不定期刑；根据犯罪人的变化进行调整	定期刑

① Dean J. Champion, *Corrections in the United States：A contemporary perspective*, Prentice-Hall, Upper Saddle River, New Jersey, 2001, p. 21.

② 转引自 Norman A. Carlson, Karen M. Hess & Christine M. H. Orthmann, *Corrections in the 21st Century：A practical approach*, West/Wadsworth, Belmont, CA, 1999, p. 18。

（续表）

方面	医学模式（1930—1974）	公平模式（1974—现在）
谁决定释放时间	"专家"（成人假释委员会的成员，少年矫正机构的工作人员）	根据假定释放日期（PRD）① 公式解释服刑的条件

（五）对改造效果的评价

在矫正领域中对犯罪人采取的改造措施究竟有无效果，这是当代西方国家的监狱或者矫正论著中经常讨论的一个问题。西方国家的一些学者对改造效果进行了很多评价，他们所得出的关于改造效果的观点，大体上可以分为两派：一派持否定的观点，可以称之为"否定论"；另一派持肯定的观点，可以称之为"肯定论"。

1. 否定论

否定论的基本观点认为，对犯罪人的治疗是无效的，治疗不应当是刑罚机构的一个主要目标。对改造效果持否定态度的最著名的人物，可能是美国社会学家罗伯特·马丁森（Robert Martinsen）。

（1）马丁森炸弹。1966 年，社会学家马丁森和他的两位同事朱迪思·威尔克斯（Judith Wilks）和道格拉斯·利普顿（Douglas Lipton）受美国纽约州州长犯罪人特别委员会的委托，在 1945 年 1 月到 1967 年底期间用英文发表的关于改造效果的 1000 多项研究中，对其中符合他们的标准的231 项评价性研究进行了重新检验。在这项工作中，马丁森等人认真考察了 11 种罪犯改造方法：①缓刑；②监禁；③假释；④个别调查和个别指导；⑤职业技能训练；⑥个别心理治疗；⑦集体心理治疗；⑧环境治疗；⑨剥夺部分自由（partial physical custody）；⑩医疗方法；⑪闲暇活动。

1974 年，马丁森发表了题目为《有什么效果？关于监狱改革的问题与答案》的研究报告②，提出了改造对减少重新犯罪没有产生效果的观点，引起了巨大的反响。在这篇文章中，马丁森指出："除了极少的和孤立的例外情况，迄今为止所报告的改造活动（rehabilitative efforts）没有对累犯产生明显的效果。"③"这并不是说我们没有发现成功或者部分成功的例子，而仅仅是说，这样的例子是孤立的，以至于不能形成可以说明特定治

---

① 假定释放日期的英文是 presumptive release date（PRD）。

② Robert Martinsen，"What works? Questions and answers about prison reform"，*The Public Interest*，42（1974），pp. 22—54.

③ Ibid，p. 25.

疗方法是有效的清晰模式。"① 马丁森的这个惊人的研究报告及其论点，被称为"马丁森炸弹"（Martinson's bombshell）。1975 年，道格拉斯·利普顿、罗伯特·马丁森和朱迪思·威尔克斯合著的《矫正治疗的效果：对治疗评价研究的一项调查》② 一书出版，进一步阐述了马丁森关于矫正治疗没有产生效果的观点。马丁森等人的研究结论似乎宣告"矫正无效"时代的到来。这项研究结论成为刑事司法领域中用公平模式取代医学模式的重要理由。

这项研究结论正好迎合了人们对于罪犯改造工作的失望情绪，一时间引起巨大的反响。不仅很多政客、社会公众赞同马丁森等人的观点，而且使许多研究人员也深受其影响，发表了很多支持这一研究结论的文章，其中的很多文章在评价改造效果时有意无意地忽略了改造计划中包含的积极结果。马丁森等人的研究经历引起的这种普遍的社会气氛，对于监狱领域乃至整个刑事司法领域的政策和实践造成了灾难性的后果：从事改造和治疗工作的人员被大量裁减，经费被大大减少，刑事政策开始向强硬方向转变。正如犯罪学家艾尔弗雷德·布卢姆斯坦（Alfred Blumstein）所指出的，马丁森的研究"创造了一种普遍的绝望情绪，对于是否有能力显著影响刑事司法系统中罪犯的累犯率，普遍感到绝望。"③

（2）美国公谊服务委员会的评价。早在马丁森等人的研究成果发表之前，就已经有人对美国监狱中的罪犯改造活动提出了批评。1971 年，一个主要在北美地区活跃的基督教公谊会组织——美国公谊服务委员会（American Friends Service Committee，AFSC）发表了一份关于美国监狱的研究报告《为正义而斗争》，在这份研究报告中对罪犯改造提出了否定性评价。在这份报告中，尤其对个别化的罪犯治疗提出了批评，认为在这种治疗活动中缺乏正当的法定程序，存在着种族与阶级偏见，对罪犯实行不人道的强制性治疗。这个委员会认为，治疗活动对减少犯罪或者改造犯罪人没有效果。这份报告没有提供支持其论点的翔实的论据，它的大多数批评是以哲学思考为基础的。

（3）霍金斯等人的批评。美国学者霍金斯（Richard Hawkins）等人在

---

① Robert Martinson. "What works? Questions and answers about prison reform", *The Public Interest*, 42 (1974), p. 49.

② Lipton，Douglas，Robert Martinsen & Judith Wilks，*The effectiveness of correctional treatment*，Praeger，New York，1975.

③ Alfred Blumstein, "Interaction of criminological research and public policy", *Journal of Quantitative Criminology*, 12 (1997), p. 352.

合著的《美国监狱制度》一书中认为①，大多数罪犯治疗计划仅仅是对监狱环境的一种点缀，只有极少数的矫正机构是完全按照治疗原理设计和建造的。他们认为，大多数罪犯治疗计划没有考虑到监狱整体环境的意义。罪犯每天可能只得到 1 小时的个别咨询，但是却忽视了他们在其余 23 小时中所干的事情。治疗人员平时可能只是在上午 9 点至下午 5 点在监狱中工作，而罪犯和看守人员则整天待在监狱环境中。除了治疗社区的建立和治疗人员的配备与工作之外，就治疗对象而言，也存在着问题，因为监狱治疗的对象是那些不适合于其他治疗形式［例如转处（diversion）、缓刑等］的、必须监禁起来的顽固罪犯，罪犯往往憎恨或拒绝那种把他们看成是"病人"或者认为他们需要治疗的观点，强迫性的治疗阻碍了治疗活动的成功率；当治疗活动与罪犯的释放联系在一起时，罪犯对治疗的兴趣就不可能是真实的，他们在治疗活动中的进步可能是为了欺骗假释委员会。

（4）其他否定观点。从西方国家的有关文献来看，似乎自当代的改造观念产生时起，对它的批评就一直存在。这些批评集中在量刑不平等（sentencing inequity）、过早释放（untimely release）、无效的程序（ineffective procedures）等方面。到 20 世纪 80 年代时，这些批评与一种更加保守的政治气候、犯罪率的不断上升、累犯的增加、经验性研究的批评等结合了起来。"社会对改造理想这种不能实现的允诺的容忍似乎达到了极限"②。这种结合的结果，就是公共政策开始转向定期刑、废除假释和自愿参与改造计划等方面。

事实上，改造的基本假设就受到了一些学者不客气的批评。例如，美国精神病学家、犯罪学家斯坦顿·萨米诺（Stanton E. Samenow）就曾经指出③：改造就是恢复到以前的建设性状态（capacity or condition）。对于犯罪人而言，没有什么可以恢复的。犯罪人不可能恢复到早期的负责任状态。犯罪人从未学会过在这个社会中生活的方式，而我们中的大部分人在孩童时代就学会了这些方式。正如改造是一种错误的概念那样，"把犯罪人重新整合进社区"也是一种错误的概念。犯罪人在最初就没有被整合到社会中，因此，现在说要把犯罪人整合进社会中，是荒谬可笑的。

---

① Richard Hawkins & Geoffrey P. Alpert, *American prison systems*, Prentice Hall, NJ, 1989, p. 209.

② Jeanne B. Stinchcomb and Vernon B. Fox, *Introduction to corrections*, Fifth Edition, Prentice-Hall, Upper Saddle River, New Jersey, 1999, p. 56.

③ Bonnie Szumski, *America's prisons: Opposing viewpoints*, Fourth Edition, Greenhaven Press, St. Paul, MN, 1985, p. 63.

2. 肯定论

尽管对改造的批评迎合了一些政治家的需要和普通公众的愿望，但是，并非所有人都持这样的观点，并非所有的人都像立法者和决策者那样考虑改造问题。仍然有一些人肯定改造的价值，他们仍然把改造看成是一种合法的改造目标。

帕尔默（Ted Palmer）对马丁森等人的研究结论提出了批评。他在重新审查了马丁森等人所评价的研究资料之后认为，马丁森等人完全误解了这些研究资料。他发现，48％的研究表明，对罪犯的矫正计划产生了积极的或部分积极的结果。

1980 年，著名犯罪学家威尔逊（James Q. Wilson）在马丁森发表其著名论文的同一家杂志《公共利益》上发表文章[1]，对治疗是否有效的争论进行了全面的评价。威尔逊认为，问题不在于证实治疗是无效的，而在于还没有人证实什么治疗措施是有效的。威尔逊也认为，不能对罪犯治疗一概而论，而应当明确，对适当的罪犯采用适当的治疗计划是非常重要的；对不适当的罪犯采用不适当的治疗计划，就可能会妨碍积极效果的产生。威尔逊谈到了顺从性（amenability）的问题，认为在许多情况下，如果犯罪人是顺从的，治疗计划就可能对他们产生效果，就可以降低他们重新犯罪的可能性；如果犯罪人缺乏顺从性，治疗计划就可能不但无效，反而增加他们重新犯罪的可能性。威尔逊还认为，累犯率不是衡量治疗效果的唯一标准，因为累犯率并不能反映特定的治疗计划可能产生的所有效果，例如，在实施一项教育计划时，不可能期望看到累犯率的立即下降，但是，可以预期这种教育计划会对犯罪人产生长期的益处。

威尔逊的评价得到了很多人的支持。金德罗（P. Gerdreau）和罗斯（R. R. loss）、格林伍德（P. W. Greenwood）和齐姆林（F. E. Zimling）、哈勒克（S. L. Halleck）和威特（A. D. Witte）、帕尔默、范沃勒斯（P. Van Voorhis）等人都发表论著，证实对罪犯的治疗是有效的。

事实上，马丁森本人后来也宣布放弃自己原来的结论。他在 1979 年发表的一篇文章中指出："与我早先的观点相反，一些治疗计划对累犯确实有明显的效果……一些治疗计划的确是有益的。我们目前的研究中获得的证据，导致我抛弃自己最初的结论……到现在为止我犹豫不决，但是我们的调查中获得的证据简直是势不可当的，以至于无法忽略。"[2]

---

① James Q. Wilson, "'What works?' revisited: New findings on criminal rehabilitation", *Public Interest*, 61 (1980), pp. 3—17.

② Robert Martinson. "New findings, new views: A note of caution regarding sentencing reform", *Hofstra Law Review*, 7 (1979), p. 244.

令人不可思议的是，马丁森1974年发表的关于治疗无效的文章成了被人们引用得最多的犯罪学文献之一，而他1979年发表的修正其观点的文章却没有受到什么关注。

自马丁森的报告发表以来，不断增加的研究显示，治疗计划可以积极地转变一些犯罪人。例如，卡伦（F. T. Cullen）和金德罗（P. Gendreau）在1989年发表了《矫正改造的效果对'无效'争论的重新思考》的文章，对马丁森的文章发表以后进行的评价研究进行了评论，认为这些研究都证实了矫正治疗的效果。[①] 他们对许多研究中都已经涉及的、在1973—1987年间发表的关于"改造"的文献，进行了概括，结果发现，干预措施往往能够减少犯罪人的大约10%～30%的违法行为，一些文献中报告的减少率达到50%～80%。

晚近以来西方国家学者在评价治疗的效果时，产生了一个显著的变化，即不再笼统地讲罪犯治疗是否有效果，而是区分不同情况，分别进行评价，认为一些罪犯治疗计划是有效的或者效果比较明显的，而另一些治疗计划是无效的或者效果比较微弱的。这种态度似乎更加符合实际情况。

区分不同类型的治疗方法，分别评价其治疗效果的一个例子是帕尔默（T. Palmer）的评价。帕尔默在考察了过去25年间进行过的二十多项超级分析（meta-analysis）[②] 和文献评论之后，将罪犯治疗计划分为成功的和不成功的两类[③]：

在对单个的治疗计划进行分类时，下列的治疗方法在减少累犯方面，似乎是不成功的：

（1）对抗性方法（威慑或者休克）；

（2）少年犯罪预防（包括整个邻里的更加特别的、区域广泛的预防对策或者活动）；

（3）集体疗法和集体咨询；

（4）个别治疗和个别咨询；

（5）缓刑或者假释。

---

① F. T. Cullen & P. Gendreau, "The effectiveness of correctional rehabilitation: Reconsidering the 'nothing works' debate", in L. Goodstein & D. L. MacKenzie (eds.), *The American prison: Issues in research and policy*, Plenum, New York, 1989, p. 26.

② 超级分析（meta-analysis）又译为"元分析"、"后设分析"、"总分析"等，是指对多项有关研究进行的综合分析，目的在于判定标准变量研究的推论效应和主要条件。关于这种方法的更多内容，参见吴宗宪：《二十多年来西方监狱和监狱学概观》，载《犯罪与改造研究》，2006（4），62—63页。

③ T. Palmer, *The re-emergence of correctional intervention*, Sage, Newbury Park., CA, 1992.

下列矫正干预方法通常是成功的：

（1）行为治疗计划、认知行为治疗计划或者认知治疗计划（又称为"社会认知治疗计划"）；

（2）技能训练或者社会技能训练计划；

（3）综合性治疗计划（multimodel programs）；

（4）家庭干预计划。

不过，一些研究人员并不同意帕尔默上述的所有结论。例如，有的研究人员认为，帕尔默的评价在研究方法和表述用词方面有问题，因为许多研究人员都认为，集体疗法通常是有治疗效果的。

西方国家（特别是美国和欧洲）对改造或者治疗的研究表明，总的来看，对罪犯的改造或者治疗计划是有效的，不过，由于治疗计划本身的差别和对治疗计划的实施中存在的种种差别等因素的影响，一些治疗计划的治疗效果大一些，另一些治疗计划的治疗效果小一些。正如德国学者弗里德·东克尔（Frieder Dünkel）和南非学者德克·范·齐尔·施米特（Dirk van Zyl Smit）在研究了大量文献后所指出的[①]，新的经验性证据表明，努力向犯人提供自我改善机会的政策，已经在美国和欧洲得到支持。这些证据表明，那种在20世纪80年代流行的"没有效果"学说（'nothing work'doctrine）是夸大的叙述。相反，新的令人信服的证据表明，在一定条件下"有一定效果"。这些能够对犯罪人产生效果的原则如下：

（1）危险分类（risk classification）。应当对高危险性犯罪人（high-risk offender）实施更加深入的矫正计划，同时，应当对低危险性犯罪人（low-risk offender）采取更低的或者正常的干预措施。

（2）瞄准"犯因性"需要（criminogenic need）。研究人员强调了对那些直接对犯罪行为起作用的犯因性因素实行区别对待的重要性，这些因素包括反社会态度、药物依赖、低水平的教育和职业技能、很差的认知和人际关系技能以及那些与重新犯罪倾向有很大直接关系的因素（例如令人不满意的住宿条件）。如果一项计划的目的是减少犯罪，那么，就应该瞄准犯因性需要。

（3）计划的完整性（program integrity）。应当由训练有素的工作人员根据计划的目的和对象，恰当地执行计划，不轻易改变。

（4）对应性（responsivity）。如果教学方式与犯罪人的学习方式相匹

---

① Frieder Dünkel & Dirk van Zyl Smit, "Conclusion", in Dirk van Zyl Smit & Frieder Dünkel (eds.), *Imprisonment today and tomorrow*: *International perspectives on prisoners' rights and prison conditions*, Second Edition, Kluwer Law International, Hague, 2001, p. 822.

配的话，就可以获得最好的效果。大多数犯罪人需要主动的、参与式的方式（例如角色扮演），而不需要松散的、无组织的或者说教过多的方法。

（5）治疗形式（treatment modality）。最有效的干预方式是以技能为基础的、专门为改善问题解决技能和社会互动技能而设计的干预方式，这类干预方式中也包括改善那些与支持犯罪行为的态度、价值观和信念有关的认知成分。

（6）社区基础（community base）。一般而言，社区计划已经证实有更加积极的结果，但是，在任何治疗环境中，考虑其他五个原则的计划都可以成功的减少犯罪。

3. 综合性评价

美国学者詹姆斯·奥斯丁（James Austin）对改造和治疗的效果提出了一种综合性的评价。他在《改造：现实还是神话?》一文中指出，根据迄今为止的研究，可以得出有关治疗和惩罚与犯罪率和个别犯罪人的效果的结论[①]：

（1）很大一部分犯罪并不是由从监狱中释放的人实施的。因此，监狱治疗计划和惩罚对一般犯罪率的影响将会是很小的。一项研究的证据也表明，由缓刑犯实施的犯罪对一个司法管辖区的犯罪率并没有很大的影响。

（2）在一定条件下，治疗犯罪人可以产生积极效果。其中积极效果最强烈的，是那些提供长期的释放后安置（aftercare）和能够提高犯人的安全就业（secure employment，临时工作或者专职工作）能力的计划。

（3）在一定条件下，惩罚犯罪人可以产生积极效果。

（4）在一定条件下，治疗或者惩罚犯罪人可以产生消极结果。

（5）（积极的和消极的）转变也能够发生，并且这些转变是在那些与治疗无关的其他因素（例如成熟、偶然事件等）的基础上发生的。

（6）很大一部分矫正治疗计划（correctional treatment program）没有得到评价。

（7）大部分矫正治疗计划没有得到很好的管理，适用于不恰当的对象，并且也太小以至于对犯罪率或者公共安全没有任何效果。

（8）很难发现一个管理得很好、得到适当评价并且证明有显著治疗效果的治疗计划。

（9）毫无疑问，可以降低个人维持犯罪生活方式的因素，是年龄、无

---

① James Austin, "Rehabilitation: Reality or myth?", in Peter M. Carlson & Judith Simon Garrett（eds.）, *Prison and jail administration: Practice and theory*, Aspe Publishers, Inc., Gaithersburg, Maryland, 1999, p. 291.

少年犯罪生涯、无暴力犯罪历史、无使用药物或者滥用药物的行为、安全就业的能力、维持有意义的婚姻或者人际关系的能力。治疗和惩罚对犯罪率仅仅有中等程度的影响效果。

五、简要评论

从西方国家的刑罚哲学及其研究来看，表现出一些明显的特征。首先，他们的刑罚哲学及其研究具有实践指导性。无论是刑罚哲学的内容及其变化，还是对于刑罚哲学的研究，都与法律实践密切相关，对于立法、司法、行刑等方面的工作都有很大的影响。其次，研究工作对于刑罚哲学的变化有重要影响。一些重要的研究成果对于刑罚哲学的变化影响明显，甚至会引起主导刑罚哲学观念发生重大的转变，从而显现出理论研究的重要影响力。最后，刑罚哲学研究科学性较强。这主要表现在两个方面：一是刑罚哲学研究的深入性，即这方面的研究具有内容细致（研究中对于一些很小的问题也做了深入的研究）、涉及面广（已有的研究涉及了很多方面的内容）、理论性强（对于刑罚哲学的研究和论述有深厚的哲学等相关学科理论的支撑）等特点；二是刑罚哲学研究的实证性，即当代的刑罚哲学研究已经走过了纯粹思辨研究的阶段，很多研究以实证方法进行，让事实说话，有较多的事实依据，而不是纯粹的逻辑推理。所有这些方面，都值得中国学者在研究刑罚哲学问题时加以思考和借鉴。

Wu Zongxian

Review of Punishment Philosophies in the Western Countries

Abstract：The article introduces the concepts，history and main contents of punishment philosophies in the Western countries. The author indicates that the punishment philosophy is the best one among the related terms. Then the article describes the different development stages of the punishment philosophies in the Western countries，and expounds different punishment philosophies. More attention is paid to the causes of prevalence of a particular punishment philosophy at a specific time，people's arguments about them，especially their application in corrections and the effects. Finally some brief evaluations are given.

Key words：Western Countries；Punishment；Punishment Philosophy

理论研究

陈云生 *

论反宪法规则决定的法律效力问题

【内容提要】

　　"反宪法规则决定的法律效力问题"是宪法学中一个古老而又未被彻底研究过的问题，它来源于宪法和法律的本质、特点，以及实施机制中与国家主权者的"决定"或"决策"密切相关的政治现实。具体说来，西方宪政发达国家创造出来的成熟宪法发展机制、新兴国家宪政赖以存在和发展的历史的社会环境的局限性、政治权力限制与反限制的悖论、理性的政治决策、心理上非理性等诸多理论与实践的因素导致了这个问题的客观存在。

【关 键 词】

■反宪法规则的决定　■法律效力　■政治决策
■宪政

　　反宪法规则的决定的法律效力问题本不是宪法学中的一个新问题，但确是一个尚未得到彻底研究的问题，在中国宪法学术界还相当陌生。

一、问题的提起

　　在近些年来中国宪法学理论的研究中，许多学者都对"违宪"问题表现出强烈的研究兴趣，他们从各自的学术立场对"违宪"概念作出了界

　　* 北京师范大学法学院教授、博士生导师。

定，并在"违宪"与"违法"、"违宪"与"违宪行为"、广义的"违宪"与狭义的"违宪"等方面作出区分与演绎。在有人别出心裁地提出"良性违宪"与"恶性违宪"的概念之后，赞同者有之，反对者有之，一时间引发了一场不小的争论。[①] 这种情况表明，中国宪法学理论确实在发展、在进步。

由于政治、宪法和法律等社会科学领域的研究对象往往具有极大的开放性、不确定性和随时代的变化而变化的适应性，特别不容易准确地加以把握，尤其很难用简短的语言使之概念化。事实上，学术史的研究也表明，尽管万千的学者在概念的界定方面作过认真的努力，但成效甚微，流传下来真正成为学术界公认的经典定义则更是少之又少。有鉴于此，我们更愿意对有关的问题从多方面加以深入的考察，力求从深层次的相关因素上对其进行把握，从而发现其本质上的、规律性的内在关联。这样做的结果，往往在有关研究对象的全面认识上和本质把握上多有收获，笔者认为这种结果要强于对有关概念在文字上的演绎。在"违宪"的概念上，我们应当采取这种学术立场和态度。目前学术界对"违宪"概念的界定，基本上还停留在文字的演绎上，我们认为，离开宪法原则和程序植根于其中的宪政环境抽象地讨论"违宪"，徒引发没有结果的争议，是没有任何益处的。在西方宪法学研究中，就我们涉猎的学术著述的范围来看，似乎并没有发现有哪个或哪些痴心的学者在脱离宪法诉讼或宪法具体争议之外，抽象地研究或界定"违宪"的概念，一切都以具体的宪法诉讼或宪法争议而定。即使是普通法院或宪法法院在其宪法裁决中，也不是每每都用"违宪"的概念下判决，而是用不符合宪法或违背宪法之类的词语加以表达。一般来说，英文中的"违宪"（unconstitution）应该是有特殊含义的，但这种含义似乎从来没有人严格界定过，更不是普通法院或宪法法院特别专用的词语。

基于以上关于"违宪"的学术现状和个人的态度，这里就不再介入有关"违宪"定义的争论，宁愿新辟蹊径，从另一个角度来探讨一下看来本质上是与"违宪"同一或类似的"反宪法规则决定的法律效力问题"。

二、反宪法规则决定的法律效力问题的由来：理论与实践

之所以说"反宪法规则决定法律效力问题"是宪法学中一个古老而又未被彻底研究过的问题，是因为它关涉宪法学中一系列的理论与实践问

---

①   这方面详细情况，请参见拙著：《宪法监督司法化》（附录一），1 版，北京，北京大学出版社，2005。

题，只是没有被单独立项，集中地加以梳理。我们认为，关涉这个问题的理论与实践，大致有以下几个方面：

（一）西方宪政、宪治发达国家创造出来的成熟的宪法发展机制

在较早建立宪政、宪治的西方国家中，对于推动宪政、宪治稳固和持久发挥效能的最初构想，至少在美国等国家中，是寄希望于以繁难的程序形式阻碍对宪法可能发生的频繁修改，希图以一个经久耐用的宪法为依托建立稳固的宪政和宪治。但是，这一最初的构想很快就被证明是不切实际的和不可行的。因为随着人们的社会观念和科学技术的进步，社会和国家变革、发展速度越来越快，社会随之变得越来越复杂化。这种情势导致对宪法本身的功能和社会适应性的期望和要求也越来越高了。宪法被期望和要求常用常新，在不触动宪法所确立的社会、政治、法律根基和原则的基础上，不断作出恰当的调整，以适应社会和国家不断变革的需要。在这种情势下，原初设计着眼于稳定不变的"刚性宪法"，因其繁难的修改程序倍其无法满足这一对宪法的社会适应性的新期望和要求。于是，一些新的宪法发展机制便被创造和发展起来了，其中就包括在保持宪法所确定的社会关系基本稳定的前提下，不用频繁修改宪法的文本的方式，而是以司法审查和判决的形式来不断修改、补充和丰富宪法，以适应宪政、宪治的新要求、新需要。这种方式后来被社会和国家的各方面所承认，并逐渐发展成为一个成熟的宪法发展机制。在宪法学和政治学的研究中，客观地看待和评价具有违宪审查权的普通法院和宪法法院以判决的形式修改、补充和发展宪法文本的事例更是屡见不鲜，现已史不绝书。当然，这种对宪法文本的修改、补充和发展往往是通过推翻先前早已得到确认的原则判决来实现的，如美国在 20 世纪 50 年代所做的对有色人种"平等保护"的判决推翻了 19 世纪下半叶曾作出的对有色人种作出的"隔离但平等"的判决；也有如美国联邦最高法院、德国联邦宪法法院通过对文本或宪法所体现的"基本原则"、"基本价值"的引申解释，而在事实上对宪法文本作出修改或补充。总的说来，普通法院或宪法法院的这种做法不仅得到政治界和社会各界的最终承认和宽容，在学术界也最终得到肯定和赞许，尽管在当时或其后多少会招致激烈的批评和反对。至关重要的是，在西方的宪法和宪政史上，这种修改、补充和发展宪法的形式最终取得了合法的地位，并以其节约立宪和修宪的资源、稳定宪法和宪政、通过将政治斗争转化为宪法问题的辩论而最大限度地减少了可能引发的政治动荡或社会冲突、经常保持宪法的活力和生命力等优点和长处，而备受推崇。举世公认，美国宪法是 200 年前制定的，至今只作过 27 次文字修改，期间曾有几十年未对宪法作过任何修改，但美国宪法仍保持其国家和社会的适应性上充满活力，其

根本原因就在于美国联邦最高法院通过一系列具有宪法影响力的判决使其不断得到修改、补充和发展。难怪有不少的学者感叹，假如美国的"制宪之父"们有知，看见今日之美国宪政，必定感叹时事的变迁，早已使美国宪法物是人非了，或者简直会相见不相识了。如果说，美国是经过200年的漫长历史时期才以此种方式显现其行宪的功力的话，那么，德国和法国则在短短的一二十年内，便以宪法法院、宪政院的宪法判决或类似宪法判决的形式，以被学术界称之为"宪法革命"的激昂步伐，将本国宪法从条文规定到其所蕴涵的"基本原则"或"基本价值"向前大大地推进了一步。而与此形成鲜明对照的是，通过宪法文本修改的方式推动宪法进步的作用就显得不那么突出和强烈，尽管这些修改也是必要的和重要的。

不是通过宪法文本以法定程序进行的修改，而是通过司法审查或宪法判决的形式修改、补充、完善宪法，在逻辑上就提出了有权的司法机关或宪法法院依据什么准则或标准作出审查和判决的问题。虽然在理论和实践上有一派学者或法官强烈主张应以"制宪之父"们的原初立宪本意进行审查和判决，但这样做显然有悖于新机制创制的初衷，最终难以实行。新机制实施过程中大量的实例证明，法官通常是以其敏锐的职业素养，适应大众的社会心理要求，循着社会发展的脉动而作出适应时代要求和需要的审查和判决。不待说，这种审查和判决既出，往往具有违背原来宪法规定或原则的性质或因素。从广义上说，这也是"反宪法规则决定"的一部分。当然，这类"反宪法规则决定"常常会引起各方面的巨大分歧和争议。事实上，这种机制就其时期来说，确实是功过互见，不能一概而论。但从长期的宪政、宪治的发展来看，在差不多所有的西方宪政、宪治发达国家，它都不同程度地推动了宪法、宪政、宪治的进步和发展。正因为如此，此机制至今仍在不断地被应用，以致我们说它是成熟了的宪法发展机制。

（二）新兴国家宪政赖以存在和发展的历史的、社会环境的局限性

第二次世界大战以后，西方国家在世界范围内的殖民体系逐渐解体，亚、非、拉美等世界各地的许多殖民国家纷纷独立，于是在世界各地涌现出一大批新兴的民族国家。这些国家便构成了后来被统称为"第三世界"或"发展中国家"的主体。由于这些国家的建立正处于世界范围内民主宪政发展的高潮时期，潮流所及，这些国家便纷纷制定自己的宪法，以便作为自己国家诞生的证明，从而得到国际社会的承认。但是，这些国家的宪法通常都是在获得独立或建国后仓促制定的，更有些是受前宗主国的重大影响甚至是强加的。这样的宪法由于不是从成熟的市民社会中自然成长出来的，其他的一些历史的、社会环境的因素，就使得"反宪法规则决定"的现象势必变得格外突出。

新兴国家缺乏坚实的使立宪主义得以产生、存在和发展的社会根源。众所周知，立宪主义是在西方社会市民革命过程中滥觞并发展起来的，它最初以世俗化的所谓社会契约，即成文或不成文宪法的形式体现出来，主要包含了对民族化国家的政治权力的划分、配置，相互关系的调适，以及世俗化的公民与民族化的国家的相互关系等内容，体现了掌握国家政权的政治统治集团的建国理想，以及从反封建到建立民主制度、实行法治等一系列的治国战略方针。这样的立宪根基在新兴的国家，特别是在那些刚刚摆脱宗主国殖民统治的新兴国家是不存在的，至少是不坚实的。即使是在宪法上设置了有关的分权与制衡制度，由于缺乏其实施的社会基础，也很难得到贯彻实施。除此之外，西方立宪主义还满足了发展所需要的非人格化的、中立的以及具有普适性、规范性、可预测性、强制性的法律和实现法律治理的要求。而这些要求，对于那些新兴国家来说，要么还没有提到议事日程，要么就不是那么迫切。

在新兴的国家，人们在立国之初，原本对从西方引进的宪法和宪政抱有很大的期望和信心，以期解决他们在民族解放和国家独立后所面临的一系列社会、经济、政治和法律等问题。但是，由于这些国家的宪法没有像西方宪法那样构筑于已经确立的政治、经济条件以及对社会价值的广泛认同的基础之上，即使宪法自身也没有创造这些条件，也没有在短时期内形成这种认同，宪法只是简单地对革命成果的肯定，是对取得政权的统治阶级或集团的合法性确认，而这些统治阶级或集团所取得的统治权通常是用暴力方式取得的，维持其统治权又势必在很大程度上继续沿用暴力、压迫和剥削的形式，因此，在这些国家通常把政治因素看得特别重要，以致常常把维护政治上的稳定和重要性推至无以复加的高度。

除了政治上维护统治权的需要外，在经济上也需要用强大的政治统治权，即以公共权力名义统治经济。在西方国家，国家只是经济的反映，公共权力的设置和行使本质上是适应社会和国家发展的需要的；而在新兴国家，正好相反，由于原来的社会经济的历史限定，国家不是在社会和国家发展到一定程度的基础上自然的或通过革命建立的，而是外来强加的或是革命夺取政权后建立的，因此，国家不仅不能反映经济发展的需要，而且还是经济发展的发动机、总控制器。重建和发展经济的沉重和繁难的任务最终落在了国家的肩上，作为公共权力的国家机关不得不担负起组织、指挥、管理、资源配置等经济职能。在这一过程中，公共权力集中、扩张、专断的现象不仅不可避免，而且愈演愈烈，以致像东亚、东南亚一些国家和地区所经历的那样，通过高度的政治集权或独裁做发动机，最终实现了国家和地区的经济腾飞。就这样，在行使高度集中或专断的政治权力的过程中，为了不断适应组织和发展经济的需要，"反宪法规则的决定"就不仅不是偶然的现象，而且是经常可见的客观事实了。

新兴国家的社会利益的重新分配和社会力量的重组，也使得"反宪法规则决定"势不可免。由于新兴国家是在原封建社会或宗主国统治的基础上建立的，原本的社会力量与个人自治的观念和机制极为薄弱，独立或建国后的急剧变革所带来的社会利益的重新分配和社会力量的重组，不仅使社会力量及公民个人感到无所适从，而且使国家的统治阶级或集团感到巨大的压力。因为按照西方模式制定的宪法和建立的宪政，本质上是以国家和社会二元分离的原则为基础的，在西方社会和宪政体制下，承认和尊重社会的多元性，鼓励社会力量和个人的自治权的享受和发展，作为国家公共管理机关的政治权力，不仅要容忍社会多元利益和多元群体的存在，而且还要在它们之间保持相对的平衡。而新兴国家运用政治权力，在急剧的社会变革和社会力量重组过程中，按照宪法所确立的范式往往不符合社会的实际情况，甚至与统治阶级或集团的意志和利益相左。在这种情况下，新兴国家的统治阶级或集团往往置宪法于不顾，而另去其他方面寻找自己统治权的合法性根据，甚至径直采取高压的政策，以防止社会力量和公民个人充分享受和行使按照宪法规定的自治权对统治阶级或集团的统治可能造成的危害。

上述所有关于新兴国家宪政赖以存在和发展的历史的、社会环境的局限性，都会在很大程度上滋生、助长、强化国家统治集团的"反宪法规则决定"的出现。自然，这对于这些"反宪法规则决定的法律效力"问题就必须面对而不能回避了。[①]

（三）政治权力限制与反限制的悖论

前面对于新兴国家的有关宪政实施方面的局限性的讨论，绝不意味着诸如此类的"反宪法规则决定的法律效力"问题，只是在新兴国家才有的现象，事实上，即使在宪政发达国家同样也会存在这类现象，只不过由于发达国家的"反宪法规则决定"并非是出于这些社会和国家的宪政实施的历史的和社会环境的局限，而是部分地源于宪政自身内在相关的政治权力的限制与反限制的悖论，是政治权力行使中出现"红杏出墙"的现象。

从更一般的意义上来说，宪法的修改、补充和发展存在着其他的，有些更为重要的渠道和途径。事实上，说到底，宪法除了作为基本制度和基

---

① 此处关于新兴国家宪法、宪政实施条件和环境的分析，主要参考和引用了［中国香港］亚什·凯的两篇文章：《第三世界国家的国家理论和宪政主义问题》和《宪政、宗教、多元性与国家主义的挑战》，载宪法比较研究课题组编译：《宪法比较研究》（3），1 版，248—272 页，济南，山东人民出版社，1993。

本正义观念的价值外，只不过是整个社会和国家的一个调节器和控制器，尽管是极其重要的调节器和控制器。一个不容置疑和辩驳的事实是：宪法在过去、现在和将来都是一个社会和国家的政治和法律性工具。工具性价值和功能是宪法的基本价值和功能之一，尽管宪法同时也具备其他的价值和功能，例如教育的，甚至是信仰上的价值和功能。而社会和国家是由压倒一切社会集团和力量的占有统治地位的政治集团和力量所控制的。因而宪法往往成为在政治上占有统治地位的政治集团手中治国安邦的重要政治和法律工具，尽管占统治地位的政治集团有些是真诚地利用和使用宪法工具，而有些则假以宪法的名义而行本政治集团私利之实。不管怎样，至关重要的是，宪法已经成为所有占统治地位的统治集团手中可资利用的政治和法律工具；宪法也被证明能为所有的政治体制所利用，不管是民主的还是非民主的，甚至是极权的。了解和认识宪法的这一政治工具的价值和职能，以及它与占统治地位的政治集团和力量的从属关系至关重要，这不仅可以使人们破除对宪法的种种迷信或神话，使我们对宪法的性质、地位和作用保持一份清醒的认识；而且还有助于我们丰富对宪法本质、对宪法实施机制以及对宪法监督方式的认识；更为重要的是，政治在本质上是一场征服敌人、夺取政权、巩固政权的斗争，许多时候都演化成为你死我活的战斗，尽管在一场政治战斗中常常以妥协而结束。不仅在政治斗争过程中的双方或各方，而且得到胜利的一方，都容不得任何规范包括宪法规范的约束。但本质说来，任何宪法和法律都构成对占统治地位的政权集团和力量的约束。宪法和法律越精密，执行得越严谨，对统治者的约束越紧密。而民主政治和宪法理论的一个恒久不变的悖论，恰恰就是社会和国家的统治者越是不想受宪法和法律的约束，宪法和法律内在的无形力量越是要对统治者加紧约束；反之也是一样，宪法和法律越是要加紧对统治者加以约束，统治者越是希望并设法利用自己的政治优势和掌握在手中的决策机制来摆脱或减轻宪法和法律的约束。"反宪法规则决定的效力问题"就因此而引起。

（四）强国论和决策论影响下的政治权力运作

在西方法律学、政治学和宪法学的研究中，除了占主流地位的个人自由主义的法律学、政治学和立宪主义之外，还相应发展出与之密切联系而又判然有别的权力法律学、权力政治学和权力立宪主义的思潮。反（法律、政治、宪法）规则决定的法律效力问题的提出和阐释，就是这一思潮引出的相应的成果，以及重要的理论特色之一。

自18世纪以来，美国和西欧那种以成文宪法形式所确立的宪政体制，是建立在自由主义政治哲学之上的。其中最重要的观点，就是将国家和社会分离对待的二元论。在社会方面，认为个人自由本于天赋，在原则上是无限的。自由的个人不应该受其他人的统治，而只能受理性的统治。理性最终会引导人们明白个人的自由和权利的限度，教导他们适应社会的需要以及关照与他具有同等社会地位的其他个人的自由和权利。为了避免个人相互间在争斗中同归于尽，全体社会成员便同意订立社会契约，把个人自由和权利共同托付给一个管理公共事务的政府，于是社会和国家权力便予以建立。不过，国家的主权仍然掌握在人民自己的手中，这就是"主权在民"的理论的由来。在自由主义的观点中，国家权力的存在是消极的存在，即不允许它侵害个人的自由和权利。宪法制定和实施的根本宗旨，就是要对国家权力加以限制，首要的是在体制上把国家权力分解成各个（通常是三个）不同的职能部门，确立它们的基本权能，然后使之相互制约并保持平衡。自由立宪主义认为这可以有效地防止政府变得权力过于集中和专制。除此而外，自由立宪主义还发展出一套完整的"法治国"的理论与实践机制，政府要"根据法律"或"以法律的名义"进行统治。要求政府的每项决策和行为都要合乎法律的规范要求。而法律是通过人民选举的代议机关所制定的，因而体现了人民的意志和愿望。这样，"法治国"的理论与实践的最终目标还是集中在保护公民个人的自由和权利不会受国家权力即政府的侵害上，这就是自由立宪主义的基本宗旨和主要内容。表面看来，该学说是为了建构"强个人，弱政府"或"重自由，轻国家"的社会和政治格局，然而在不经意间，这种自由立宪主义却陷入了一个难以冲破的悖论怪圈，即"弱政府"或"有效政府"理念恰恰是建立在"强政府"或"国家权力无限"的"强权国"的现实之上的，按照西方政治哲学的教导，国家权力如同孟德斯鸠所描绘的那样，人性卑鄙，有权必滥，"一切有权力的人都容易滥用权力，这是万古不易的一条经验。有权力的人们使用权力一直到遇有界限的地方才休止。"① 不过，在对待这种强大的、容易受到滥用的国家权力的态度上，在政治哲学和立宪主义方面，至少出现了两种截然不同的分野。在一方，就是上述的自由主义政治哲学或立宪主义，他们以消极的态度，通过政治上的精心设计来约束和限制国家权力的行使；而另一方，则是反其道而用之，主张顺其自然，既然国家权力是强大的，就承认和尊重这个现实，约束和限制它不仅做不到，也是无益的，但可以在这个现实基础上另辟蹊径加以引导。于是"强国论"、"决策论"等理论便应运而生。尽管如此，这两种理论流派并不是水火不容的，有些

---

① ［法］孟德斯鸠著：《论法的精神》（上），张雁深译，1 版，154 页，北京，商务印书馆，1961。

政治哲学家和立宪主义者则从中开展沟通并作出妥协。

　　启蒙学者马基雅维里和霍布斯最先在宪法传统中确立了"国家权力垄断"的基本政治概念。马基雅维里把政治概念解释为不受规范约束的争夺权力的权力政治，在获得国家权力之后权力斗争就转移到政治领域的"决策主义"。严格意义上的政治决定是这样的结果：它是不能通过合理的共识来证明其正当性的。在法律和权利的问题上，也是决策主义的结果和产物。

　　霍布斯是把自己的政治理论建立在对自然状态的恐惧的基础之上的。其目的是要实现由国家保障的和平与安全。在霍氏看来，问题的关键是要通过国家来消除由于封建的、地方的或宗教的抵抗权而形成的无政府状态以及相应的内战的危险。鉴于中世纪的多元政治以及教会对统治权和其他"间接的"权力的渴求，他反对一个明确的、有相当保护效能的、其运作是可以预测的法制体系的合理统一，而主张赋予国家以绝对的权力，并实现国家权力对政治决策的垄断。不过，他又认为国家不能恣意地行使其垄断权力，而是应当实现对权力垄断的制度化，使国家变成在特定社会里为和平解决冲突而制度化的垄断机构，其政治权力的行使应当受到约束，并积极地、有效地实施政治决策。在霍氏看来，这样的国家应当有一种独特的权威。按照霍氏在其代表作《利维坦》中的申明，至高无上的国家权力从其定义来看，就是不受法律约束和限制的权力。这就是霍布斯心目中的"强权国"的理想。在这个"强权国"的理想中，一切权力，一切规范和法律，一切法律解释，一切命令和制度的安排，霍氏都把它们看做实质上的主权的决策，权力就是法律，而法律就是解决有关什么是权力的争端的命令。在他看来，权力不是真理，而只是颁布的法律而已。这就是霍布斯从绝对的国家权力为开端，到主权者有权作出包括法律在内的一切决策的必然结果，即从"强权国"到"决策论"的必然结灵。[①]

　　主观唯心主义哲学家黑格尔（Hegel，1770—1831）也是一个国家权力的狂热鼓吹者，他认为国家是客观的精神，而个人仅以他是国家的成员而论才具有客观性、真实性和伦理性，国家的真意和目的便在于这种结合。当他谈到国家权力时，竟有时放弃了他的哲学空谈，转而拿自然状态和霍布斯讲的一切人对一切人的战争作为后盾。他极为推崇国家的民族性、独立和主权。在国内，他认为公民的义务完全限于维持本国家的实质

---

　　① 以上资料和观点介绍主要综述了挪威学者朗内·斯莱格斯塔德的论文：《自由立宪主义及其批评者：卡尔·施米特和马克斯·韦伯》。详细论述请参考［美］埃尔斯特、［挪］斯莱格斯塔德迄编：《宪政与民主——理性与社会变迁研究》，潘勤等译，1 版，119—145 页，北京，生活·读书·新知三联书店，1997。

的个体性，即独立和主权；对外则主张用战争解决国与国之间的争端，因为他认为国家彼此之间处于自然状态，它们的关系既不是法的关系，也不是道德关系。每个国家的利益就是它自己的最高法律。道德与政治不成比例，因为国家是不受平常道德法律约束的。①

尼采（1844—1900）的哲学就是"唯意志论"。他否认客观规律性，认为意志具有决定性的意义。当他用这样的哲学观念考察国家时，便生出了"权力意志"的国家观。他崇拜"超人"或"金发野兽"，鼓吹肆无忌惮的、漠视一切法律规范和道德规范的兽性侵略，对"强力"的颂扬达到了极点。

德国的卡尔·施米特在颂扬国家权力方面，也占有特殊的地位。他在1928年出版的《宪法论》中系统地阐述了他的宪法观和国家观。他被认为是一个"双面"的理论家。一方面他是自由立宪主义方面最重要的专家之一，另一方面又是一位自由立宪主义的最为激烈的批评者之一。是他对自由立宪主义的观念进行了批判，认为自由立宪主义的观点过时了；又是他从霍布斯的著作中发现了"决策论"。他遵从霍布斯的观点逐渐形成了自己的理论体系。在这个理论体系中，首先否定了自由立宪主义的最基本的前提，即国家和社会的二元论，认为这种区分已经没有任何意义了。他认为以前的国家和社会的具体功能之间的区别逐渐消失，并导致自由的、中立的国家变成了"潜在的总体的"国家。在施米特的国家观中，他极力维护马基雅维里和霍布斯的观点。正如前面所指出的，这两位都信奉冷冰冰的政治现实主义，认为政治是一场征服和获得权力的战斗，容不得任何规范的约束，相信强权国家会压倒法治国。在紧急状态下，法治国必须让步："紧急状态清楚地揭示了国家政权的本性。在这里，使自己脱离了法律规范和（看似矛盾）权威的决定表明，它创制法律，但是不必守法。"紧急状态应当被视为"一种对于政治知识来说是关键性、具有普遍意义的概念"，"对紧急状态的控制，是一种真正意义上的决策的权力"。在一定意义上，紧急状态不是一种混乱或无政府状态，而是一种秩序——由纯粹的权力而不是由正义所施加的秩序："国家的存在证明它比法律规范的效力具有更大的重要性。决策不受任何规范的约束，并在真正意义上成为绝对的。"② 这种"绝对的"或"最终的"决策被施米特定义为"决策垄断"而不是"武力或支配权的垄断"，这是"国家主权的实质"。他由此进一步

---

① 参见［英］罗素著：《西方哲学史》，1版，下卷，288—289页，北京，商务印书馆，1976。
② 转引自［美］埃尔斯特、［挪］斯莱格斯塔德编：《宪政与民主——理性与社会变迁研究》，132—133页。

阐明了他称之为"决策论"的理论：一项政治决策的效力的确立"与其内容无关"；该项决策"从规范主义的观点来看，不需要任何根据"，一项决策的作出，既无须讨论，也不必要得到推理支持；在政治生活中，重要的是作出了决策，而不是怎样作出决策。按照施米特的决策论理论，政治决策者既不受来自下面的公民全体的要求的约束，也不受来自上面的法律规范的约束。以此为立足点，他进一步申明了他的关于法律效力的异乎寻常的观点："一切法律价值和法律效力的最终法律根据，都存在于意志行为（the act of will）决定之中，这些作为决定的意志行为通常先创造 Recht（法），而且其法律效力（Rechtskraft）并不来源于决定规则的法律效力，因为一项决定即使不符合律令，也是正当的。反规范的决定的法律效力是一切法律制度的组成部分。"① 至此，施米特将他的关于法律效力的观点发挥得淋漓尽致。从中不难看出，基于"意志论"的哲学和他本人的"决策论"，他排除了一切基于法律价值、法律规范或法律规则自身所产生的法律效力，法律效力真正的根据或来源于社会和国家的当权者按照自己的"意志"作出的决定，而不论有关的决定是否符合法律。至关重要的一点是，他认为"反规则决定的法律效力是一切法律制度的组成部分"。

施米特在 1932 年以后，又把他的"决策论"发展成为他称之为"具体的秩序观"的新理论，该理论是指与现已存在的情境相对应的一种秩序论，鼓吹以"国家、运动、人民"为内容的"领袖国家"，领袖也变成了"法的监护人"。到此，施米特完全拒绝了一般宪政的理论与实践，堕落成为希特勒法西斯主义的理论家。②

马克斯·韦伯所处的时代正经历着官僚机构不可遏止的膨胀和政治面临难以操纵的风险，故此他在政治上和宪法上主要关注官僚统治的问题。他认为官僚统治是理性法治的最纯粹的形式，这种形式围绕一组特定的权能组织起来的具有工具合理性的等级制度有助于进行极为有效的统治；另一方面，韦伯为了同他所谓的政治上的官僚主义铁笼作斗争，他宁愿付出专制主义的代价，即让政治意志形成过程中实现极端个人化和非理性化。韦伯还遵循马基雅维里的教诲，把政治概念界定为一种不受规范约束的争夺权力的权力政治。由于他在著作中系统地、反复地强调马氏的政治观点，即强调政治领域的决策主义，他因此也被认为是德国帝国主义的理论家。③

综上所述，自马基雅维里、霍布斯始，中经黑格尔、尼采，降至 20 世

---

① 转引自［美］埃尔斯特、［挪］斯莱格斯塔德编：《宪政与民主——理性与社会变迁研究》，132—133 页。

② 同上书，134 页。

③ 同上书，135—145 页。

纪初的施米特和马克斯·韦伯，高举反自由立宪主义的大旗，倡导了以"强国论"、"决策论"、"国家主权和独立"、"唯意志论"、"具体的秩序观"等我们姑且称之为"强权立宪主义"的理论与原则。从政治价值上看，这种理论确实会受到强力统治者、极权统治者，甚至法西斯统治者的青睐和利用，尽管这些理论的创立和弘扬者并非全是有意为这种"反民主"的统治利益服务。毕竟，既然这些理论已经在事实上成为法西斯主义的国家理论，他们中的一些人被指责为极权主义理论家甚至希特勒理论家，当也在情理之中。对这派理论及其创立和弘扬者的政治评价不在本研究的范围之内，故不再论列。我们感兴趣的是，如果纯从学理——这可能会受到质疑或非难——上看，是否可能会发现其中至少部分是合理的因素，或者至少反映了立宪主义中不容回避的一个事实，即国家政权事实上并非是全部按照自由立宪主义所确立的建构原则和方式建立起来的。自由立宪主义无论怎样殚精竭虑地要通过建构"有限政府"而实现其"人民主权"和"保护公民基本自由和权利"的社会理想，但国家权力和人民主权、公民基本自由和权利的相互关系配置，终究要循着自身的发展规律，即不以人的意志为转移的客观规律而各自被确定在适当的位置上。尽管由于特定的历史背景和社会、国家情境的不同，在国家发展的历程中，难免有所倾斜或侧重某一方面，特别是在一些新兴的国家，倾斜或侧重一方往往放在国家权力方面，即以克减或牺牲民主和公民自由和权利的方面来强化国家的公权力；但是，如果我们从社会、国家发展的一般趋势以及最终的归宿上看，人类追求安宁、和谐、幸福的愿望以及能从两种或多种极端中寻求妥协和达到在某种框架内的一致的社会能力和政治智慧，终究能在民主与国家主权、自由和权利与国家公权力的实施方面形成基本的和谐一致，至少不致发生长期的、永久性的对抗或张力。这就是为什么在一个民主氛围浓厚的社会和国家内，人们并未放松对国家公权力有可能变得腐化、集权或专制的警惕；同样情况是，在一个国家公权力严重腐化、集权或专制的社会和国家中，人们从来也没有放弃争取和实现自由、权利和民主的渴望。从这个意义上来说，"强国论"等立宪主义或许有其存在的根据和一定程度的合理性，至少不应该被视为与自由立宪主义水火不相容的对抗政体。从积极的意义上来说，综观世界各国的宪政史，包括最近三四十年间东亚、东南亚的一些国家和地区，确实出现过通过强有力的国家公权力的集权甚至专制的杠杆，撬动了社会经济腾飞的阀门并以超常的速度实现了社会的转型，而转型后的社会反过来对国家的公权力的集权或专制予以反制，使其逐渐实现向国家或地区政治的多元化和民主化方向转变；即使从消极的意义上看，"强权立宪主义"在消弭"自由立宪主义"内在相关的"绝对自由化"、"权利人社会"等社会和政治弊端方面，也是不容否认的社会和政治副产品。说到底，强国、强权并不必然意味压制、克减社会和国家的民主和人民的自由和权利。这样看来，强国立宪主义并非没有反映出某些国家公权力的本质和政治现实，大概也不是毫无可取之处。

如果我们对上述"强国立宪主义"的分析和把握被认为有可取之处的话，那么，"强国论"或"决策论"者们关于"反规则决定的法律效力"的观点，也不应该被认为是一个纯粹的反宪法和法律传统的论调，或是毫无可取之处的宪法和法律的效力观。确实，从宪法和法律的传统上看，它一直被视为是一个规范的总体，是国家公权力和人们的社会和国家行为的准则。宪法和法律的基本特点是具有可预测性、强制性。反宪法和法律规则的决定，即使是由最高政治决策层作出的，在法理上都理所当然地被视为"零效力"或"无效力"，不仅如此，有关的决定还被视为由有权机关正式宣布无效或予以撤销，而有关的决定的制定者或执行者还要负起相应的法律、行政乃至政治上的责任。长久以来，一代又一代的宪法和法律界的人士就是在这样的教诲中成长起来的，一以贯之地流传下来以至于形成不容置疑、不可改易的宪法和法律传统。然而，宪法和法律本身以及它们的效力问题毕竟是一个很复杂的现象，似乎不应当也不可能只从单向的、表面的现象来认识其本质和把握其多向的、复杂的特性。说到底，宪法和法律终究是社会和国家的调节器中的一种，尽管是极其重要的、不可或缺的一种；也是社会和国家甚至就是其政治领导层手中可资利用并得心应手的政治工具。我们应当永远不要忘记，宪法和法律只是社会和国家内部生成或造就之物，它们不可能来自天外或者神赐，更永远不是，也不可能超然于社会和国家之外。这样的宪法和法律本质和特性决定了它们的工具性价值以及对社会和国家的从属地位。尽管有些人把"宪法至上"、"法律至上"、"法治国"作为治国方略高唱入云，但从绝对意义上来说，从来都没有实现过纯依宪、依法而得到治理的社会和国家。诸如此类的有关宪法和法律治理方略终究是一种神话，充其量只是对它们的工具性价值的一种强调。事实上，即使在一些法治发达的社会和国家，宪法和法律因素也必须在掌握社会和国家最终决策权的政治统治层的统一安排和调度之下，与其他的社会和国家调节因素，诸如道德、经济、习俗等在互动中，才能更好地或充分地发挥工具性的价值功能。当然，我们这样说，并不是贬低或否认法律，特别是宪法的作为社会和国家根本大法的权威规范性和最高的法律效力，宪法在一切社会规范中当然是最高规格和品级的规范，是统驭其他规范的终极规范。但是，宪法的工具性价值和对政治统治权的从属地位，又决定了它不能成为最高的或最终的决策，特别是政治决策的力量或机制，事实上，宪法和法律本身也经常成为最高决策考虑的对象和范围。在正常的社会和国家的情势下，每遇社会和国家发生重大变革、转型之类的大事，往往都要对宪法和有关法律作出修改，以适应社会和国家发展的需要。当然宪法和法律也往往并非必然地以文字修改或更新的方式而被修改，只要最高的政治决策层认为必要，也往往采取宪法和法律之外的政治或行政"决策"形式，包括全民公决来实现和贯彻有关社会和国家重大变革或转型的政策或纲领，事中或事后再采取相应的修宪行动或通过护宪机关以适当行为赋予先前的"决策"行为以合宪性或合法性。当这种情事发生的时候，往往凸显了"反宪法和法律规则决定的法律效力"运行机理及这种"效力"何以应当被承认和接受的政治现实。

（五）理性的政治决策也会导致"反宪法规则决定"

对于"反宪法规则决定的法律效力"这样一个极其复杂的问题，如果我们只就上面所涉及的宪法、宪政、宪治本身以及相关的社会、国家环境和政治权力的运作等方面进行探讨，显然是不全面、欠深刻的。事实上，这个问题还关涉到更为复杂和深刻的哲学上、政治决策科学上等方面的问题。鉴于笔者在这方面缺乏深入的研究，不能对这些方面作出详尽的探讨和分析，但对有些方面作点提示，还是必要的和可能的。

自从人类组建自己的政治社会和国家以来，如果从独立的政治科学上来看，政治决策无疑是政治行为中一项重要的内容，政治进程也无疑是不间断的政治决策中流变的。决策者为什么要进行政治决策？当然是政治本身的需要。然而决策者究竟应当怎样进行政治决策？这其中就自然涉及影响政治决策的种种因素，对这些因素的罗列、对比、分析、考查便构成了政治科学中一个独立的分支——政治决策学，或简称决策科学。第二次世界大战以后，决策科学受到越来越多的政治学家和行政学家的关注，并逐渐形成了不同的学术理论和流派。

最先出现的决策理论和流派是所谓的"理性决策模式"。该模式的主要观点是：1. 决策者知道所有同具体问题有关的目标；2. 所有有关问题的信息都是可获得的；3. 决策者能辨别所有可能的选择；4. 决策者能够就所有选择作出有意义的价值评估；5. 最终的选择是在对所有选择的价值作出衡量和比较后作出的；6. 所作的选择能最大限度地满足决策者对该选择价值的期望。这种"理性决策模式"是从决策规范的立场出发的，不无天真地认为，决策者不仅应当以理性的思辨作出决策，而且可能在实际上能够作出理性的决策。

然而，事实上，决策者往往并不是都能作出理性决策，即使在主观上有进行理性决策的愿望的情况下，也是如此。于是另有一种决策理论和流派出现了，这就是由著名的行政学家赫伯特·西蒙所创立的"有限理性决策模式"。这种理论和流派认为：1. 决策者事实上并不能完全掌握有关决策所需要的所有信息；2. 即使决策者掌握了所有与决策有关的信息，但他处理这些信息的能力是有限的；3. 决策者的决策通常不是在深思熟虑下作出的，很可能是匆忙作出的；4. 决策者的决策行为通常受到有关信息的实质和获取的先后次序，即先入为主的影响；5. 决策者的决策能力在复杂的决策状况中受到限制；6. 决策者的决策行为受到他本人过去经历的影响；7. 决策行为受决策者本人个性的影响。西蒙认为，政治决策者的理性决策是"有限的"，对政治决策结果的评判应以"满意"代替"最佳"。

当代美国著名的政治学家、"政策分析"的创始人查尔斯·林德布洛姆所创立"渐进决策模式"，在当代的政治决策理论中具有广泛的影响。该模式认为，决策过程只是决策者基于过去的经验对现行政策稍加修改而已，这是一个渐进的过程，看上去似乎行动缓慢，但积小变为大变，其实际速度要大于一次大的变革。他认为政策上大起大落的变化是不可取的，往往"欲速则不达"，它会危及社会的稳定。他主张在西方的民主体制中政府应推行渐进的政治，这主要应当体现在实行渐进的决策上。为此，他极为赞赏那些奉行渐进主义的决策者们。赞美之词跃然纸上："按部就班、修修补补的渐进主义的决策者或安于现状者或许看来不像个英雄人物，但他却是个正在同他清醒地认识到对他来说是硕大无朋的宇宙进行勇敢地角逐的足智多谋的问题解决者"。①

对以上三种政治决策科学的模式或流派作系统全面的分析和评价，显然不是本文的任务，这里只就与我们讨论的主题有关的问题，作一个简括的分析。我们基本的倾向是：不论这三种模式或流派有何等或大或小的价值，也不论它们之间有多少相同或相异的方面，但有一点是共同的，即它们对政治决策的重要性、独立性和决策本身、规范本身的重要性，都给予了高度的重视，如果从我们所研究的宪法学的立场上看，似乎这三种模式或流派对于政治决策必须依循宪法的规范、原则、精神等方面都显得不大关心，至少在文字的表述上是如此。很难想见，这种高度独立性的政治决策会自然地，更不用说自觉地要与国家的宪法的规范及其基本原则保持一致。换句话说，这种由政治决策者以其所掌握的信息、决策目标、个人能力、个性等为基础作出的独立色彩很浓的政治决策，虽非全部，但至少会有一部分是与宪法的规范及其基本原则相悖的，这就是我们所谓的"反宪

---

① ［美］查尔斯·林德布洛姆著：《决策过程》，竺乾威等译，1版，4页，上海，上海译文出版社，1988。

法规则决定"。说到底，政治决策作为独立的政治行为，不论它被多么睿智、理性的决策者理性地进行，总会出现一些"反宪法规则决定"，可以说是势之使然，势所必然。于是为我们的主题研究增加了可资研究的素材。

（六）心理上非理性导致宪政行为中的"反宪法规则决定"

2002 年诺贝尔经济学奖授予了研究实验经济学的弗农·史密斯和研究心理经济学的丹尼尔·卡尼曼。后者本来不是研究经济学的，1979 年，他与同事阿莫斯·特韦尔斯基一起，发表了运用心理学做决策的新的经济理论，被称为"预期理论"。卡尼曼通过这个理论，把人们在不确定下作出决定的非理性系统化，在感知心理学当中开辟了人们作出判断和决策的新途径。所谓"预期理论"，就是以实验分析生活在具有不确定性世界中的人们，在多种可能性之间作出什么样选择的理论。以往经济活动中的决策理论都是以期待效用理论为基础。所谓"期待效用理论"，就是人们合理地"把效用（满足程度）最大化，在此基础上作出决定"。这种思考方法是以人作出决定的理性为前提的。

但是，人们逐渐发现，用"期待效用理论"作出的最佳判断，往往同人们实际作出的决策之间有很大差别，最大的问题出在人们作出判断和决策的"理性"方面。以"理性"为前提的理论分析人的"理性"是有局限的，实际上他常常作出非理性决定。这种"人的非理性"是预期理论作为实证理论诞生的背景。

有意义的是，这种新兴的心理经济学对我们的宪法学研究应当具有很大的启发和借鉴价值。综观以往的宪法学，尽管在世界范围内也出现过一些不同的流派或研究层面，但基本上都是以宪法规范以及以这些规范为基础的延伸（如宪法的基本价值或基本原则等），为宪法学的研究的基点。较之经济学的总体理论体系来说，宪法学实在显得单一和薄弱，像心理宪法学之类的学科或理论完全是有必要性的，也具有很高的学术研究价值。假如我们参考和借鉴"心理经济学"的理论，在宪法学中实际上也存在所谓的"预期理论"。人们满怀期望以宪法国家根本大法的性质所独具的最高法律效力和法律权威来达到建成法治国和宪治国的预期目标和目的，才精心地制定宪法，然后用心呵护和努力实施宪法的各项规定，贯彻其所蕴涵的基本价值和基本原则，一旦发现违背宪法情事，就动用宪法保护机制加以纠正，甚至使违宪责任人负起相应的宪法责任。在宪法的贯彻实施过程中，同样存在把宪法的效用（满足程度）最大化的价值期望和诉求。为此，要求人们，特别是对宪法实施负有重要责任的公共权力机关及其公务人员，乃至对宪法看护的护宪机关及其人员，都对宪法的贯彻实施作出理性的决定并采取合乎理性的行为，其基本原则是不违宪，不仅不违宪，还要最大化地有利于行宪。由此可见，现行宪法的力量与实施可以说完全是建立在"理性预期"的基础上的。然而，正如经济学中所关注的那样，问题出在人们，特别是宪法实施和司法监督的公共机关和责任人员，他们的理性自觉是不充分的，其理性行为更是有局限的，由于社会、国家、个人等各方面复杂因素的影响，使它（他）常常作出有关宪法实施和监督的"非理性决定"。这种"非理性决定"，即使不完全是，至少主要是我们这里所谓的"反宪法规则的决定"。由此可见，"反宪法规则决定"的现象产生和存在，除了前面所探讨的各种社会、政治本身方面的原因外，还有心理上的根源和基础。这本身完全可以构成宪法学上的专门的研究领域。但限于我们这里研究的主题，这里只是提示一下，希望能引起学术上的关注。无论如何，这种心理上的因素是造成"反宪法规则决定"的重要原因之一，这是不容否认和质疑的。

（七）灵长目动物的共有特性导致了"反宪法规则决定"的产生和存在

这个标题及其相关内容，是笔者踌躇再三才写下的。乍看之下，把灵长目动物的共有特性与"反宪法规则决定"联系起来，似乎风马牛不相及，更可能被人误解为笔者长年趴在书桌上写书，已经"走火入魔"或是"中了邪"，不然怎么能冒出这样的怪念头。然而，不管怎样，笔者自认为到目前为止头脑还是清醒的，并没有丧失理智。如果认为这一联想古怪不可理喻的话，也不是笔者本人突发奇想的怪念头，而另有始作俑者，笔者只不过借花献佛，假以试用罢了。

据西班牙《趣味》杂志一篇题为"领袖的思想"（作者为豪尔赫·阿尔卡尔德）的文章分析，杰出的领袖人物往往具有许多常人所不具备的素质。他们可以激发和鼓动起社会团体的情绪，带领大家取得成功。他们懂得在已建立起来的规则与大胆创新之间灵巧地保持平衡。在全文分析的决定领袖素质的多方面因素中，就包括了"灵长目共有特性"这方面的内容。作者指出，研究并了解领袖头脑中有什么奥秘的最杰出的科学家之一，是美国教育学家和心理学家霍华德·加德纳。他认为，解释人类领导人的本性的首要因素是灵长目动物的遗传因素。他说："灵长目从幼年就辨识并观察他们的同类中的每一个成员，他们之间为一种特定的等级位置而展开竞争，从而在同类之间形成统治与屈从这种特殊关系。"神经学家罗伯特·萨波利斯基甚至研究了倭黑猩猩首领的某些生理变化现象。例如，倭黑猩猩中的雄性首领所产生的像血清素这样的神经传导物质，比它的同类要多。如果它在群体中的地位产生变化，它的生理指标也随着变化。这些生理特性也可以在人类领导人身上找到。

　　我们灵长目动物的另外一个特性是爱好模仿。我们从黑猩猩那里观察到了它们的首领强加给群体中其他猩猩的行为方式。这种统治倾向也在人们幼年时期明显体现出来。只要观察一下幼儿园里孩子们做的游戏就可以发觉，他们中的一个人起统治作用，其他孩子不可避免地仿效他的言谈举止。①

　　如果我们尊重这些严肃的科研成果的话（事实上我们没有理由将它们视为异端邪说！），那么不难想见，这些具有遗传性质的灵长目动物本性势必在政治领导人的政治生活中会有所反映。作为政治领袖，其基本的政治活动自然是不断地作出政治决定。在他所作出的政治决定中，自然不乏以现行的规则，包括宪法和法律规则作为作出决定的根据或作为相应的精神或原则。但同时也不容置疑的是，除了后来培养和训练出来的政治敏感或政治自觉之外，在潜意识中，灵长目动物上述的遗传本性会发挥影响和作用。为了保持其领袖地位、权威影响，他有时需要作出一些违反常规，包括违反宪法和法律规则的政治决定，以示自己与常人的区别。这就是为什么在历史和现实中，人们常常看到领袖人物作出某些特殊的、反常规的，甚至有时是怪异的政治决定。其实，这可以至少从遗传本性中得到部分解释。总而言之，我们倾向于认为，如果我们还没有足够的理由推翻前述的科学研究和观察成果的话，就应当承认灵长目动物的共同遗传特性使人类势不可免地会作出"反宪法规则决定"来。这自然应被视为对我们这一命题的支持之一。尽管笔者充分意识到，这一并不是建立在严谨科学研究基础上的遗传与人类政治行为内在关联的主观判断，由于缺乏足够的理论支持而可能受到质疑或非难。但不管怎样，这里作为一个问题提出来还是可以的，它毕竟具有潜在的理论研究价值，只是在目前，还没有引起中国学术界的注意罢了。

　　通过上面背景性的介绍和理论分析，我们应当对"反宪法和法律规则决定的法律效力"问题有了初步的了解和认识。不过，下面还想进一步表明作者对这一问题的基本态度和几点看法：

　　第一，"反宪法和法律规则决定的法律效力"问题的提出，不是源于任何有关宪法和法律的法律效力理论和运行机制的逻辑推理，而是源于宪法和法律的本质、特点及实施机制中与国家主权者的"决定"或"决策"密切相关的政治现实，不论人们是接受它或是拒绝它，它都是一种客观存在，不能否认，也不能回避。

　　第二，不论"反宪法规则决定的法律效力"问题是由任何有负面政治背景的学者提出或倡导的，它都是宪法学和法律学中一个重要的理论问题

①　参见《参考消息》，2003-01-06。

或学术问题；而且这种理论或学术问题还关系到宪法和法律的本质、实施机制以及法律的效力等深层次或重大的理论或学术领域。在迄今为止的宪法学和法律学的理论或学术研究中，这一领域还没有被密切关注过，更不待说受到了彻底的研究。就理论或学术的立场上看，对它进行深入的、科学的研究不仅可能，而且实属必要，因为它最终无论是从积极的方面还是从消极的方面都会影响到宪法和法律的实施。随着宪政的拓展和深入发展，这方面的理论或学术研究亟待受到密切关注和深入探讨。

第三，"反宪法规则决定的法律效力"理论在实践的运用中是把双刃剑。一方面，在其得到理智的、科学的、合理的和正当的实用的场合，确实弥补了宪法和法律滞后、宪法和法律修改的繁难、不便、延迟，以及可能因此而引发政治斗争或社会动荡之类的缺陷或弱点，从而以一种便当的、直接的形式和途径促进了社会的发展、经济的进步以及提高人民的福祉。不待说，这是它的有利的方面。相反，在那些反宪法和法律规则决定或决策行为得不到限制、控制，或者被恣意滥用的场合，它便公开地成为宪治、法治的对立物，成为赤裸裸地反民主的行为，甚至是专制或法西斯式的暴政。自不待说，这是它的不利，甚至祸国殃民的方面。正因为它具有这两种极端的利害的双重性，所以对它的适用应当保持清醒的头脑和极高的警惕性。应当牢牢地记住，对它的适用要慎之又慎，趋利避害应当成为任何作出反宪法和法律规则决定的理性选择，乃至金科玉律。

第四，"反宪法和法律规则决定"欲取得有利的预期，除了决策者自身要务必自警，理智地作出决策之外，也还需要建立或强化对这种决策行为的制度化制约机制，即这种决策的作出一定要增加透明度，有关的信息要公开，决策一定要以公开、合法的形式作出，即使当时做不到这一点，事后也应当予以补救，使其达到合法性的要求。

第五，从实行各种对违宪行为进行司法审查制度的国家的经验证明，这种司法审查的方式不仅有效地利用了司法资源，节约了政治资本，而且以司法机关的独立性和独特的法律权威，在对"反宪法规则决定"的合宪性、合法性的补救方面，或者在排除不当的有关决策方面，发挥着独特的作用。这是一个值得重视的经验，具有很大的、综合性的价值效应，应予以深入地加以研究和借鉴参考。鉴于加强宪法监督的宪治宗旨，我们特别重视司法机关在这方面的地位和作用，认为它构成了我们倡导实行宪法监督司法化的一个重要的根据和理由。

第六，"反宪法规则决定的法律效力"问题在学术上，它不仅关系到宪法和法律的效力、适用、实施、本质等一系列深层次的宪法和法律理论问题，而且在一般哲学、政治学、社会学乃至社会、政治哲学等领域也有着广泛而又深入的潜在研究价值。其中一个亟待研究的问题是：某种受到限制、约束并合理、正当运用的"反宪法和法律规则决定"可否在一定的程度上、一定的范围内成为宪法和法律正式修改机制的"替代"？如果回答是肯定的话，那么至少我们就应当重新审视和反思有关宪法和法律的本质、价值、功能，以及与之有关的社会、政治，包括政治权威等方面的关系问题了。不过，我们认为这种研究不会从根本上动摇或推翻长期以来已牢固扎根的宪法、法律和社会、政治等方面的理论根基和传统，正如亚什·凯所言，它应当丰富我们对法律（还应当包括宪法——笔者注）本质的理解。我们还想补充的是，这种研究还应当丰富我们对社会、政治的本质以及其他方面相关关系的理解。

三、结论

"反宪法规则决定的法律效力"的理论与实践在学术上极具争议和挑战性，在实践上也因为与法西斯主义、帝国主义的干系而长期背负了坏名声。不过，通过我们上述的介绍和分析，在学术上似乎也应当给予它一个容身之地；至于在宪政实践中究竟是发挥它有利的作用，还是有害的作用，关键还是政治决策者们所作的选择，以及相关的监督、约束机制的运作如何。当然，这最终还是要取决于人民的意愿。从长远的趋势上看，只有人民才能对政治领导人或阶层的"反宪法规则决定的法律效力"问题作出容忍、承认或反对、拒绝的终极"决定"。因此，即使对这样一个极具争议和挑战性的问题，也大可不必将其拒之千里，视为邪恶，唯恐避之不及。

这一问题或许在深层次理论上和不可回避的国家政治决策的现实上关系到宪法监督和优良宪政的构建，也关系到前面提到过的对社会、国家、宪法、法律的本质问题的反思和再认识。

Chen Yunsheng

On the Legal Authenticity of Decisions Against Constitutional Regulations

Abstract："The question of the legal authenticity of decisions against constitutional regulations" is an old, not yet thoroughly discussed question of constitutionalism. It stems from the innate character and characteristics of the constitution and law, and the enforcement mechanism closely related to the pertinent political reality in which person in power make decisions and policies. Specifically, theories and practices such as the mature constitution development mechanism created by constitutionally developed Western countries, the historical and social environmental conditions on which the survival and development of emerging countries depend, the paradox of approval and disapproval of political power restraints, rational political decision-making, irrationality of psychology, etc. are all factors leading to its existence objectively.

Key words：Decisions against Constitutional Regulations; the Legal Authenticity; Political Decision-making; Constitutionality

张江莉*

竞技场
——宪法下的政府与市场

【内容提要】

　　如何处理政府与市场之间的关系，在法学界和经济学界都受到极大的关注。本文是从宪法和经济法的角度来探讨这一问题的。政府与市场之争在经济学理论上形成对立的观点，但在宪法下的实质是政府经济权力和人民经济权利的互动。本文将各国宪法分为"经济中立的宪法"和"经济宪法"两类来进行比较研究，探究其成因并展望未来。

【关 键 词】

■政府　■市场　■宪法的经济中立　■经济宪法

　　"二战"以后，在和平而稳定的国家发展过程中，经济因素逐渐成为影响一国法律体系的最明显的因素。因为，无论是道德、伦理还是政治力量的对比的变化，在和平的年代中，都不是那样剧烈和明显。只有经济，在"发展"的世界主题下，飞速地前进着。我们回顾战后的几十年岁月，世界各国，无论是发展中国家，还是发达国家，经济发展都成为共同致力的目标并且带来翻天覆地的变化。伴随着政治改革的经济改革，已经成为战后几十年最值得回顾的历史。

　　经济发展似乎从来没有这样隆重地受到关注和这样迅速地前进。有人

---

　　*　北京师范大学法学院讲师、法学博士。

逐渐开始关注宪法在这样的背景下的运作。我也对某些问题产生了兴趣，比如，宪法现在有了什么新的任务或使命呢？宪法要对经济注入多少关怀并且怎样关怀呢？对于经济而言，政府①与市场仍然是资源分配的两种最主要的渠道。在和平年代的经济发展的过程中，政府干预与自由市场的对峙，政府与市场边界的划分，是战后经济进程中的明显的主线。

作为一部"良"的宪法，能够成为现代社会宪政基础的宪法，其根本目的仍然在于实现对公民自由和权利的保障，而主要关注的方式在于分权与限权。以真实的宪法为基础的宪政所要求的，是一个有限的政府。人们一直在强调对于政府的制约和监督。然而，当涉及经济的发展，宪法或许应认识到，在保障人民权利和福祉的目标下，限权只是一种手段或方式。政府的确不像凯恩斯主义盛行时那么全能和全知，市场也不像当时人们认为的那样无力和愚蠢，但是政府在经济发展的过程中，的确不同于传统行政法所强调的必须处在强力的限制之下，经济合理的原则和经济发展的目标可能会向政府提出新的要求，对于市场而言或许是退，或许是进。

一、概念界定

在正式展开讨论宪法下的政府与市场的问题的时候，我首先将一些比较模糊的概念予以界定，然后在这一界定下展开论述。

（一）政府

本文所指的政府②，不仅限于"行政的政府"，而是具有两层含义：一是包括拥有整个国家权力的"大政府"，二是具有典型和最积极作用的行政的政府，即，以行政的政府为代表的国家。③

（二）干预

政府对于经济的作用，在日常的用语中，人们常用"干预"、"规制"、

---

① 习惯上，人们喜欢说"计划"与市场，其实，"计划"仅仅是政府介入资源分配的一种手段而已。

② 对于"政府"一词的用法是多种多样的。三权分立结构下行使行政权的"政府"显然是"行政的政府"，也是行政法上作为行政关系一方的主体。但在其他很多场合并不限于此，而是指代更加广阔意义上的国家"大政府"。如边沁《政府片论》实际是一部论主权（包括立法、行政等职能、机构）的书，参见［英］边沁著：《政府片论》，沈叔平译，60、61、66页，北京，商务印书馆，1980。

③ 政府与市场的争斗过程中，"政府"对于经济的态度，其实包括立法、行政以及司法力量在内的整个国家机构的共同立场。但是，行政的政府始终是比较积极和灵活的力量，国家对于经济的干预进攻或是撤出，行政力量常常起到发起和最终实施的作用，尽管其过程中立法和司法的力量也要进行深刻的思考和最终表态。所以，国家对于经济的作用，主要是由行政的政府来体现的。作为经济中资源分配的途径，也主要由行政的政府来进行。因此，本文采用具有"双层含义"的政府概念，同时也区别于行政法上的"政府"。

"管制"①、"管理"等词语进行描述，它们均表达一种非自由市场的含义。本文拟采用"干预"一词来进行整体描述。

"干预"一词具有最为广泛和概括的含义。比如中国经济体制改革的过程，是一个调整所有制结构、从计划走向市场的过程，政府对于市场不再是计划、管理②模式③，而是逐步走向管制④，再从管制走向放松管制。这一过程使用"干预"经济的概念比使用其他概念更具有全面性和包容性⑤，尽管在现阶段，在市场日益完善的过程中，大多数国家尤其是市场发达国家的干预手段，基本在管制的范围之内，并且日渐趋于放松。

（三）宪法

基于行文规模的限制，本文所考察的"宪法"是实然的宪法⑥，并且主要是指成文的宪法典，也涵盖部分判例，但不包括宪法部门下的其他零散的规范性文件和宪法性惯例。因为前者对主题的反映更加集中和强烈。⑦

二、政府与市场的对峙

从实践上说，政府对于市场的干预，至今来看不过是无可争议的事实

---

① 目前我国法学界所流行的"规制"一词，同样来源于英文的 regulation 一词，也译为"管制"。

② 管理（management）的原意大概是"控制"与"支配"。人们从过程、职能、文化、系统等不同的角度来定义管理，总的来讲，管理大致的意义是人们为了实现某种共同的目标，有意识、有目的地进行计划、组织、指挥、协调和控制的活动及过程。参见郑传中主编：《现代管理学原理》，2—3 页，北京，法律出版社，2000。从这个意义上来讲，政府管理经济的模式比较适合计划体制的模式，不宜提倡。而行政法中的管理论，也不宜扩展到经济领域。

③ 比如"政企分离"的实质就是放弃政府管理的模式。

④ 传播最广的管制定义是 1982 年荣获诺贝尔经济学奖的乔治·斯蒂格勒（George J. Stigler）1971 年所提出的管制的经济定义："作为一种法规（rule），管制是产业所需并主要为其利益所设计和操作的"。他列举了管制的四种手段：直接的货币补贴，新进入的控制、对产业辅助品生产的鼓励及替代品生产的压抑以及价格的控制。参见［美］丹尼尔·F·史普博著：《管制与市场》，余晖、何帆、钱家骏、周维富译，29 页，上海，上海三联书店、上海人民出版社，1999。

⑤ 无法用"管制"或"管理"来准确地概括战后各国干预经济的方式：美国建立起了偏向于市场的管制型经济来实现政府对经济的干预；而前苏联和中国等社会主义国家则实现了国家所有制、计划为主的国家全面控制经济的干预模式；取其中间，英、德、法、意等欧洲国家则建立的是不同程度的偏向市场或政府的混合经济，由于采用了大量国有化的措施甚至计划的手段，这些混合经济被视为具有"社会主义"的性质。参见［美］丹尼尔·耶金、约瑟夫·斯坦尼斯罗著：《制高点——重建现代世界的政府与市场之争》，段宏、邢玉春、赵青海译，17—18 页，北京，外文出版社，2000。

⑥ 法之应然与实然，引发太大的法理学争议。本文也是在规模限制下，将问题简化到实然宪法的范畴。

⑦ 基于上述理由，本文较少考察英国宪法，尽管英国宪法是最早制定资本主义类型宪法性法律的国家。

而已。尽管政府和市场的界限总有偏移，政府从来不曾成为完全的"守夜人"。但是关于政府角色的理论争议一直都在进行。当凯恩斯时代逐渐成为遥远的历史的时候，对于政府退出的呼声和底线，远远大于政府本身退出的步伐。"政府所知"的神话已经褪色，政府与市场的关系再度成为争议的焦点。

（一）经济研究：矛盾与调和

在经济研究层面上，市场与政府的对峙体现为自由市场经济捍卫者和政府干预主义的争论。以诺贝尔经济学奖获得者为代表，自由或干预，将经济学家大致分为两道阵营。

1974 年获得诺贝尔经济学奖的哈耶克（F. A. Hayek）可以被公认为是捍卫自由市场经济的第一位学者，然后依次是 1976 年获奖的密尔顿·弗里德曼（Milton Friedman），1982 年获奖的乔治·斯蒂格勒（George J. Stigler），1986 的詹姆斯·布坎南（James M. Buchanan），1991 年的罗纳德 H. 科斯（Ronald H. Coase），1992 年的加里·贝克（Gary S. Becker）。他们的著作之中，不乏对宪政与经济关系的直接论述。[1]

干预主义的著名代表是冈纳·缪尔达尔（Gunnar Myrdal），1970 年获奖的萨缪尔森，1997 年获奖的罗伯特·默顿（Robert C. Merton）和迈伦·斯科尔斯（Myron S. Scholes）。缪尔达尔与哈耶克同年获得诺贝尔经济学奖，是凯恩斯主义在瑞典最强有力的鼓吹者，其著作《世界贫困的挑战——世界反贫困大纲》，也是那些反全球化、反市场经济人士经常引用的书籍。

自由主义同干预主义的对立，从理论的分歧点上来看，是不可调和的。但正如同竞争和垄断只是经济分析模型设置的两个极点一样，自由主义或干预主义，也始终只是在"政府所知"与"市场所知"两极确定的域内徘徊：干预主义距离左边的端点比较近[2]，而自由主义距离右边的端点

---

① 如詹姆斯·布坎南由于发展了"经济和政治决策的契约和宪法基础"，而获得了 1986 年诺贝尔经济学奖。而加里·贝克所发表的一系列文章如《国会应该赶紧放宽对电信业的管制》《美国不应该以任何方式来控制国内油价》《事实证明，政府过度干预会遏制经济增长》《为什么国营企业应该改为民营》《根除贪污问题之道在于减少政府对经济的控制》等都直接将其经济思想指引给政府。

② 对于干预主义，凯恩斯所倡导的，也主要是在宏观调控领域特别是通过财政政策来引导经济发展，而不是全盘的政府包办。更加激进的新剑桥学派和后凯恩斯学派显得更加偏左，不过，他们也不过是要求一定程度的计划。参见罗志如、厉以宁等著：《当代西方经济学说》（上），北京，北京大学出版社，1989。

比较近①，不会达到完全的无政府主义，也永远不会完全排斥市场，实行全盘计划。

（二）宪法下的转换

政府与市场的对峙在经济学上形成的理论分歧在宪法视角下能够向另一方向转换。毕竟法学与经济学具有不同的价值目标和思维路径，经济学理论上的矛盾并不必然成为得出法律结论的绝对障碍。

首先，就取向而言，经济学注重的是稀缺资源的有效配制。② 自由主义经济学注重"有效"的同时，受到的一个很大的批评是缺乏人文关怀。而宪法并不仅仅具有经济目标。

其次，在思维路径上，经济学研究的是，我们社会中的个人、厂商、政府和其他组织是如何进行选择的，这些选择又如何决定社会资源如何被利用。③ 从这里可以看出，经济学在很大程度上会注意主体的心理或者说偏好及在这种心理关注下的博弈及预测。④ 不同的模型分析建立在不同的人性假设之上⑤，活的社会经济中的宪法根本无法等到经济研究水落石出的那一天，它们必须要面对现实，将那些一般性原则下的具体实施，留待经验和缓慢的进化去处理。⑥

再次，经济学家的再认识发现，传统上，大多数经济学家往往根据应该是什么来分析，这是一种旨在提供政策建议的规范方法。但是，近年来

---

① 从自由主义看，自亚当·斯密到哈耶克再到布坎南，在自由主义的范畴内，便有微妙的不同。亚当·斯密主张政府仅仅只是"守夜人"；而在哈耶克那里，国家的作用显然比"守夜人"的职能大大加深了，强制是违反自由原则的，但国家在一定程度上仍然要强制，他也支持国家对于货币的干预，因为货币具有特殊性；而布坎南进而证明，在市场自然秩序的创立与发展过程中，以国家为代表的公共选择机制更应起主动性的、创造性的作用。参见［澳大利亚］弗里德利希·冯·哈耶克著：《自由秩序原理》，邓正来译，北京，生活·读书·新知三联书店，1997；郭冬乐、宋则主编：《通向公平竞争之路——中国转轨期间市场秩序研究》，56页，北京，社会科学文献出版社，2001。

② 参见［美］斯蒂格利茨（Joseph E. Stiglitz）著：《经济学》（上），10页，北京，人民大学出版社，1997。

③ 参见［美］斯蒂格利茨著：《经济学》（上册），10页。

④ 经济学在形式上注重的人的行为，实质上注重的是行为后的心理因素。2001年和2002年诺贝尔经济学奖颁给行为学派。尽管名为"行为学派"，该学派的主要贡献在于心理和实验经济学研究方面所做的开创性工作。

⑤ 理性人或经济人的假设，市场主体的自由选择形成"看不见的手"会自然平衡和促进经济，是自由主义者的基本立场；而受到信息等条件约束的人类的理性有限，会促使政府"看得见的手"来调制经济，又是干预主义者的一个假设前提。而政府所知的失败，部分地也源于个人理性与集体理性在"公共选择"问题上的矛盾和两难。

⑥ 这在一定程度上涉及经济研究的边界以及其与法的研究与运行的互补问题。参见［澳大利亚］弗里德利希·冯·哈耶克著：《自由秩序原理》，290—291页。

潮流已开始发生变化。许多经济学家现在开始试图解释事情为什么像现在这样,这是一种立足于推导和检验假说的实证方法。现在对于政策的争论常常根据实证分析和事实发现。政府干预本身现在也被作为它们为什么会出现这样的问题来研究,而不再是政府是否应当干预的问题。[①] 在传统上,经济学家一直试图根据自己的偏好来对待政策,当被掌权者忽视时,就充满了失望。经济学家现在意识到,决策者像其他任何集团的个人一样,也有他们的目标和限制。换言之,决策者也是"在他们自己的约束条件下极大化"。[②]

最后,尽管宪法学界对于有效措施仍然批评其潜在的负面影响[③],但是对于现实的不满而寻求新的道路始终是人类以及由人类所组成的国家和政府的必然反应。中立地看,面对经济的困境,进一步加强干预或放松、放弃干预,都同样是一种变革或一种对应措施。政府可能根据情况而采取其中的任何一种形式。当政府作为传统的"守夜人"难以应对经济问题时,采取干预或加强干预,也许并不值得批评。因为,计较那些以后仅仅是可能的,并且目前尚看不到的恶果,而放弃眼前切实可行、有效的措施,并不符合人类普遍的理性。反过来说,如果因为那些以后仅仅是可能的,并且目前尚看不到的恶果而刻意放弃眼前切实可行、有效的措施,似乎可以称之为一种实质更加恶劣的"计划"或称"非自由"的手段。

因此,要干预还是不要干预,在宪法的关注下并非是可证的。政府干预与市场自由的对峙,在宪法角度看来其实是政府经济权力与人民经济权利之间的对立与互动。宪法要关注的,并不是要权力(政府干预)或要权利(市场自由),而恰好是两者之间的互动关系。这便是从经济研究到宪法视角的转换。

---

① 参见张五常:《让我们做弄潮儿——1982 年 10 月 26 日香港大学经济讲座教授就职演说》,载《经济解释——张五常经济论文选》,1—29 页,北京,商务印书馆,2001。

② 同上书,1—29 页。

③ 比如说,英国宪法学家戴雪(A. V. Dicey)就表示:"国家进行干涉、特别是以立法的形式进行干涉所具有的有益效果,乃是直接的、即时性的,也可以说是明显的,而这种干涉的恶果则是渐进的和间接的,并且是我们所看不到的……因此,多数人几乎必然会以某种过分的偏爱来看待政府的干涉。这种天生的偏好只能经由一个给定的社会里所存在的那种赞同个人自由的假定或定见而予以抵制,而这就是有关放任自由(laissez-faire)的假定。"见 A. V. Dicey, *Lectures on the Relation between Law and Public Opinion during the Nineteenth Century*, London, 1941, p. 360. 转引自〔澳大利亚〕弗里德利希·冯·哈耶克著:《法律、立法与自由》,110 页,北京,中国大百科全书出版社,2000。

又如 E. Küng 也指出,"大多数经济措施所具有的良好的而且可预的效果,都会在它实施以后很快就表现出来;而这些措施有时候所具有的长期而且负面的效果则会在很久以后才表现出来。"转引自〔澳大利亚〕弗里德利希·冯·哈耶克著:《法律、立法与自由》,110 页。

三、政府-市场的宪法关怀

"经济宪法"① 的理论首先源于德国。

德国学者弗兰茨·伯姆将经济宪法定义为一种有关"经济与社会的合作程序"的种类与方式的综合规定。而该国学者克林提出，经济宪法是指"国家为了确定经济自由的范围，施行监督或经济统治，所为依据的基本法律原则与宪法规范。"② 按照这样的概念，该派学者提出，17 世纪至 19 世纪的经济是自由市场经济，依靠市场自由调节、放任经济自由发展是其显著特征；19 世纪末至 20 世纪 70 年代是政府统制经济，其特点是国家权力扩张、政府全面干预经济生活；而未来的经济应当是宪法经济，即在宪法规范下市场机制与政府干预相协调的混合经济。③

关于混合经济的说法太多了。混合程度的不同早已造就了不同国家和地区各异的经济模式。但是，"经济宪法"的理论无疑是取消了政府与市场的对立而使它们共同站到了经济发展的跑道上去。

"二战"以后，德国宪法学界还讨论了关于宪法与经济秩序的关系问题并形成两种相互对立的意见。一种意见认为，宪法不对经济秩序作出特别规定而保持中立，形成所谓"基本法经济政策中立"。另一种意见认为，即使宪法不直接规定经济秩序，但从作为宪法中心价值的基本解释权中可以表明宪法对经济秩序的调整，即宪法对经济秩序无法保持中立。因为作为国家根本大法，宪法对经济秩序必然产生一定的调整功能。如果说有区别的话，只能是调整范围和程度上的差异而已。④

的确，宪法对经济秩序必然产生一定的调整功能，比如说，宪法总不能回避一国基本的所有制度，从更间接的影响来看，宪法稳定社会秩序，提倡民权，分配和限制公权，都为经济的发展提供了必不可少的条件。但是，就经济发展问题而言，并没有体现在每一部宪法之中。从宪法对经济发展的直接关注的角度看，宪法还是有大致的"中立"与"非中立"的区分的。

我将宪法分为两种类型来研究，并首先从宪法对经济的基本作用谈起。

---

① 这里的"经济宪法"指的是一种宪法类型，而不是通常人们说的"经济法中的帝王法"含义。后者使用的场合一般是形容反垄断法为"经济宪法"。

② 赵世义：《经济宪法学基本问题》，载《法学研究》，2001（4），32 页。

③ 同上书，32—33 页。这里的"混合经济"与文章第一部分中提及的"混合经济"的含义不太一致。

④ 参见韩大元著：《亚洲立宪主义研究》，156 页，北京，中国人民公安大学出版社，1996。

（一）宪法对经济的基本作用

现代各国宪法对于经济，有一些基本的作用，它们主要包括：

1. 对生产资料所有制形式的确认[①]

明确的产权制度是交易和市场形成的最本质条件，也是决定一国经济模式和政治性质的首要因素。大多数国家的宪法对于生产资料所有制形式和财产权都有直接而明确的规定。比如我国宪法规定"中华人民共和国的社会主义经济制度的基础是生产资料的社会主义公有制，即全民所有制和劳动群众集体所有制。"[②]

2. 生活资料的分配原则

生活资料的分配原则是一国经济制度的重要组成部分。作为一国总纲的宪法，总是需要确认这样的一个正义的分配原则。随着正义观念的不断讨论和演进，宪法除了关注生活资料的直接分配以外（如按劳分配还是按需分配），国民生活的最低保障和社会救济，也成为宪法对经济平衡的重要考虑。

3. 人民的各种经济权利[③]

宪政与宪法的最终目的就在于保障人民的权利。宪法对于经济的作用，最基本的方式其实还是在于用确定人民权利的方式来进行。人民享有各种对于经济的权利，除财产权以外，还包括劳动权、择业权、罢工权、享受宽裕或合理生活标准的权利等。

4. 政府限权

与保证人民权利相对，重要的一点是限制政府权力。尤其是对于财政权，由于税收是对人民财产的直接剥夺，大多数国家规定财政权都必须是由全民的代议机关来行使。而近代议会赖以存在的基础，就是它获得了批准税收的权利。[④]

（二）宪法的经济中立

如果排除亚太经济发展中的宪法，而仅仅从美国和欧洲的经济发展过

---

① 世界各国 83.1％的宪法规定了财产的私有权，由此反映出一国的生产资料所有制。参见〔荷〕马尔塞文等著：《成文宪法的比较研究》，陈云生译，154 页，北京，华夏出版社，1987。尽管该书中所引统计数字较为陈旧，但是，统计所依据来自于布劳斯坦和弗朗茨的《世界各国宪法汇编》中的宪法，均为"二战"以后的宪法。因此该数据可作大致参考。

② 参见《中华人民共和国宪法》第 6 条。

③ 各国宪法中，有 55％规定了劳动权，28.8％规定了自由择业权，32.4％规定了公正和优惠的报酬或平等的工资权，25.3％规定了罢工权，23.3％规定了享受宽裕或合理生活标准的权利，66.9％规定了国家救济和社会保险问题。参见〔荷〕马尔塞文等著：《成文宪法的比较研究》，154—158 页。

④ 参见蒋劲松著：《议会之母》，北京，中国民主法制出版社，1998。

程中宪法的角色观察来看，几乎可以得出"宪法消极"的结论。在战后欧美国家经济发展的过程中，政府与市场的较量似乎已经完成了一个轮回，从传统的保守主义①，到欧洲的混合经济时代和美国的管制型经济，到政府的再度撤出，政府与市场的界限已经划了一个大大的 S，然而从宪法层面上看，始终保持相对的平静。在这些国家里，宪法根本就没有理会经济（从直接的角度讲），也没有将经济发展作为一个问题来看待。经济自己在宪法创造的环境下发展，对于政府与市场的较量，宪法不需要做更多的事了，它无须对具体的经济制度作出规定，而是坐山而观。宪法要做的只是建立一个健康的市场基础和一个理性的受制约的政府，任其自由竞技，然后将确定的胜利巩固下来。

尽管摆脱贫困、发展经济是战后每个政府所致力的事情，以至于流传下笑话说当时去往天堂和地狱的分界就是"为国民经济的发展到底做了什么"，战后欧洲国家的宪法里也提到"经济"的字样，但宪法对经济所做的，并没有超越基本作用的范围。法国 1958 年宪法只在第 34 条规定税收和货币发行制度应当由法律来规定，企业国有化以及公营企业转为私营应当由法律来规定。② 法国宪法专设"经济和社会委员会"，但只是规定该委员会接受政府咨询，对有关社会与经济的法律草案提出意见。③ 意大利 1947 年宪法设专章规定"经济方面"，涉及的是所有制、分配、劳动保护、社会保障、职工会自由等内容。④ 德国基本法关注的也主要是所有制和公民相关权利问题。⑤宪法仍然是所有制、财产权及其他与经济有关的权利、财政权。对政府分权和限权的方式，分别奠定了市场和政府的基础，没有经济目标，没有发展任务，也没有经济原则和经济模式界定⑥。政府与市场的对立消长，对于"权力"与"权利"这一宪法关注的老主题来讲，似乎并不是什么新鲜和特殊的问题。然后宪法就"走"开了，留下政府和市场自由竞技，决定谁进谁退。

---

① 这里的保守派观点，指的是坚持传统的"守夜人"政府，主张自由放任的观点。相反，自由派观点则指赞同、拥护政府对经济活动进行一定的管制的观点。

② 参见《法兰西共和国宪法（1958 年 10 月 4 日公布）》，第 34 条。

③ 同上书，第十章。

④ 参见《意大利宪法（1947 年 12 月 22 日）》，第三章。

⑤ 参见［德］维尔弗里德·贝格：《德国宪法中的所有权保障》，载《华中科技大学学报（社会科学版）》，2004（6），31—37 页；《德国基本法（1949 年 10 月 7 日公布）》。

此外，其实德国、日本、新加坡等国的宪法是类似的，即在基本权利和分权的框架下单列"财政"一章，在这一章里主要讨论财政相关的权利和权力、权力和权力之间的分配。它们大致是"经济宪法"和"中立宪法"的中间部分。不过，本文考虑到大致的地缘因素和讨论规模，将其分到不同的宪法类别中去。见《the Constitution of Japan》，《the Constitution of Singapore》。

⑥ 比如说是市场经济还是混合经济等。

而美国宪法的成文法中完全没有"经济"这个词，也没有因为经济的发展而有所改动。只是法院也具有造法功能，法院的立场也同时代表了成文宪法的立场。是否干预经济，在何种程度上干预经济，具有中立评判和消极地位的司法，也具有决定性的影响。法院对于政府与市场关系的立场曾有过很大的转变。

19世纪早期，美国一些州的宪法和法律严格限制商业组织及其活动，而有些州的法院则给予支持。但内战以后，随着人口西迁，商业迅速增长，法院逐渐地加入了商业成长的潮流之中，对商业权利给予从宽解释，宣布调整大企业或加强其他限制的各类州法律违反宪法。19世纪末，最高法院通过对商业企业适用宪法第14条修正案关于正当程序的规定，全面禁止政府对于商业的管理。

在经济大萧条的年代，伴随着国家用以救济穷人的社会福利计划的发展，政府对经济进行管理的趋向与日俱增。但是，在一段时间内，最高法院拒绝这样的变化。在罗斯福新政早期，最高法院大量宣布政府参与经济恢复和管理的新法律违宪，导致罗斯福总统对法院实行"填塞"计划（court packing），旨在通过任命拥护新政的人进入法院而改变法院的立场。法院的填塞计划最终落空了，但终究是法院法官自己改变了保守的立场。1937年，保守派法官Owen Roberts把票投向了自由派，使得勉强的但具有历史性的5∶4的多数支持了新政。[①]

20世纪70年代以来，最高法院又显示出对于政府干预的不赞成态度，但最高法院还是认可了联邦和州政府通过各类法律与机构征税及商业管理的权利，批准政府执行环境与职业安全标准。从整体上看，政府对经济的干预是不可逆转的潮流，但是，随着不同取向的总统与法官的上台，会时而偏向保守主义时而偏向自由主义。[②] 法官对于宪法和违宪性的解释，在经济生活中具有重要的作用。

目前，美国政府经济的干预，主要还是集中在维持市场统一反对垄断方面。联邦宪法对于规制国内市场分割的一些规定，主要体现在第1条第8款第3项及第1条第9款第5、6项。联邦宪法第1条第8款第3项规定"美国国会有权调整对外国的、各州之间的贸易以及与印第安部落的贸易"，授予国会对州际贸易的调整权力（Power to Regulate），成为著名的"贸易条款"。而联邦宪法第1条第9款第5、6项则禁止国会"对从州输出

---

① 参见宋冰著：《读本：美国与德国的司法制度与司法程序》，544—545页，北京，中国政法大学出版社，1998。

② 同上书，545—546页。

的货物课税”及“给予一州商港优先于他州商港的优惠”则为市场自由贸易扫清了障碍。①

而宪法第 1 条第 8 款第 18 项又规定，国会有权“制定为执行上述各项权力和由本宪法授予合众国政府或其任何部门或官员的一切其他权力所必要而适当的各项法律”从而许可了政府在适当情况下对经济的管制。②

贸易条款、必须与适当条款及正当法律程序条款，在美国联邦宪法中并称为三大弹性条款（Elastic Clause），其措辞含糊，对何谓州际、何谓贸易都没有详细的说明。③ 经济发展过程中，政府与市场的较量，正是通过法院的审查和评判，在是否违宪之间作出具体的解释和判断，从而一步一步地界定了国家与市场的界限以及国家干预市场的程度。

20 世纪 30 年代的新政是在明确界定宪法的背景下实施的。这一背景包括奠定美国法律的三个基石：政府机关之间的相互制衡、联邦政治和个人权利等。新政者认为在这种情况下以前存在的个人权利制度既保护过少，又保护过度。这种以前的制度主要包括普通法中“针对”政府的权利目录，包括私有财产和合同自由。

保护过度，是指它把现行的财产占有排除在民主控制之外；而保护过少，则指它对市场经济所带来的各种危险，如失业、缺少教育、无家可归、丧失劳动力和疾病等，没有任何防范措施。

而正在兴起的权利概念提倡各种形式的再分配，并提倡认可一个新的利益保护目录。结果，罗斯福总统颁布施行了美国历史上第二个《权利法案》。该法案包括“享有从事有用及有报酬的工作的权利”、“享有挣钱以提供充足的食物、衣服和娱乐的权利”、“每个家庭都有权拥有一个体面的家”、“享有适当的医疗保健和达到健康与享受健康的权利”、“享有充分防止年迈、疾病、事故和失业等使人们在经济上产生顾虑的权利”以及“接受良好教育的权利”。制度改革就是按照这样的观点来进行的。④

第二个“权利法案”实际上没有正式进入宪法修正案，从某种意义上讲，它可以说更像是反映了一个经济目标，以及在这个目标下，人们的生活标准和状况。它很像中国所制定的“三步走计划”。第二个“权利法案”确定的人们的生活水平状况，大致相当于中国人民向往的“第二步”，达到

---

① 参见《美利坚合众国宪法》，第 1 条第 8 款第 9 项。

② 同上书，第 1 条第 8 款第 18 项。

③ 参见朱淑娣、王颖敏、郭畅：《强化宪法统一国内市场的作用》，载《复旦学报（社会科学版）》，2001（5），101—102 页。

④ 参见 [美] 凯斯·R·孙斯坦著：《自由市场与社会正义》，金朝武、胡爱平、乔聪启译，431 页，北京，中国政法大学出版社，2002。

小康的目标。它在宪法背后反映出某种变化，那就是一定程度的经济水平成为目标。不过这始终没有提高到真正的宪法层面上来，在形式上也仍然是人民权利。

美国的宪法对于经济的发展和政府与市场的较量，有了可以造法的法官的时时介入，显得比较积极一点了，因为在成文宪法提供的竞技场上，随时都有一个裁判者。

（三）经济宪法

但是亚太经济的发展和宪法之间的直接互动，显示了另一种宪法-经济模式，"经济宪法"在亚太国家中，似乎不是一种未来的理论和模式，而是实实在在的经济和立宪实践。[①]

战后几十年中，亚洲经济的飞速发展令世界刮目相看，除了日本的重新崛起之外，亚洲"四小龙"，之后是"四小虎"接着是中国广东的"第五只虎"形成了举世瞩目的"亚洲经济模式"。"亚洲经济奇迹"令人们思考：是政府导向还是市场导向？人们各持一端，最后得出的模棱两可的答案是两者都有。亚洲的成就是通过政府干预和市场力量之间的平衡实现的。不错，经济的发展是一个复杂的过程，包含种种可能的因素，政府如何在处理与市场的关系中进退以达到二者的平衡，也许是经济与非经济因素等方面博弈的成果，但我们也不妨考察一下宪法在其中的特殊之处。

与美国和欧洲国家的宪法不同，当代宪法中有关调整经济秩序的规范不仅数量多，而且规定全面、具体，已经成为宪法规范的重要组成部分。阿富汗、阿拉伯联合酋长国、巴基斯坦、巴林、菲律宾、卡塔尔、蒙古、朝鲜等国在宪法中专章规定了有关调整经济秩序的原则与具体方式。日本、新加坡、印度尼西亚、塞浦路斯等国在宪法中不以专章规定经济秩序，而是以若干条文做原则性的规定，其中又以财政问题作为重点。[②] 经济因素构成了这些国家宪法发展的内在根据和直接驱动力。这些国家的宪法的发展都具有浓重的经济色彩。通过大规模的改革、调整和转型，各国将普遍趋向于市场经济体制，并越来越健全和完善。变革中的国家将经济发展和变革的主要原则、体制、宏观调控、法制化等作为重点，把有关市

---

① 宪法学界称此种现象为"宪法经济化"或"经济宪法化"，概括为三种类型：一种类型以韩国、新加坡、泰国、马来西亚和印度尼西亚为例，表现为充分发挥宪法对一国经济实现新一轮飞跃的指导作用；一种类型以越南、老挝、缅甸、柬埔寨等为例，表现为以宪法确认市场经济体制，保障经济改革的进行，消除贫困，摆脱落后；一种类型以俄罗斯、哈萨克斯坦、吉尔吉斯、塔吉克等独联体国家和蒙古国为例，表现为以宪法确立自由资本主义的基本经济制度，实行全面私有化，实现发展方式和经济结构的转型。参见杜钢建：《近年宪法学研究的回顾与展望》，http://www.jcrb.com.cn/zyw/n6/ca12184.htm。

② 参见韩大元著：《亚洲立宪主义研究》，156—157页。

场体制的主要方面确认和固定下来，并重点规定市场调节和宏观调控的各种关系和契机，在宪法中确定市场法制的基本框架。[①]

各国宪法对于经济的介入程度是不同的：

比如，韩国学者认为本国宪法是具有代表性的经济宪法。[②] 韩国宪法规定韩国实行市场经济，并允许国家对经济进行规范与调整，同时该条规定要"满足一切国民生活的基本需要"，"保证国民经济的平衡发展"。[③]

韩国宪法基本确立了经济秩序的三原则：市场经济、社会正义与私有财产的保护。在保护私有财产的基础上，强调社会正义原则。当国会根据社会公共福利原则制定限制土地所有权的法律、法令，严格限制土地买卖与土地占有时，民法学家以"私有财产神圣不可侵犯"原则为依据，提起了违宪诉讼。最后法院依据社会正义原则支持了政府对土地问题的干预。[④]

韩国宪法受到魏玛宪法的影响，实行了自然资源、农地以及某些情况下私人企业的社会化。其目的在于保障国民经济的平衡发展，消除过分的贫富差距。[⑤]

可以看出，在宪法的保证下，政府明显地具有了干预资源分配和再分配的能力。借助于宪法的力量，经济增长和发展成为政府活动的目标和原则并努力向之前进。政府应当是"守夜"还是"扩张"不是原则和标准，政府的进与退取决于经济目标。

韩国人自称的"经济宪法"明显地具有不同于欧美国家的模式。它明确地赋予了政府干预经济的权力，并且提出在经济发展的目标和原则下，政府要尽量把握好进退的分寸。

但是宪法毕竟是宪法，它不同于普通的法律，有那么多的精力去关注与其稳重的本性相对立的活泼的经济。"经济宪法"应当有其适当的关注界限。韩国的宪法基本上还是做到了让政府在发展的目标下灵便进退，给政府与市场的竞技留下了自由的空间。

相比较而言，印度在积极利用宪法进行发展经济的同时，似乎走得过了头。印度宪法不仅概括地提出了经济秩序的性质与内容，还用专篇详细规定了国家对经济生活的基本政策以及印度境内的贸易、商业和交往问

---

① 参见陈云生：《亚太地区各国宪法发展及权利和义务价值观的冲突与融汇》，载张庆福主编：《宪政论丛》，第1卷，394页，北京，法律出版社，1998。

② 同上书，157页。

③ South Korea Constitution，http：//www.uni-wuerzburg.de/law/ks00000＿.html，Chapter Ⅸ，The Economy，Article 120—127.

④ http：//www.ccourt.go.kr/english/decision04.htm，Case 9，Land Transaction Regulation.

⑤ South Korea Constitution，http：//www.uni-wuerzburg.de/law/ks00000＿.html，Article 120，Article 122，Article 126.

题。宪法仔仔细细地关注了经济生活，直至细小的环节。[1] 这无疑构成了对经济自主性的盲目限制，宪法也不得不时常修改，丧失了它的权威。印度的经济一直在缓慢地觉醒，到 20 世纪 90 年代末"作为经济大国在世界上崛起"才日渐成为现实的合理展望。[2]

很明显，中国的宪法模式也应当是属于亚太模式的。"文革"以后的1982 年宪法，关于经济目标、制度等内容的条文占了很大的篇幅。以后的三次修正，共包括 17 条修正案，其中 12 条是关于经济改革的内容。[3]

四、宪法的"经济性"之争

从世界各国的立法和实践可以看到，在战后的经济发展中，不同国家对待经济发展问题，大致采取了两种不同的路径。一种是欧美发达国家的相对中立的态度，经济发展没有直接成为一个正式的宪法问题，宪法并不提及经济发展是政府与市场分界的标尺，宪法关注的还是作为市场主体的相关权利和政府的权限。在这样的基础上，政府与市场间在宪法提供的竞技场上的角逐混融在权力与权利的拉锯之中。另一种是包括中国在内的亚

---

[1] 印度宪法除了在第Ⅳ部分（DIRECTIVE PRINCIPLES OF STATE POLICY）列举了公民的经济权利以外，第Ⅻ部分（FINANCE, PROPERTY, CONTRACTS AND SUITS CHAPTER, Article 264—300A），第Ⅷ部分（TRADE, COMMERCE AND INTERCOURSE WITHIN THE TERRITORY OF INDIA, Article 301—307）还用了大量的条文来直接、细致地关注经济，其中很多条文适合于规定在具体法律中。见 http: //alfa. nic. in/const/a1. html。

[2] 参见［美］丹尼尔·耶金、约瑟夫·斯坦尼斯罗著：《制高点——重建现代世界的政府与市场之争》，299—323 页。

[3] 我国现行的宪法是 1982 年宪法。20 年来，该宪法已经进行了四次修改（1988 年、1993年、1999 年、2004 年），共有 31 条修正案，其中对于国家经济制度的相关修改就占了大部分。
在国家的根本大法中有关国家经济方面的宪法修正，包括：
1988 年宪法第 1 条修正案对于私营经济的规定；
1988 年宪法第 2 条修正案对于土地要素流通的放开的规定；
1993 年宪法第 3 条修正案在序言第七段中加入对于改革开放的宪法确定；
1993 年宪法第 5 条修正案对于将国营经济改为国有经济的规定；
1993 年宪法第 6 条修正案对于联产承包责任制的肯定；
1993 年宪法第 7 条修正案对于市场经济的肯定；
1993 年宪法第 8 条修正案对于国营企业到国有企业的转变的规定；
1993 年宪法第 9 条修正案对于集体经济组织的相关规定；
1999 年宪法第 12 条修正案在宪法序言第七段中对社会主义市场经济的肯定；
1999 年宪法第 14 条修正案对我国经济制度的基础和分配制度的修改；
1999 年宪法第 15 条修正案对农村集体经济体制的修改；
1999 年宪法第 16 条修正案对私营经济的肯定；
2004 年宪法第 20 条修正案对土地征收或者征用进行补偿的补充；
2004 年宪法第 21 条修正案对非公有制经济进行鼓励和支持的规定；
2004 年宪法第 22 条修正案对公民私有财产进行保护的规定。

太模式，即宪法直接地积极关注经济，把经济发展作为自身的一个重要内容，规定经济发展的目标、原则、制度等。人们在依据宪法建构民族国家的过程中，同时建立政府与市场。宪法将经济发展作为标准来划分二者的界限。

是否应当在宪法中规定具体的经济制度，或者说宪法应当是"中立"的，还是"经济性"的，在我国也自然地形成了对立的两派观点，并且在20世纪以来的中国立宪史中得到了极其充分的体现。根据学者的总结，这一对立实践的分水岭是1949年9月通过的《中国人民政治协商会议共同纲领》。①

在1949年之前制定的宪法通常不对经济制度作具体规定。例如，从1908年的《宪法大纲》，到1911年的《中华民国临时约法》，到1914年的《中华民国约法》再到1923年的《中华民国宪法》均未提及经济制度或经济政策。不过，从1931年的《中华民国训政时期约法》开始，经济制度与经济政策开始进入宪法。在《训政时期约法》第四章"国计民生"中，便对经济政策做了许多具体规定，为国家直接兴办企业与干预经济铺平了法律的道路。在1936年制定的《中华民国宪法草案》中，正式辟有《国民经济》一章（第六章），规定"中华民国之经济制度，应以民主主义为基础，以谋国民生计之均足"。在1946年制定的《中华民国宪法》中辟有"基本国策"一章（第十三章），其中对经济制度与经济政策有专节规定（第三节"国民经济"）。② 但是，有学者认为，尽管宪法试图规定经济制度，宪法对其的制约也越来越大，但是所作的规定并未从根本上颠覆私有财产权和建立在此之上的市场经济。

而1949年之后的宪法把对经济制度的规定明确写入宪法，明确否定公民的私有财产权、取缔经济自由，制定实行以公有制与计划经济为特征的经济制度，并赋予党和国家主导和干预经济生活的权力。因此，"1949年……后的宪法在处理经济制度的问题上并不是三四十年代的宪法传统的继续，而是把这一传统提升到一个空前的新水平。如果说，20世纪中国的主要主政党们均是列宁主义政党，这的确从中国的宪法中对经济制度的处置中得到了体现。换句话说，从三民主义进入宪法伊始，以后的每部宪法都与经济制度和经济政策结下了不解之缘。"③

宪法的"经济性"之争历时已久，因而在观念上更加需要系统、理性

---

① 参见刘军宁：《论经济制度在宪法中的地位》，载《战略与管理》，2003（5），110页。
② 同上书，109—110页。
③ 同上书，110页。

的认识。流行一时的赞成"经济宪法"的观点主要是强调经济制度在国家制度中的重要性，强调阶级斗争的要求，实现远大政治理想的需要等；而主张"宪法中立"者则强调宪法只能规定公民有什么样的权利和自由，不能规定作为这种权利和自由的产物的经济制度，强调哈耶克的经济制度自发性理论，或者以美国等自由市场国家宪法为准则，总结出宪法"应有"的特点来比照中国等国家的宪法。而事实上，不同的宪法模式牵涉到不同的背景和原因，宪法是否应当具备"经济性"，以及在何种程度上涉及具体的经济制度，需要将问题放到更为广阔的政府和市场相互作用的历史背景中去理解：

首先，欧美国家尽管经历了战争，但政治和经济基础相对还是连贯的，宪法也具有很大的继受性，从而遵循了对待经济问题的一贯态度，就是不对其直接关注。而亚太国家在战后获得独立和解放，在建立新的民族国家制定自己国家真正的宪法的时候，经济问题已经成为一个固有的、明显的课题摆在他们的面前，所以在制定宪法的时候，强调经济问题就成为了应有之意。

其次，欧美国家都是比较发达的国家，市场的起步很早，而独立的国家政府也有了很长的发展。尽管经历了战争，重建工作仍然是在市场和政府都比较健全的基础上进行的，所以，宪法只要进一步完善市场和政府的基础就可以了，然后让他们自由竞技。而在亚太的发展中国家，他们在战后才刚刚建立起自己的民族国家，政府和市场都是新的，不成熟也不完善。新宪法在建立和发展市场和政府的同时，将经济原则作为二者之间的界限，二者按着这个规则和目标，一边成长，一边竞技。

再次，在政府和市场之中，政府是比较有意识和目的性的一方。将经济发展作为目标，其实潜在地显示了亚太国家对政府在经济发展方面的期望，希望有一个更积极和主动的政府。这种模式在亚太国家能够发展起来，也是因为亚太国家是后起国家，政府能够积极作用的一个很大原因就是有经验可循，能够从发达国家的经历中寻找到某种模式或路径，实现所谓"后起优势"。

其实，两种宪法模式都给政府和市场提供了较量的竞技场。英美国家注重追求自由，而亚太国家努力寻求富强。从制度变迁和协调的角度看，我们很难说，哪一种模式是好的。它们适合不同国家的不同政治经济背景和制宪目标。[①]

因此，单纯的以阶级斗争、意识行为为基础的"经济宪法"赞成论固然不可取，但纯粹以西方市场经济国家的理论和宪法为标准来衡量后起国家、转型国家的宪法也未免过于简单。正如美国学者孙斯坦指出："美国制定宪法的过程已经简化了，因为立宪过程开始之前就已经有了私有财产、普通法和市民社会……相比而言，市场和市民社会先于宪法"，而对于缺乏成熟市场秩序和市民社会保护机制的国家，"新制定的宪法的任务更加艰巨。新制定的宪法不仅必须确立基本的政府架构、保护传统范畴中的自由权利，还必须努力创设向（某种特殊形式的）市场秩序过渡的保护措施。"[②] 尽管规定具体的经济制度的确会影响到宪法的稳定性，孙斯坦在对东欧转型国家宪法的研究中仍指出，"没有哪部缺乏社会和经济保障的宪法曾经或者将可能在东欧通过"，"宪法应当被理解为不仅要在其中阐明法律权利，而且要确定国家理想"。[③]

然而，尽管对于不同性质的国家，不同的市场和政府发展轨迹，宪法可以"因地制宜"地保有"经济中立"的性质或者积极地具备"经济性"，这并不意味着后起国家或者转型国家的宪法可以随意介入具体的经济制度。由于宪法的确是适用于国家而非一般人民的法，它更主要地应该是承认和帮助确立私有领域或曰市民社会，因此像印度宪法那样仔细地关注经济生活，直至细小的环节，的确有违宪法的基本特质。并且，由于宪法在特定条件下获得"经济性"的原因并不取决于意识形态入宪的理论基础，而必须从支持市场建设、促进市民社会形成的角度去考虑宪法涉及经济的范围和程度。从这个角度讲，除了倡导法治，保护私产和合同等基础作用以外，宪法应当重点强调禁止法律上的政府垄断、禁止歧视私有企业，并且从税收、预算、货币进出口等方面进行关注和控制。[④]

而更进一步放眼未来的时候，如果市场和政府都发展得更为成熟的时候——市场形成自己的机制，产权的混乱已经得到稳定的解决，政府更加透明并懂得自己的任务和分寸——经济立宪也许应当进一步完善其关注经济的方式，变得更为宏观和基础。宪法对经济的直接或间接的关注都没有

---

① 从制度分析的思维进路和解释来看，在一定的约束条件下，任何制度和制度的复合体之间都会形成契合的均衡。参见［日］青木昌彦著：《比较制度分析》，周黎安译，上海，上海远东出版社，2001。

② ［美］凯斯·R·孙斯坦：《论财产与宪政》，载《自由市场与社会正义》，金朝武、胡爱平、乔聪启译，274 页，北京，中国政法大学出版社，2002。

③ 同上书，287 页。

④ 同上书，295—296 页。

超越宪法本身的宗旨和任务，因为，政府与市场之争的实质，更在于在经济领域中市场经济阶段国家权力与人民权利的界限划分，它们终将同其他权力和权利一样，在宪法的关怀下向着人类更加民主、自由和福祉的方向前进。

Zhang Jiangli

The Arena
—The Government and Market under Constitution Law

Abstract: Today so many scholars focus on researching the relationship between Government and Market, especially in the field of economics. This paper will discuss the problem from the respects of constitution and economic Law. The points of view about this problem are opposite in economics, however in the view of constitution it is the relationship between the power of the government and the right of people in the field of economy. This paper will classify the constitutions in the world into two categories: the Neutral Constitution and the Economic Constitution, and discuss the cause of formation and their future.

Key words: Government; Market; Neutral Constitution; Economic Constitution

柴 荣[*]

儒家思想与中国古代录囚制度

【内容提要】

录囚是中国古代极具代表性的司法制度，它是中国古代正统法律文化——儒家"仁政"、"德治"思想在司法环节的印证。在中国不同历史发展阶段，录囚的含义不尽相同，有其起源、发展和完备过程；录囚制度使中国在引进西方人道精神时找到了本土的契合点，降低了中国狱政制度改革的难度，为近现代狱政改革提供了历史依据，在中国社会变迁中其进步意义不容忽视。

【关键词】

■儒家思想 ■录囚

儒家思想在中华传统文化领域占有极其重要的地位，其对录囚制度的影响实际上是势所必至，水到渠成。儒家的德治、仁政学说通过长期的教授、灌输，对立法者、执法者、守法者都产生了从外在行为模式到内在精神世界的深远影响，中国古代社会的诸多司法现象都由此发生。在中国漫长的封建社会发展过程中录囚制度的形成和具体运用是儒家"明德慎罚"、"德主刑辅"思想在刑罚执行上的体现，它的存在为中国古代冷酷的司法狱政制度增添了温情的一笔。

———————————
* 北京师范大学法学院副教授、法学博士。

一、儒家"仁政"、"德治"思想在司法上的印证——录囚制度

录囚是中国古代监狱史和司法制度史上的一项重要的制度，录读勉虑的音，录囚也称虑囚，主要指皇帝和各级官吏定期或不定期地巡视监狱，讯察狱囚，平反冤狱，决遣淹滞，施行宽赦，借以标榜德治、仁政。尽管在中国古代不同时期，录囚的含义不尽相同，但是其思想根源都在于儒家思想，录囚制度可谓是儒家传统法律文化这一大树上的果实之一。

要探究录囚制度的思想理论基础就不得不溯及西周早期的周公身上。鉴于夏桀商纣暴政而亡的事实，"君权神授"、"有命在天"（《史记·殷本纪》）的神权思想已被动摇，于是杰出的思想家、政治家周公适时地提出了"以德配天"（《尚书·周书》），在《尚书·周书》中他反复地强调"德"。诸如，"皇天无亲，惟德是辅"（《左传》嬉公五年引《周书》），他在《康诰》中训勉周武王的九弟卫康叔说："惟乃丕显考文王，克明德慎罚，不敢侮鳏寡，庸庸，祇祇，威威，显民。"在《立政》中又言："乃克立兹常事司牧人，以克俊有德。"可见，从德治的源头而言，无论是皇天的辅佐客体（即周天子），周武王的弟弟，以至常事司牧人（即各部门的官吏），周公要求"明德"的着眼点在权力阶层，而不在"小民"。周公对权力阶层的德也有具体的要求：第一，"无逸"，（《尚书·无逸》），即为官不可贪图安逸，要"知稼穑之艰难"，"知小民之所依"。第二，惠民、裕民，"继自今嗣王，则其无淫于观，于逸，于游，于田，以万民惟正之供。"（《尚书·无逸》）意为要学习文王，不要把精力金钱耗费在穷奢无度的游乐上。第三，重视教化，《尚书·多方》言："明德慎罚，亦克用劝。要囚，殄戮多罪，亦克用劝。开释无辜，亦克用劝。"意为崇尚德治，慎用刑罚，惩罚有罪，释放无辜，都是为了劝民向善。可见，在谈到民众的教化问题时，也是从考核官吏阶层的德政角度着眼。《礼记·月令》谓："仲春三月命有司省图圄"。可见，我国可能在西周奴隶制时代就有了司法官吏定期省视监狱的制度，这也是我国古代与录囚有关的最早记载，但具体内容记载不详。录囚最早记载出现于西周，这很难说与周公的"德治"思想无关。

孔子从"礼"、"仁"结合的思想出发，对权力阶层德政的表率作用尤为重视。据《论语·颜渊》记载："季康子问政于孔子，孔子答曰：'子为政，焉用杀？子欲善而民善矣。君子之德风，小人之德草，草上之风必偃。'"孔言："上好礼，则民莫敢不敬；上好义，则民莫敢不服；上好信，则民莫敢不用情。"（《论语·子路》）即如果权力阶层以德行事，民众就会受到良好的德风的引导，就如风往哪边吹，草也会往哪边倒一样。孔子还

说："道（导）之以政，齐之以刑，民免而无耻；道之以德，齐之以礼，有耻且格。""为政以德，譬若星之居北辰，众星拱焉。"（《论语·为政》）孟子继承了孔子的德治思想，系统地提出了"仁政"学说，对权力阶层如何施行德治提出更为具体的要求，强调官吏德行的重要性。孟子认为施德治的权力阶层，首先要在经济上使民有"恒产"，"薄其税敛"；孟子反对"不教而诛"，认为"不教而杀谓之虐"，"善政得民财，善教得民心。"（《孟子·尽心上》）荀子在礼义道德和刑罚的关系上主张先教后诛，体现了儒家对刑罚的执行持慎重态度，所谓"不教而诛，则刑罚繁而邪不胜"①。

从西周初期到战国时期，近二百年过去了，伴随着社会的巨大变革，儒家形成了一套有关德治的较为严谨的思想体系，到西汉时，经过董仲舒等大儒以阴阳哲学为基础的理论升华，形成了德主刑辅的正统法律思想，这是中国传统法律文化的一个重要特点。18 世纪法国启蒙运动的领袖伏尔泰对道德在中国的地位也有所认识并曾作过这样的评价："中国人最深刻了解、最精心培育、最致力完善的东西是道德和法律"，②并且伏尔泰还将道德与法律的结合，视为公正与仁爱的典范。

孟子的"仁政"学说，在战国时期影响远逊于法家的"重刑"思想，不为各诸侯国所乐道，孟子说："杀一无罪，非仁也"。③到秦二世而亡后，继起的汉代总结秦代短命而亡的经验教训后，"霸王道杂之"以治天下，"德主刑辅"的儒家思想终于在法律上取得了优势地位。陆贾认为，假如"秦已并天下，行仁义、法先王"，④汉代就不会出现。到董仲舒总结并提出了"大德而小刑"、"德主刑辅"的系统学说。儒家的德主刑辅论和周公的"明德慎罚"思想有着明显的继承关系，董仲舒以阴阳学说相比附，提出了一套完整的"阳德阴刑"的德主刑辅理论，他认为"天道之大者在阴阳。阳为德，阴为刑；刑主杀而德主生。是故阳常居大夏而以生育养长为事，阴常居大冬而积于空虚不用之处，以此见天之任德不任刑也"。⑤

于是西汉王朝建立以后，封建统治阶级总结秦朝法峻刑残、囹圄成市，从而激起人民反抗的历史教训，吸取儒家的慎罚思想，对司法制度多有改革，并在此基础上建立了录囚制度，东汉的王充也主张"文武张设"、

---

① 参见《荀子·富国》。
② 伏尔泰著：《风俗论》（上），梁守锵译，216 页，北京，商务印书馆，1995。
③ 参见《孟子·尽心上》。
④ 参见《史记·郦生陆贾列传》。
⑤ 参见《汉书·董仲舒传》。

"礼法兼用"。① 从魏晋到隋唐时期，经历了六七百年的变迁，开始是以儒家经学解释法律而形成律学，同时又援道入儒，以道释儒，使儒家和道家思想结合而形成玄学；到唐代，儒家思想与法律制度实现了有机的结合，形成了《唐律疏议》中所说的"德礼为政教之本，刑罚为政教之用"的融洽结合。唐太宗在贞观二年（628年）对侍臣说："为国之道，必须抚之以仁义，示之以威信，因人之心，去其苛刻，不作异端，自然安静。公等宜共行斯事也。"② 宋代的朱熹也说："政者，为治之具；刑者，辅治之法。"③

德的基础是要求统治者要施"仁政"，仁的核心即是"爱人"，从刑罚执行的角度而言就是慎重执行刑罚，减少对人的杀害。儒家的"德治"、"仁政"思想使中国古代的立法和司法不致过于严苛，执法不致过于轻心急率。儒家学说所主张的是统治者必须有德性，而录囚制度正是为权力阶层很好地展现其"仁爱"、"温情"提供了一个平台，所以录囚制度绝不是统治者兴之所至、偶然为之，它是儒家思想在司法中的体现。

二、录囚制度的沿革变迁

中国古代的录囚制度源远流长，虽然屡经变革，但是仍陈陈相因，形成其沿革清晰的独特的发展轨迹。

《汉书·何武传》：武为扬州刺史，每"行部录囚徒"。又《汉书·百官志》记载："诸州常以八月巡行所部郡国录囚徒"，"录囚之事，汉时郡守之常职业……此事又属于刺史"。（《历代刑法考·赦考》）也可见西汉录囚制度的初建，尚限于州郡刺史太守定期巡视所部狱囚，以平理冤狱为主要任务。

皇帝亲录囚徒，盛起于东汉，并为历代王朝所重视，从而使录囚制度成为封建国家的最高统治者掌握司法大权，监督全国司法状况的重要手段。东汉明帝即位以后，光武帝刘秀的儿子楚王英于永平十三年（70年）因谋逆事被废自杀，明帝于是大兴"楚狱"，株连牵引，将数千人下狱治罪。谒者守侍御史寒朗在考案楚狱的过程中，发现许多被诬陷的情况，上书为无辜者申辩，引起明帝的警觉，于是"车驾自幸洛阳狱录囚徒，理出千余人"。④ 东汉和帝初年，邓太后临朝执政，曾"幸洛阳寺，录囚徒"，当时"有囚实不杀人，而被考自诬"，邓太后讯录时，囚"畏吏不敢言。将去，举头若欲自诉。邓太后察视，举之，即呼还问状，具得枉实，即时

---

① 参见《论衡·非韩》。
② 参见《贞观政要·仁义》。
③ 参见《论语集注·为政》。
④ 参见《后汉书·寒朗传》。

收洛阳令下狱抵罪。"[1] 和帝于永元六年（94 年）也曾"车驾自幸洛阳，录囚徒"，[2] 发现狱囚二人被非法拷打，伤溃生虫，因而将司隶校尉周纡降职处分。

此后，南北朝各国皇帝亲录囚徒之举，史书多有所载。各级官吏定期录囚，自汉以后迄未中断。南北朝时，梁丹阳尹每月一日到建康，与御史、廷尉、太尉共同录囚，察断枉直。陈每年三月由侍中、吏部尚书三公郎、部都令使三公录冤屈，令御史中丞侍御史、兰台令史亲行京师诸狱署，理察囚徒冤枉。[3] "（泰始）五年正月丙申，帝临听讼观，录囚徒，多所原遣。……十年六月，临听讼观，多所原遣。"（《晋书·武帝纪》）

唐代录囚（虑囚）制度有所发展并趋于完备，并对后代司法带来深远的影响。唐太宗堪称中国古代封建皇帝的楷模，他不是迂儒，也不是在宫闱中长大不更民情的末代皇帝，青年时代的军戎生涯，使他有机会贴近民众，深知隋的短命而亡是由于隋的"生杀任情"从而导致"百姓怨嗟，天下大溃"。[4] 有戒于此，唐太宗不仅在立法方面强调宽简，而且在司法方面主张"慎狱恤刑"。他在和大理寺卿孙伏伽的一次谈话中说："夫作甲者欲其坚，恐人之伤；作箭者欲其锐，恐人不伤。何则？各有司存，利在称职故也。朕常问法官刑罚轻重，每称法网宽于往代。仍恐主狱之司，利在杀人。危人自达，以钓身价，近之所忧，正在此耳！深宜禁止，务在宽平"。[5] 唐宋时期录囚制度的变化主要体现在以下几个方面：

首先，皇帝亲录囚徒形成常行的制度。唐太宗贞观年间，"每视朝，录禁囚二百人，帝亲自案问"。[6] 高宗以后，录囚一般改称虑囚，凡"京城见禁囚，每日将二十人过帝自虑之，多所原免。虑不尽者，仍令皇太子于百福殿虑之"。[7] 宋代继后周立国以后，也参照唐制，由皇帝亲录囚徒，"天子岁录京师系囚，畿内则遣使。往往杂犯死罪以下第降等，杖笞释之，或徒罪亦得释"。（《宋史·刑法志》）"咸平元年二月，乙未，虑囚，老幼疾病，流以下听赎，杖以下释之"。（《宋史·真宗纪》）《宋史太宗纪》："太平兴国六年三月，令诸州长吏十日一虑囚"，雍熙元年六月，令诸州长吏十日一虑囚"，就是责成地方官吏经常性地体察囚犯情况，设法改善生活条件

---

① 参见《后汉书·邓太后传》。

② 参见《后汉书·刑法志》。

③ 参见《隋书·刑法志》。

④ 参见《资治通鉴》，卷一九六。

⑤ 同上书。

⑥ 参见《册府元龟》，卷五十八。

⑦ 同上书。

及时审结冤狱，以免淹禁。

其次，进一步完备了各级官吏定期录囚的制度。把录囚作为地方长官和狱官的重要职责，而且规定了严格的期限。唐太宗贞观五年（631年），依房玄龄等建议，规定"诸狱之长官五日一虑囚"，并于同年决定每年正月遣使巡复狱情，"所至阅狱囚扭校粮饷不如法者"。① 宋朝开宝二年（969年），宋太祖在"每亲录囚徒"的同时，下诏命两京及诸州长官督促狱掾每五日一虑囚，"自是每仲夏申敕官吏，岁以为常"。② 太宗太平兴国年间，重申"诸州长吏五日一虑囚"。雍熙年间，始改为十日一虑囚，将狱囚簿账及所犯罪名、系禁日期上报，由刑部专意纠举，对"鞫狱违限及可断不断，事小而禁系者"加以"驳奏"。③

最后，扩大了录囚的内容，把录囚作为实行宽赦的重要制度。实际上，在南北朝时期，录囚已成为行赦之事了。如《北齐书·武成帝本纪》："河清二年春正月甲辰，帝临帝都录系囚，降在京罪人各有差。"北魏孝文帝于太和四年（480年）至虎圈录囚徒，北齐废帝于乾明元年（560年）在芳林园录囚徒，也都有"邪罪以下降免各有差"，"轻者皆免之"的记载。但是唐以后虑囚已成为实行特赦的固定制度，如贞观十七年（463年）立晋王为太子，虑囚大赦，"梁州管内大辟罪已下见禁囚皇太子虑过，诸州并遣使人分往，唯十恶不在虑限，余皆量情降宥焉"。④ 宋代虑囚行赦更为频繁，据《宋史·刑法志》记载，"天子岁自录京师系囚，畿内则遣使，往往杂犯死罪以下第降等，杖笞释之，或徒罪也得释。"

唐宋的虑囚是一种恤刑的表现，还很难说是一种有确定内容的规范性制度，它往往与皇权的开明与否、狱官的清廉与否等不确定的因素有密切的关联，所以到了明、清两代，逐渐形成比较规范的会审制度。明代已形成了一套较为完备的"会官审录制度"，即在正常审判程序完成之后，对于重大案犯还要由"三法司"（刑部、大理寺、都察院）再审。另有诏命皇太子、亲信太监以及御史等进行定期审录的制度，内容包括：重囚的会审、冤错案犯的平反、淹狱的清理、罪行的减等遣发、枷号的疏放、赦免的执行等。清代在承袭明代规范化录囚制度的基础上，使"秋审"和"朝审"成为清"一代之大典"。明清两代盛行会官审录之制，皇帝一般不再亲录囚徒，除朝审、秋审外，明朝每五年命司礼太监一员会同三法司堂上官，于大理寺审录囚徒，称为大审。大暑省刑，于是定热审之制，每年五

① 参见《新唐书·刑法志》。
② 参见《宋史·刑法志》。
③ 同上书。
④ 参见《册府元龟·刑法部》。

月至七月由三法司录上系囚罪状，重罪矜疑，轻罪减等，枷号疏放。明代末年，又有年终防止狱囚死于饥寒，复定寒审之制。清代仍依明制。会官审录在司法制度史上是审判、复核制度在我国封建社会晚期的重要表现形式，它与古代录囚的性质与任务大体相同，是录囚制度发展演变的结果。

三、中国暗涩狱政中的一缕光亮——录囚制度的法律评价

录囚制度一定程度上体现了儒家思想的哲学基础——人本主义，录囚制度使重视人的尊严、生命的精神在中国古代多少得以体现。人本主义是中国传统法律文化的主流——儒家思想的哲学基础之一，儒家所推崇的宗法伦理道德本身是有差异的，"亲亲、尊尊"使君臣、父子、尊卑、长幼之间充满了等级差别，对于有悖这一原则的"十恶"重罪是要用极为残酷的刑罚处罚的，所谓"常赦所不原"，但是对于一般性的轻微犯罪，却表现出宽容的态度，录囚就是其体现之一。录囚本身有宣扬仁政的功效，例如，（太宗）贞观二年"亲录囚徒，闵死罪三百九十人，纵之还家，期以明年秋即刑及期，囚皆诣朝堂，无后者。太宗嘉其诚信，悉原之。"（《唐书·刑法志》）这一录囚实例被中国古代儒生和民间百姓广为传诵，很好地宣扬了唐太宗温情主义的一面。

录囚制度有利于缓和社会矛盾，维护社会安定·进而保障君王的长远利益。历代君王所追求的"狱中无囚"的理想社会与司法实践的暗涩有很大的差距，著名文人司马迁、宋代的岳飞等都曾被冤下狱，有的甚至以"莫须有"的罪名被处死，惨无人道的刑具代代花样翻新，横行凶残的狱吏也是朝朝不绝，这些因素是中国古代社会矛盾激化的诱因之一。录囚制度较好地起到了社会润滑剂的作用，缓和了社会的紧张气氛。录囚有利于国家了解、掌握全国司法状况，将其作为制定刑事政策和法律的依据。皇帝和各级官吏通过经常的录囚活动，随时了解、掌握国家的司法状况，发现法律的漏洞及时进行调整完善。例如，唐初有"兄弟连坐俱死"的条款，遇有同州人房强，因弟任岷世统军，以谋反罪伏诛，房强因与其是兄弟，依律应当受株连坐罪当死。太宗在亲录囚徒时，发现此案，认为该条文轻重失当，而下旨臣僚给予重大修改，并说："用刑之道，当审事理之轻重，然后加以刑罚。何有不察其本而一概加诛，非所以恤刑重人命也。"唐太宗认为罪无轻重，就连坐一概处死，是不符合"恤刑"精神的。因此房玄龄等臣僚们奉旨在详议后给予了重大的更改："祖孙与兄弟缘坐，俱配没"[①]。尽管仍然要受到株连，但终究逃脱了死罪。（宋）太宗年间，也

---

①　中华人民共和国司法部：《中国监狱史资料汇编》，201页，北京，群众出版社，1988。

曾下诏："令诸州十日一具囚帐及所犯罪名、系禁日数以闻"，并常常"亲录京城系囚，遂至日旰"。有的近臣进行劝阻，宋太宗却回答说："或云有司细故，帝王不得亲决，朕意则异乎是。若以尊极自居，则下情不能上达矣。"① 宋太宗的话更是明显地说出了录囚制度是封建皇帝实行审判监督的主要途径。

录囚制度有利于整顿吏治。司法制度的腐败黑暗，产生了一批又一批的贪官酷吏，清代方苞所写《狱中杂记》是封建社会司法制度的真实写照，而赵光祖写的《捕厅官》诗"此鱼肉耳好诛求，闲置空房饬速筹，有钱者宽无钱仇，欲壑不填怒不休"，就更形象地描述出了封建监狱贪官污吏们鱼肉百姓的丑恶嘴脸和本质。吏治腐败官场黑暗，严重动摇了封建社会经济的根基，冤案淹狱，民不聊生，极大地阻碍了封建社会经济的发展。历代统治者的录囚，在一定程度上惩戒了贪官污吏，为整肃吏治起了一定的作用。如前面提到的东汉安帝年间，邓太后驾临洛阳寺（监狱），录囚徒，举冤狱。有名叫杜治的囚犯，因被拷掠过残，被迫自诬杀人，见邓太后仍畏吏不敢自白申诉，太后察觉后，讯问明白，将洛阳令下狱抵罪，河南尹受左迁处分，其他官吏也受到震恐。又如唐武则天时期，由于酷吏横行，封建法制遭到严重破坏，武则天不得不采用处死来俊臣等酷吏来达到推卸责任的目的。录囚的实质是用儒家的"恤"的思想，出于对囚犯的怜悯之心，重新给其一次机会，希望用这种方法从另一个侧面感化囚犯。

录囚制度为近代狱政司法制度引进西方人道精神找到了中国本土的契合点，为沈家本改良狱政提供了历史依据，降低了中国狱政制度改革的难度。总之，可见录囚这一能很好表现儒家传统"仁爱"、"德治"思想的制度为中西文化的整合提供了一个支点。

---

① 参见《宋史·刑法志》。

Chai Rong

Confucianist Idea and Chinese Ancient Considering Prisoner System

Abstract：Considering prisoners is a typical judicial system in ancient China. It reflects the legitimate legal culture—policy of benevolence ruled by moral. Also it has the different means, origin, development and completing in different periods. At the same time, it meets the Western humanity spirits, simplifies the prison management system and provides the evidence for prison reform. In one word, it is not be neglected in the changing society of China.

Key words：Confucianist Idea；Considering Prisoner System

吴海航[*]

蒙古婚姻习惯法汉地之嬗变

【内容提要】

　　"收继婚"是元初蒙古法进入中原时最有特色的一项婚姻法内容，随着蒙古习惯法在汉地影响的扩大，收继婚适用范围开始在汉人中间逐步扩展，并与统治者矛盾的法律观纠缠在一起，导致元初颁行婚姻条例时出现对收继婚的矛盾态度。元代史料中记载的汉人收继婚案例客观真实地反映了这一情况。

【关 键 词】

■元初　■蒙古婚姻习惯法　■汉人收继婚

　　中国历史上的元王朝为草原游牧民族蒙古人所建，当它被纳入传统中国封建王朝序列之后，在建构各项法律制度时，由于蒙古民族固有的法文化习俗的影响，必然要发生对蒙古民族传统习惯法的保留或剔除，以及对中原传统王朝遗留下来的丰富的法律遗产进行选择与甄别的问题。元初，蒙古婚姻习惯法在汉地的流行与渗透以及元朝统治者颁行的相关立法例，就是在这样一种矛盾的法文化观支配下出现的。当时的中原乃至江南汉族人根据自己的实际利益需要主动地适用蒙古婚姻习惯法，促成蒙古收继婚在汉地的广为流行，形成异民族之间法文化交融的一个颇为有趣的现象。

　　* 北京师范大学法学院副教授、法学博士。

收继婚也称"续婚",曾经存在于中国古代北方其他少数民族社会及北方地区的汉族人当中。早在金朝世宗皇帝在位时,立法即曾经涉及"续婚"内容:"制汉人、渤海,兄弟之妻,服阕归宗,以礼续婚者,听。"[①]表明当时的法令允许"续婚"在汉人、渤海人当中运用,这显然说明在女真人社会早已有所流行。沈家本《历代刑法考》收集了此条律令,题名为"兄弟之妻续婚",[②] 指出这是金朝时专门针对汉人、渤海人的"接续婚"立法。这一立法例说明"收继婚"在北方其他民族中早已有所适用,但通过立法特别规定,恰恰反映"收继婚"在当时并不是一种普遍的现象,也不是中原地区汉族人的婚姻传统习惯。

蒙古社会的收继婚现象在蒙古习惯法当中源远流长。成吉思汗《大札撒》中有规定:"父亲死后,儿子除了不能处置自己的生母之外,对父亲的其他妻子或可以与之结婚,或可以将他嫁与别人。"[③] 它在蒙古人当中是一种传统习惯,其行为合法有效,受蒙古习惯法保护。忽必烈建元以后,蒙古习惯法流传到汉地,其中的收继婚也流行到中原汉族地区。根据马可波罗元朝时来大都所见所闻,"成吉思汗后之嗣君及鞑靼人之风习","婚姻之法如下:各人之力如足赡养,可娶妻至于百数。然视第一妻为最驯良。赠聘金于其妻,或妻之父母。待等所生之子,较他人为重,盖其妻多如上所述也。鞑靼可娶其从兄妹,父死可娶其父之妻,惟不娶生母耳。娶者为长子,他子则否,兄弟死亦娶兄弟之妻。婚时大行婚礼。"[④] 另据《多桑蒙古史》记载:"娶妻之数,视其力能赡养,惟意所欲(成吉思汗有妻妾五百人)。欲娶妻者,以约定家畜之数若干,献于女之父母。各妻各有其居帐,为子者应赡养其父之诸寡妇,且得娶父之寡妇为妻,惟不娶其生母耳。兄弟亦得娶其寡嫂娣为妻……"[⑤] 可见,元初中原地区流行的"收继婚"现象,是蒙古人将自古以来的草原游牧社会的婚姻习俗顺理成章地带进来的。

在成吉思汗大蒙古国游牧社会,收继婚是适合于蒙古民族实际生活状况的,它受蒙古游牧社会的流动性特征及其特定的财产继承方式所决定。

① 《金史》,卷六,《世宗纪上》,144 页,北京,中华书局,1975。
② 参见沈家本著:《沈寄簃先生遗书·甲编·律令七》,载《海王邨古籍丛刊》,447 页,北京,中国书店,1990。
③ [俄]梁赞诺夫斯基著:《蒙古慣習法の研究》(日文本),9—13 页,日本,东亚经济调查局,1935;[英]道森著:《出使蒙古记·鲁不鲁乞东游记》,11 页,北京,中国社会科学出版社,1983。
④ [意]马可波罗著:《马可波罗行纪》,238 页,北京,中华书局,1954。
⑤ [瑞典]多桑著:《多桑蒙古史》,第 1 册,冯承钧译,190 页,北京,商务印书馆,1936(1962 年重印)。

另外蒙古贵族并不受中原传统婚姻礼教的束缚，他们主要尊崇符合本民族传统文化的婚姻习惯。进入元初阶段，收继婚制度却形成了跨民族、跨地域的适用态势，此时，蒙古收继婚制度的意义就在于它引起了汉地汉族人当中的仿效以及由此带来的诉讼纷争。

收继婚制度是与元朝立足中原的历史进程相偕而进入北方汉地的，《元典章》断例中大量的案例可以充分证明这个问题。忽必烈至元八年（1271 年）十一月，朝廷明确下令禁止前代金朝《泰和律》的继续适用，当然也包括金朝的其他立法例在内。从此，元朝的法律实践便与传统中原法律制度的要求发生背离，而对中原汉人可否适用蒙古习惯法收继婚，则经历了一个比较有趣的过程。至元八年以前，元朝没有明确的法律规定对汉人进行限制，即使有所限制，也须提出相应的理由，因此，北方汉人基本上可以适用收继婚。现据史料所载有限的案例便可证明这方面的争议和诉讼相对较少。至元八年以后，渐多起来的案例说明要求适用收继婚的汉人也渐多起来，且有蔓延和扩展的趋势。元廷对具体案例的判决也表现出前后矛盾、标准不一的态度，不得不常常通过援引"旧例"[①] 来解决问题，在允许和禁止的两极中间摇摆不定。以下试通过若干组案例分别证明之。

> 至元六年，枢密院承奉中书省札付：刘从周告，有弟妻许迎仙犯奸断讫，依旧为妻。今有弟因病身死，现有两个弟合收继许迎仙，有伊父母不肯。吩咐行下本路，取问得许迎仙父许德，称：系本县附籍军户。至元三年三月内召到刘瘦汉，于德女迎仙处作十七年出舍女婿。现有立到婚书，缘婿刘瘦汉未曾住满年限，不曾令女迎仙前去。乞照详事。省、府今拟令：故刘瘦汉弟刘犍犍，于许德家内收继伊嫂许迎仙，出舍另居。除外，行下合属，依上施行。[②]

显然此案例发生在忽必烈至元八年以前，当时朝廷还没有明确规定禁止汉人适用收继婚。本案例中当事人之一的原告刘从周，主张由其两个弟弟当中的任意一人来收继其亡弟之妻，即被告许迎仙。但遭到许父母的拒绝，理由是按原婚书协议，已故女婿刘瘦汉并未做满十七年出舍女婿。后经过省、府批准，令刘瘦汉弟刘犍犍收继其嫂许迎仙，仍继续做出舍女

---

① "旧例"是指前代法典中的法条原文。元朝在未形成自己的法典时，实践中常援引金《泰和律》的规定，故称之为"旧例"。

② 《元典章》，卷十八，《户部四·婚姻·收继·弟收嫂出舍另居》，台湾故宫博物院影印元刻本。

婿。这是迄今所见《元典章》记载汉人收继婚的最早案例。此案由于双方当事人意见相悖而提起了诉讼，根本原因应该是已故女婿未住满年限。最终通过行政司法途径获得了中书省的批准，弟得以收继兄嫂。下面的案例则从反面否定了收继婚的有效性。

> 至元七年七月，尚书户部据河间路①申：傅伯川弟妻孙哇哥状称，翁婆并夫傅三俱合身死，依理守服。至元六年十月三十日四更前，有侄男傅添寿将哇哥揣抹（摸），不曾成奸。至天明，还逐侄男张驴家内住坐。有伯伯傅大称，目今体例，侄儿合收婶子。乞明降事。当部照得：先据河间路申，王黑儿下财续亲婶母许留奴。旧例：侄男娶讫婶母，即是期（欺）亲尊长为婚，同奸法，各离。其王黑儿系汉儿人氏。承奉尚书省札付，移准中书省咨，议得旧例：同类自相犯者，各从本俗法。其汉儿人等不合指例。比及通行定夺以来，依准本部所拟，无令接续。若本妇人服阕，自愿守志，或欲归宗、改嫁者，听。许留奴虽已成亲，亦合离之。仰行下合属，依理改正施行。②

此案例与前述案例很不相同，属于"侄儿收继婶母"案例。记载的是河间路发生的两个相类似的案例。后一案例表明当事人已经自行完成收继，即"王黑儿收婶母许留奴案"。尽管双方均为自愿，不存在争议，且已经成亲，但其后仍然由地方政府——河间路判离；前一案例则是由当事人孙哇哥（守服寡妻）提起的诉状，请求官府解释其伯兄傅大所称"侄儿收继婶母"体例的合效性。中书省的答复是，依旧例："同类自相犯者，各从本俗法。其汉儿人等不合指例。"判定汉儿人不得收继。这两宗案例表明，在传统礼教严格控制的中原汉族地区，汉人竟也开始仿效蒙古习惯婚姻制度中"收继婶母"的尝试。③ 同时也反映了蒙古统治者对中原地区汉人收继婚的做法并没有给予完全认同，而是有一定的条件限制。与此案例几乎同时发生的其他几宗案例也都有类似的处理结果。

---

① 河间路位于今河北北部、山东北部和天津南部，治所真定，今河北正定。参见谭其骧主编：《中国历史地图集·元明时期》，9—10页，北京，中国地图出版社，1982。

② 《元典章》，卷十八，《户部·不收继·侄儿不得收继婶母》。

③ 蒙古人终其元朝都一直保留收继兄嫂、叔婶甚至庶母的习惯。见于元末顺帝时期，大斡耳朵需学教授郑阿所奏："蒙古乃国家本族，宜教以礼。而犹循本俗，不行三年之丧，又收继庶母、叔婶、兄嫂，恐贻笑后世，必宜改革，绳以礼法。"（《元史》，卷四十三，《顺帝纪七》）

至元七年八月，尚书省户部呈：南京路备，息州①申，民户丁松告，中统元年与母主婚，将妹定奴聘与本州时小六长男歹儿为妻。至元二年，女婿身故。有妹定奴守服四年，不令归宗，令男两儿或侄姚驴收纳为妻。其定奴不肯顺从。及先据河间路申：军户赵义妻阿刘女青儿等守阕故夫崔犍儿丧服，有伯伯崔大令弟驴驹收纳，不令归宗。送法司，检详得旧例：汉儿、渤海不在接续有服兄弟之限。移准中书省咨，议得旧例：同类自相犯者，各从本俗法。其汉儿人不合指例。比及通行定夺以来，无令接续。若本妇人服阕，自愿守志，或欲归宗、改嫁者，听。咨请照验。省、府除已札付户部，便行各路，出榜晓谕外，仰依上施行。②

此案例包括"亲小叔收嫂"和"堂小叔收嫂"两项，元朝法司翻检出旧例"汉儿、渤海不在接续有服兄弟之限"，显然引用的是前述金世宗的立法例，即汉人可以接续有服兄弟之妻，请中书省定夺。经中书省讨论后援引另一旧例："同类自相犯者，各从本俗法，汉儿人不合指例"，明确指出了汉人之间不适用于收继婚。最后，省、府为此发布公文，明确元廷"无令接续"的决定。

分析上述几个案例的处理结果，其中第一个案例（"刘从周告许迎仙案"）得到了省、府的支持，令收继完成，时间是在至元六年。很显然，当时蒙古统治者对发生在汉人中间的收继婚并没有加以限制，实际上还给予了法律上的支持和协助；然而，后两个案例的诉讼是在至元七年时提起的，省、府分别引述两项旧例，即"侄男娶讫婶母，即是期亲尊长为婚，同奸法，各离"，③ 以及《唐律·名例律》中的"诸化外人，同类自相犯者，各依本俗法"等规定，显然都是依照了传统中原法律制度中的规定对汉人收继行为进行的否认。

上述几组案例说明，当历史上不同文化、不同民族的法律制度相交替或衔接时，人们会寻找有利于自己的制度解释来证明自己行为的合法性。元初在废止金《泰和律》以前，中原地区汉人既可以参照原有金朝律令的规定，也可以按蒙古收继婚制进行收继。如第二组案例，具体的事件发生在至元六年，河间路（靠近大都路，今河北省河间）。案件当事人傅大理

---

① 今河南省息县。参见谭其骧主编：《中国历史地图集·元明时期》，9—10 页。
② 《元典章》，卷十八，《户部·不收继·汉儿人不得收继》。
③ 根据《唐律疏议》，卷十四，《户婚》："诸尝为袒免亲之妻，而嫁娶者，各杖一百；缌麻及舅甥妻，徒一年；小功以上，以奸论。妾，各减二等。并离之。"严格限制服内成亲。刘俊文点校，287 页，北京，中华书局，1983。

所当然地认为，"目今体例，侄儿合收婶子"。这是当时北方汉人所了解的在蒙古人中间通行的收继婚制，但并不知道蒙古法并不普遍适用于汉人；而第一组案例的处理结果，虽然省、府准许刘犍犍收继兄嫂，但并未要求"贴住年限"，而仍需其"出舍另居"。后两组案例中的四个案件，在当时属于疑难案件，案发之后，由于地方政府不知如何处理，便申报到省、部定夺，最后以"旧例"作为审理依据，作出"无令接续"的处理意见。尽管元朝政府并没有明确规定禁止汉人内部实行收继婚，只通过引用"旧例"作出否定性的处理结果，但这依然说明蒙古统治者的态度是倾向于蒙古收继婚制并不适用于汉族人。

忽必烈至元八年（1271 年）是元初朝廷整饬婚姻立法的重要年度，这一年之中，有关婚姻立法出现了戏剧性的变化。"二月乙未朔，定民间婚聘礼币，贵贱有差。"[①] 朝廷为境内各民族制定了一项婚姻立法例："圣旨：据中书省奏定'民间嫁娶、婚姻聘财'等事，准奏，仰遍行诸路照会，一体施行。……诸色人，同类自相婚姻者，各从本俗法；递相婚姻者，以男为主，蒙古人不在此限。"[②] 这里"递相婚姻"是指不同民族之间的男女缔结的婚姻。元廷规定各族人于本民族内部通婚的，仍适用于本民族的婚姻习俗或法律规范；而异民族之间相互通婚的，则适用于以男方民族为主的婚姻习俗或法律规范；对"蒙古人则不在此限"的规定应理解为：如婚姻的一方是蒙古人，即便一方是蒙古女子，也不适用于"以男为主"的上述立法规定。元廷在颁布这个立法例的同时，又发布了一项圣旨："至元八年二月，钦奉圣旨节该：妇人夫亡，服阕守志，并欲归宗者，听。其舅姑不得一面改嫁。钦此。"这显然是针对汉人颁行的立法例，与前述至元七年"汉儿不得收继"的判例相为呼应，形成了蒙古统治者的立法观念。由于已经通过判例明确地限制汉人实行接续，所以，上述圣旨条画中便不再提及收继的问题，而只是强调妇人服阕、自愿守志或归宗等女方的自由意志。其后，元廷重新强调"婚姻礼制"，由朝廷颁降详细的婚姻礼制规格。

> 至元八年（1271 年）九月，尚书省礼部呈：契勘人伦之道，婚姻为大。即今婚姻聘财筵会，已有定例，外据拜门一节，系女真风俗，遍行合属革去。外据汉儿人旧来体例，照得朱文公家礼内婚礼，酌古准今，拟到各项事理，都省议得：登车乘马设次之礼，贫家不能办者，从其所欲。外据其余事理，依准所拟：

---

① 《元史》，卷七，《世祖纪四》，133 页，北京，中华书局，1976。
② 《元典章》，卷十八，《户部·婚姻·嫁娶聘财体例》。

一曰议婚：身及主婚者，无期亲以上丧，乃可成婚。必先使媒氏往来通告，俟女氏许之，然后纳采。

二曰纳采：系今之下定也。主人具书，凤兴，奉以告于祠堂。人之大伦，于礼为重，必当告庙而后行，示不忘祖。而今往往具无祠堂，或画影及写立牌位亦是。乃使子弟为使者，如女氏，女氏主人出见使者，遂奉书以告于祠堂，出以复书授使者，遂礼之。使者复命，婿氏主人复以告于祠堂。或婚主人等亲往纳采者听。

三曰纳币：系今之下财也。拟合酌古准今，照依已定筵会，以男家为主，会请女氏诸亲为客，先入坐。男家至门外，陈列币物等，令媒氏通报，女氏主人出门迎接，相揖，俟女氏先入，男家以次随币而入。举酒，请纳币；饮酒，受币讫。女氏主人回礼，婿家饮酒毕，主人待宾如常礼，许婿氏女子各各出见，并去世俗出羞之币。

四曰亲迎：前期一日，女氏使人张陈其婿之室，厥明，婿家设位于室中，女家设次于外。初婚，婿盛服，主人告于祠堂，遂醮其子而命之迎。婿出，乘马至女家。俟子次女家，主人告于祠堂，遂醮其女而命之。主人出迎，婿入奠。雁姆奉女出登车，婿乘马先行，妇车至其家，导妇以入，婿妇交拜，就坐饮食。毕，婿出。复入，脱服，烛出，主人礼宾。

五曰妇见舅姑：明日凤兴，妇见于舅姑。舅姑礼之。次见于诸尊长。若家妇，则馈于舅姑，舅姑飨之。

六曰庙见：三日，主人以妇见于祠堂（如无祠堂，或悬形及写位牌亦是）。

七曰婿见妇之父母：明日婿往见妇之父母，次见妇党诸亲，妇家礼婿如常仪。①

上述婚姻礼制规格的制定，明确规定了汉人应依据原有本民族的婚姻体例缔结婚姻。朝廷标榜朱熹语录，实际上是为在汉族人中间推崇儒家礼教精神，扩大宣扬中原传统婚姻礼制的精神，进一步排斥北方其他少数民族的婚姻风俗。

到至元八年十一月，忽必烈又发布圣旨："泰和律令不用，休依著行

---

① 《大元通制条格》，卷三，《户令·婚姻礼制》，郭成伟点校，36—37页，北京，法律出版社，2000。

者，钦此。"① 废除了金《泰和律》。然而，随即忽必烈就明确地表达了对汉人收继婚的态度："至元八年十二月，中书省，今月初八日，答失蛮、相哥二个，文字译该：小娘根底，阿嫂根底，休收者。行了文字来，奏呵。圣旨：疾忙交行文书者，小娘根底，阿嫂根底，收者，么道。圣旨了也，钦此。"② 此处，出现了一个矛盾的结果：即中书省立法与尚书省户部和礼部制定的婚姻仪制，均主张"各从本俗法"和依据"汉儿人旧来体例"，在立法理念上否认了汉人适用收继婚；然而在中书省译员形成文字上奏到皇帝忽必烈时，忽必烈的圣旨却是"小娘根底，阿嫂根底，收者"，即推翻了限制汉人收继父亲之妾和兄长之妻的省部规定，明确准许汉人可以收继。出现这一矛盾的立法意向，表明在对待汉人收继婚问题上，蒙古皇帝与朝廷省部机构官员的态度并不一致。

从至元八年年底（1271年）废《泰和律》开始，到成宗铁穆耳大德年间（1307年之前），发生在汉地的一系列汉人收继婚案，表明在中国北方汉人中间收继婚已经流行起来，而且，其变化过程也表现复杂。现根据下述各案例略作分析：

> 至元九年（1272年）十月，中书兵、刑部来申，郑窝窝状招：兄郑奴奴至元五年身死，抛下嫂王银银并至社社同居。窝窝未曾娶妻，嫂王银银亦为年小守寡相从，于至元八年十月初八日通奸，在后得孕，一同在逃，罪犯。王银银所责相同。及责得定问王银银亲事人秦二状招：原与讫王清把定物，折钞二十八两，却不合私下受讫郑信打合物，折钞四十两，罪犯。并媒人王玉等各个词因。除将郑窝窝枷禁，于于秦二名下追到不应物，折钞四十两，听候。所有王清母阿张受讫秦二把定（物），折钞二十八两，合无追没。乞照验事。省、府照得：至元八年十二月，钦奉圣旨节该：小娘根底、阿嫂根底，收者，么道。钦此。仰钦依圣旨事意，即将郑窝窝疏放，将王银银吩咐郑窝窝收续为妻，仍将追到秦二原受郑信钱物给主；据王阿张接讫秦二钱物，折钞二十八两，追付秦二收管，施行。③

本案例中清楚无误地引用了蒙古统治者忽必烈的圣旨，实际上就是关

---

①　《元典章》，卷十八，《户部·婚姻·牧民官娶部民》。
②　《元典章》，卷十八，《户部·收继·收小娘阿嫂例》。
③　《元典章》，卷十八，《户部·收继·小叔收阿嫂例》。

于允许汉人收继婚的立法例。郑窝窝、王银银本为叔嫂通奸在逃的罪犯，已经被刑部收监并准备审理其案，却反而适时地得到了省、府的合法解释，决定予以无罪释放并促成其早日完成收继。以下又一案例可以说明类似情况：

> 至元十年，中书户部符文，来申，傅望伯告：兄傅二因病身死，抛下妻阿牛。望伯问过父母，将嫂阿牛依体例收了。并牛望儿状告：傅望伯将望儿欺骗，情愿在家守服。取到一干人词因。府、司照得：傅望伯现有妻子，先曾于伊父母说，要接续阿牛，不肯允许。有傅望伯为父母不在家，强行奸讫，以致阿牛归家去讫。有公公傅义、婆阿丘，义许不教男傅望伯收接，只令阿牛本家，恩养孙儿守志。此系为例事理，未敢悬便，乞照详事。省部相度，牛望儿虽欲恩养儿男守志，其傅望伯已将本妇强要奸污，况兼傅望伯系牛望儿亡夫亲弟，钦依已降圣旨事意，合准已婚，令小叔牛望儿收继为妻，合下仰照验施行。①

本案例原本为强奸犯罪在先，且属于有妻又要收继兄嫂为妻的案例。至元八年二月"中书省奏定民间婚姻聘财等事"曾有规定："有妻更娶妻者，虽会赦犹离之"②，然而，因为有了忽必烈最新圣旨的保护，府、司限于对圣旨的理解，依然判令其可以收继。很明显，这与至元八年以前朝廷对待汉人收继婚案例所持的态度完全相反。以下案例也突出表明这一点：

> 至元十年三月二十二日，中书户部符文，滑州赵用告：与张铸换亲，男赵脸儿，定伊女月儿为妻。未婚，男因病身死。欲令次男赵自当收继，不肯事。省部相度，终是已定妻室，亦合钦依圣旨"小叔收阿嫂"事理，接续施行。③

此案例中，省部又一次援引了忽必烈圣旨，甚至牵强地扩大适用范围，明确地支持应继人——小叔收继其未婚嫂为妻的事实。类似案例仍有如下：

---

① 《元典章》，卷十八，《户部·收继·叔收兄嫂》。
② 《元典章》，卷十八，《户部·婚姻·嫁娶聘财体例》。
③ 《元典章》，卷十八，《户部·收继·订婚收继》。

　　至元十年五月十二日，中书户部据大都路申，郭阿秦告：男乞驴定婚李大女蛾儿为妻。乞驴身死，欲令次男冬儿揲续。李大一面将女蛾儿定与裴节使驱口陈得春男陈驴儿为妻。府、司看详：若令郭冬儿收继李蛾儿为妻，郭阿秦亡男乞驴，不曾与李蛾儿成亲；又兼郭阿秦止是下讫栏媒定亲，之后不曾行下正财；其蛾儿一十七岁，郭冬儿年方一十二岁，未及成婚年甲；及李大已接讫裴节使驱口陈得春把定绫罗缎匹，委是两头成婚。乞明降事。省部相度，既郭冬儿系郭乞驴亲弟，李蛾儿虽是定婚夫主未娶过门，终是郭阿秦男妇。合钦依已降圣旨，令郭阿秦贴下原议财物，依例求娶李蛾儿与伊男冬儿接续。外据李大已接讫陈得春财定，追付陈得春收管。仰依上施行。[1]

　　本案例有趣的是，定亲之后男方未曾行下正财，且未婚夫已先死。后未婚妻李蛾儿已经父亲定与他人，且已接受了对方财定。而原小叔年龄仅十二岁，在当时还不到成婚年龄。这样一件事实，最后居然得到省部的处理意见是："合钦依已降圣旨，令……伊男冬儿接续"。显然在收继的问题上，省部是在严格遵循忽必烈的圣旨，总是围绕着圣旨的精神来裁决各种不同的收继婚事实。以下更是属于扩大适用蒙古皇帝圣旨的典型案例：

　　至元十年，中书户部来申，胡（刘）阿郭告：老刘至元七年二月内，属赵二马、阿刘为媒，定问讫阿郭小姑胡茶哥，与次男刘二为妻。去年六月内，刘二自缢身死。比及二七，其间，有婿刘三，已将伊嫂阿郭接续为妻。公事取到一干人等词因，看详：刘温，先于至元七年，问到妻胡茶哥，至今不行迎娶，一面将亡过亲兄嫂阿郭，未及周年，收为正妻。其原定妻胡茶哥年二十，已及成婚之岁。若将刘温并嫂阿郭，于夫丧制□成婚，依法断罪听离，却令本人迎娶胡茶哥为妻，况兼已有条格：叔叔合收嫂嫂。若拟刘温亦将胡茶哥求娶为妻，又有钦奉圣旨条画内一款节该：有妻更娶妻者，虽会赦，犹离之。钦此。不曾断过如此体例，乞明降事。省、部照得：来解内刘二，至元九年三月十三日自缢身死，其妻虽是于夫服内信从刘三、长兄刘琮，竟于至元十年二月二十日，与小叔和同接续成婚，即系钦奉圣旨内一款，小叔合行接续收继，难同有妻更娶妻体例，合准以此为定，令小叔

───────────

[1] 《元典章》，卷十八，《户部·收继·小叔再下财求娶》。

刘三将嫂阿郭收继，仍将原定妻胡茶哥依理下财，求娶为妻；外据刘宗（琮）、刘温所招罪犯，从本路量情断遣。仰照验依上施行。①

本案例在汉人收继婚案中明显属疑难案件，其中的矛盾之处令中书户部都难以断决。案件的事实部分有两处已构成违法或犯罪，其一为"有妻更娶妻"，其二是"服内成亲"。前者违法，后者犯罪。元初曾允许"有妻娶妾"，后来也允许"有妻娶次妻"②，因为"次妻"与妻的地位是不同的。但并不曾见"有妻许娶妻"的法律规定，因此，户部官员认为此案件棘手。至于对"服内成亲"的限制，元初较早就沿袭了中原法律传统，服内成亲应被视为犯罪。至元七年十二月有条格："渤海、汉儿人等拟自至元八年正月一日为始，以前有居父母丧、夫丧内嫁娶者，准已婚为定；格后格者，依法断罪，听离。"③但面对上述发生在至元十年的"服内成亲"案例，只因当事人符合了收继婚的要件，便得到了皇帝圣旨的特殊庇护，省、部只是象征性地"量情断遣"，便促其完成接续。

然而，进入忽必烈统治中期，元廷开始限制汉人收继婚的不断扩大。至元十三年（1276年）三月，"中书省户部呈：蒲台县④人户韩大妻阿臧，夫亡，愿不改嫁，亦不与小叔续亲。本部议得：今后似此守志妇人，应继人不得骚扰，听从所守。如却行召、嫁，即各断罪，仍令收继。都省准呈。"⑤这时，蒙古统治者在中原立足已近二十年，对汉地传统法文化有了一些认识。有这一案例的出现，至少表明元朝统治者在一定程度上开始尊重妇女的自由意志。若妇女决心洁身守志，不愿改嫁，也不愿接受小叔的收继，在一定条件下，政府保护妇女不受应继人的骚扰。但如果妇女以"守志"为借口，然后又招收女婿或自行改嫁等，则要对双方当事人分别定罪，并且，重新认可应继人——如小叔的收继权利。这一立法例形成的转机可以说是难能可贵的，其积极意义在于元廷开始对收继婚现象逐渐进行规范，态度倾向于限制汉人收继。以下发生在至元十六年（1279年）以后的诸案例，几乎都表明元廷已开始不支持汉人继续适用收继婚：

至元十六年（1279年）二月，中书省礼部呈：睿州郭全元召

---

① 《元典章》，卷十八，《户部·收继·叔收嫂又婚元定妻》。
② 《元典章》，卷十八，《户部·婚姻·有妻娶次妻》。
③ 《元典章》，卷十八，《户部·服内婚·服内成婚》。
④ 今属山东淄博地区。参见谭其骧主编：《中国历史地图集·元明时期》，9—10页。
⑤ 《元典章》，卷十八，《户部·不收继·守志妇不收继》。

李丑驴作婿十三年，住讫四年身故，外有九年，伊弟李五驴欲行收继，贴住年限。其李五驴已于牛三家作婿，似难收继。都省准呈。①

至元十六年六月，中书省礼部呈：彰德路杨阿田凭媒说合，张招抚次男羊儿与女春儿作抱财女婿，下讫银绢，未曾成婚，张羊儿将伊亡兄张大妻阿梁收继了当。本部议得：张羊儿既将伊嫂收继，若又与杨春儿作婿，即是有妻再娶，拟将元下银绢回付，令杨春儿别行改嫁。省准。②

至元十六年十二月，中书省礼部呈：平阳路申，路显告，男重兴身死，已定婚妇崔胜儿却许李孙儿为妻，不肯令次男路四儿收继。本路议得：路重兴与崔胜儿未婚身故，难议收继。都省准呈。③

大德二年十二月，中书省御史台呈：德州军户于进告，女于货儿聘与潘二为妻，伊夫身故，于货儿服阕归宗，却有远房小叔潘五争继。礼部议得：于货儿已经服阕，小叔潘三许令归宗，远房小叔潘五似难收继。都省准拟。④

大德四年十月，中书省河南行省咨：李百家奴告，定到刘换住妹刘乖乖与弟李五儿为妻，下讫钞绢钗环，五儿身故。李四十系一父母所生小叔，虽有妻室，即系应继之人。礼部议得：刘乖乖虽是定婚，未曾过门，其弟李四十已有妻室，二者具难收继。令刘乖乖别行改嫁相应。都省准拟。⑤

大德五年十一月，中书省准陕西行省咨：延安路赵胤告，年老无人养济，将女穿针召到王安让作养老女婿身故，其房弟王安杰要行收嫂。礼部议得：凡人无后者，最为大事。其赵胤初因无嗣与女召婿养老，不幸婿死，赖有伊女可为依倚。合从赵胤别行召婿，以全养老送终之道。都省准拟。⑥

大德六年九月，中书省礼部呈：平阳路郭稳召到李聚俚男贵牛与女秀哥作出舍婿，当年身故，令元媒本闫李聚并无收继之人，将秀哥聘嫁暴旺为妻，已有所出。李聚却告令伊男安僧收

---

①　《大元通制条格》，卷三，《户令·收嫂》，41页。

②　同上书，42页。

③　同上书，41页。

④　同上书，41页。

⑤　同上书，40页。

⑥　同上书，42页。

继，指证相同。议得：李贲牛身故，郭稳使元媒本问李聚，将女
秀哥改嫁暴旺为妻，经今四年，已有所出，合准已婚为定。都省
准呈。①

　　大德八年五月，中书省枢密院呈：蒙古军驱王火你赤病故，
其妻张秀儿守服六年，有本使菊米娘子将秀儿强要配与火你赤亲
侄王保儿为妻。礼部议得：王火你赤妻张秀儿服制已满，其侄王
保儿欲行收继，虽系蒙古军驱，终是有姓汉人，侄收婶母，浊乱
大伦，拟合禁止。省准。②

　　上述案例大多是"小叔收嫂"例，主要发生在忽必烈至元十六年
（1279 年）以后。从案例的处理结果看，与至元八年后的一段时间内同类
案例的处理恰成鲜明对照，元廷虽然也在努力寻找一些所谓的理由，但不
像以前尽量支持汉人收继婚，而是在竭力阻挠其实现。这个变化很值得注
意，本来都是"弟收兄嫂"，并不在法律禁止之列。其中，有的案例和以
前案例的事实很相似，如至元十六年"张羊儿收阿粱案"，与至元十年的
"刘三收阿郭案"很类似，但至元十年案例被允许在接续的同时又另娶未
婚妻，而至元十六年案例则不同意有妻再娶，却令未婚妻改嫁他人。判决
结果相差如此之大，又没有明确的法律条文为依据，其实是元廷在观念上
正逐步向中原传统礼教价值观靠近，开始按汉地传统法律制度处理汉人事
例。此时，原有法律实践中常常引用的通例"诸色人同类自相婚姻者，各
从本俗法"的精神，已超过了忽必烈至元八年时所颁行的"小娘根底，阿
嫂根底，收者"这一特别圣旨的认识，反映出早期蒙古皇帝的立法主张并
不是一种经过理性的思考，而是带有以蒙古习惯法思维的定式，随意发布
蒙古人容易接受的立法例的特点。这也表明元初蒙古统治者的立法技术尚
存在着明显的不成熟性。

　　我们从元初蒙古婚姻习惯法的发展趋势上至少可以看出，蒙古婚姻习
惯法在汉地的发展最终是禁止汉人继续适用收继婚制度。从忽必烈至元十
三年以后，到成宗铁穆耳元贞、大德年间所见到的一系列案例，表明蒙古
统治者越来越明显地倾向于对汉人收继婚适用的限制，这为元代中期以后
的婚姻立法制定限制汉人收继婚创造了条件。我们现在看到的《元史·刑
法志》中记载的内容，即证明元朝法律对汉人适用收继婚已是完全禁
止的。

---

① 《大元通制条格》，卷三，《户令·收嫂》，42 页。
② 《大元通制条格》，卷三，《户令·收继婶母》，42—43 页。

诸兄收弟妇者，杖一百七，妇九十七，离之。虽出首，仍坐。主婚笞五十七，行媒三十七。诸居父母丧，奸收庶母者，各杖一百七，离之，有官者除名。诸汉人、南人，父没子收其庶母，兄没弟收其嫂者，禁之。诸姑表兄弟嫂叔不相收，收者以奸论。诸奴收主妻者，以奸论；强收主女者，欠死。诸为子辄以亡父之妾与人，人辄受而私之，与者杖七十七，受者笞五十七。①

这段文字表达的是全面禁止汉人收继婚，且认定收继行为为犯罪行为。它规定了从笞刑、杖刑到死刑的几个处罚等级。兄收弟妻、子收庶母（小娘）、弟收兄嫂以及侄收婶母均在禁止之列。这是在元朝中期形成的完整的有关禁止收继婚的法律规定。

《元史》中记载的上述立法成果的出现，应与元文宗图帖睦尔天历、至顺年间（1329—1331年）修纂《经世大典·宪典》部分有渊源关系。文宗至顺元年（1330年）九月曾有敕："诸人非其本俗，敢有弟收其嫂、子收庶母者，坐罪"。②此内容无疑是编纂《经世大典》时必须参考的。显而易见，文宗发布的敕条已经与忽必烈当初"小娘根底，阿嫂根底，收者"的圣旨精神形成完全相反的法律效力。毋庸置疑，这样的立法理念不会在元文宗时期凭空出现，它应当有一个渐进的酝酿过程，即历史的发展到了具备相应的社会条件时才会提出适时的主张。由于资料所限，我们无法完整收集元朝前期数任蒙古皇帝对收继婚问题发布的圣旨条画，但根据上述文宗的敕条，说明元朝统治者已经认识到蒙古习惯法与汉法的区别，能够明确维护传统汉法的一贯性。在另一层意义上，它表明的是元朝前期历任蒙古皇帝在收继婚问题上，法文化观正处在不断转变的渐进过程中。如果对蒙古统治者进入中原后的观念变化进程略加考察，其初期对收继婚的态度应该是处于默许阶段；在忽必烈至元八年以前，是处于有条件的允许或有条件的限制阶段；至元八年以后，元廷在立法上以一种明确放开的态度对待汉人收继婚；至元十三年以后，尤其是至元十六年以后，蒙古统治者表达了对收继婚的委婉禁止意向；到元朝统治中期，朝廷最终明确表示了坚决禁止的态度，清晰印证了法文化观的转变历程。

————————

① 《元史》，卷一〇三，《刑法二》，2643—2644页。
② 《元史》，卷三十五，《文宗纪四》，784页。

Wu Haihang

The Evolution of the Common Law of Marriage of Mongolia in Han Areas in the Early Period of the Yuan Dynasty

Abstract："the succession marriage" is the most characteristic matter of law of marriage when the Mongolian law came into central plains in the early period of the Yuan Dynasty. As the spreading influence of the common law of Mongolia in Han areas, the range of application of "the succession marriage" was beginning to expand gradually in the Hans, and pestered with the contradictory legal concept of the Mongolian rulers, leading to the emergence of the contradictory attitude to "the succession marriage" when the marriage regulations were promulgated in the early period of the Yuan Dynasty. Some recorded cases of "the succession marriage" of the Hans in historical materials of the Yuan Dynasty have reflected this matter objectively and factually.

Key words：the Early Period of the Yuan Dynasty; the Common Law of Marriage of Mongolia; the Succession Marriage of the Hans

沈　明 *

法律与文学：可能性及其限度

【内容提要】

　　法律与文学是 20 世纪 70 年代发源于美国法学院的一场学术运动，并演变成为一个法学流派或领域。三十多年来，法律与文学在逐渐发展壮大的同时也受到很多怀疑与批评。法律与文学是分属若干不同学科门类的理论研究的松散联合，没有统一的方法论。作为法律与文学研究对象和手段的文学具有广狭两种含义。狭义文学与法律是两种竞争性的社会控制手段，两者之间由来已久的紧张关系限制了它们的合作。而广义的文学则在某种意义上包容了法律：法律作品乃是无所不在的文本的一个组成部分。法律与文学研究在规范层面上的逻辑属性以及在实证层面上的社会属性规定了它既不会繁荣也不会消亡的学术命运。美国的法律与文学运动为当代中国法学展示了众多学术创新的可能性和启示。

【关 键 词】

■法律与文学　■方法论　■交叉学科

　　* 北京师范大学法学院讲师。本文写作受惠于苏力老师 2000 年以来在北京大学法学院开设的"法律与文学"课程。苏力、冯象二位老师看过本文初稿并提出了宝贵意见，特此致谢。文责自负。

找那不可能的东西，

绝望中练一身技艺。

——燕卜荪：《最后的痛苦》

一、引　论

法律与文学（Law and Literature）是发源于美国法学院的一场学术运动，并演变成为一个法学流派或者领域。

法律是一门历史悠久的学科，然而自 20 世纪 60 年代以来，其学科自主性在美国逐渐走向衰落。①法律与经济学、社会学、政治学、女权主义、种族理论等交叉学科研究（"Law-and"）蓬勃兴起，而且硕果累累。四十多年来，法律交叉学科研究中声望最高、影响最大的莫过于如今已经成为常规科学的法律经济学（Law and Economics）了，本文所要讨论的，就是法律经济学的"孪生兄弟"②：法律与文学。美国法学界通常认为詹姆斯·怀特教授 1973 年出版的《法律的想象：法律思想与表达的性质之研究》③一书揭开了法律与文学运动的序幕。三十多年来，法律与文学的发展呈现出两种相互矛盾的特征：一方面，这一研究领域迅速发展壮大，出版了一

---

①　Richard A. Posner, "The Decline of Law as an Autonomous Discipline: 1962—1987", *Harvard Law Review*, 100 (1987), p. 761.

②　"孪生兄弟"的说法是苏力教授的一个比喻。参见苏力：《孪生兄弟的不同命运》，载《波斯纳及其他》，法律出版社，2004。但"孪生兄弟"也仅仅就是一个比喻，因为严格说来，法律经济学的根系更为深远，历史也更长一些。例如，法律经济学运动的一面重要旗帜《法律经济学杂志》（*Journal of Law and Economics*）创刊于 1958 年，而波斯纳对法律经济学的追溯则远至 19 世纪的边沁。Richard A. Posner, "ch. 1 The Law and Economics Movement: From Bentham to Becker." *Frontiers of Legal Theory*, Harvard University Press, 2001.

此外，从法律与文学运动的源流来看，它与法律经济学甚至是一对"冤家"，因为法律与文学兴起的主要原因乃是对法律经济学及其所代表的"科学主义"法学的反驳。

③　James Boyd White, *Legal Imagination: Studies in the Nature of Legal Thought and Expression*, Little, Brown & Co., 1973.

批较有影响的学术著作①，并且在法学院中扎下根来②。以法律与文学为主题的学术会议不时召开，并且吸引了很多著名的文学、法学学者以及法官和律师参加。另一方面，法律与文学的发展始终是在怀疑声中行前行。即便是作为法律与文学运动主将之一的理查德·波斯纳法官，也说"法律与文学领域充斥着虚假的前提、有偏见的解释、肤浅的争论、轻率的概括、浅薄的理解。"③因此我们就不会感到奇怪，法律与文学和它的"孪生兄弟"法律经济学为什么会有迥然不同的"命运"。中国的法律与文学研究尚处于起步阶段，虽然本文所要讨论的法律与文学的"故事"大部分是美国的，但在法律学术发展和研究方法论的抽象层面上对法律与文学加以反思，显然会对中国自己的法律与文学研究以及——推而广之——法学研究产生有益的借鉴作用。

　　在美国，法律交叉学科研究的方法或者领域的名称大多是"法律与××"，例如，除了大名鼎鼎的"法律与经济学"之外，声名不甚显赫的还有"法律与行为生物学"④、"法律与社会生物学"⑤甚至"法律与音乐"⑥、"法律与数学"⑦等；法律与文学也不例外，其名称就是在法律、文

---

① 例如，20 世纪 90 年代以来较为主要的著作有：Richard Weisberg, *Poethics, and Other Strategies of Law and Literature*, Columbia University Press, 1992; Martha C. Nussbaum, *Poetic Justice: The Literary Imagination and Public Life*, Beacon Press, 1995; Ian Ward, *Law and Literature: Possibilities and Perspectives*, Cambridge University Press, 1995; Peter Brooks & Paul Gewirtz, *Law's Stories: Narrative and Rhetoric in the Law*, Yale University Press, 1996; Richard A. Posner, *Law and Literature*, Revised and Enlarged Edition, Harvard University Press, 1998; Anthony G. Amsterdam & Jerome Bruner, *Minding the Law*, Harvard University Press, 2000; Guyora Binder & Robert Weisberg, *Literary Criticisms of Law*, Princeton University Press, 2000; Peter Brooks, *Troubling Confessions: Speaking Guilt in Law and Literature*, University of Chicago Press, 2000; Jerome S. Bruner, *Making Stories: Law, Literature, Life*, Farrar, Straus, and Giroux, 2002。

② 在一份 1987 年的调查中，美国 135 所法学院中的 38 所开设了法律与文学课程，1993 年的另一份调查数据为：196 所法学院中的 84 所开设了法律与文学课程。参见 Elizabeth Villiers Gemmette, "Law and Literature: Joining the Class Action," *Valparaiso University Law Review*, 29 (1995), pp. 665—666. 这意味着一个从 28% 到 43% 的增长。我没有找到近年的统计数据，然而有旁证表明增长的趋势并未改变。参见 Kenji Yoshino, "The City and the Poet," *Yale Law Journal*, 114 (2005), p. 1835, p. 1836。

③ Posner, *Law and Literature*, p. 5.

④ 例如 Owen D. Jones & Timothy H. Goldsmith, "Law and Behavioral Biology," *Columbia Law Review*, 105 (2005), p. 405。

⑤ 例如 John H. Beckstrom, *Sociobiology and the Law*, University of Illinois Press, 1985。

⑥ 例如 Sanford Levinson & J. M. Balkin, "Law Music, and other Performing Arts," *University of Pennsylvania Law Review*, 139 (1991), p. 1597。

⑦ 例如 John M. Rogers & Robert E. Molzon, "Some Lessons About the Law from Self-Referential Problems in Mathematics," *Michigan Law Review*, 90 (1992), p. 992。

学二者之间加上"与"字——一个不论在英语还是汉语中都是一个最普通的、没有什么实际含义的连词。连词虽然普通，然而经由它使"法律与文学"成为一个固定短语、专有名词之后，我们就有必要追问使二者联系起来的纽带到底是什么，即：法律、文学二者之间何以能用一个"与"字连接起来、固定下来？①虽然这一提问是修辞性的，但是它本身却是一个法律学术问题，即法律与文学的方法论地位及其在法学研究中的位置。②

　　广义的法律与文学包括四个分支：文学中的法律（law in literature）、作为文学的法律（law as literature）、通过文学的法律（law through literature）和有关文学的法律（law of literature）。③我们看到，实际上，"法律与文学"中的连词"与"（and）被"分解"为"中"（in）、"作为"（as）、"通过"（through）、"有关"（of）四个介词。仅这一点就暗示出了法律与文学和法律经济学的重大差异，后者并没有依这种方法划分的学科分支，这是因为，法律经济学说到底就是经济学，它具有一个基本统一的分析框架和理论内核。而法律与文学则不同，它并没有一个方法论平台作为研究的基础④，理论结构也相当松散，我们可以通过对"法律"、"文学"两个关键词和上述四个介词的重新排列组合看出这一点。

　　如果我们把法律与文学四个分支领域名称中的"法律"和"文学"颠倒一下位置，就得到了如下四个新名称：法律中的文学、作为法律的文学、通过法律的文学、有关法律的文学。现在很容易可以看出，"文学中的法律"实际上就是"有关法律的文学"，"有关文学的法律"就是"法律中的文学"，因此"文学中的法律"和"有关文学的法律"构成对应关系（参见下表），总体而言，这两个领域离法学更近一些，法学家比文学理论

---

①　法学研究中，几乎所有形如"法律与××"的范式其实都需要承受这样的追问。例如"法律与革命"（尽管它不是一个"法律与文学"意义上的学术流派或研究领域），哈罗德·伯尔曼教授的名著《法律与革命》并未能缓解"法律与革命"中"与"字所承载的张力乃至牵强，直到二十年以后此书第二卷出版，伯尔曼才对此问题给出了一个相对完满的回答。——我们看到，他终究作出了回答。Harold J. Berman, *Law and Revolution*, vol. 1, 2, Harvard University Press, 1983, 2003。

②　值得说明的是，本文是一个反思学术研究谱系的元研究，而不是关于作为制度、意识形态、社会控制手段和智力成果的现实的法律与文学之间关系的研究，后者乃是法律与文学研究本身的课题之一。

③　参见苏力：《在中国思考法律与文学》，载《法学前沿》，第5辑，58—59页，北京，法律出版社，2003。

④　其实法学本身也没有核心的方法论，因此人们对法学的目标与功能多有歧见，甚至对法学是否是一个真正的学科产生怀疑。参见 Edward L. Rubin, "Legal Scholarship", in Dennis Patterson (ed.), *A Companion to Philosophy of Law and Legal Theory*, Blackwell Publishers Ltd, 1996。法律经济学的繁荣乃是因为它沾了经济学的光。

家对它们更有发言权。同理，"作为文学的法律"（"通过法律的文学"）和"通过文学的法律"（"作为法律的文学"）构成对应关系，尽管由于法律与文学毕竟是发轫于且至今依然落户于法学院的学术运动，因此不便说文学理论家或者社会学家、政治学家比法学家对它们更有发言权，但是，就像法律经济学归根结底就是经济学一样，法学家在这里的耕耘大抵是借他人"酒杯"浇自己心中"块垒"。[1]

本文的分析试图证明，上述解析并非文字游戏，法律与文学是分属若干不同学科门类的理论研究的松散联合，只是在一种并不严格的意义上，这些研究都同时涉及了法律—法学和文学作品—文学理论。因此，法律与文学不可能有一个统一的方法论。下文将对法律与文学的四个亚领域分别加以分析，在此基础上，我将论证，法律与文学研究在规范层面上的逻辑属性以及在实证层面上的社会属性又规定了它既不会繁荣也不会消亡的学术命运。

二、文学中的法律

"文学中的法律"即以文学文本为题材来研究其中的法律问题，它是法律与文学运动最重要的一部分内容，法律与文学研究的早期成果多是这一类型的，著名的如理查德·维斯伯格的《语词的失败》一书[2]。这一类

---

[1] 这里的分析的前提是承认学科标签的意义。——要搞学术，乃至要生活，就无法否认"标签"的意义。波斯纳说得好，文本怀疑与一般的哲学怀疑一样，都只能是姿态，而不可能是实践。Richard A. Posner, *The Problems of Jurisprudence*, Harvard University Press, 1990, p. 295。

[2] Richard Weisberg, *The Failure of the Word: The Protagonist as Lawyer in Modern Fiction*, Yale University Press, 1984.

研究至今盛行不衰，而且其研究对象也扩展到视听艺术等大众文化领域。[①]
然而，作为法律与文学的代表性研究类型，"文学中的法律"同样也为法律与文学运动惹来了不少争议。其中不少批评性意见并非空穴来风：在方法论层面上，"文学中的法律"研究的立论基础尚有待夯实。

法律和法学最终要解决的是社会生活中的实际问题，而不是虚构的问题（fiction）。诚然，进入法律与文学研究视野的文学文本摹写的就是生活本身，然而这并不能为"文学中的法律"争取到充分的正当性或合法性。批评者凭直觉可以说，至少这种研究的前提是不可靠的。尽管能够进入"文学中的法律"的研究视野的文学文本大多是涉及法律事件的文学名著，如狄更斯的《荒凉山庄》、陀思妥耶夫斯基的《卡拉马佐夫兄弟》、卡夫卡的《审判》、加缪的《局外人》等，然而文学名著与一般作品的边界是模糊的。根据塞缪尔·约翰逊、大卫·休谟和乔治·奥威尔一脉相承的观点，判断一部作品是否为名著的标准只能是它在文化"市场"竞争中的生存能力。[②]换句话说，历久不衰的作品就是伟大的作品。不过请注意，这一判断标准仅有时间这一个维度，而没有空间上的考虑。实际上，如果考虑到不同国度的文化实力（出口能力）和语言的差别，是否名著的标准就更是相对的了：《红楼梦》在中国是文学名著，这毫无疑义，但它在美国是不是名著就很难说了，而如果到例如某些非洲国家再问这个问题，答案应该就不难说了。由此可见，即使把"文学中的法律"的研究题材限定于文学名著，这也不过是一个空洞的标准，没有多少实际意义。而且，关键是，我们看到"文学中的法律"并没有把自己的研究对象局限于文学名著，甚至没有局限于狭义的文学作品，而是扩展到了范围更广的视听艺术作品。[③]很容易就能看出这一逻辑所隐含的极端结论：任何涉及法律问题的——版权法意义上的——"作品"都可以成为法学研究的依凭和根据。当然，这本身不是问题，但是当它们进入法律与文学的版图之后，或者在面临方法论正当性追问的时候，就很可能会出现问题。这些问题实际上是法学逐步社会科学化以后，法学与传统上属于人文学科的文学之间的张力

---

① 例如：Symposium, "Law and Popular Culture", *UCLA Law Review*, 48 (2001), pp. 1293—1591。

② Posner, *Law and Literature*, p. 11.

③ 例如《秋菊打官司》这部根据当代小说改编拍摄的电影，就激发出了中国法学家波涛汹涌的笔墨，而且佳作迭出，成为中国法律与文学"运动"的"第一推动力"。讨论这部电影的著名论文包括，苏力：《秋菊的困惑和山杠爷的悲剧》，载《法治及其本土资源》，北京，中国政法大学出版社，1996；冯象：《秋菊的困惑和织女星文明》，载《木腿正义》，广州，中山大学出版社，1999。

日渐凸显的外在表现。①

具体到学术研究的操作层面上，"文学中的法律"也有一些混沌之处。

首先，在这种类型的研究中，对待文学文本的态度，可不可能有一个一以贯之的标准？通俗地说，是不是总要或总能拿文本当回事（take it seriously）——至少就同一个作者或者同一部作品而言？作为一个范式或者方法的法律与文学的分析一定是现实主义的（否则恐怕就不再是法学研究了），然而，就作为其研究对象的文学作品而言，除了现实主义之外的作品，对于象征主义的、神秘主义的、荒诞派乃至魔幻现实主义的作品，又应该怎样对待、处理和分析，才能够维系法学的本分呢？如果说卡夫卡的《审判》还够"现实"的话，那么《在流放地》就已经开始"荒诞"了，而要是到了例如《变形记》这样的小说（假如它也是一部法律题材作品；其实，即使它不是狭义的法律题材小说，也未必就不能成为法律与文学研究的文本），又该怎么办呢？也许唯一的办法就是对文本内容做出较为随意的、"六经注我"式的剪裁和取舍。果真如此的话，也就从根本上动摇了这种研究的信度和科学性，甚至可以说，这和统计学研究中舍弃那些不符合理论假说的数据，而仅保留对研究者"有用"的数据没有本质的不同。②

其次，很多时候，要对文本当真，或者和文本较真，就必然会隐含一个前设："作者的创造高于读者的理解"或者"文本具有（某种）权威性"，对此，我也不太同意。关于这个问题，只要想一想民间故事就行了：有的作品作者是多个人，甚至是不特定的人。在这种情况下，作者的权威性如果不是虚假的，也是研究者建构的。③实际上，地位岌岌可危的，不仅是作者的权威性，而且还有作者本身。1968 年，罗兰·巴特宣布"作者死了"④：只有作者之死才能换来读者之生；1969 年，米歇尔·福柯在其著名

---

① 因此，法律与文学的发展面临着重构与整合，苏力教授对比提出了一个重要的方向，即社会学（或者社会科学）的法律与文学。参见苏力：《法律与文学的开拓与整合——冯象对法律与文学的贡献》，"法律与人文"研讨会论文，2005 年 10 月 29—30 日，浙江杭州。

② 在批评计量经济学时，科斯说，"如果你处分拷打数据，自然总会招供的。"类似地，库恩说："大自然无疑会回应计量科学家们用以探究她的那些理论预设。"Ronald H. Coase, "How Should Economists Choose?", in Thomas Jefferson Center Foundation (ed.), *Ideas, Their Origins and Their Consequences: Lectures to Commemorate the Life and Work of G. Warren Nutter*, American Enterprise Institute for Public Policy Research, 1988, p. 74.

③ 王朔对此也提出了颇有力度的怀疑：谁是权威？读书最多的人还是写书最多的人？人们需要权威吗？参见王朔：《我看大众文化港台文化及其他》，载《无知者无畏》，16 页，沈阳，春风文艺出版社，2000。

④ Roland Barthes, "The Death of the Author," *Image, Music, Text*, tran. Stephen Heath, Hill and Wang, 1977.

演讲《什么是作者?》^①中提出,作者是一个功能性的而非本体论意义上的称谓。我们可以从作者及其权威性都处于风雨飘摇之中的事实得出两点推论:一、作为读者的研究者的解读,有时候甚至很多时候只能甚至必然是"一相情愿"的,而且存在过度诠释的危险;二、"文学中的法律"与"通过文学的法律"的界限也模糊掉了,这意味着,法律与文学本来就很虚弱的方法论框架——四个分支领域的划分——也随之坍塌了。这一点将在后文第四节"通过文学的法律"之"叙事体法学"中加以讨论。

最后,当研究者把文学文本转化为法律研究的对象时,文本就很可能凸显出一些原本(即,作为文学文本)不存在的局限性:文学不是为法律而存在的,尤其不是为法律与文学研究而存在的,因此,就"文学中的法律"来说,文学文本所传达出的事实可能远不够清楚,而且当代读者也不具备故事发生的时空中的语境化的知识。波斯纳曾深刻地指出,我们的很多学术与道德争论都是因事实不清或者知识有限造成的。^②就此而言,"文学中的法律"所采取的"怒向文学觅法律"的办法不啻是一种(自愿?)戴上脚镣的舞蹈。说到底,"文学中的法律"(以及后文将要谈到的"作为文学的法律")难免沾染几分学术游戏的"玩"味^③,这类研究多是具有文学兴趣或者才华的法学研究者的智识产品与副产品。

尽管以上指出了"文学中的法律"研究潜在的种种弊病,然而笔者并非要武断且不公道地对它全盘否定。法学毕竟是法学,学术终究是学术。现实地看,人们不可能也不应该把文学作品从法学理论研究中完全驱逐出去。第一,通过文学艺术作品来研究法律与社会原本就是中西学术传统的一个组成部分^④,而传统是我们据以研究乃至生活的基础。第二,具体到法学研究而言,文学也能弥补法律的不足,这不仅"因为(文学)上演的是具体生动而典型的,直接诉诸读者的伦理意识和同情心的一幕幕'人间喜剧'",而且还因为,"要弄懂中国老底子的政法手段,光读《唐律疏议》、《资治通鉴》、《明公书判清明集》是不够的,搞不好还被蒙了;不如听一听(《红楼梦》中)那门子讲一遍'贾不假,白玉为堂金作马'的'护官符'来得切紧中肯,纲举目张。"^⑤第三,最重要的一点原因是,文学作品

---

① Michel Foucault,"What is an Author?",tran. Donald F. Bouchard & Sherry Simon, in Donald F. Bouchard(ed.), *Language, Counter-memory, Practice: Selected Essays and Interviews*, Cornell University Press, 1977, pp. 113—138.

② Posner, *The Problems of Jurisprudence*, p. 351.

③ 参见冯象:《法律与文学》,载《木腿正义》,9页。

④ 参见苏力:《从文学艺术作品来研究法律与社会?》,载《法治及其本土资源》,37—40页。

⑤ 冯象:《法律与文学》,载《木腿正义》,12—13页。

总会在某个维度上、某种程度上反映社会生活的真实，换句话说，虚构作品和非虚构作品之间并没有本体论意义上的界线，因此文学作品长久以来一直是人类学、社会学、历史学等研究所使用的材料，同理，它也可以成为法学研究的资源。

三、作为文学的法律

"作为文学的法律"包括两类研究。第一类是把文学乃至（哲学）解释学、语言哲学的理论和分析方法应用于法律文本（主要是法典，尤其是宪法）的解释。这类研究在 20 世纪 80 年代的美国曾经喧嚣一时，不过到现在已经基本销声匿迹了，时间和实践都证明，这是一条行不通的路。其主要原因有两点：一、人们越来越感觉到，解释受制于目的，因此在对不同对象的解释中不大可能提出相同的问题，而且解释也不是一件凭借主观努力就能促进的事情。[①]二、解释学在法律解释（特别是宪法解释）这一"主战场"遭到重大失败。苏力教授对此点原因有精当的分析：

> 在政治利害不同的群体间，在政治倾向不同的学者间，甚至在因其他原因而有不同判断的个体间，这种方法基本是没有用的。因为即使有这种准则或指南，其运用也是使用者冷暖自知的，没有一个可以反复测试的"客观的"标准。特别是当文本解释涉及重大的利害冲突时，当社会共识不存在时，至少在某些问题上，你无法要求也无法迫使冲突双方得出一致的意见。法律解释更多是一个争夺利益的战场，而不是划分利益的标准或方法。[②]

波斯纳则说得更直接：制定法不是文学作品，而是命令。[③]如果不是牵强附会的话，对于制定法的解释几乎无法纳入法律与文学研究，因为说到底，对于制定法真正有意义（实效）的解释不过就是以解释为名的新的立法，而且这种立法甚至并不总是以解释为名的——这种现象在中国格外突出：立法解释自然不必说了[④]，其他的解释，我们只要想一想司法机关和行政机关以及政党机关发布的各种以解释为名的立法和不以解释为名的解

---

① Posner, *Law and Literature*, p. viii.

② 苏力：《在中国思考法律与文学》，载《法学前沿》，第 5 辑，60—61 页。

③ Posner, *The Problems of Jurisprudence*, p. 264.

④ 全国人大常委会委员长吴邦国指出，"全国人大常委会依法对基本法有关规定作出的法律解释，与基本法具有同等的效力，各方面都必须遵守和执行。"参见《吴邦国：正确理解和切实执行基本法 保障香港的长期繁荣稳定》，载《人民日报》，2004-04-07。

释—立法就明白了。如果天真地以为这些制定法—解释是文学作品，那就犯了天真的错误，如果不天真地以为这些制定法—解释是文学作品，那就可能犯政治错误。这恰好验证了波斯纳的命题：它们是命令。另一方面，在谈到与法官自由裁量权相联系的"解释"时，波斯纳认为"解释"的含义太宽泛了，没有什么实际的意义，而且，当人们越是抽象地探究解释问题，就会离题越远，而那个真正重要的问题却是政治问题而非认识问题：就背离法律文本和立法意图而言，法官应赋予自己多大的自由？因此他主张要超越解释，代之以实用主义的进路：将解释问题转化为结果问题。[①]

　　"作为文学的法律"的第二类研究是指像对待文学作品一样研究司法判决书的含义、风格、修辞、结构。这类研究是富有学术意义的：通过对于普通法领域中的司法意见的文学化的分析（修辞手段、叙述技巧、说服方法、语言风格等），在一定程度上剥去了法律制度及其运作的表象，显露出令法学家感兴趣的"本质"。波斯纳在其多部著作中，尤其是在《法律与文学》和《卡多佐：声望的研究》两书中较为细致地考察了美国历史上两位著名法官霍姆斯和卡多佐的司法意见写作技巧与风格。[②]他的分析表明，伟大的司法意见几乎都是通过文学手段的伪装，把法官个人的意志与信念暗中输入并"强加"给案件当事人以及社会。在这个意义上，法律总是溯及既往的，由此在逻辑上以及事实上（尽管——当然——是隐蔽的）就颠覆了法治的众多动听的原则。更进一步，如果对"政治"作广义的理解，在上层建筑的维度上，可以说法律是政治或其"晚礼服"，在经济基础的维度上，可以说法律是资本的代言人或者"语言"。[③]是的，这有些批判法学的气息了。可正如波斯纳所言，怀疑主义者对法律有更为深刻的理解[④]，而依我看，对于司法判决书的研究正是这一理解的门径之一。拨云见日之后就会发现，所谓神治、人治、德治、法治[⑤]或者其他什么治[⑥]都不过是"治理"在人间的一些名字而已。或者用冯象先生的话说，不过是换

---

① Posner, *The Problems of Jurisprudence*, pp. 274—299.

② Posner, "ch. 8 Judicial Opinions as Literature", *Law and Literature*; Richard A. Posner, "*ch. 3 Cardozo's Judicial Technique*", *Cardozo: A Study in Reputation*, The University of Chicago Press, 1990.

③ 参见冯象著：《政法笔记》，南京，江苏人民出版社，2004。

④ Posner, *The Problems of Jurisprudence*, p. 26.

⑤ 参见高鸿钧著：《现代法治的出路》，63—68 页，北京，清华大学出版社，2003。

⑥ 例如"运动治"，参见贺卫方：《法治 人治 运动治》，载《超越比利牛斯山》，北京，法律出版社，2003。

个制度玩玩，权贵还是那同一批人。①批判法学真是让人爱恨交加。

对于司法意见和判决书的研究无疑是一个学术富矿，然而遗憾的是我们却只能望梅止渴：由于中国是大陆法系国家，司法判决书的写作习惯和传统与英美法国家迥然相异，再加上我国司法制度所特有的"国情"② 对法官判决书的质量造成种种制约，此类研究在中国几乎无法开展，而且即便开展，其价值也必将大打折扣。

四、通过文学的法律

狭义的或者说主流的法律与文学只有前面讨论过的"文学中的法律"和"作为文学的法律"两大分支，"通过文学的法律"和下一节要谈到的"有关文学的法律"是法律与文学中相对弱小和次要的分支③，然而它们却充分体现了法律与文学领域的庞杂。

根据波斯纳在其权威教科书《法律与文学》中的分类，"通过文学的法律"包括两部分内容：一是对于文学作品的教化作用的研究，波斯纳称之为"法律学术的教益学派"（edifying school of legal scholarship）；二是叙事体法学（narrative legal scholarship）。先说教益学派。

关于文学的教化与规训作用，波斯纳持明确的否定态度，他的书在这一部分开宗明义，首先就用王尔德的名言定下了基调："书没有道德与不道德之分，只有写得好与坏之分。此外别无其他。"④波斯纳认为，阅读文学（包括色情文学）作品，并不能使法律人以及普通读者的品格或行为变得更好或者更糟，至少没有充分的证据可以证明这一点。与此同时，他承认文学作品对于社会公共政策的影响，并称这方面的研究会为法律与文学开创一个新领域。⑤关于文学的社会功能，笔者原则上赞同波斯纳的意见，不过深究起来，（如下文试图证明的）波斯纳的个人经验似乎在一定程度上限制了他的分析。

对于文学的规训与教化作用的最为激进的表述无疑是雪莱的名言：诗

---

① 参见冯象、向继东：《圣经、普法及其他——冯象访谈录》，载 http://www. ideobook. net/106/，最后访问：2007 年 3 月 20 日。

② 例如中国绝大多数司法判决书都是不公开的。更详尽的分析，参见苏力：《判决书的背后》，载《法学研究》，2001(3)。

③ 在波斯纳的《法律与文学》一书中，"通过文学的法律"和"有关文学的法律"两部分内容仅占全书约四分之一的篇幅。

④ Oscar Wilde，*The Picture of Dorian Gray*，"Preface"，in *Collected Works of Oscar Wilde*，Wordsworth Editions，1997，p. 3.

⑤ Posner，*Law and Literature*，p. 306.

人是这个世界未被承认的立法者。①这恰好印证了本文引论中提出的命题：
"通过文学的法律"就是"作为法律的文学"。文学的规训与教化之功是一
个源流颇为久远的问题，尽管很少有人系统、深入而且自觉地阐发过这一
问题。从社会控制的角度来说，"万般皆下品，唯有读书高"的中国古训
作为一种意识形态，就有意或无意地利用了文学的这一功能。②历史学家黄
仁宇先生在其著名的《万历十五年》一书中讨论过的游离于皇权的文官集
团的力量，尤其是对于皇权的反作用③，实际上就是文学（广义）的规训与
教化之功在"政法"领域中的一种惊人的客观表现。"通过文学的法律"
对于文学功能的研究显然要略微狭窄一些，因为它最终必须要落脚在法律
上。从治理的角度来看，"通过文学的法律"也是、甚至更是一个政治学
和社会学问题。如果说"资本家"可能比马克思更早洞悉了剩余价值的
"秘密"，（不然，它为什么要当资本家，他何以能维系"资本家"这一社
会－经济身份？）那么，大众文化的生产者可能比政治学家、社会学家和
法学家更早、更深切地体会到了文艺作品的法律功能。鉴于作为社会控制
手段的法律和文学之间存在着源远流长的竞争关系，法治意识形态不可能
公开承认文学的教化功能④，不论是要求社会大众接受还是拒绝，都不行。
这正是上面说过的那个"治理"的"秘密"。因此，奥登就有与雪莱针锋
相对的诗句：诗不能使任何事情发生。⑤然而，不承认归不承认，文学的社
会功能所发出的光和热却一刻也不曾止息。在马克思主义唯物论的意义
上，文学也可以说是"资本的语言"——通俗地说，至少在市场经济条件
下，文学除了为人民服务之外，也为人民币服务。这一点，只要看一看好
莱坞等流行文化生产工业就再清楚不过了。⑥

　　现代法治实践中的文学与法律的相互依存与策略性利用问题，是"通

---

① Percy Bysshe Shelley, "A Defence of Poetry", in Donald H. Reiman & Neil Fraistat (eds.), *Shelley's Poetry and Prose*: *Authoritative Texts*, *Criticism*, Second Edition, W. W. Norton, 2002, p. 535.

② "三百六十行，行行出状元"是另一种表面上与"唯有读书高"相抵牾的意识形态，不过在公共政策和社会控制这一更高目标上，二者又统一起来了。当然，我也不想夸大文学的教化作用，如陈寅恪先生所感慨的"最是文人不自由"，就同时反映出了教化的成功与失败。参见陈寅恪：《阅报戏作二绝》，载《陈寅恪集·诗集》，20页，北京，生活·读书·新知三联书店，2001。

③ 参见黄仁宇著：《万历十五年》，北京，生活·读书·新知三联书店，1997。

④ 参见冯象：《法律与文学》，载《木腿正义》，24—25页。

⑤ W. H. Auden, "In Memory of W. B. Yeats", *The Collected Poetry of W. H. Auden*, Random House, 1945, p. 50.

⑥ 王朔对此也曾有痛切的领悟。他感慨道："年轻人啊，你们真是不知道我们是从一个社会风气多么虚伪的时代过来的。"参见王朔：《我看大众文化港台文化及其他》，载《无知者无畏》，16—18页。

过文学的法律"即"作为法律的文学"的核心问题，在这一领域，冯象先生作出了目前最为深入和开创性的研究①，不过．如果用法律与文学之尺来衡量他的文章（尽管他本人也许无意于把自己的研究纳入由理论标签所界定的学术框架），那么他的阐释似乎也有潜在问题：在毛主席时代的中国，《在延安文艺座谈会上的讲话》、"老三篇"、《毛主席诗词》等"文本"发挥出了非同寻常的规范作用，神圣化为"作为法律的文学"，然而，我的问题是，它们真的是文学吗？在什么意义上是？即便是，这里所说的"文学"与例如"文学中的法律"所谓的"文学"有什么不同？这种不同有什么学术含义？我将在文章最后一部分讨论这些问题。当然，除此之外，关于文学的教化作用还有不少具体的问题值得深入研究和挖掘，比如冯象先生曾经谈到的"反教化"问题，为什么好莱坞电影中只有像李逵一样藐视法律、出他一口"鸟气"的主人公才能够做得上大英雄？与复仇相连的集体责任观念为什么到现代社会就衰落了，以至于英雄雪恨殃及无辜会成为大众文化心理上的禁忌？色情文艺作品与性违法犯罪行为之间的因果关系有多少虚构、夸张或想象的成分？——可以看到，当研究推进到这般境地的时候，法律与文学就与法律社会学融合了，成为苏力教授所说的"社会学的'法律与文学'"。

"通过文学的法律"的第二部分内容叙事体法学又被波斯纳细分为叙事体法律学术写作（相当于广义的自传）和司法传记（"他／她传"）两方面，他对二者的态度同样是高度批判性的。然而他对叙事体法学的分析及其背后的逻辑多有可以商榷的地方：

从方法论的角度来说，叙事体法学的核心问题是文本的真实性问题。②波斯纳坚持认为：一、叙事体法学的叙事必须是真实的；二、应该限制学者在写作时选择事实的权利，换句话说，学者应该对真实叙事所带来的误解后果负责。③有趣的是，这两点意见恰好撞到了罗兰·巴特的枪口上：唯有作者之死才能换取读者之生。波斯纳在这里显然对作者太苛刻了，有一点或权主义的家长作风：在分派给作者过多的责任的同时．他又太不信任读者了。就他的第一点意见来说，由于叙事体法学叙事的真伪通常难以充分证明，波斯纳的立场实际上就是质疑叙事体法学的学术正当性。可既然如此，他在《法律与文学》一书中大书特书的以虚构作品为材料的"文学中的法律"的学术正当性何在？波斯纳没有说明。他的第二点意见是在树

---

① 代表性的论述，请看冯象的《法律与文学》一文，载《木腿正义》。

② "讲故事和讲事实之间所存在的令人担忧的关系是法律叙事学运动的最大问题。"Posner, *Law and Literature*, p. 355。

③ Posner, *Law and Literature*, pp. 355—357.

立一种多少有点离谱的写作规范。作者选择事实的权利就像法官的自由裁量权一样，是无法剥夺的；要作者为读者的误解负责，那作者真就不如——如巴特所言——"死了"省事。波斯纳用以立论的靶子是黑人女性法学教授帕特丽夏·威廉姆斯在其《种族与权利的炼金术》一书中讲述的一个自己经历的故事①，他非常直率而且执著地质疑这个故事的真实性②。也许是出于职业习惯，波斯纳法官把这个故事当作案例来阅读了，而不是法律与文学的学术作品。向威廉姆斯开火的不只波斯纳一个人，在更早的一篇关于叙事体法学的著名论文③中，丹尼尔·法伯和苏珊娜·谢利也针对这个故事提出了诸多批评：威廉姆斯这种自传式叙述及其内涵的情感的真实性既难证实又难证伪，因此无法进行有效的学术批评；诉诸个人情感的故事不符合以推理和分析为主的法律学术规范；叙事体作品可能会对社会政策产生不适当的影响（这里又回到了"作为法律的文学"）。针对上述批评，耶鲁法学院吉野贤治教授在最近发表的一篇文章中为叙事体法学作出辩护。他指出，在这场争论中具有反讽意味的是，真正的问题并不是威廉姆斯的故事是虚假的，而是，这个故事不是那么明显地虚假④，因为，法伯和谢利认为，完全虚构的故事可以是一种"扩展假设"——这并没有僭越通常的学术规范。波斯纳也说，Benetton 是一家真实而非虚构的公司，因此威廉姆斯的写作有诽谤的嫌疑。⑤可见，如果威廉姆斯把 Benetton 换成另外一个虚构的名字，就可以免去很多批评。——够吊诡的，不是吗？显而易见，关于叙事体法学中故事虚假性的指责基本上不攻自破了。

　　实际上，叙事体法学隐含着某种政治的和话语的策略，因为它有一个值得注意的特征，即此类作品（至少其中较有影响的作品）多数集中于种

①　圣诞节前两周的周六下午约一点，威廉姆斯前往纽约曼哈顿的一家 Benetton 商店购物，她按了门铃，职守门卫的一位十多岁的白人店员在打量她之后，以商店已关门为由拒绝其入内，而此时店内正有几位白人顾客在挑选商品。威廉姆斯暗示，她之所以被拒绝进入该商店，是因为她是黑人。Patricia J. Williams, *The Alchemy of Race and Rights: Diary of a Law Professor*, Harvard University Press, 1991, pp. 44—51.

②　Posner, *Law and Literature*, pp. 355—357.

③　Daniel A. Farber & Suzanna Sherry, "Telling Stories out of School: An Essay on Legal Narratives", *Stanford Law Review*, 45 (1993), p. 807. 尽管该文对叙事体法学提出了批评，但作者最终还是谨慎地承认了此类作品的学术价值。

④　Kenji Yoshino, "The City and the Poet", *Yale Law Journal*, 114 (2005), p. 1835, pp. 1890—1891.

⑤　Posner, *Law and Literature*, p. 356.

族和女权问题①，而我们知道，在美国社会中，这两个问题与其说是法律问题，毋宁说是政治问题。前文引述苏力教授分析解释学在宪法领域失利的原因在这里同样适用：种族和女权问题是不可能在纯粹的法律学术框架中得到解决的，或者简单说，是不能通过论证解决的，笔者想这正是他们反求诸文学的一个重要原因，即运用话语策略。在这一点上，叙事体法学又与教益学派联系起来了。

依笔者浅见，叙事体法学真实与否并不是一个那么重要的问题，前文说过，文本怀疑论是站不住脚的。况且退一步说，如果"批判使用"的话，伪史料里还有真历史呢。②由此得出的进一步推论是，"文学中的法律"（即"有关法律的文学"）和叙事体法学在边界上融合起来了：在本体论意义上，叙事体法学并不全然、必然是真实的，而"文学中的法律"所使用的文学文本并不全然、必然是虚假的，至少，如前文所述，会令研究者当真的是那些看起来真实的东西。在诠释社会生活的智识实践中，作家和学者的身份差别变得不重要了：他们都是"作者"（author）——一个功能性的名字。

叙事体法学、法律与文学乃至法学本来就是少数知识分子"惟手熟尔"的技艺，有用，然而用处亦有限。如果非要加诸"不可能完成的使命"，则难免要陷入"绝望"了。借用波斯纳的例子来说，如果有人到奥威尔《动物庄园》中去寻找关于庄园管理的知识③，或者如果有人到奥斯特洛夫斯基《钢铁是怎样炼成的》中学习冶炼的技术，那他只能对自己的失望负责。我们为什么不给包括法律人在内的读者多一些信任和责任呢？这样同时也会使作者获得更大的创作自由，如果不是言论自由的话。而且，不论法学还是文学，都还要经过市场竞争的洗礼：学术沧海横流，英雄自显本色。

---

① 除了《种族与权利的炼金术》外，其他的如：Derrick Bell, *And We Are Not Saved*：*The Elusive Quest for Racial Justice*，Basic Books，1987；Richard Delgado，*The Rodrigo Chronicles*：*Conversations About America and Race*，New York University Press，1995；Paulette M. Caldwell，"A Hair Piece：Perspectives on the Intersection of Race and Gender"，*Duke Law Journal*，1991，p. 365；Martha R. Mahoney，"Legal Images of Battered Women：Redefining the Issue of Separation"，*Michigan Law Review*，90（1991），p. 1；Mari J. Matsuda，"Public Response to Racist Speech：Considering the Victim's Story"，*Michigan Law Review*，87（1989），p. 2320。

② 参见陈寅恪：《梁译大城起信论伪智恺序中之真史料》，载《金明馆丛稿二编》，北京，生活·读书·新知三联书店，2001。

③ Richard A. Posner，"The Ethical Significance of Free Choice：A Reply to Professor West"，*Harvard Law Review*，99（1986），p. 1431，p. 1433。

五、有关文学的法律

与"通过文学的法律"一样，"有关文学的法律"显然不是始于 1973 年的那场法律与文学运动的产物，而且至今也没有被法律与文学领域完全收编。例如福柯的《什么是作者?》就是一篇先于法律与文学运动的、又被"有关文学的法律"研究奉为经典的文献。"有关文学的法律"事实上是一个杂糅的领域：通过文学作品诽谤或者侵害他人隐私权是一类民事侵权问题；版权保护的限度与文化生产力的关系主要是社会学问题；戏仿与合理使用属于版权法问题；作者身份（authorship）主要是文学理论问题，尽管它与以上三个问题都有牵连。或许可以打这样一个比方："有关文学的法律"通过对一些理论研究的商业收购建立了自己的公司，然而，这家名为"有关文学的法律"的公司对其子公司又不拥有 100％ 的股权。造成这种局面的原因之一是文学理论和法学各自版图的边界是模糊的，而它们处理的问题又有交叉。

"相濡以沫"的法律与文学走到"有关文学的法律"这步就有一点"相忘于江湖"的色彩了。然而，也正是因此，"有关文学的法律"具有一些相当迷人的特征。例如，在很多个维度上，它与知识社会学乃至政治经济学都有剪不断理还乱的联系。像版权制度，由于它的历史相对较短，其演化就成为考察法律制度变迁的绝佳标本和例证——就原理而言，版权制度的历史其实映射了几乎全部法律制度的变迁。归根结底，经济基础决定上层建筑，不论是波斯纳这样的保守派还是批判法学那样的激进派，在这些问题上都很难不服膺马克思的深刻洞见。回顾法律交叉学科研究的兴起与发展历程，使我们有理由预测，"有关文学的法律"中可能隐藏着有待开发的理论玄机和学术增长点，因为它通向法学版图的那些最遥远的疆土。用波斯纳这位"兴趣挂在法学版图边缘"的"高产的反偶像崇拜者"[①]的话来说："正是在（有关文学的法律）即法律规制文学的领域中，可以预期法律与文学运动会对法律产生最为重大的影响。"[②]

六、法律与文学的命运及其对中国法学的启示

在对法律与文学的四个亚领域作出简要的分析之后，我们再回到法律与文学本身。

通过法律与文学名称中的那个轻描淡写的"与"字的考掘，我们看到

---

① Lawrence Lessig，"The Prolific Iconoclast"，*The American Lawyer*，December，1999.

② Posner，*Law and Literature*，p. 6.

法律与文学"分裂"为"四大家族"，支脉众多，理论谱系颇为繁杂，而且还在流变之中。它的分析对象、阐释手段、研究目的都相当散乱，并且不易整合。如果说，用"法律与文学"这一标签所统领的众多分支研究还有什么共同点的话，那么这个共同点就在于它们都具有法理学的特征或意味。然而，即便是作为老牌法律学科的法理学（乃至法学）也没有一个融贯的学术方法论，法律与文学又怎么可能有统一的方法论呢！?

事实上，如吉野贤治教授所指出的[①]，在法律与文学发生"分裂"的背后还有另一层不容忽视的原因，即一个逻辑范畴的分裂：法律与文学中的"文学"（literature）一语的含义在其诸多分支领域中并不完全相同，我们可以把它粗略地区分为狭义、广义两个层次：狭义的文学很容易理解，它指的是小说、诗歌等具有美学价值的文字作品，而在英语中，广义的"文学"大致相当于汉语的"文献"或"文本"。在此基础上，经过辨析之后，我们可以发现："文学中的法律"和"有关文学的法律"使用的是狭义文学概念，"作为文学的法律"使用的是广义文学概念，而"通过文学的法律"则脚踩两条船：教益学派使用的是狭义文学概念，叙事体法学使用的是广义文学概念。

法律与文学中的"文学"含义的不统一是一条线索，有助于我们理解本文开头谈到的那一对矛盾特征：法律与文学既没有高度繁荣，也没有逐渐消亡。狭义文学与法律在某种程度上是一对冤家：一方面，古今中外的文学作品中，法律人鲜有正义形象[②]；另一方面，从柏拉图开始，法律就要放逐、压制文学[③]。法律和文学之间的这种紧张关系限制了它们之间的合作。而广义的文学，则在某种意义上包容了法律：法律作品乃是无所不在的文本的一个组成部分。[④]文学与法律不过是以各自的视角、方法和逻辑来解释和评判社会生活，它们研究的是同一个对象，摹写的是同一个母本，就此而言，法律和文学也是"孪生兄弟"，这就在终极的意义上奠定了法

① Kenji Yoshino, "The City and the Poet", *Yale Law Journal*, 114（2005），p. 1835, pp. 1837—1838.

② 莎士比亚的名句："我们要做的第一件事就是处死所有的律师。"William Shakespeare, "King Henry Ⅵ", 2nd part, scene 2, *The Complete Works of William Shakespeare*, Gramercy Books, 1975, p. 579。

③ 柏拉图的"理想国"放逐了诗人（文学艺术家），理由是文学虚假、无理性、诱人堕落。深层原因是我们在讨论文学的社会功能时谈到的，作为社会控制手段的法律和文学之间存在紧张和竞争关系。参见柏拉图：《理想国》，第 10 卷，郭斌和、张竹明译，北京，商务印书馆，1986；Kenji Yoshino, "The City and the Poet", *Yale Law Journal*, 114（2005），p. 1835, pp. 1841—1859。

④ 德里达的名言："文本之外一无所有。"Jacques Derrida, *Of Grammatology*, tran. Gayatri Chakravorty Spivak, The Johns Hopkins University Press, 1976, p. 158。

律和文学进行对话和交流的基础。

美国的法律与文学运动为当代中国法学展示了众多智识与学术创新的可能性，而中国自己的法律与文学研究也正在由自发逐步转变为自觉。[①]本文所分析的法律与文学运动的成败得失为中国未来法律与文学研究的发展提供了若干重要而且有益的启示。

第一，就法律与文学研究的产生来说，中国的学术语境与美国大不相同。如前所述，美国的法律与文学运动是为了抗衡具有显赫学术地位的法律经济学的"冷酷理性"而诞生的，但它显然未能实现初衷，其后来的发展也发生了一些转化和分化。随着经济学"帝国主义"的扩张，法律经济学在美国法学界也显出了一统天下的气象。然而中国的法律经济学，无论就其研究的深度、广度甚至在法学界的普及程度而言，都和美国存在相当大的差距。因此，我们的法律与文学研究无须担负批判法律经济学的任务，但是，却无法放下类似的学术批判使命。人们常把当代中国社会的"礼崩乐坏"归咎于市场经济的"冷酷理性"，而市场经济运作的制度和规则正是法学研究的重要组成部分，如果在法学中加入文学这一以感性为特征的理论维度，突出法律与文学的社会批判功能，则有望不辱中国法学的当代使命。进而言之，法律与文学虽然是舶来品，但重视伦理道德的儒家传统却和它在某些层面上具有天然的亲和力，对于法律与文学的"洋为中用"恰恰有助于对于中华传统文化的"古为今用"。如果中国的法律与文学研究能够在借鉴西方理论的基础上扎根于本土传统的话，那么我们甚至可以期待它会成为法学人对中国学术复兴所作的一大贡献。

第二，具体到"文学中的法律"来说，中国的文学传统与美国根本不同。包括美国在内的西方世界有一个大致统一的、可以溯源至古希腊的文化传统，文化背景上的同源性使欧美国家分享了很多共同的文学经典作品，而这些作品正是"文学中的法律"所赖以立足的根基。美国的法律与文学研究因此获得了天然的"国际性"，在这一点上，它倒是和国际经济领域的美元有几分相似之处：硬通货的用处总是更大一些。而中国文学则属于完全独立于古希腊的另一个文化传统，这是中国的法律与文学研究者相对于其美国同行的一个"比较劣势"。然而这一点并不绝对。辩证地看，我们也有可能获得"进可攻退可守"的有利位置：一方面，西学东渐的步伐自近代以来几乎没有停止过，到今天，我们对西方文化的引介更是达到

---

① 　关于中国学者现有的可以归入法律与文学范畴的研究及其成果，苏力教授曾有较为全面的评述，请看《在中国思考法律与文学》，载《法学前沿》，第 5 辑。另请参见苏力著：《法律与文学》，北京，生活·读书·新知三联书店，2006。

了空前的规模，其重要结果之一就是西方经典的地域效力已经及于中国，我们已经初步完成了与西方学者展开西学对话的知识准备。当然，对于中国法学和法律与文学来说，这只是一个相对次要的方面。更为主要的是，中国具有一个非常丰富和深厚的文学传统，其中隐含了许多可供法律与文学研究开掘的文献宝藏。例如苏力教授以元代杂剧等古典作品为题材所展开的一系列研究就是这方面的开创性典范。尽管如此，未来的具有中国特色的研究依然有很多探索的路要走，例如，与西方文学传统相比，中国古典文学具有重抒情、轻叙事的特征，在这种情况下，如何选择文学（艺术）与法律的交叉点，就是一个直接影响到研究深度和意义的重大方法论问题。

　　第三，"作为文学的法律"、"通过文学的法律"、"有关文学的法律"三类研究在中国或多或少已经存在了，不过由于中国没有而且将来也未必会有一个法律与文学"运动"，因此，这些类型的研究可能不会为"法律与文学"这一标签所收编。这是无关紧要的。真正重要的是，在一个法律和法学日益全球化的时代里，本文讨论的美国法律与文学相关领域研究中的很多问题与经验具有一般性或普遍性，值得我们在研究中加以借鉴、学习或者批判。即使法律与文学未能在中国发展成为一个独立的学派或者研究领域，它所关注、阐发以及致力于解决的很多富有理论和现实意义的问题依然存在。不仅如此，法律与文学最终所要揭秘的，乃是现代法治本身何以可能以及如何终结的问题。[①]　这，恐怕就是以学术为业的法律人所能企及的最高"技艺"了吧。

---

① 参见冯象：《法律与文学》，载《木腿正义》，27页。

Shen Ming

Law and Literature: Its Possibilities and Limitations

Abstract: Law and Literature is an academic movement originated from American law schools in 1970s, and developed into a school or a field of legal studies. Yet there were also a lot suspicions and criticisms that accompanied its development. Law and Literature is an intellectually constructed union of some different disciplines' studies, without any universal methodology. As both object and approach of Law and Literature studies, literature has two implications. In the narrow sense of the word, literature and law are two kinds of comparative tools of social control. The long-standing tensions between them restrict their cooperation. In the narrow sense of the word, literature contains law: Legal works are parts of the ubiquitous texts. The normally logical attribution and empirically social attribution of Law and Literature studies have specified its fate of neither prosperity nor perishment. The Law and Literature movement in America provides various possibilities and inspirations for the innovation of Chinese legal studies.

Key words: Law and Literature; Methodology; Interdisciplinary Studies

学科专论

夏利民 *

对外贸易法语境下行业社团的重构

【内容提要】

　　重新修订的《对外贸易法》总结了多年来我国对外贸易持续发展的经验，反映我国外贸体制改革和外贸可持续发展的客观要求，更加强调发挥市场中介组织行业协会、商会在外贸促进中的作用，为我国对外贸易的蓬勃发展提供了较为完备的法律保障。因此，本文在外贸法律制度体系的视角下，重新界定行业社团的性质，充分认识行业社团在对外贸易中的作用，分析和检讨行业社团存在的主要问题，并对健全行业社团法律体系、完善行业社团的治理结构提出可行性建议，以期加强行业社团应对WTO的能力，增强企业和国家的国际竞争力，进一步促进对外贸易的发展。

【关 键 词】

■对外贸易法　■行业社团　■重构

　　适应我国加入世贸组织的需要，重新修订的《中华人民共和国对外贸易法》已于 2004 年 7 月 1 日实施。新外贸法总结了多年来我国对外贸易持续发展的经验，反映我国外贸体制改革和外贸可持续发展的客观要求，增

---

　　* 北京师范大学法学院副院长、教授、法学博士。

加和补充了许多具有制度创新或完善意义的条款，为我国对外贸易的蓬勃发展提供了较为完备的法律保障。其中，与 1994 年《对外贸易法》相比，新外贸法第九章的对外贸易促进措施，更加强调发挥市场中介组织行业协会、商会在外贸促进中的作用。这就给外贸企业的行业性社团提出了新的更高要求，需要行业性社团的发展与完善。因此，在外贸法律制度体系的视角下，研究外贸企业行业社团的性质与作用，规范和强化行业社团的社会中介和行业管理职能，对其予以制度更新和法律重构，对于提高国民经济的整体运行效率，增强企业和国家的国际竞争力，促进对外贸易的发展有重要意义。

一、行业社团的界定

伴随着全球化的进程，20 世纪 80 年代以来，非政府组织无论其数量、规模，还是影响力都以惊人的速度蓬勃兴起，在世界各国形成与政府部门、私营企业部门相并立的"第三部门"，这一现象被有些西方学者视为"全球社团革命"，代表了 20 世纪最伟大的社会创新，就其意义，"它也许终将证明，它对 20 世纪晚期的意义，如同民族国家的兴起对 19 世纪晚期的意义一样重大"。①"非政府组织"的称谓有多种表达，诸如"民间社团"、"第三域"、"非营利部门"、"第三部门"等，联合国在《宪章》第 71 条中则称之为"非政府组织"。②大部分西方学者在国家—经济（市场）—公民社会的三分法基础上，将非政府组织理解为介于国家或政府组织与经济组织之外的非营利社团。当然，以国际法的视角，关注的是"国际的非政府组织"，但在全球化背景下，各国的国内事务与国际事务界限变得越来越模糊不清，国内的非政府组织活动越来越多的渗透，甚至参与到国际事务中，因而理应将国内非政府组织置于国际法的视野之内。至于非政府组织的种类就其涉及的领域而言，又涵括了人权、环境、妇女、贸易等社会生活的许多方面，其中自然也包括大量的行业社团。

目前，我国法律和学术界对行业社团的概念并无明确统一的界定。1998 年颁布的《社会团体登记管理条例》第 2 条仅笼统地对社会团体作出界定。据此，社会团体是指由公民或者单位自愿组成，为实现会员共同意愿，按照其章程开展活动的非营利性社会组织。但该《条例》并没有特别就行业社团予以规范。学者有的认为，行业性社团作为政府和企业间的中

---

① 马长山：《全球社团革命与当代法治秩序变革》，载《法学研究》，2003（4），133 页。
② 参见刘超：《非政府组织的勃兴与国际法律秩序的变塑》，载《现代法学》，2004（8），116 页。

介机构，以其统筹、规划、协调、服务等职能，较好地发挥了市场协调和服务作用①；有的认为，行业性社团是由同一个行业的企事业单位自愿组成的经济性团体②。但他们仅是对行业社团的内容或性质的部分说明。

笔者试从比较全面、准确的角度作出如下定义：行业社团是一些为达到共同目标而自愿组织起来的同行或商人的团体，是非营利的中介组织。我国的行业社团主要表现为行业协会和商会的形式。前者多为同一行业的企业或事业单位组成，往往是跨地域的，如中国服装协会、中国律师协会等；后者往往是由经营者组成，且以行政地域划分为特点，如全国各省市的商会组织、全国金银珠宝业商会等。但这种区分不是严格的，在一些情况下并不具有实际意义。如"中华全国工商联合会"也称"中国民间商会"。其会员既有商业企业，又有工业企业；既有按行政辖区划分的各级地方商会，又有跨地域的行业性组织。因此，本文将行业协会和商会统称为行业社团。依笔者定义，行业社团具有自治性、利益性和非营利性的特征。

1. 行业社团是自治性的中介组织

行业社团的成立，以其会员的自愿为前提，且应该基于协议的章程。章程的法律实质是组织契约，是设立各方的意思表示一致，设立行为完成，章程则得以生效。章程对行业社团的会员具有普遍的拘束力。行业社团基于章程作出决议，规范社团的内部事项，社团会员自愿地接受社团的约束，但并不具有法律的强制力。行业社团主要以协调、服务为职能，是协调政府与会员、会员与社会其他组织、会员与会员关系，并为会员提供服务的中介组织。

2. 行业社团是以利益为纽带的行业性组织

行业社团是按国家行业划分标准区分不同行业而组建的，如中国商业联合会、中国机械工业联合会、中国钢铁工业协会等，这种划分方式具有分工明确、系统清晰的特点。以行业为基础的划分标准，是行业社团区别其他社团的根本特征。行业社团是以行业划分为基础的利益群体，从事相同行业的个体往往有大体相同的利益要求，由此使得其会员具有共同的利益目标，利益是行业社团得以运作的根本推动力。

3. 行业社团是非营利的权威性组织

利益虽然是行业社团的根本的推动力，但行业协会本身不得以营利为

---

① 参见日照市民间组织管理局：《行业性社团的现状与发展》，http：//www.ica.gov.cn。

② 参见侯小伏：《行业性社团在政府机构改革中的机遇与挑战》，http：//www.wtolaw.gov.cn。

目的，也不可以举办以营利为目的的实体。否则，它将成为其会员的竞争对手，从根本上动摇行业社团的公信力。同时，由众多会员组成的行业社团专业性强，掌握的较多的信息资源，从而具有较高的权威性。

我国加入世界贸易组织，势必进一步深化经济体制和政治体制改革，需要具有自治性、利益性和非营利性的行业社团不断整合、创新和发展，使其在全球化趋势下，能够同许多国家的行业社团一样，发挥更大的对外贸易促进作用。

二、行业社团在对外贸易中的作用

1. 促进对外贸易领域政府职能的转变

随着全球经济一体化进程加快、社会利益多元化且复杂多变，国家与社会、权力和权利、自由与干预关系已不再是完全对立状态，而是出现了复杂的混合经济和国家社会化与社会国家化、公共权力领域与私人权利领域的交叉互相渗透趋向，实现了由分离抗衡向互动合作的转型。[①]行业社团的广泛兴起，展现了全球化时代国家权力回归社会的发展走向。就我国而言，多元化的行业社团，特别是体制外生成的行业社团形成的良性社会分权，无疑可以促进政府职能的转变，而在对外贸易语境下，当然会大大促进对外贸易领域政府职能的转变。

WTO 对政府提出的是一种体制性的挑战，它要用 WTO 的法律框架体系来约束成员国政府在经济活动中的行政职能和行政程序。政府只能做法律授权的事，此外都不能做；而企业除了法律禁止的事，其他都能做。我国政府的对外贸易管理也就由单纯的严格管理向适度管理和服务并重转变。过去政府承担的许多管理和行政审批职能现在可以由行业社团这些中介机构来履行。行业社团可以通过制定和发布各自行业的市场、技术准入和从业标准，对国外商品、资本、劳务的进入设置限制和障碍，从而能够实现不由政府出面照样能够保护国内市场和产业的目标，在事实上代替政府某些职能，成为游离于 WTO 规则之外的市场屏障。[②]

政府职能的转变，为行业社团的活动提供了广阔的发展空间。而行业社团的健康发展，又为进一步深化政府的外贸体制改革，促进外贸领域政府管理和服务职能，特别是发挥政府在对外贸易管理中的服务作用，从而推进对外贸易的发展。

---

① 参见马长山：《全球社团革命与当代法治秩序变革》，载《法学研究》，133 页。
② 参见万建民、连俊：《入世一年经济观察：行业协会的声音日渐响亮》，载《经济日报》，2002-12-06。

2. 为政府对外贸易政策或法律的制定提供建议

行业组织作为一个有组织的利益群体成为政府立法和决策的重要渊源之一。行业社团熟悉本行业的实际情况，熟悉国际上相同或近似产业的实际情况，行业社团以其丰富的专业知识、领域经验来游说、影响，甚至参与政府制定该产业的外贸政策和法律。政府也会在立法或决策时主动征询相关行业社团的意见和看法。在协助政府制定和实施有关政策法规的职能方面，美国行业社团的活动是积极的，效果是显著的。例如，美国半导体行业办会起草的《半导体知识产权保护法》，由美国国会讨论通过后，最终成为世贸组织《贸易相关知识产权协议》的重要组成部分之一。又如，美国保障措施决策程序所依赖的法律法规也是由行业社团协助政府制定的。美国行业社团通过调查研究收集市场和厂商信息，以资政府制定出有效的政策和措施；同时，也以此为基础，发动保障措施等的调查程序，提出合理化的实施意见和计划，促进评估措施的完整性和充分性，协助措施的执行与实施。美国行业社团的有效参与和建议使得其政府能够有效、适时地挥舞起"贸易保护主义"的大棒来保护国内产业。①

行业社团为政府对外贸易的政策或法律的制定提供建议，有助于政府决策的科学化和民主化，更有助于充分而实际地保护国内产业，维护国家经济安全。

3. 为企业的对外贸易活动提供服务

为企业提供各种服务是行业社团的重要职能。行业社团能够为企业提供对外贸易相关方面的信息服务。在现代信息社会，完整、正确、及时的信息对国家管理的作用越来越重要，国家管理对信息的要求也越来越高。而行业团体就具有这方面的优势，它打破了部门、地域之间的界限，拥有广泛的信息渠道，并集中了大量的可供参考的信息资源。在国际贸易中，行业社团可以为外贸企业提供本行业国际市场、需求、资源、市场份额"分配"、技术水平、当地民族文化等信息。如德国，一些行业社团不但收集国内的政治、经济情报，而且在国外还设有办事处或代表机构，负责收集有关资料，加以分析整理后提供给政府有关部门或企业，为它们提供决策参考。

行业社团能够提供关于 WTO 规则的咨询和行业培训。经济全球化和科学技术的进步对各行业的竞争能力和素质提出了越来越高的要求，行业社团以其本有的特质，在这方面起着重要的作用。由于行业社团集中了有关方面的专家学者，因此，为会员提供咨询服务就成为它的普遍职能。如

---

① 参见邹彦：《积极运作中的美国行业协会》，http://www.wtolaw.gcv.cn。

德国的工业协会就聘请了关税、外贸和大的跨国集团的一些专家，成立对外贸易咨询机构，向会员提供外贸咨询服务。

西方国家许多行业社团还设有企业培训的专门机构，有的则创办了职业学校。如日本的包装协会创办了包装士学校，以帮助初步掌握职业技能的劳动力进入本行业。德国的工商联合会和手工业中央联合会则把审查批准和监督实施劳资合同和职工培训计划，作为自己的重要任务和活动内容之一。①

我国加入 WTO 不久，外贸企业最大的风险是根本不作准备，不懂规则。据报道，去年底国务院发展研究中心对国内几千家企业进行的调查表明，对 WTO 有一点了解和完全不了解的企业占 95％，这一结果的确令人担忧。因此，由行业社团进行广泛 WTO 规则培训和行业咨询是十分必要和紧迫的事。

总之，行业社团能够为企业的对外贸易活动提供多方面服务，使其在国际市场中寻求更大的发展空间。

4. 加强行业自律，协调利益关系，提升外贸企业的国际竞争力

全球化和市场经济带来了利益异质化、需求多元化、权益关系复杂化，因而很难用整齐划一的原则来反映所有的利益需要和权利要求，也不能用万能的普适规则来规范人们的所有活动。因此，国家和政府尽管是社会公共利益的唯一权威代表，但它却在很多时候和情况下力不从心。由此需通过社会的自主自治、自我协调来实现社会秩序②，而社会的自主自治只能由民间社会组织来完成。在外贸领域担当此重任就是行业社团。

第一，行业社团可以通过加强行业自律，实行产业自治，维护外贸秩序。行业社团在政府的法令规范下，对该行业的发展与秩序作相当程度的自我管理，拟定行业共同的发展策略，制定共同的职业道德规范，维护行业的竞争秩序，调解彼此的纷争，对于不守行规者给予纪律惩戒。

价格自律也是行业自律的重要方面。在国际市场竞争中，企业往往采用较低的产品价格打入国际市场，而且竞相压价，这种行为很容易遭到进口国的反倾销诉讼，也是一种严重的行业集体自杀行为。因此，行业社团可以通过协调行业价格、确定最低限价的工作，以保护本国产品在国际市场上的合理价格，减少国际贸易中的摩擦。

第二，行业社团能够协调各种利益关系。在行业内部、行业与行业之间，行业与政府之间，相互的利益冲突和矛盾冲突都是大量存在且不可避

---

① 参见王毅平：《国外行业社团》，http：//www.ica.gov.cn。
② 参见马长山：《全球社团革命与当代法治秩序变革》，载《法学研究》，145 页。

免的，行业社团在协调这些关系方面发挥了重要的作用。一方面，行业协会能够整合同一行业不同企业或不同行业之间关系，协同参与竞争，保护本行业的权益不受损害；另一方面，行业社团具有为其自身的总体利益营造有利的市场竞争环境的功能，如日本，很多行业性团体根据政府制订的国民经济中、长期发展规划，提出本行业发展的前景和设想，包括行业发展趋势、行业产品和技术发展方向、市场动向等，供各企业参考，从而协调了政府与企业之间的关系，增强了本行业的市场竞争力，有效维护了市场秩序。

第三，制定行业标准，应对非关税壁垒。贸易自由是 WTO 倡导的基本原则，但是世界各国，包括最发达的国家，都在贸易保护主义的影响下，设置有关环境、安全等方面的非关税壁垒。以美国为代表的发达国家在鼓吹贸易自由化的同时，却运用专利等知识产权和制定技术标准的优势，达到控制与瓜分国际市场的目的。由于设立技术法规、技术标准、技术检验程序的目的是保护国家安全和本国消费者利益，所以 WTO 是承认各国技术壁垒存在的合理性和必要性的，而且这些技术壁垒又具有复杂性和隐蔽性，相对来说，不易遭到他国的报复。因此，行业社团在积极参与制定技术标准和技术规范的工作上大有可为，这也是其主动参与国际竞争和在国际竞争中真正取得主动权的重要环节。

5. 充分利用 WTO 争端解决机制解决贸易纠纷

在 WTO 体制下，行业社团不仅可以承担许多国际贸易活动中必须但又不宜或难以由政府和企业直接承担的事务，而且在国家间的贸易争端和纠纷中，可以帮助企业和政府利用 WTO 的保障条款和争端解决机制，维护企业和国家的利益。

例如，1999 年的"美国—英国钢铁公司反补贴税案"就是由美国钢铁协会（AISI）向美国政府提出要求进行反倾销调查的。美国钢铁协会为了能够保证政府顺利发起反倾销调查，提供了各方面的详细材料。在后来该案的专家组程序中，专家组收到了美国钢铁协会提交的书面意见；此案上诉阶段，上诉机构又收到了来自美国钢铁协会和北美特种钢产业协会的两份书面意见。它们都是以"法庭之友"的身份参与争端解决机制的。[①]

目前，中国已经成为国际上滥用反倾销手段进行贸易保护的最大受害者，国外反倾销已成为我国对外贸易发展的主要障碍之一。实践证明，以行业社团为代表应对国外反倾销诉讼，维护我国国家和企业的利益，是行

---

① 参见王彦志、郝秀辉：《非政府组织与世界贸易组织争端解决机制》，载《法制与社会发展》，2003（6），135 页。

之有效的。

例如，我国化学纤维工业协会于 1998 年在调查了我国化纤行业的情况后，认为由于化纤产品过量进口，超出了市场承受能力，导致了我国化纤产品价格大幅度下降，化纤企业产销率大幅下降，库存大量增加，已经损害了我国化纤产业。该协会决定组织企业进行反倾销申诉，并于 1998 年 11 月由化纤工业协会代表 14 家企业与律师事务所签订了协议，展开了对韩国、中国台湾地区的反倾销调查。经过调查确认后，最终向国家经贸委与外经贸部正式提出了反倾销申诉报告。立案后，化纤产品进口数量就大幅度下降，很快就起到了维护我国化纤产业利益的作用。

又如，2000 年底，美国托林顿轴承公司、铁肯姆轴承公司等美国轴承行业企业，通过美国轴承制造商协会（ABMA）同时向美国国际贸易委员会（USITC）和美国商务部（DOC）提出申请，认为中国的球轴承在美国市场以低于正常的出口价格销售，对美国相同产品的产业造成实质性的损害。根据世界贸易组织相关法律规则和美国 1930 年关税法修正案之有关规定，要求对中国销往美国的球轴承产品及其零件进行反倾销调查。对此，中国机电产品进出口商会代表浙江人本集团、万向集团、慈兴集团等 53 家生产出口球轴承企业应诉。经过艰难的诉讼，历时 14 个月，使这一中国加入世界贸易组织后首起反倾销诉讼案，以中国应诉企业取得完全胜利而告终结。[1]

行业社团能够以我国颁发的对外贸易法、反倾销条例、反补贴条例、保障措施条例为法律武器，组织或代表行业企业对于外国企业向我国倾销的行为，进行反倾销起诉；对于外国企业对我国的反倾销起诉，进行应诉，而且及时地在进入反倾销起诉与应诉程序之前，进行协调，争取在更大范围内保护我国企业取得更多的合法权益。

三、我国行业社团的发展现状及主要问题分析

我国行业社团可以分为全国性行业社团和地方性行业社团。对于外贸企业领域的全国性行业社团总量，目前没有较为权威的新的全面统计。学者调查研究大致有两种说法：一种说法是，除去学会、研究会、基金会和管理性质的协会外，全国性的行业社团在 1999 年年底已经增至 292 家；另一种说法是，"从 80 年代初国家经委组建包装技术、印刷设备、食品、饲料四个跨部门的全国性行业协会以来，工商领域全国性行业协会（包括行

---

[1]　参见东方法律翻译网：《入世首起中美反倾销诉讼案始末》，http://www.eastweslaw.com。

业协会和商会等社会中介组织）已达 480 多家。① 但这些行业社团目前的官民属性、行业分布、会员数量及其构成情况，均无从获悉。

我国行业社团的产生，按照企业的需要和政府机构改革的需要，大体有体制内、体制外和法律规定三种途径。

体制内生成的是适应从计划经济下的部门管理转向市场经济下全行业管理的需要，适应政府机构改革和转变职能的需要，由政府行业主管部门组建行业协会。在政府的授权或委托下，承担部分行业管理职能，通过分解和剥离政府行业主管部门，自上而下地培育行业协会。

体制外生成的乃由民营企业自发形成，以期通过行业协会的自律管理和自我服务，求得公平的竞争环境，促进企业的发展。这些体制外途径生成的行业协会具有较强的区域性。

依法律规定直接建立的行业协会，则是通过立法途径产生或事后确认的行业（职业）协会，在我国为数不多。目前主要有"注册会计师协会"、"律师协会"、"中国证券业协会"等。

政府机构改革和 WTO 为行业社团发展带来机遇和挑战，行业社团在外贸领域也发挥着重要作用，但我们也应清醒地看到上述不同机制下产生的行业社团都或多或少存在着以下主要问题：

1. 双重管理体制造成行业社团自主性不足

依照我国 1998 年的《社会团体登记管理条例》第 6 条规定，民政部门是唯一的社团登记管理机关；而"国务院有关部门和县级以上地方各级人民政府有关部门、国务院或者县级以上人民政府授权的组织，是有关行业、学科或者业务范围内社会团体的业务主管单位"。该《条例》第 9 条规定："申请成立社会团体，应当经其业务主管单位审查同意，由发起人向登记管理机关申请筹备。"这些规定造成了我国行业社团的双重管理体制。所谓"双重管理"，是指社会团体同时要有两个"婆婆"，一个是"登记管理机关"，另一个是"业务主管单位"。由此造就了行业社团特别是体制内生成的行业社团的"半官半民"性质。

"双重管理体制"使行业社团处于政府的直接控制之下，它不可能具备完整意义上的独立性或自治性，行业社团的经费由政府投入、人员尤其是负责人由政府选任、机构由政府审批、活动由政府主管，有的则是政府直接以行政方式组建，使得我国行业社团对政府有过重的依赖性。因而严重阻碍了行业社团自主性和民主参与性功能的发挥，实质上否定了行业社团的自治性质，使行业社团无法履行其契约原则和民主原则，难以真正成

---

① 参见余晖：《行业协会及其在中国转型期的发展》，http://www.doctor-cafe.com。

为会员企业所信赖的中介组织。

2. 行业社团缺少有效的法律制度供给

世界许多国家都十分重视行业社团的规制，致力于把行业社团纳入制度化、法制化轨道，为行业社团正常活动提供制度保障和法律保障。而我国对行业社团的立法是滞后的，虽然也有一个程序性的《社团登记管理条例》，还有些部门规章以及诸多党政机关的规范性文件，但它们的规定过于粗糙、简单，对于政府与社团关系，社团与社会关系、社团的权利义务关系都不十分明确，因而导致行业社团社会合法性的欠缺，社团的自身权益、业务活动、职责范围、组织管理、经费收支等都缺乏法律规制和保障，严重影响其功能的发挥。同时，现有的社团管理法规，把行业社团与其他社团组织混同管理，忽略了行业社团对经济发展及建立新的市场秩序的独特作用，不利于行业社团的规范和发展。

此外，现有的社团管理法规，对于行业社团的成立实行严格审批程序。要求企业在组建行业协会时，必须通过一个行业行政主管部门的审批，即先取得"行政合法性"后才能获得"法律合法性"。这种管理制度有许多弊端：其一，行业社团发展不平衡，民营化和市场化程度高的行业和地区，行业社团发展的比较好，反之则较差；其二，大量的本来应该得以成立的行业社团却因难以或不愿找一个"婆婆"，而无法取得合法身份；其三，由于政府主管部门的审批和年检的成本太大，许多一级行业社团实际上代行了政府的功能，而这是与行业社团性质相违背的；其四，政府机构改革中许多政府行业主管机构的撤并，会使原先由其审批的行业社团因无主管而丧失其合法性。

3. 行业社团的数量和布局还难以满足对外贸易的实际需要

从世界各国的经济发展看，市场经济发达国家都有非常精致的行业社团组织体系，而经济落后国家的中介组织发展则相对滞后。与发达国家相比，我国的行业社团无论数量，还是布局都不能满足实际需要。在数量上，我国工商领域全国性行业组织仅有400余家，其中工业系统的行业社团只有208家，中国国际贸易促进会和中国国际商会的各级分支机构也只有600余家，而美国则有1.8万个行业社团。在布局上，一方面已有的行业社团除存在着散、乱、小的问题外，已基本涵盖了传统行业；另一方面一些新的、受入世影响较大的行业，主要是服务业和新兴产业领域如金融、医药、房地产、物业管理等则大多缺少行业社团。而农业方面行业社团的缺乏则是全国性的普遍现象。这种数量与布局的不足，显然难以适应加入WTO后完善市场经济体制，进一步发展对外贸易的实际需要。

4. 行业社团能力不足，直接造成应对WTO能力的欠缺

我国加入 WTO 后，行业社团的工作对象不仅仅是甚至主要不是会员企业，而是外国政府组织和行业社团、本国政府组织和工会组织，与这些组织的积极接触是行业社团发展的趋势。这也给行业社团所承担职责的能力提出了更高的要求。而由于政府对行业社团的过度干预、社团活动经费不足、社团的自律性不够、社团的规模以及社团的社会影响程度小、社团缺少 WTO 知识及外贸经验等因素的作用和影响，我国的行业社团与其他国家行业社团相比，表现出明显的能力不足，即行业社团动员社会资源、政治资源、国际资源的能力并不理想，难以有效组织其成员，实现行业社团的目标和宗旨，难以在国际经济舞台上发挥其应有的作用。

四、对外贸易法语境下行业社团重构的法律思考

行业社团作为市场经济的产物，是市场机制下必需的一种经济制度，也是发展对外贸易的重要依靠力量。但是我国行业社团不适应 WTO 和对外贸易需要的诸多问题同样是客观存在的，因而我们必须健全行业社团的法律制度，改革行业社团管理体制，培育和完善行业社团运行机制，充分发挥行业社团的对外贸易促进作用。

1. 健全行业社团的法律体系

1998 年《社会团体登记管理条例》、1997 年国家经贸委颁发的《关于选择若干城市进行行业协会试点的方案》和 1999 年颁发的《关于加快培育和发展工商领域协会的若干意见》（试行），是我国规制行业社团的主要法规，此外还有众多的部门规章。由此我们不难看出政府在行业社团法制化的工作方面确实作出了许多努力，但其成效却差强人意：

（1）法律位阶低，内容庞杂，透明度低。《社会团体登记管理条例》规定得很简略，过于原则和概括。而作为主要组成部分的民政部以及其他部委的规章，却杂乱无章，又很难为人了解，效力层次较低。（2）程序复杂、烦琐。成立行业团体，需要经过业务主管单位、登记管理机关的三次审查，并且每次审查都是实质性审查。《社会团体登记管理条例》还要求在业务主管单位批准后，尚不可开始筹备活动，须向登记管理机关申请筹备，经过批准才能够开始各种筹备活动，完毕后再申请成立登记，经核准登记才为合法成立。（3）对于社会团体成立的限制较多。不仅仅有《社会团体登记管理条例》中就会员人数、财产数额、发起人和拟任负责人资格等方面的限制，更有登记管理机关在行政管理中进行的更多的限制。（4）从立法技术上看，《社会团体登记管理条例》中的很多规定过于模糊，造成其含义不易被理解，且在很多情况下使得行政机关取得了特别大的自

由裁量权。[①]（5）《社会团体登记管理条例》是对广泛意义上的社团登记的管理，把工商业行业社团与政治性、学术性组织混淆在一起，缺少对行业社团这一类社会团体有针对性的规范，缺乏可操作性的详细规定。

因此，应该由全国人大制定专门的《工商行业社团法》，特别针对行业社团与其他社团在法律定位上的区别，就其生成机理、准入规则、组织原则、社会地位和职能作用等内容，予以明确的法律界定。

2. 完善行业社团的治理结构

改革行业社团管理体制，重塑政府与行业社团的关系。如前所述，我国的行业社团有许多是在体制内生成的，它们一方面受政府委托，承担了一部分行政管理的职能；另一方面，作为民间团体，又具有行业社团组织的职能。它们不属于政府系列，但也不是纯粹的民间社团组织，作为政府委托的"法定机构"，实际上具有半官半民的性质。这使得其在对外贸易活动中，难以充分发挥其服务与协调的功能。因此，我们应该在未来新的法律框架内，重塑行业社团与政府的关系。

政府与行业社团应是相互依赖合作的关系，行业社团是独立于政府的一种社会中介组织，是平等的法律主体。它不隶属于政府，政府也不能干预行业社团的内部事务。由于行业社团是政府与企业之间的桥梁和纽带，所以，行业社团可以影响政府，它有权利参加政府制定行业发展规划、产业政策、行政法规和法律的活动，同时，也有义务协助政府贯彻实施这些政策法规，政府也可以委托行业社团完成某种任务。当然，政府也应放弃强制手段，转向通过管理职能的下放、政策支持、提供资金支持等优惠政策扶持行业社团。改革行业社团管理体制，应该取消现行的业务主管部门和社团登记机关的双重管理，只由社团登记机关进行依法监督管理，以保障行业社团活动不受不当干预，削减其行政化倾向，同时也通过立法限制结社自由权利的滥用。[②]

3. 适应 WTO 的需要，加强行业社团自身能力建设

首先，建立科学的社团自律运行机制。行业社团不同于行政机关的显著特点是它的民间自治性，这就是说它没有行政纪律的强制约束，但行业社团应有其自律机制：

其一，社团章程是行业社团自律的有效文件。凡是自愿入会的会员，都必须遵守行业社团章程的规定，享受权利，履行义务，否则退会。同时，还应建立健全各项规章制度，形成完整的社团自律运行机制。其二，

---

① 参见葛云松：《论社会团体的成立》，http：//www. wtolaw. gov. cn。
② 参见马长山著：《国家、市民社会与法治》，1 版，254 页，北京，商务印书馆，2002。

合理的规章制度是行业社团组织、办事机构以及会员从事各项活动的规范文件，这些制度包括民主决策制度，财务管理制度，人事、会议、工作职责、服务制度等。它们对行业社团可以起到协调步伐，保证工作稳定性和连续性的作用。总之，行业社团自律运行机制是行业社团自我约束，自我管理，开展活动的依据，有规可依，有章可循，就能加强行业社团自身建设，进而扩大自己的社会影响，通过本行业的管理活动，使其会员企业在激烈的国际市场竞争中立于不败之地。

其次，增强行业社团的代表性，扩大行业社团的覆盖面。根据 WTO《反倾销协定》第 5 条的规定，反倾销调查可通过进口国国内产业或国内产业代表向有关当局提出书面申请后发起；书面申请应包括一份列出同类产品的所有已知国内生产者的清单（或同类产品的国内生产者协会），以确认其代表提出申请的产业。但主管机关还需要根据国内同类产品生产者对申请的支持程度来决定是否发起反倾销调查，进行 50％ 或 25％ 测试。[①]这说明，如果行业社团作为进口国国内产业的代表，在国内发起反倾销、反补贴调查，它必须具有相当广泛的代表性。

适应对外贸易需要，我国行业社团必须在总量上继续扩大，结构上更趋多元，布局上更加宽广，功能上日益齐备，专业化特征更加突出，服务领域进一步延伸。将行业社团在更广阔的领域、更高的层面上进行整合。

最后，提升学习能力，善用 WTO 的规则，维护本行业利益。

行业社团应该研究我国的技术壁垒，建立防范措施体系。行业社团一方面可以就 WTO 成员国将要出台的相关政策，组织企业进行贸易政策评议，以减少国外的技术贸易壁垒；另一方面，可以代表行业利益对政府决策施加影响，提出建议并通过制定国家技术法规来建立防范措施体系；更重要的是要在全行业推广普及环境管理体系认证及绿色生产技术达标工作，以取得通向国际贸易市场的绿色通行证。

行业社团应该建立行业的预警机制，包括国内产品遭受国外产品进口冲击可能受到损害的监测，我国产品出口可能招致进口国采取反倾销、反补贴或保障措施的监测，尤其是对行业的重点产品以及重点国家、重点地区市场变化的监测、整理和分析，及时发布预警信息，实现行业保护工作的前置化，有效保护行业和企业的安全。

4. 履行入世承诺，加强对于行业社团的有效监督

行业社团由于自身的缺陷，在维护行业利益的同时，有可能逐渐演变

---

① 参见李双元、蒋新苗著：《世贸组织（WTO）的法律制度》，1 版，263—264 页，北京，中国方正出版社，2001。

成为垄断的滋生地，市场的分割者。为保证市场的有序竞争，我们必须对行业社团进行合理的外部约束。我国即将出台的《反垄断法》，配合《反不正当竞争法》、《价格法》等法律法规具体地指导和规范行业社团的联合行为。而且，根据 WTO 法律框架下《服务贸易总协定》第 1 条第 3（a）款之规定，我国还应该保证行业社团采取的措施，诸如产品定价、质量监督、标准制定等不违反我国的义务和承诺。

在政府对行业社团适度管理监督的同时，借鉴国外经验，还应建立第三方对行业社团的监督与评估机制。虽然国外的一些个案研究表明，行业社团的效率较高，但从全球范围看，由于行业社团既不存在市场的竞争机制，又不像企业一样存在个人的利益，因此，客观上行业社团由于缺乏激励机制，也容易出现效率低下的情况。因此，我国应该建立对行业社团以审计或其他适宜的第三方监督与评估的机制，防止行业社团的异化。可以说，建立第三方的监督与评估机制是当前我国行业社团发展过程中一项极为紧迫而全新的任务。

五、结论

行业社团在全球范围的广泛兴起，正在一定程度上改变着当代的社会结构和法治模式，展现着全球化时代的法治理念变革和法治秩序走向。然而，行业社团在我国法律秩序中的法律地位与制度安排并未得到满意的解决，我国法律的发展滞后与行业社团勃兴，于社会生活，乃至于国际层面已是不争的事实。2004 年的《中华人民共和国对外贸易法》第 56 条对行业社团的对外贸易促进作用的肯定①，虽然仅此一条，却昭示着政府转变对外贸易领域的职能，改革对外贸易管理体制的努力与决心，极大地蕴涵着自主平衡精神和民主法治价值。因此，适应我国对外贸易发展的需要，健全行业社团法律体系，完善行业社团的治理结构，形成良性有序的行业社团运作机制，加强其应对 WTO 的能力，是我国进一步发展对外贸易，建设外贸强国，提升国家国际竞争力的路径选择。

---

① 《对外贸易法》第 56 条规定："对外贸易经营者可以依法成立和参加有关协会、商会。有关协会、商会应当遵守法律、行政法规，按照章程对其成员提供对外贸易有关的生产、营销、信息、培训等方面的服务，发挥协调和自律作用，依法提出有关对外贸易救济措施的申请，维护成员和行业的利益，向政府有关部门反映成员有关对外贸易的建议，开展对外贸易促进活动。"

Xia Limin

Reconstruction of the Profession Associations under the Foreign Trade Law

Abstract: The Latest revision of Foreign Trade Law summarized the experiences of China's development of foreign trade, reflected the objective requirement of foreign trade system reformation and sustainable development, emphasized the function of agencies, professional associations (P. A. for short) and chambers of commerce, and provided legal guarantee for the development of foreign trade. Therefore, in the view of legal system of foreign trade, it's very important to redefine the essence of P. A. , to understand the function of P. A. during foreign trade process, and to review and analyze the main problems of P. A. . Perfecting of the legal system of P. A. and carrying out feasible advice of the governance of P. A. is essential to enhance the adaptability of P. A. to WTO, to strengthen the international competitive power of enterprises and the Nation, and to further promote the development of foreign trade.

Key words: the Foreign Trade Law; Professional Associations; Reconstruction

张桂红 [*]

论海上保险中的委付

【内容提要】

　　海上保险委付是指保险标的在推定全损的场合视同已全部损失，被保险人放弃保险标的，将保险标的的一切权利和义务转移给保险人而收取全部保险金额的制度。海上保险委付的原因有"推定全损说"、"法定原因说"、"全损说"。关于海上保险委付的法律性质，目前理论界有四种不同的理解：委付是单方法律行为，委付是双方法律行为，委付是经法院判决生效的法律行为，委付是要约。海上保险委付的成立条件包括：必须有明确的委付意思表示，委付的内容必须明确、肯定，委付不得附带条件，委付应及于保险标的的全部。海商法关于委付的规定应作相应的修改。

【关 键 词】

■海上保险　■委付　■法律性质　■成立条件

　　海上保险中的委付（以下简称委付）是海商法中的一项重要制度，其理论性和实践性均很强。我国理论界对这一制度的研究既不全面，也不深入。我国长达278条的《中华人民共和国海商法》（以下简称《海商法》）

　＊　北京师范大学法学院教授，国际法教学研究中心主任。

中仅用了 3 个条款对之加以直接规定，显然，是不能适应顺利、及时解决错综复杂的委付纠纷的需要的。海商法生效 13 年多了，对之修订的呼声越来越强烈，为促进委付制度的进一步完善，本文拟对委付制度中亟待澄清的几个基本问题进行研究，并在此基础上提出相应的立法建议。

　　本文所要论及的委付，是海上保险中特有的一个概念和制度。如保险委付是指保险标的在推定全损的场合视同已全部损失，被保险人放弃保险标的，将财产的一切权利和义务转移给保险人而收取全部保险金额的制度。根据损害保险原则，当保险标的全部或部分损失还没有得到确认之前，被保险人是得不到损害赔偿的。可是由于海上保险的特点，在短时间内证明上述损失是很困难的。在这种情况下，拒绝被保险人请求保险赔偿的权利，对被保险人来说是个严重的问题，其在企业中投下的资金就会处于冻结状态，从海运政策上看也将导致不良的后果。因此，当保险标的遭受全损已不可避免时，法律上允许把它看做是全部损失，承认被保险人可以请求全部保险金额，实属客观需要。这种制度即为保险委付制度。现代意义上的保险委付大约起源于 16 世纪，当时的保险合同规定："船舶在一定的期间未归航者，即视为实质灭失，支付填补金而废止预付金，而被保险人则将保险标的上的权利让与保险人。"① 随着保险制度的日益完善，委付被海上保险广泛采用，委付标的也从最初的船舶扩大到货物和运费，委付已经成为各国海商法中有利于被保险人的法律制度。②

　　虽然对于委付发生在推定全损的场合各国已形成共识，但各国为了自己的航运政策和利益的需要，对保险委付的性质、保险委付的原因、保险委付的构成要件、保险委付行为的法律效力、保险委付通知发出的合理时限、接受委付的合理时限、委付权利的丧失等问题的规定却存在颇多差异。本文拟以英国 1906 年《海上保险法》、我国台湾地区"海商法"和我国《海商法》相关规定及有关海商法的理论，对海上保险委付的原因、委付的法律性质和委付的构成要件进行分析和论证，以弥补我国学术界对委付制度研究不系统和不深入的缺陷。同时，针对我国《海商法》中关于委付仅有第 249—250 条直接规定委付的情形，提出相关修改、补充意见，期望能够对正在进行中的《海商法》修订工作有所裨益。

---

　　① 梁宇贤著：《海商法论》，再修订初版，689 页，中国台湾，台湾三民书局股份有限公司，1997。

　　② 参见阎铁毅：《被保险人发出委付通知后船舶的法律地位探讨》，载司玉琢主编：《中国海商法年刊》（1998），145—154 页，大连，大连海事大学出版社，1999。

一、关于委付的原因

关于委付的原因，海商法学界存在不同的观点，归纳起来主要有以下几种学说：

其一，"推定全损说"。该说认为只有推定全损才产生委付。此为我国海商法学界的通说，特别是在《海商法》实施后更为盛行。持这种观点的学者认为，委付仅适用于推定全损的场合，是指在保险标的发生推定全损时，由被保险人把保险标的的所有权转让给保险人，而向保险人请求赔付全部保险金额的做法。① 而我国《海商法》第249条"保险标的发生推定全损，被保险人要求保险人按照全部损失赔偿的，应当向保险人委付保险标的"的规定也体现了此种观点。

其二，"法定原因说"。该说认为不论是推定全损还是实际全损，均可以成为委付的法定原因。此为我国台湾地区通说。持该种观点的学者认为，委付者，指被保险人于发生法定委付原因时，可将保险标的的一切权利转移于保险人，而请求支付该保险标的的保险金额的法律行为。② 我国台湾地区现行"海商法"（1998年修订）第143条、第144条、第145条分别规定了3种委付原因：（1）船舶委付之原因：①船舶被捕获时；②船舶不能为修缮或修缮费用超过保险价额时；③船舶行踪不明已逾两个月时；④船舶被扣押已逾两个月仍未放行时（此处所称之扣押，不包括债权人申请法院所为之查封、假扣押及假处分）。（2）货物委付之原因：①船舶因遭难或其他事变不能航行已逾两个月而货物尚未交付于受货人、要保人或被保险人时；②装运货物之船舶，行踪不明，已逾两个月时；③货物因应由保险人负保险责任之损害，其恢复原状及继续或转运至目的地费用总额合并超过到达目的地的价值时。（3）运费委付之原因：运费之委付，得于船舶或货物之委付时为之。③

其三，"全损说"。该说认为，根据保险的首要原则——赔偿原则所派生出来的物权代位原则，被保险人向保险人请求全损（全部损失）保险赔偿时，不论是实际全损还是推定全损，被保险人都必须放弃保险标的的权

---

① 参见吴焕宁主编：《海商法学》，第2版，338页，北京，法律出版社，1996；康军主编：《海商法理解适用与案例评析》，193页，北京，人民法院出版社，1996；陈明、王献枢主编：《海事法律辞典》，303—304页，1992；罗忆松主编：《海商法》，409页，北京，中国法制出版社，2000。

② 参见邱锦添著：《海商法》，第2版，453页，中国台湾，台湾五南图书出版有限公司，1998；梁宇贤著：《海商法论》，689页。

③ 我国台湾地区现行"海商法"对海上保险委付的原因、事项和范围都作了修订。

利，将保险标的转让给保险人。① 只不过在实际全损的情况下，被保险人向保险人发出"委付通知"对保险人一般无实际意义，故法律上只要求在推定全损的情况下，如果被保险人请求全损赔偿，就必须向保险人发出委付通知。

上述三种关于委付原因的学说均有其合理性。其中，依据"法定原因说"，可以迅速认定委付能否成立，将保险人和被保险人在海损事故发生后的复杂法律关系在短期内明确化，防止保险人和被保险人在海上事故发生后因委付原因不明而发生无谓纠纷。关于"全损说"，笔者以为取自于英国 1906 年《海上保险法》的有关规定。该法第 57 条第 2 款规定："在实际全损的情况下，不必发送委付通知"，而第 61 条规定："如果发生推定全损，被保险人可以将其视为部分损失，也可以把保险标的委付给保险人，把损失视为实际全损"，第 62 条第 1 款进一步规定："除本条另有规定外，如果被保险人选择将保险标的委付给保险人，必须发出委付通知。如果被保险人未发送委付通知，损失只能被视为部分损失。"可见，英国《海上保险法》中关于委付的原因既包括实际全损，也包括推定全损，只是在推定全损场合被保险人必须发出委付通知。而实际全损时，被保险人不必发送委付通知。虽然有人认为此观点不符合设立委付制度的宗旨而且"不符合客观事实"②，但笔者以为，应该注意到 18 世纪以来国际海上保险市场被英国垄断，伦敦不仅是世界海上保险业的经营中心，而且是海上保险的诉讼中心和仲裁中心的客观事实③，以及国际上最大的海上保险市场在英国伦敦、世界上约有 3/4 的国家和地区参照或采用英国 1906 年《海上保险法》及英国法院对保单条款作出的解释④等情形，对英国海上保险委付的原因予以重视和研究既是必要的，也是具有现实意义的。

各国海商法无论采用何种学说作为立法的理论根据，均是为了维护和促进本国海上保险关系的稳定。我国《海商法》第 249 条规定："保险标的发生推定全损，被保险人要求保险人按照全部损失赔偿的，应当向保险人委付保险标的。保险人可以接受委付，也可以不接受委付，但是应当在合理的时间内将接受委付或者不接受委付的决定通知被保险人。委付不得附带任何条件。委付一经保险人接受，不得撤回。"笔者以为，根据我国《海商法》第 249 条的规定，可以推导出我国《海商法》采纳的是"推定全

---

① 参见汪鹏南著：《海上保险合同法详论》，152 页、169 页，大连，大连海事大学出版社，1996。

② 参见张学辉：《海上保险委付制度研究》，武汉大学硕士学位论文（2001 年 5 月），4 页。

③ 参见汪鹏南著：《海上保险合同法详论》，16 页、152 页。

④ 参见於世成等编：《海商法》，389 页、426 页，北京，法律出版社，1997。

损说"，而并非有些学者主张的"全损说"。① 只是我国《海商法》应该将相应的条款更加明确化，以免产生理解上的歧义。我国台湾地区"海商法"规定的委付原因既具体又明确，是值得我国《海商法》在修订时借鉴的。

二、关于委付的法律性质

关于委付的法律性质，目前理论界存在四种不同的理解：（1）委付是单方法律行为；（2）委付是双方法律行为；（3）委付是经法院判决生效的法律行为；（4）委付是要约。对委付法律性质的不同理解，将会直接影响到委付纠纷的顺利、及时和准确解决。

我国《海商法》规定的委付的法律性质究竟是什么，既是一个亟待解决的理论问题，更是一个操作性很强的实际问题。我国《海商法》未给委付下定义，海商法学者给委付下的定义大同小异，如委付是指在保险标的发生推定全损时，由被保险人把保险标的的所有权转让给保险人，而向保险人请求赔付全部保险金额的做法②；委付，是指海上保险事故发生后，保险标的构成推定全损时，被保险人要求保险人按照全部损失赔偿，而将该保险标的的全部权利和义务转移给保险人的一种法律制度③；委付，是指放弃对保险标的的物权，即被保险人单方面表示将保险标的的全部财产、权利和利益抛弃，转让给保险人的行为；我国台湾地区学者多主张委付是单方法律行为，如委付者，指被保险人于发生法定原因时，可将保险标的的一切权利转移于保险人，而请求支付该保险标的的保险金额的法律行为④。从上述多数海商法学者对委付下的定义来看，显然将委付认定为被保险人的"单方法律行为"。

但是，委付究竟是单方法律行为还是双方法律行为，抑或是其他性质的行为，在我国《海商法》生效前后都存在不同的认识。虽然，委付是"单方法律行为"的观点在我国海商法学界已占主导地位，但依然有许多学者认为，委付须经保险人同意接受方能成立或生效，因此，持委付是"双方法律行为"的观点的学者大有人在。⑤

① 参见吴焕宁主编：《海商法学》，338 页。
② 参见於世成等编：《海商法》，389 页。
③ 参见阎铁毅：《被保险人发出委付通知后船舶的法律地位探讨》，载司玉琢主编：《中国海商法年刊》（1998），145—154 页。
④ 参见於世成等编：《海商法》，426 页；陈安主编：《国际海事法》，269 页，厦门，鹭江出版社，1989。
⑤ 参见陈明、王献枢主编：《海事法律辞典》，304 页；傅旭梅主编：《中华人民共和国海商法诠释》，457 页，北京，人民法院出版社。

　　另有学者认为，委付，既不是单方法律行为，也不是双方法律行为，而是"依承诺和判决生效的法律行为"。[①] 我国台湾地区现行"海商法"第146条也规定，委付经承诺或判决有效。

　　此外，英国法将委付视为要约。[②] 受其影响，我国也有许多学者将委付视为要约，认为被保险人提出委付请求，保险人有权决定是否承诺。保险人如拒绝委付，并不影响其履行赔偿义务。委付一经保险人承诺，即告成立。双方不能因其他原因而反悔，解除委付。[③]

　　笔者以为，上述前三种观点，虽有其合理性，但不符合我国《海商法》的立法精神。根据我国《海商法》第249条的规定，笔者以为，将委付视为要约，既符合我国《海商法》的立法意图，也符合《中华人民共和国合同法》（以下简称《合同法》）关于要约的规定。我国《合同法》第14条规定："要约是希望和他人订立合同的意思表示，该意思表示应当符合下列规定：（1）内容具体确定；（2）表明经受要约人承诺，要约人即受该意思表示约束。"我国《海商法》第249条规定："保险标的发生推定全损，被保险人要求保险人按照全部损失赔偿的，应当向保险人委付保险标的。保险人可以接受委付，也可以不接受委付，但是应当在合理的时间内将接受委付或者不接受委付的决定通知被保险人。委付不得附带任何条件。委付一经接受，不得撤回。"因此，笔者以为，委付是在保险标的发生推定全损时，被保险人为了获得全部损失赔偿而向保险人提出的单方意思表示，即希望与保险人订立保险委付合同的意思表示。它符合要约的规定：（1）内容为"被保险人向保险人委付保险标的，保险人按照全部损失赔偿被保险人"，既具体又确定；（2）委付一经接受，不得撤回，体现了要约对双方的约束力，即在保险人（受要约人）接受（承诺）委付后，被保险人（要约人）受该意思表示的约束，即不得撤回委付。而"委付一经接受"就意味着保险人已经将接受委付的决定通知到被保险人，委付合同已经成立，因此，被保险人不可能再拥有撤回委付的权利。如果将"委付一经保险人接受，不得撤回"修订为"委付一经接受，委付合同成立"则更明确，且便于理解和执行，同时，还能突出将"委付"视为"要约"的立法意图，以减少纷争。

---

　　① 参见郑蕾：《试论我国海上保险中的委付制度》，载《保险研究》，1999（2）。
　　② 转引自周宏楷：《从船舶所有权论海上保险中的委付》，载《中国海商法协会通讯》，2000（4）。
　　③ 参见司玉琢主编：《海商法大辞典》，487—488页，北京，人民交通出版社，1998。将委付视为要约的观点，得到了越来越多的学者的支持。另可参见张湘兰、张学辉：《海上保险委付行为的法律性质新探》，载《法学评论》，2001（1）。

三、关于委付的成立条件

关于委付的成立条件或构成要素，目前海商法论著中论述很少，并且现有的关于委付成立条件的分析也未形成比较一致的观点，如有学者称之为委付的成立条件，有的称之为委付的构成要件[①]，其他学者虽未作委付的成立条件或构成要件之类的表述，但以其他方式表述了类似的含义[②]。由于多数学者并不认为委付是要约，故他们的论述大都限于海商法范围的分析，因此，不够充分和全面也就在所难免。同时，我国《海商法》第249条、第250条，也不能充分显示委付的构成要素。这势必导致对海上保险中如此重要且非常特殊的委付的成立条件在认识和实际把握上的模糊性和不统一性，从而十分不利于保险人和被保险人法律关系的稳定。有鉴于此，笔者根据要约的构成要件和委付的特殊性，将委付的成立条件置于我国《合同法》和《海商法》之下加以考察和分析，认为委付的成立应当具备以下要素：

1. 必须有明确的委付意思表示。被保险人在推定全损发生后，如果希望获得全损赔偿，就必须将保险标的委付给保险人，即被保险人必须将其愿意向保险人转移保险标的的意思表示明确地表示出来。英国1906年《海上保险法》第62条第1款规定："除另有规定外，如果被保险人选择将保险标的委付给保险人，必须发出委付通知。如果被保险人未发送委付通知，损失只能被视为部分损失。"可见，在英国委付的意思表示是通过"委付通知"来表示的，至于委付通知的形式在第62条第2款也有规定，即"委付通知可以用书面形式或口头形式或部分书面、部分口头形式，被保险人可以用任何措辞，表示他愿意将保险标的的权益无条件委付给保险人。"我国《海商法》对委付的形式未作规定，显然不利于委付行为的认定，建议在修订《海商法》时增补委付通知的有关内容，包括委付通知的形式、发出委付通知的主体、接受委付的主体、委付通知的发送期限、委付通知的接受和发出委付通知义务的例外等，以便于委付的顺利进行。其中，关于委付的接受时限是个亟待规范的问题。被保险人在推定全损的场合，如果希望获得全损赔偿，必须向保险人委付保险标的，并且委付只有在保险人接受后才能产生被保险人希望的法律效果。我国《海商法》第249条规定："……保险人可以接受委付，也可以不接受委付，但是应当在合理的时间内将接受委付或者不接受委付的决定通知被保险人。""合理时

---

① 参见郁志轰、沈秋明编：《海商法学》，290—292页，杭州，杭州大学出版社，1996。
② 参见傅旭梅主编：《中华人民共和国海商法诠释》，453页、457—458页。

间"是英美法上的概念，虽然没有一个统一的标准，但在英美法中是有章可循的，各行业都有一个大致的标准，法官也尊重这一惯例，因而在英美法系国家，"合理时间"不是个很难确定的问题。然而，我国并未形成"合理时间"的习惯标准，加之我国法官的自由裁量权还受到许多主客观因素的制约，在我国对"合理时间"的理解可能会产生重大分歧[①]，建议在修订《海商法》时将"合理时间"明确化，以便于当事人之间法律关系的确定。[②]

2. 委付的内容必须明确、肯定。被保险人在推定全损发生后必须发出明确、肯定的委付表示，即被保险人将向保险人转移委付保险标的的全部权利而保险人需向其支付全部保险赔偿的意思表示。值得注意的是，我国《海商法》第250条规定，被保险人必须向保险人转移委付保险标的的一切权利和义务，显然不符合国际海商惯例和立法。各国一般规定委付仅转移保险标的上的一切权利。因此，如果将我国《海商法》第250条改为"保险人接受委付的，被保险人对委付财产的全部权利和因委付而产生的一切义务转移给保险人"则更为妥当。被保险人必须明确表示受委付意思表示的约束。我国《海商法》第249条规定："……委付一经保险人接受，不得撤回。"这就从法律上明确了被保险人必须受委付意思表示的约束。前已述及，此处的"撤回"应改为"撤销"。

3. 委付不得附带条件。根据我国《海商法》第249条"保险标的发生推定全损，被保险人要求保险人按照全部损失赔偿的，应当向保险人委付保险标的……"的规定可以看出，发生推定全损时，被保险人可以选择是否委付，只有在被保险人"要求按照全部损失赔偿的"，才应当向"保险人委付保险标的"。如果被保险人考虑到委付程序的复杂性，且委付还依赖于保险人是否接受的决定，希望迅速获得保险标的的部分损失赔偿，被保险人可以直接向保险人提出部分损失赔偿请求。为了迅速解决当事人之间的不确定的法律关系，各国海商法设立了委付制度。如果允许委付附带条件，则"徒增当事人之间纠葛，有失委付简捷之主旨"。[③]并且，如果允许委付附带条件，必然使本已复杂的委付程序更加复杂，因此，各国海商

---

① "合理时间"是个事实问题，取决于个案的具体情况，没有一个统一的固定的期限，因此潜伏着诸多争议。See E. R. Hardy Ivamy, *Marine Insurance*, Third Edition, Butterworths, London, 1979, pp. 420—422。

② 笔者曾了解到一个保险纠纷，由于保险人借口"合理时间"未到，而迟迟不将其是否接受委付的决定通知被保险人，从而使被保险人既不能获得全损赔偿，又不能获得部分保险赔偿，而被保险人却束手无策。

③ 参见吴智著：《海商法论》，修订版，313页，中国台湾，台湾三民书局股份有限公司，1976。

法学者均主张委付不得附带任何条件①，各国海商法也明确规定委付不得附带条件②。我国《海商法》第 249 条对此也已经作出明确规定。

4. 委付应及于保险标的的全部。在推定全损发生后，被保险人如果决定委付，就应将保险标的的全部予以委付，不能一部分委付，一部分不委付。这样既能防止将保险人和被保险人的关系复杂化，又能防范被保险人仅委付对其不利的保险标的，从而导致显失公平的后果的产生。我国现行《海商法》对此未作规定，不能不说是一大缺陷。笔者以为，应借鉴各国海商法的有益经验，在修订时增加相应条款，完善委付制度。根据我国台湾地区 1998 年"海商法"第 145 条的规定，并结合国际海事惯例和我国的司法实践，我国可规定如下："委付应及于保险标的全部，但保险单上仅其中一种标的发生委付原因时，可以仅就该一种标的进行委付并请求其保险金额。"

四、委付的适用范围

关于委付适用范围的争议，主要集中在两个问题上：委付是否只适用于海上保险？委付是否只存在于推定全损情形下？

就第一个问题来看，有学者认为委付只适用于海上保险，委付是海上保险所独有的具体理赔方式。③ 委付制度，为海上保险所独有，陆上保险则无之④；但另有学者认为这是一种误解，认为委付不仅存在于海上保险中，而且存在于所有的赔偿合同中。如陈三明在其《海上保险中的委付》一文中就提出了此观点。就第二个问题而言，有学者认为，委付只适用于推定全损，而不适用于实际全损。⑤ 而另一些学者认为，实际全损和推定全损都发生委付，只是在推定全损下，法律要求被保险人如果要求全损赔偿，就必须向保险人发出委付通知。⑥ 笔者认为，学者关于这一问题的争论，也是因为未区分委付制度与委付行为而引起的。笔者在考察争议产生的原因时发现，对同一词源的不同理解也是导致这一差异产生的原因之一。例如，在陈三明先生主张委付不应局限于海上保险合同时，以英国某

---

① 参见傅旭梅主编：《中华人民共和国海商法诠释》，453 页、457—458 页。

② 英国 1906 年《海上保险法》第 62 条第 2 款规定："委付通知可以用书面形式或口头形式或部分书面、部分口头形式，被保险人可用任何措辞，表示他愿意将保险标的的权益无条件委付给保险人。"《德国商法典》第 866 条第 1 款规定："委付必须为无保留和无条件，否则无效。"

③ 参见邢海宝：《保险委付研究》，载《法学家》，2000（3），49—56 页。

④ 参见梁宇贤著：《海商法论》，689 页。

⑤ 参见邢海宝：《保险委付研究》，载《法学家》，49—56 页。

⑥ 参见汪鹏南著：《海上保险合同法详论》，152 页。

一判决的原文作支持。笔者也对原文进行了考证，但理解却与他不同。①在笔者看来，此处的 Abandonment 理解为放弃，比理解为委付似乎要更合理。而事实也是如此，被保险人放弃保险人已经作出全损赔偿部分的标的物上的权益，是保险补偿原则的需要，当然存在于所有的补偿合同中。

但就委付制度而言，从现实角度考证，它确实是海上保险中独有的制度。海上风险和事故具有太多的不确定性和偶发性。因此完全让被保险人去举证证明损失的发生是由承保风险引起的，对被保险人来说过于苛刻，于是出现了推定全损的概念。因此"推定全损"是海上保险中特有的概念。②但是有关这一制度只适用于海上保险的理论和实践，受到了越来越多的质疑。"如果在 1917 年认为，比起珠宝商，海上保险的被保险人有权从其资本中更快的解脱出来，这是可以理解的，但是为什么在今天，陆上保险还不能享受海上保险所具有的各种利益呢？这个问题则变得让人费解了。法院已经在很多领域对'商业损失'的概念作了积极的回应，包括'合同落空'的概念。法院已经认识到，如果从本质上看，合同落空有着合理的可能性，而且会持续一段不确定的时间，此时，商人应该有权自由地将其资本和设备等转移到对他们可行的各种活动中去，并从这种不确定的未来期限所可能的责任义务中解脱出来。法院的这一认识为什么就不能在推定全损领域里得到延续？"③笔者认为，学者提出的这一质疑是有道理的。但是此种观点仍没有被司法实践所接受，迄今并无相关判例来支持此种观点。

五、委付与代位求偿的区别

在海上保险中，与委付相似的一个概念是代位求偿。海上保险中的代位求偿是指保险人在赔付了被保险人的全部或部分损失之后，取代被保险人的地位，行使被保险人对第三者所具有的一切权利和救济。

代位求偿权是保险合同赋予保险人所特有的权利。它是从民法中演变而来的。代位求偿的产生是损失补偿原则的必然结果。根据损失补偿原则，被保险人所取得的保险人的经济补偿应以其实际损失为限，使得他在

---

① 原文是 "Abandonment is not peculiar to policies of marine insurance，abandonment is part of every contract of indemnity．Where，therefore，there's a contract of indemnity and a claim under it for an absolute indemnity，there must be an abandonment on part of the person claim indemnity of his rights in respect of that for which he receives indemnity。"

② Susan Hodges，*Cases and Materials on Marine Insurance Law*，Cavendish Publishing Limited，1999，p. 53.

③ Malcolm A. Clarke，*The Law of Insurance Contracts*，Third Edition，LLP，1997，p. 383.

财务状况上恰好能恢复到保险事故发生以前的状态。如果保险标的损失是由于第三者的责任行为所致，那么被保险人不仅能从保险人处得到保险赔偿，而且还能从第三方得到赔偿。这样被保险人显然得到了超出其真实损失范围的赔偿，为保险法所不容。故此，保险人代位行使被保险人的权利。

在海上保险中，当发生推定全损时，既可能发生委付，也可能发生代位求偿。英国 1906 年《海上保险法》第 79 条规定：（1）保险人赔付了保险标的全损之后，不论赔付的是整体全损还是货物的可以分割的部分的全损，便有权接管被保险人在该已赔付保险标的上可能留下的任何利益，并从造成保险标的的损失的事故发生之时起，取得被保险人在该保险标的方面的一切权利与救济。（2）除前款另有规定外，保险人赔付部分损失的，并不取得该项保险标的或其存留部分的所有权，保险人从造成损失的事故发生之时起，由于赔付了损失，就取得被保险人对保险标的的一切权利和救济，但以被保险人取得的赔偿为限度。

据此，在英国 1906 年《海上保险法》中，保险人在赔付全损（包括部分全损）后，拥有两种权利：第一，对于所赔付部分的所有权或残值的权利；第二，对第三方的损害请求权，即代位求偿权。虽然这两种权利的内容不一样，但都源于保险的补偿原则。代位求偿权发生于损害的发生存在应负责任的第三人的场合，不存在第三方就无代位求偿权；而第一种权利，源于保险人完成了全损的赔付而使保险人取得保险标的的上之相对应的物权。当然，于物灭失而无残骸或保险标的的无法完成与其整体的分割时，这一权利就无法真实的行使。于发生推定全损时，如果最终保险人完成了全损赔付，则亦可取得保险标的之物权。

由此，我们看到委付和代位求偿的区别。从本质上看，代位求偿是一种对第三者的权利，是对损失原因的一种追究。而委付所产生的是保险人对保险标的的所有权的主张。两者有着本质区别。我国海商法对此亦有规定。但是似乎不承认部分全损。[①]

六、关于中国《海商法》委付规定的修改建议

我国《海商法》确立了海上保险的委付制度。《海商法》第十二章第四节第 245—250 条规定了该制度。虽然直接规定委付的只有第 249 条和第 250 条。但从结构上看，似乎第 245—250 条都与委付有关。第 245 条是关于实际全损的规定。第 246 条分两款，第一款是船舶的推定全损，第二款

---

① 参见《中华人民共和国海商法》第 256 条。

是货物的推定全损。第 247 条规定了损失的类型：即损失包括全损和部分损失，全损包括实际全损和推定全损。第 248 条是有关船舶失踪的规定。第 249 条规定了委付。第 250 条规定了委付的法律效力。另外，与这一制度密切相关的还有两个条文：第 255 条，关于保险人放弃保险标的物权的规定；第 256 条，关于全损赔偿下保险人的物上代位权。

从整体上看，我国对委付制度的立法采用的是《MIA1906》的立法模式。特别是有关推定全损的规定，采用了概括主义。对船舶的失踪，法律将其识别为实际全损，而非德日法例下的推定全损。尽管海商法用六个条文规定了委付制度，但是从前文的分析中，我们已经可以看到立法的缺陷。笔者认为，这一缺陷首先表现在相关条款的结构性安排上。

《海商法》第 245—250 条的规定，从行文的顺序上看，不具有合理性。笔者认为，应作出如下的调整：

```
                        损失的种类
          ┌───────────────┴───────────────┐
        全损                           部分损失
   ┌──────┴──────┐
实际全损        推定全损
   │
可视为实际全损的船舶失踪
```

根据上述图表，第 247 条应规定在该制度的首部，然后是第 245 条、第 248 条、第 246 条、第 249 条和第 250 条。这一调整，不仅更符合概念上的种属关系，而且使同一概念下的相关条款从行文上具有上下连贯性，避免了原先结构安排上的跳跃性现象，如第 245 条与第 248 条实为同一概念下的相关条款，却被人为地分割。

就委付制度而言，海商法只规定了三个条款：第 246 条、第 249 条和第 250 条。笔者认为，这三个条款显然无法满足立法周延性和明确性的需要，显得过于单薄。结合上述对两大法系委付制度的论述，应增设相关条款。首先，针对推定全损应设立一般规定。《海商法》只规定了船、货的推定全损，缺乏普遍适用的法律标准。其次，增设有关"委付通知"的条款。从前文的论述中可以看到，"委付通知"在委付制度中处于核心的地位，海商法应对委付通知的含义、意义、发出的时间、形式等内容作出规定。

经过上述调整和补充，我国的委付制度才具有结构上的合理性。

Zhang Guihong

On Abandonment in Marine Insurance

Abstracts: Abandonment is a system that when the subject matter insured has become constructive total loss and been treated as actual total loss, the insurant give up the subject matter in order to demand indemnification from the insurer on the basis of transfering all the rights and obligations relating to the property to the insurer. Reasons of abandonment include: constructive, nomography and actual total loss. There are four understandings of legal features of abandonment in theory: abandonment is a unilateral act; abandonment is a duplex act; abandonment is a judgement act and abandonment is an offer. Requirements of abandonment include: the insurant must express the intention of abandonment; the contents of abandonment must be sure and certain; the abandonment shall not be attached with any condition and abandonment includes all insured subject matter. The author suggests the revisions of abandonment in China's Maritime Law.

Key words: Marine Insurance; Abandonment; Legal Features; Requirements

韩赤风*

跨国公司对知识产权的滥用 与我国法律空白的填补

——由 DVD 事件引发的法律思考

【内容提要】

　　DVD 专利联合许可在一定条件下属于对知识产权的正常行使。但当它妨碍了竞争，它不仅是对知识产权的滥用，而且还会落入反垄断法适用的范围，即可能构成限制竞争协议或滥用市场支配地位。然而，由于我国目前尚无一部独立的反垄断法，使我国对此规制处于空白状态，其结果将导致对不断出现的类似事件的失控，并将制约我国市场经济的发展。为遏制跨国公司对知识产权的滥用，制定我国反垄断法已刻不容缓。

【关键词】

■专利联合许可　■限制竞争协议　■市场支配地位滥用　■法律空白填补

一、DVD 事件的背景

　　据有关统计，我国的 DVD 播放机生产在 1997 年起步时，年产量仅为 5 万台，而到 2001 年，便急剧上升到 1994.5 万台（含在中国制造的外商独资及合资企业产量）。1999 年，我国的 DVD 世界市场占有率已进入前八

---

　　* 北京师范大学法学院教授、博士生导师，德国慕尼黑大学法学博士。

位，2000 年则进入前三位。2001 年，在全球经济普遍不景气的情况下，DVD 市场发展却异常迅速，全年总销售量达到 2598 万台。而同年我国 DVD 产品出口就达到了 1050 万台，成为世界基于 MPEG2 标准 DVD 设备的最大生产国。目前我国 DVD 出口规模已占世界市场 20%—25% 的份额，出口的对象主要为欧美国家。[①]

据介绍，仅 6C 联盟的 DVD 专利技术数量就有 1500 多件[②]，而我国 DVD 企业几乎没有掌握任何专利技术。DVD 的核心技术和标准全都被国外企业掌握，国产 DVD 的核心元器件都是从国外进口，在国内只是进行简单的组装。在 DVD 领域，外国专利拥有者近年来已经组成若干同盟，包括 6C、3C、1C 和以后几个专利收费组织。6C 由东芝、三菱、日立、松下、JVC、时代华纳六公司组成（以后 IBM 也加入该联盟，习惯称呼仍旧是 6C），3C 由飞利浦、索尼、先锋三公司组成，1C 为汤姆逊公司，ME-GLA 则系 16 个专利人（单位）组成的专利收费公司。当 DVD 市场和我国 DVD 企业的实力都在迅速增长时，国外企业便开始主张"行使知识产权"了。除了要求我国企业支付专利费外，还提出了追索的要求。从 2000 年起，开始将其收取专利费的主张逐渐转化为行动。[③]

不过，引起外界对此广泛注意的却是 2002 年初的发生的两起事件。2002 年 1 月 9 日，深圳普迪实业发展有限公司运往英国 Felixtowe 港口的 3864 台 DVD，被飞利浦通过当地海关扣押。紧接着，惠州德赛视听科技有限公司于 2002 年 1 月 18 日及 22 日出口到德国的 5850 台 DVD 播放机，2 月 21 日也被当地海关扣押 3900 台，另外的 1950 台尚未报关。中国 DVD 生产企业与国外 DVD 巨头专利费用之争达到白热化。

中国 DVD 生产企业与国外 DVD 巨头专利费用之争由来已久。早在 1999 年 6 月东芝、三菱、日立、松下、JVC、时代华纳六大技术开发公司就结成联盟，并面向全球发表了关于"DVD 联合许可"的联合声明：6C 拥有 DVD 核心技术的专利所有权，世界上所有从事生产 DVD 专利产品的厂商，必须向 6C 购买专利许可才能从事生产，而且允许生产厂家一次性取得 6C 专利许可证。

2000 年 11 月，6C 在北京宣布了"DVD 专利许可激励计划"：凡于 2000 年 9 月 1 日起八个月内执行专利许可协议的公司，都可以享受 25% 的

---

① 参见中国网：《DVD 知识产权案》，http：//www. china. com. cn（2003-06-23）。

② 参见新华网河南频道：《我国企业的"知识产权之痛"》，http：//www. ha. xinhuanet. com（2003-04-24）。

③ 参见中国网：《DVD 知识产权纠纷案的始末及思考》，http：//www. china. com. cn（2003-01-02）。

价格优惠；而没有在9月1日以后八个月内执行专利许可协议的公司，除付专利费用外，还要缴纳每月2%的利息。2002年2月，6C又推出2002年"激励计划"，期限为3月31日以前。这是6C向中国DVD生产企业发出的"最后通牒"。

但中国DVD企业始终坚持全权委托中国电子音响工业协会与"10C"谈判。该协会经过两年前后达三十余次与国外技术开发商的谈判，最终签订了双方能够接受的协议条款。2002年4月19日，中国电子音响工业协会与6C公司签订向6C公司支付每台4美元的专利使用费协议。随后，中国电子音响工业协会又与3C公司签订向3C公司支付每台5美元的专利使用费协议。另外，其他专利使用费，如1C的法国汤姆逊以及杜比等DVD专利拥有者也将向中国DVD企业收取大约每台4.5美元的专利使用费。

至此，专利收费风波似乎告一段落。然而，这给中国企业带来的却是沉重的压力，造成了严重后果。首先，初步测算国外企业向我国企业征收专利费总额将高达200亿元人民币，目前我国DVD企业已赔付30亿元人民币。① 其次，出口增长速度减缓。据我国机电进出口商会核章统计数据显示，2002年经核章出口的"DVD"产品为3578.53万台，出口金额为28.52亿美元，分别比2001年增长96.3%和55.2%。2003年1—7月，经机电商会核章出口"DVD"为2299.62万台，出口金额为17.82亿美元，出口量及出口额分别比上年同期增长0.1个百分点。可见，2003年我国"DVD"产品出口量及出口额的增长幅度基本与上年同期持平。② 这一增长速度大大低于同期我国外贸出口与机电产品出口的增长速度。"DVD"产品出口增速的大幅回落，显示其出口增长已呈减缓趋势。造成这一态势的主要原因是专利费的收取导致成本增加，企业负担加重，出口竞争力减弱，直接阻碍了出口规模的扩大。最后，部分企业被迫退出"DVD"生产领域。目前，DVD国际市场销售价格已跌到30～40美元，而我国DVD企业却要对每台DVD向专利所有人支付专利费15～20美元。③ 由于专利费的收取导致交费企业利润空间急剧缩小，甚至几乎"无利可图"，因此，有的企业已不再生产DVD产品。一些大型企业已转向其他产品生产领域，如厦新、康佳等。而有些小企业没有转型的资金和能力，加之当初没有预

---

① 参见慧聪网：《知识产权纠纷狼烟四起，国内企业应该如何面对》，http：//www.hc360.com（2004-02-17）。

② 参见慧聪网：《"DVD"事件与完善知识产权保护》，http：//www.hc360.com（2004-03-12）。

③ 参见国家知识产权局知识产权发展研究中心编：《规制知识产权的权利行使》，114页，北京，知识产权出版社，2004。

留专利费，因此也被迫退出"DVD"生产行列。[①]

二、由 DVD 事件引发的法律问题

从法律方面来看，DVD 事件引发了下列的法律问题：首先，在 DVD 事件中，专利权所有人并没有采用通常所用的单独许可形式，而是采用了联合许可（patent pool）的形式。那么，该事件中的联合许可是否属于反垄断法规制的限制竞争协议？其次，专利权所有人通过对联合许可的利用是否在我国 DVD 行业取得了市场支配地位？如果专利权所有人通过对联合许可的利用取得了市场支配地位，它们是否有滥用市场支配地位的行为？以下的分析就是围绕这两方面的问题展开的。

三、联合许可与限制竞争协议

限制竞争协议是各国和地区反垄断法禁止的内容之一。如果 DVD 专利权所有人的联合许可能被认定为是限制竞争协议，则可认为其违法。

（一）限制竞争协议

1. 立法上的表述

2005 年新修订的德国反限制竞争法第 1 条规定：企业之间的协议、企业联合组织的决议和相互协调一致行为，以阻碍、限制或扭曲竞争为目的，或者导致竞争的阻碍、限制或扭曲，则予以禁止。而这一条的标题则是：禁止限制竞争协议。[②]

我国台湾地区公平交易法则使用了"联合行为"的概念。该法第 7 条给"联合行为"的定义是：本法所称联合行为，谓事业以契约、协议或其他方式之合意，与有竞争关系之他事业共同决定商品或服务之价格，或限制数量、技术、产品、设备、交易对象、交易地区等，相互约束事业活动之行为而言。[③]

在其他国家的立法中，对限制竞争协议的表述也是各不相同的。[④]

2. 构成要件

从德国反限制竞争法和我国台湾地区公平交易法来看，确认限制竞争协议的构成要件主要包括：

（1）限制竞争协议的主体

---

① 参见慧聪网：《"DVD"事件与完善知识产权保护》，http://www.hc360.com（2004-03-12）。

② Beck-Texte im dtv, Wettbewerbsrecht und Kartellrecht, Muenchen 2004, S. 199 ff.

③ 台湾地区法源法律网：《公平交易法》，http://www.lawbank.com.tw（2003-11-25）。

④ 参见孔祥俊著：《反垄断法原理》，北京，中国法制出版社，2001。

企业是德国反限制竞争法适用的唯一主体。但是，企业的概念（Un-ternehmen）在德国反限制竞争法中是一个特定的法律概念。为了适应德国反限制竞争法的目的，即在整个经济领域全面保护竞争，在德国反限制竞争法中，企业的概念被在极为广义的程度上来解释，只有纯私人消费和国家主权活动才会被排除在法律适用之外。联邦最高法院在其判决中多次对此作出解释。按照联邦最高法院的解释，所有那些不是为了满足私人生活需求而作为供方或需方参加市场活动的自然人、法人以及他们的组织都属于企业。①

我国台湾地区公平交易法使用的是事业的概念。该法第 2 条对事业定义如下："本法所称事业如左：一、公司。二、独资或合伙之工商行号。三、同业公会。四、其他提供商品或服务从事交易之人或团体。"同样，该法强调事业之间应具有竞争关系。该法第 7 条第 2 项还进一步明确"联合行为"以事业在同一产销阶段之水平联合为限。②

（2）限制竞争协议的形式

德国反限制竞争法第 1 条对限制竞争协议的形式分为三类：企业之间的协议、企业联合组织的决议和相互协调一致行为。1998 年修订前的德国反限制竞争法第 1 条并没有把企业之间的相互协调一致行为包括在内。1998 年法对此内容的增加是吸收了欧共体条约的内容，从而扩大了该条的适用范围。③

我国台湾地区公平交易法把"联合行为"的形式区分为契约、协议或其他方式之合意。对于什么是其他方式之合意，该法第 7 条第 3 项作出解释："第 1 项所称其他方式之合意，指契约、协议以外之意思联络，不问有无法律拘束力，事实上可导致共同行为者。"可见，其他方式之合意与德国反限制竞争法中的相互协调一致行为类似，都属于不确定的概念，有利于法律适用范围的扩大。如"君子协定"与契约、协议不同，无法律上的拘束力，而只有基于体面的拘束力，虽然不能将其纳入契约、协议中，但可将其归入其他方式之合意或相互协调一致行为中。④

（3）限制竞争协议的目的或结果

在德国反限制竞争法中，企业间的协议、企业联合组织的决议和相互协调一致行为对竞争的限制，是确认限制竞争协议的最重要构成要件。

---

① Vgl. Emmerich, Kartellrecht, Muenchen 1999, S. 17 ff.

② 台湾地区法源法律网：《公平交易法施行细则》，http：//www.lawbank.com.tw（2003-11-25）。

③ Vgl. Beck-Texte im dtv, Wettbewerbsrecht und Kartellrecht, Muenchen 2001, S. 314 ff.

④ 参见黄茂荣著：《公平交易法理论与实务》，中国台湾，植根出版社，1993。

如何判断企业间的协议构成限制竞争协议，在新法修订前，德国学术界主要有三种理论：客体说、目的说和结果说。客体说从协议内容出发，只有限制竞争构成协议内容的一部分，协议才能被认定为限制竞争协议。目的说则延伸到当事人的缔约的共同动机或缔约的基础，只要限制竞争构成缔约的共同动机或基础，就可认定协议为限制竞争协议。结果说更注重协议对当事人或第三人的限制竞争影响。[①]

从最近以来的德国审判实践来看，客体说已经被放弃。而对目的说和结果说来说，判决也更倾向于目的说的选择。[②] 不过，从德国反限制竞争法第 1 条的规定来看，限制竞争协议的目的或结果是一种选择关系，是从目的还是从结果来认定协议为限制竞争协议，只能根据具体案情来决定。

我国台湾地区的公平交易法第 7 条第 1 项把"联合行为"的目的规定为相互约束事业活动。该法第 7 条第 2 项还要求"联合行为"以足以影响生产、商品交易或服务供需之市场功能者为限。

3. 限制竞争协议的具体类型

德国反限制竞争法第 1 条对限制竞争协议只作出原则性禁止规定，而没有对限制竞争协议的具体类型作出列举。该条款是一个开放性条款，具有相当大的弹性。法官必须根据所要裁判的协议是否有规范市场关系的功能来认定限制竞争的构成要件是否被满足。尽管德国反限制竞争法没有对限制竞争协议的具体类型作出列举，但在实践中，价格商定、限制数量、划分市场等都会落入德国反限制竞争法第 1 条的适用范围。[③]

与德国反限制竞争法第 1 条不同，我国台湾地区的公平交易法第 7 条在对"联合行为"的定义中，则列举了"联合行为"的具体类型，即：(1) 共同决定商品或服务之价格；(2) 限制数量、技术、产品、设备、交易对象、交易地区等。虽然这里的列举已有七项，但并没有穷尽。因此该条的适用并不限于列举。

4. 例外许可

并非所有的限制竞争协议在反垄断法中都被禁止。虽然有些限制竞争协议在某些方面限制了竞争，但对经济和社会发展有益。如企业间统一商品规格或型号的协议，会限制这方面的竞争，但统一商品规格或型号有助于降低成本，增进效率，所以对经济发展有益。[④] 因此，各国和地区的反

---

① Vgl. Emmerich, Kartellrecht, Muenchen 1999, S. 47 f.

② Ibid, S. 47 ff.

③ Ibid, S. 49 ff.

④ 参见王晓晔：《论限制竞争性协议》，载季晓南主编：《中国反垄断法研究》，193 页，北京，人民法院出版社，2001。

垄断法一般都规定了例外许可。如果限制竞争协议满足了法律规定的条件，并经主管部门许可，就构成了限制竞争协议的例外，而不被法律禁止。

2005 年新修订的德国反限制竞争法第 2 条和第 3 条对例外许可作出规定，即：（1）限制竞争协议的例外；（2）中小企业卡特尔。[①]

我国台湾地区的公平交易法第 14 条也对"联合行为"的例外许可作出规定："事业不得为联合行为。但有左列情形之一，而有益于整体经济与公共利益，并经中央主管机关许可者，不在此限：（一）为降低成本、改良品质或增进效率，而统一商品规格或型式者；（二）为提高技术、改良品质、降低成本或增进效率，而共同研究开发商品或市场者；（三）为促进事业合理经营，而分别作专业发展者；（四）为确保或促进输出，而专就国外市场之竞争予以约定者；（五）为加强贸易效能，而就国外商品之输入采取共同行为者；（六）经济不景气期间，商品市场价格低于平均生产成本，致该行业之事业，难以继续维持或生产过剩，为有计划适应需求而限制产销数量、设备或价格之共同行为者；（七）为增进中小企业之经营效率，或加强其竞争能力所为之共同行为者。"[②]

此外，依上述法律，例外许可除满足法律要件外，都必须经主管部门批准。

（二）相关案例：CD-R 光盘片专利联合授权案

近年在我国台湾地区曾发生过荷兰飞利浦、日本新力和太阳三家外商 CD-R 专利联合授权（即专利联合许可）案。[③] 这是台湾地区公平交易委员会介入有关"技术授权"协议的第一件案例。在该案中，被处分人主张其专利联合授权不属于联合授权行为，即其行为"不足以影响生产、商品交易或服务供需之市场功能"，也就是说其行为不需要报请许可。[④] 公平交易委员会对此分别有两次处分。在第一次处分后，行政院诉原审议委员会撤销原处分，并要求公平交易委员会回答几个问题，其中一个问题是：参与专利联合授权的各专利权人是否处于水平竞争关系？[⑤] 以后公平交易委员会又作出第二次处分。

[①] BGBl. 2005 I. S. 1956 ff.

[②] 台湾地区法源法律网：《公平交易法》，http：//www.lawbank.com.tw（2003-11-25）。

[③] 专利联合授权源于英文 patent pool，是台湾地区公平交易委员会采用的译名。参见陈樱琴：《智慧财产权与公平交易——台湾经验与案例》，载《第五届海峡两岸知识产权学术研讨会论文集》，第 1 册。除台湾地区外，在德国也出现过类似案件。Vgl. Emmerich, Kartellrecht, Muenchen 1999，S. 17 ff.，Emmerich, S. 49 f.

[④] 参见国家知识产权局知识产权发展研究中心编：《规制知识产权的权利行使》，73 页。

[⑤] 同上书，71 页。

专利联合授权是否构成公平交易法上的"联合行为"? 这是公平交易委员会首先要解决的问题。而要认定 CD-R 专利联合授权是否构成"联合行为",主要看其是否满足了公平交易法对"联合行为"规定的要件。第一,被处分人是否具备"联合行为"的主体资格问题。荷兰飞利浦、日本新力和太阳三家外商属于公平交易法上的"事业"应不存疑问。那么,三家外商是否处于同一产销阶段,具有水平竞争关系? 公平交易委员会认为,被处分人属于同一产销阶段,处于水平竞争关系。理由有三:其一,按我国台湾地区工研院意见,只须向授权人间争取一项授权即可(即三家外商的专利存在替代关系);另外,工研院还举例说明,美国专利第5185732 号与第 5023856 号分属飞利浦与索尼所有,只有前者构成规格(核心专利),但二专利均能达成系统协调,因此,为符合标准不一定要使用专利联合授权的专利。其二,被处分人介入 CD-R 光盘的销售。其三,飞利浦与索尼共同制定了规格(标准)。[①] 因此,三家外商已构成"联合行为"之主体,排除了被处分人主张主体资格不具备的可能性。第二,CD-R 专利联合授权协议符合"联合行为"的形式,即没有超出"契约、协议或其他方式之合意"的范围。[②] 第三,三家外商对权利金(许可费)数额的商定和权利金比例的分配也没有脱离公平交易法第 7 条对"联合行为"类型列举的范围,即已落入"共同决定商品或服务之价格"的范围。第四,CD-R 专利联合授权协议排除了他人授权,即限制了单独授权,同时该协议也限制了被授权人,使其无法选择他人授权,因此足以影响生产、商品交易或服务供需之市场功能,被处分人的主张不能成立。第五,CD-R 专利联合授权协议也满足了"联合行为"的目的要件,即联合授权协议具有相互约束事业活动的目的。

可见,CD-R 专利联合授权已满足了公平交易法对"联合行为"规定的要件,构成联合行为,应承担法律责任。因此,公平交易委员会作出处分:被处分人等以联合授权方式,共同合意决定 CD-R 光盘片专利之授权内容及限制单独授权,违反公平交易法第 14 条规定(事业不得为联合行

① 有台湾学者认为,处分书对被处分人水平竞争关系的认定尚不够清楚。参见国家知识产权局知识产权发展研究中心编:《规制知识产权的权利行使》,72 页。

② 目前,对于专利联合授权(patent pool)还有不同的理解。如,台湾地区有学者认为,专利联合授权是指两人以上将其拥有的专利权授权的权利授予他方的行为。而依美国专利商标局白皮书的解释,专利联合授权是两个或更多的专利权所有人将其拥有的一项或多项专利权授予另一方或第三人的协议(Patent pooling is an agreement between two or more patent owners to license one or more of their patents to one another or third parties)。后者与前者的区别在于明确指出了对第三人的授权。参见国家知识产权局知识产权发展研究中心编:《规制知识产权的权利行使》,30页、52 页、52 页、53 页、413 页。

为）；被处分人应立即停止违法行为；处荷兰飞利浦公司新台币 800 万元罚金，日本新力公司新台币 400 万元罚金，日本太阳公司新台币 200 万元罚金。[①]

（三）DVD 联合许可与限制竞争协议

由于我国尚无反垄断法，导致对 DVD 专利联合许可无法规制的状态，因比，这里只能从反垄断法的原理和各国及地区反垄断法的实践出发，对 DVD 联合许可是否构成限制竞争协议加以分析。同时，因 CD-R 专利联合授权与 DVD 联合许可非常相似，所以 CD-R 专利联合授权案对 DVD 联合许可的认定有重要借鉴意义。

1. 协议主体

与 CD-R 专利联合授权一样，DVD 专利权所有人是否具备构成限制竞争协议的主体资格也是必须首先要解决的问题。国外 DVD 各联盟成员属于反垄断法意义上的"企业"同样不存在疑问。问题在于，联盟内的各成员是否处于同一产销阶段并具有水平竞争关系？根据我国台湾地区学者的研究，6C 联盟成员中 IBM 和东芝分别拥有美国专利第 5410530 号和第 5831966 号两个核心专利，成员松下则拥有一件美国专利第 5263011 号非核心专利，而后者与前两件存在替代关系。[②] 据此，很容易认定联盟的成员处于同一产销阶段并具有水平竞争关系。因此，DVD 联盟的成员构成限制竞争协议的主体。

2. 协议的形式

专利权所有人并非总是采用我们通常所见到的单独专利午可形式，处于同一产销阶段的专利权所有人有时也会联合在一起，采用联合许可的形式。在 DVD 事件中，专利权所有人采用的就是联合许可的形式。显然，这样的联合许可并没有超出各国及地区反垄断法对限制竞争协议所确定的那些形式范围，这些形式在欧盟和德国法律中被称为"企业之间的协议、企业联合组织的决议和相互协调一致行为"，在我国台湾地区公平交易法中则被称为"契约、协议或其他方式之合意"。如前所述，在我国台湾地区已有将联合许可纳入"联合行为"范围的先例。

3. 协议对竞争的限制

联合许可是否构成限制竞争协议，主要取决于其是否限制了竞争。在 DVD 事件中，专利权所有人的联合许可对竞争的限制可以从以下三个方面

[①]　参见陈樱琴：《智慧财产权与公平交易——台湾经验与案例》，载《第五届海峡两岸知识产权学术研讨会论文集》，第 1 册。

[②]　参见国家知识产权局知识产权发展研究中心编：《规制知识产权的权利行使》，87—111 页。

加以分析：首先，各联盟对专利费的统一确定，属于各国及地区反垄断法对限制竞争协议所规制的内容，即商定价格。其次，从有关联盟的《联合声明》关于必须向其购买专利许可才能从事生产的表述中，至少可以看出其确立了这样的共同行动目的，即排除了单独许可的可能性，而仅实施联合许可。这显示了限制竞争的倾向。最后，从联合许可的结果看，联合许可不仅限制了同行业的竞争，也使被许可人受到限制，被许可人失去了选择机会，严重损害了其利益，因此，联合许可阻碍了竞争。

由此可见，联合许可限制并阻碍了竞争，应予以规制。

四、联合许可与市场支配地位及其滥用

企业滥用市场支配地位也是反垄断法禁止的重要内容之一。尽管在大多数国家企业拥有市场支配地位本身并不违法，但企业滥用市场支配地位的前提条件是企业必须取得市场支配地位，所以，大多数国家反垄断法对市场支配地位的构成加以规定。滥用市场支配地位也不是各国和地区立法上采用的一种统一的术语。这里的表述，同样是考虑到国内学术界对此的习惯称谓。以下将对 DVD 专利所有人通过联合许可是否取得了市场支配地位以及是否滥用了这种地位加以探讨。不过，在探讨开始之前，需要明确相关术语。

（一）市场支配地位

1. 立法上的表述

2005 年新修订的德国反限制竞争法在第 19 条中继续使用了市场支配地位的概念并将其划分为几种不同的形态。[①]

我国台湾地区公平交易法则使用了"独占"的概念。该法第 5 条第 1 项给"独占"下的定义是："本法所称独占，谓事业在特定市场处于无竞争状态，或具有压倒性地位，可排除竞争之能力者。"因寡占对市场的影响类似于独占，该条第 2 项进一步规定："二、以上事业，实际上不为价格之竞争，而其全体之对外关系，具有前项规定之情形者，视为独占。"

2. 市场支配地位的形态及界定

从我国台湾地区公平交易法第 5 条的规定中，可以看出"独占"的形态有三种：无竞争状态、压倒性地位和寡占。

无竞争状态，指事业在特定市场没有其他同业存在。压倒性地位，指事业在特定市场内，虽然有其他同业存在，但该事业居于优势地位，使同业无法与其展开竞争。对于寡占该法第 5 条第 2 项已经给予解释。

---

① BGBl. 2005 I. S. 1957 f.

那么认定市场支配地位的标准是什么（主要涉及压倒性地位的认定标准）？该法施行细则规定了积极要件和消极要件。该法施行细则第 3 条规定："本法第五条所称独占，应审酌下列事项认定之：一、事业在特定市场之占有率。二、商品或服务在特定市场中时间、空间之替代可能性。三、事业影响特定市场价格之能力。四、他事业加入特定市场有无不易克服之困难。五、商品或服务之输入、输出情形。"这是积极要件。该法第 5-1 条规定："事业无左列各款情形者，不列入前条独占事业认定范围：一、一事业在特定市场之占有率达二分之一。二、二事业在特定市场之占有率达三分之二。三、三事业在特定市场之占有率达四分之三。"这是消极要件。

新修订的德国反限制竞争法在第 19 条规定了市场支配地位的四种形态：（1）无竞争者（即垄断）或没有实质上的竞争（即准垄断）；（2）突出的市场地位；（3）寡占（即集体独占）；（4）市场支配地位的推定。

该条对突出的市场地位的认定提供了明确的标准。该条规定，认定企业的突出的市场地位应特别考虑其市场份额、经济力量、对采购或者销售市场的进入、与其他企业的联系、其他企业进入市场的法律上的或者事实上的障碍、在本法适用范围之内或者之外的企业的实际的或者潜在的竞争、其对其他商品或者商业服务转移供应或者需求的能力以及市场对方求助于其他企业的能力。[1]

在该条中，还对"寡占"，即集体独占作出规定：只要在两个或者两个以上的企业间对特定种类的商品或者商业服务不存在实质性的竞争，而且它们共同满足了第 19 条第 2 款第 1 目所规定的条件，那么它们具有支配地位。

3. 市场的界定

要认定企业市场占有率，必须首先界定有关市场范围。我国台湾地区公平交易法将其称为"特定市场"并在第 5 条第 3 项中对其作出定义："第一项所称特定市场，系指事业就一定之商品或服务，从事竞争之区域或范围。"据此，"特定市场"的构成必须满足两个条件：第一，针对特定商品或服务。在反垄断法理论上，也称为产品市场。对"特定商品或服务"应作广义的理解，即不限于"商品或服务"，技术也包括在内。第二，从事竞争之区域或范围。在反垄断法理论上，也称为地区市场。这是从空间方面对"特定市场"进行界定。

可见，市场范围的确定对市场占有率的确定，进而对市场支配地位的

---

① BGBl. 2005 I. S. 206 f.

确定意义重大。

（二）滥用市场支配地位行为

1. 结构方法与行为方法

如果企业具有市场支配地位，是否应在法律上予以控制？从各国及地区的立法来看，有两种不同的规定。一种是禁止市场支配地位，即反垄断法针对的是市场结构，规制的是垄断状态。学理上称之为结构方法（the structure approach），日本反垄断法是结构方法的典型代表。一种是不禁止市场支配地位，但禁止滥用市场支配地位行为，反垄断法针对的是市场行为，规制的是垄断力的滥用。学理将其称为行为方法（the conduct approach），欧洲各国反垄断法、欧盟法以及我国台湾地区公平交易法采用的都是行为方法。[①]

2. 滥用市场支配地位行为的列举

至今各国及地区垄断法对滥用市场支配地位行为都没有作出明确的定义。尽管各国在立法上对滥用市场支配地位行为并没有给出一般性定义，但一些国家或地区的立法对此却进行了具体的列举。

我国台湾地区公平交易法第 10 条列举了四种应禁止的滥用市场支配地位行为：①以不公平之方法，直接或间接阻碍他事业参与竞争；②对商品价格或服务报酬，为不当之决定、维持或变更；③无正当理由，使交易相对人给予特别优惠；④其他滥用市场地位之行为。

新修订的德国反限制竞争法在第一部分第二章对滥用市场支配地位行为作出规定。首先，第 19 条（4）列举了四种滥用市场支配地位的行为：①以影响市场竞争和没有任何客观合理性的方式，损害其他企业的竞争能力；②要求与在存在有效竞争的情况下可能得到的购买价款或者其他交易条件有差异的购买价款或者其他交易条件，在此种情况下，存在有效竞争的同类市场中的企业行为要特别予以考虑；③要求比支配企业自身向类似市场上的同类购买者所要求的不利的付款或者其他交易条件，除非对此种差别对待有客观的合理理由；④拒绝允许其他企业进入其自己的网络或者其他关键设施，如果没有如此共同使用，其他企业由于法律上的或者事实上的原因就不能在上游或者下游市场中作为支配企业的竞争者，如果支配企业证明由于操作上的或者其他原因，此种共同使用是不可能的或者不能合理预期，就不在此限。其次，在第 20 条中规定了"歧视禁止"和"不适

---

① 有的国内学者认为，美国反垄断法属于结构主义；但也有学者认为，美国反垄断法仅具有结构主义倾向。参见马思涛：《反垄断法如何控制市场支配地位的滥用》，载季晓南主编：《中国反垄断法研究》，257—263 页，北京，人民法院出版社，2001；孔祥俊著：《反垄断法原理》，545—551 页。

当阻碍禁止",在第 21 条中规定了"联合抵制禁止"和"其他限制竞争行为禁止"。①

(三) 相关案例: CD-R 专利联合授权案

这里继续介绍在我国台湾地区发生的荷兰飞利浦、日本新力和太阳三家外商 CD-R 专利联合授权案。在此案中,被处分人除了提出前面的主张外,还主张 CD-R 光盘产品有替代性,即还有其他光盘产品可以替代,如 CD-RW 光盘等,因此,CD-R 光盘不构成"特定市场"。CD-R 光盘如不构成"特定市场",就不能认定三家外商"独占"(即具有市场支配地位),不构成"独占",就不存在"独占"地位的滥用。这样 CD-R 是否构成"特定市场",也是本案的关键。

台湾地区公平交易委员会认为,CD-R 光盘只能写录一次,CD-RW 光盘则可写录多次,两者写录方式不同,各有不同适用场合,后者成本也较高,而且两者技术不同,因此两者没有替代性,所以 CD-R 光盘的专利技术可以单独被界定为"特定市场"。在这里,公平交易委员会最后的落脚点是强调 CD-R 光盘的专利技术为"特定市场",即 CD-R 光盘的生产技术与其他光盘的生产技术并不兼容,它们之间不存在替代性,这就为认定三家外商的"独占"地位奠定基础,并在此基础上确认了其具有滥用"独占"地位的行为。

最后,公平交易委员会对此的处分有两点:

第一,被处分人等利用联合授权方式,取得 CD-R 光盘片技术市场之独占地位,在市场情事显著变更情况下,仍不予被授权人谈判之机会,及继续维持其原授权金之计价方式,属不当维持授权金之价格,违反公平交易法第 10 条第 2 款规定。

第二,被处分人等利用联合授权方式,取得 CD-R 光盘片技术市场之独占地位,拒绝提供被授权人有关授权协议之重要交易信息,并禁止专利有效性之异议,为滥用市场地位之行为,违反公平交易法第 10 条第 4 款规定。②

(四) DVD 联合许可与市场支配地位及其滥用

在明确相关术语后,现在可以对 DVD 专利所有人通过联合许可是否取得了市场支配地位以及是否滥用了这种地位加以分析和探讨。

1. DVD 专利所有人市场支配地位的认定

仅从各联盟自身的专利联合许可来看,它们与 CD-R 专利联合许可并

---

① BGBl. 2005 I. S. 206, ff.

② 参见陈樱琴:《智慧财产权与公平交易——台湾经验与案例》,载《第五届海峡两岸知识产权学术研讨会论文集》,第 1 册。

没有本质上的区别。换句话说，如果只有某一个联盟位于"特定市场"，认定其具有市场支配地位并无困难。然而，实际情况是有几个联盟，同时处于同一个"特定市场"中。因此，分别认定各联盟具有市场支配地位存在一定困难。

同时，由于市场支配地位的存在是一个事实状态，需要主管部门收集并考察有关市场的各种相关数据及资料，并结合有关法律规定，才能准确地对企业是否具有市场支配地位加以认定。因此，主管部门对此发挥着重要作用。这里只能借助有关公开的信息以及各国和地区反垄断法及其实践，对各联盟通过联合许可是否取得了市场支配地位进行探讨。

由于联合许可涉及多个企业，所以可以从"寡占"，即集体独占入手进行分析。从德国反限制竞争法和我国台湾地区公平交易法来看，构成寡占必须满足两个要件：

第一，在企业之间不存在实质性的竞争或实际上不存在价格竞争。在DVD事件中，有关联盟借助于联合许可已导致在联盟内部不存在实质性的竞争或实际上的价格竞争，因此可以认为，有关联盟已满足了集体独占的第一个要件。

第二，在对外方面，这些企业必须共同拥有垄断、准垄断或突出的市场地位。由于有几个联盟处于同一个"特定市场"中，因此认定有关联盟具有垄断或准垄断的市场支配地位存在困难。但可以考虑认定有关联盟是否具有突出的市场地位。首先，各联盟所处的DVD技术市场为特定市场已没有疑问；其次，各联盟虽未达到独占，但各自利用联合许可，控制了大部分核心专利①，因此，可以认定有关联盟在DVD技术市场取得了突出的市场地位。这样，有关联盟也满足了集体独占的第二个要件。

根据以上分析，可以得出结论：有关联盟通过联合许可取得了市场支配地位（即突出的市场地位）。

2. DVD专利所有人滥用市场支配地位行为的认定

与认定DVD专利权所有人的市场支配地位相比，认定其滥用市场支配地位的行为也许并不那么困难。在认定有关联盟具有市场支配地位后，下列行为有可能纳入到传统的滥用市场支配地位行为中。

（1）维持价格。据了解，1999年6C规定的专利费标准为：DVD厂家应将DVD视频播放机、DVD-ROM播放器净售价的4%或每台4美元（两者中以数额较高者计算）缴纳给上述6家企业，目前，DVD价格已从当初

---

① 6C和3C在美国取得的核心专利分别是83件和72件。参见国家知识产权局知识产权发展研究中心编：《规制知识产权的权利行使》，81—82页。

的 300 多美元降到 30 美元至 40 美元①,但 6C 规定的专利费标准并没有改变。显然,这是不当维持价格,属于反垄断法规制的内容。

(2)搭售。所谓搭售是指拥有市场支配地位的企业在订立合同时强迫交易对手购买从性质上或从交易习惯上均与合同标的无关的产品或服务的行为。目前我国企业并不清楚 6C 或 3C 许可的专利有哪些,因此,6C 或 3C 许可的专利中可能存在重复和交叉,即有我国企业所不需要的专利技术,这就会出现搭售的问题。搭售也属于反垄断法规制的传统内容。

(3)拒绝提供有关信息和拒绝保证专利权有效性。6C 或 3C 拒绝提供所许可专利技术的必要信息以及在许可协议中不保证专利权有效性,依照有关国家和地区的反垄断法,也属于滥用市场支配地位行为。

(4)歧视(差别待遇)。拥有市场支配地位的企业对相同的交易对手采用不同的交易条件,并使某些交易对手受到损害,这样的行为属于反垄断法规制的滥用市场支配地位行为中的歧视。在谈判结束后,3C 拒绝给部分企业专利许可,使其不能继续生产和出口,并遭受损失。② 3C 的行为显然构成歧视。

五、我国法律上的空白状态及其填补

(一)我国法律上的空白状态

从以上的分析可以看出,6C 或 3C 的专利联合许可已经落入反垄断法的范围。然而,在我国尚无独立的反垄断法(我国反不正当竞争法仅涉及反垄断法的很少内容)。由于私法本身的限制,私法领域中任何一部法都不能对其加以根本规制。因此,只能求助于公法。不过,公法领域中的其他法律并不能提供什么帮助,因为其他法律并不以禁止垄断或限制竞争行为为立法目的。只有公法领域中的反垄断法才能担当规制垄断或限制竞争行为的任务。

(二)法律空白的后果

法律空白的后果可以从以下几个方面来探讨。

首先,从宏观方面来看,在当今世界,凡是市场经济得到充分发展的国家,无一例外都拥有反垄断法。因为,如果没有反垄断法提供法律保障,市场经济的正常运行几乎是不可想象的。因此,在这些国家中,反垄断法与反不正当竞争法被称为"经济宪法",具有极高的地位。德国一位学者对德国反限制竞争法在市场经济中的任务曾有过经典的表述:反限制

---

① 参见国家知识产权局知识产权发展研究中心编:《规制知识产权的权利行使》,114 页。

② 同上书,115 页、118 页。

竞争法的中心任务是保持市场开放，即用法律手段并通过对市场参加者行为自由的保障克服可能发生的对竞争的限制。显然，缺少反垄断法规制的市场经济，其发展将受到限制，市场经济国家和地区的实践已充分说明了这一点。因此，不借助于反垄断法提供的法律保障，我国市场经济的进一步发展将会受到影响。

其次，从微观方面来看，据介绍，除 DVD 事件外，外国厂商对我国的电视机、优盘、光盘、光盘刻录机、数码相机、摩托车等生产厂家也提出了征收专利费的要求。而且专利费征收有不断扩大的趋势，可能很快会波及 PC、移动通信、生物医药等高科技领域及相关主导产业。如果不能通过法律手段有效阻止跨国公司不合理索取专利使用费，容忍类似事件的蔓延，局面将会失去控制，最终严重影响我国市场经济的发展。

最后，从经济损失看，仅从 DVD 事件来看，我国 DVD 企业已赔付 30 亿元人民币，据估计，我国 DVD 企业将向国外企业赔付专利费的总额将高达 200 亿元人民币。如果类似事件进一步蔓延，我国企业向国外企业赔付专利费的总额将是巨大的，必将阻碍我国经济的腾飞。

（三）法律空白的填补刻不容缓

如果说在 DVD 事件之前，我国法律空白状态尚不明显，那么，随着该事件的出现，我们对此缺少有效的法律控制已充分显露。在我国，反垄断立法已刻不容缓。

目前，各国规制知识产权滥用的立法模式主要有两种：一是通过传统的反垄断法来规制知识产权滥用，如德国和我国台湾地区。二是除了以传统的反垄断法来规制知识产权滥用外，还补充了新的指导性规定，如美国、日本等。但反垄断法始终是规制知识产权滥用的基础。因此，当前要有效地遏制知识产权的滥用，我国立法机关必须首先制定反垄断法。最近，传来一个令我国企业振奋的消息，我国立法机关已将反垄断法的制定纳入到立法规划中。

与那些为适应社会发展，特别是科技发展需要而制定的新型法律不同，反垄断法是市场经济国家的传统法律并且在许多国家和地区已相当完善，这就为我国的反垄断立法提供了丰富的可借鉴的经验。只要我们能从各国和地区的立法中吸收有益的经验，结合我国的国情并遵循市场经济规律，反垄断法的制定和实施并非是一件困难的事情。

Han Chifeng

Transnational Corporation's Abuse of Intellectual Property Rights and the Filling-in of Chinese Law Blank
—Legal Views from DVD Conflicts

Abstract: DVD joint patent license is a reasonable enforcement of intellectual property rights under some preconditions. Since it hinders the competitions, not only intellectual property rights might be abused but also restrictive competition agreement and the abuse of maker's dominant control position will be formed. It violates the anti-monopoly law. Because there is no anti-monopoly law in China, no rule could be used to regulate it which causes the similar things take place again and again and finally restricts the development of Chinese marker economy. In order to contain transnational corporation's abuse of intellectual property rights, it brooks no delay to enact anti-monopoly law.

Key words: Joint Patent License; Agreement in Restraint of Competition; Abuse of Dominant Position in A Market; Filling-in of Chinese Law Blank

熊谞龙[*]

理论的误读：
论一般人格"权"的非权利本质

【内容提要】

　　一般人格权是人格法益的一种特殊立法表达形式，将一般人格权理解为权利是理论对实践的误读。用人格法益来理解一般人格权的本质将有助于理解一般人格权的功能及其与具体人格权之间的关系。一般人格权与具体人格权不是概括与决定的关系，而是拾遗与补缺的关系。

【关键词】

■权利　　■法益　　■一般人格权

　　一般人格权是 20 世纪中叶出现的一个权利概念，其立法形式首见于《瑞士民法典》，继之在世界各国的私权理论、民事立法以及司法实践上成为一个重要的权利形式，该权利形式的出现成为现代社会对人的价值高度尊重的一种立法表征，也成了现代民权运动所取得的巨大成就在私法上的重要展现。因此在世界各国民事法律法典化的进程当中，无论最终的法典文本中是否存在一般人格权或者以何种形式规设一般人格权，关于一般人格权的理论铺陈以及经验总结都将成为立法前夕的一个重大议题，这一现象自然也在我国当下的民法典立法热潮中出现，而且成为了一个事关体系与结构的重大问题。从目前主流学说来看，无论是对人格权单独成编持肯定态度的学者还是持否定态度的学者，对于我国未来民法典应该设立一般人格权条款这一问题似乎争议不大，几乎呈一边倒之势，笔者对此也无意反对。然而在这些分析论证中都预设了一个似乎"毋庸置疑"的理论前提，那就是一般人格权乃属于权利之一种，因此按照权利体系构建的民法典当然应该给一般人格权预留相应的位置。然而，这一命题是否真的就是毋庸置疑呢？笔者颇不以为然！本文试图揭示的就是，一般人格权虽称之为"权利"，然其并非权利，乃属于法益的一种特殊立法表达形式，一般人格权的能指与所指之间存在着一种分离！

对这一命题的证成必须首先从权利与法益的概念区分着手，进而定位一般人格权在人格权体系中的角色，并界分其与具体人格权之间的关系，才有助于在一个自足的理论体系内对一般人格权的本质作出圆融自洽的解说。

一、"权利"界定：一个前提概念的交代

"权利"一词，并非自古有之，东西方法律文化概莫能外。梅因爵士说"概括的权利用语不是古典的，但法学有这个观念，应该完全归功于罗马法"①。在罗马法中，虽然也没有确定的权利概念和权利分类。但是罗马人却以法律来支持凡是正当的事情，在观念和技术上把问题都引到权利概念上来了。直至19世纪中期以后，由社会生产方式所推动和分析法学思潮的兴起，法定权利与义务成为社会生产、交换和社会秩序的机制，"权利"被作为法律（法学）的基本概念总结出来。②"权利是私法的核心概念，同时也是对法律生活多样性的最后抽象"③。因此对于本文的权利概念所要做的第一个限定是，此处所指称的权利是指法律权利，对于道德哲学所言的纯粹道德权利不纳入本文的权利讨论之列。

从权利概念的诞生之初，关于权利的本质的争议就一直未曾停止过，这种争论至今仍在继续。因此，有必要对本文中所要探讨的权利概念究竟采用什么学说做一个交代，它将成为本文论证全过程的一个逻辑起点。在关于权利的争论中，众说纷纭，择其有代表性观点的而言之，主要有：萨

---

① ［英］梅因著：《古代法》（中译本），102页，北京，商务印书馆，1984。

② 参见张文显著：《二十世纪西方哲学思潮研究》，491页，北京，法律出版社，1996。

③ ［德］迪特尔·梅迪库斯著：《德国民法总论》，邵建东译，62页，北京，法律出版社，2000。

维尼的意志说①、耶林的利益说②、梅开尔的法力说（法律力量说）③。这些学说似乎各持所见，相持不下。中庸调和不独是中国人的策略，拉德布鲁赫对于权利本质的纷争也做了一个调和性阐述："人们习惯于既不把它作为法律赋予的意志力量又不（如耶林）将其作为法律上保护的利益去理解：两种描述都是正确的，前者是就权利的法律实质而言，后者则是就权利的前法律实质而言；前者是就法律后果，即立法者通过权利的赋予而产生的后果而言，后者则是法哲学动机，即在授予权利时指引给立法者的动机。"④ 这种将意志说和利益说两种观点折中调和的看法似乎显现了拉氏对于"法力说"的倾向性支持。事实上，法力说在大陆法系许多国家和我国台湾地区已经成为通说，在我国大陆地区也获得了越来越多学者的支持，成为了主流学说。⑤ 法律力量说对于权利的界定也成为本文进行后续讨论的一个逻辑前提。

按照权利的法律力量说，法律权利被认为是由特定的利益和法律上之力两种因素构成的，特定利益为权利的内容，法律上之力为权利的外形。这一对权利本质的把握可以将权利和一般利益以及法益相区别。

第一，法律之力是权利的外形。尽管利益是权利的最基本和主要的因素，但是只有受法律保护的利益才能称之为权利，也正是在这一点上，我们可以将权利和一般的利益概念相区别。

第二，权利是以特定利益为内容的。此处所谓的"特定"利益从法律技术层面可以理解为已经类型化的利益。这种利益的特定性将权利与狭义上法益⑥区别开来。法益是一个社会的法观念认为应予保护的利益，但这

① 该学说认为，"权利为意志的自由，该意志自由即为人，并只有人是意志天赋的。就此在我们看来，每单个法律关系作为人格人与人格人之间的关系，通过一个法律规则加以确定。"参见〔德〕罗尔夫·克尼佩尔著：《法律与历史——论〈德国民法典〉的形成与变迁》，朱岩译，64页，北京，法律出版社，2003。

② 该学说认为，"权利是受法律保护的利益；主观权利的真正实质是存在主体的利益、利益的实际效用和享受上。"参见〔德〕耶林著：《拿破仑法典以来私法的普遍变迁》，徐砥平译，18页，北京，中国政法大学出版社，2003。

③ 法力说综合了意志说和利益说的合理之处，认为权利是由特定的利益和法律上之力两种因素构成的。特定利益为权利的内容，法律上之力为权利的外形。

④ 〔德〕拉德布鲁赫著：《法学导论》，米健、朱林译，61—62页，北京，中国大百科全书出版社，1997。

⑤ 以时下国内影响甚广的几本民法总论著作为例，均采"法力说"，参见梁慧星著：《民法总论》，77页，北京，法律出版社，2001；王利明著：《民法总则研究》，202页，北京，中国人民大学出版社，2003；龙卫球著：《民法总论》，2版，116页，北京，中国法制出版社，2002。

⑥ 对法益有广义和狭义之分，广义上的法益泛指一切受法律保护的利益，权利也包含于法益之内；而狭义的法益仅指权利之外而为法律所保护的利益，是一个与权利相对应的概念。本文采用的是狭义上的法益概念。

种受法律保护的利益乃是一种概括的、不确定的利益，不具有具体的权利形态。

因此，我们按照受法律保护力度的不同对利益做三个层次的界分，也就是所谓一般利益、法益、权利，三种利益形态受法律保护的力度渐次加强。一项具体的利益在利益结构中的位置并非一成不变，经济技术的发展以及社会文化观念的变迁都可能引起它在利益结构中位置的变化，一般认为，从一般利益、法益再到权利，其间需要是一个利益类型化的立法技术处理。

为了避免学术论争流于自说自话的热闹，将讨论建立在共同的基础概念之上就成为一种必要。如果我们认同以"法力说"作为民法学构建权利体系的逻辑起点的话，那么关于一般人格"权"的权利性质将成为一个可以值得推敲的问题。

二、制度流变：以德国法为中心的考察

对一般人格权的产生与发展的回顾也许有助于我们对其本质做彻底的认识。尽管早在 1907 年的《瑞士民法典》就有关于一般人格保护的专节，但是并不能就此认为从《瑞士民法典》开始就有关于一般人格权的理论，尽管后世的法学家将该款认定为一般人格权的立法形式。一般人格权概念的产生要归功于"二战"后德国司法实践的贡献，在此基础上，德国的法学家承担了理论阐述的重任，使得一般人格权理论成为德国法系中的一个重要理论。

19 世纪末期诞生的《德国民法典》中有姓名权（第 12 条）等具体人格权的规定，同时在《德国民法典》第 823 条第 1 款中，通过对于一般侵权行为采取列举的方式从侧面规定了生命、身体、健康、自由等具体人格权，同时为了达致立法上的周延，在列举上述人格权之后又兜底性地规定了一个"其他权利"，而正是这个"其他权利"，成为德国一般人格权进入司法救济体系的一个通道。德国法上一般人格权的创立就是基于法官在司法判例中予以创造出来的，其中一个重要方法就是将所谓的"一般人格权"作为"其他权利"之一而受到保护，不受他人的不法侵害。联邦最高法院通过 1954 年的"读者来信案"、1958 年的"骑士判决"和"录音案"判决以及 1964 年的"索拉雅案"[①] 四个经典判例在德国法上确立起了一般人格权这一框架性的权利，也突破了该法典第 253 条关于非物质损害的金

---

① 参见［德］霍尔斯特·埃曼：《论一般人格权的保护》，载《中德经济法研究所年刊》，1996、1997，71—72 页。

钱赔偿必须在法律有明确规定的情形下才得以适用的限制。除了巧妙地借助于第 823 条第 1 款关于"其他权利"这一兜底性条款,德国法上第 826 条关于背俗侵权的规定也在其中扮演了一个重要的角色,通过这一条款,将德国基本法上对于人的尊严和自由高度尊重的价值体系贯彻到私法体系中,同时也为"二战"后德国社会对于人格尊严的特别社会需求提供了一种法律价值和司法程序上的供给。与此同时,德国法学界也对一般人格权展开了热烈的讨论,不仅是私法学界热衷于此,公法学界也从基本权利对于第三人的效力这一角度津津乐道,从而在德国法学界形成了对一般人格权制度的价值和功能一定程度的共识。

一般人格权作为德国司法界贡献给世人的一个伟大成果,德国法学家也没有谦居身后,对于后人对德国民法典中存在疏漏的一些批评,他们早已置之脑后,反而誉其为德国民法典的一个高明策略。"民法典有意识地既未将一般人格权,也未将名誉纳入第 823 条第 1 款保护的法益范围。"①"凭着明智的自谦,《民法典》的立法者事先并没有想到以僵硬的模式去把握不可预见的发展,而是以多种多样的变化号召法官对法律进行有创造性的发展。这些规定作为一种法律上的安全阀,防止了法典因经济关系的根本性转变而被涨裂。《民法典》尤其要感谢那些或此或彼的伸缩性概念,它使得《民法典》在一个通常僵硬的概念体系中,终究能够证明自己相对地反映了时代的无止境要求。"②一派溢美之词!然而不容否认的是,《德国民法典》的确通过了其自身强大的体系效应对一般人格权保护问题给出了一个圆满的解决方案。这也就是,直至今日,尽管人们对于民法典中缺乏一般人格保护条款的批评不断,然而德国始终没有通过立法的形式明确确立一般人格权制度,对于一般人格权的保护,仍然是由法官在个案中通过利益衡量的方式来完成。

尽管经过半个多世纪的发展,在理论界与实务界对一般人格权制度的功能与价值均已达成了相当程度的共识,但仍然没有通过立法的方式将其上升为一种确定的权利形式。③这其中的原因在很大程度上还是基于对一般人格权自身性质的认识。按照拉伦茨的观点,"'一般人格权'是指受尊

---

① ［德］迪特尔·梅迪库斯著:《德国民法总论》,805 页。

② ［德］拉学布鲁赫著:《法学导论》,71 页。

③ 德国司法行政部 1967 年的《损害赔偿法修正草案》曾拟通过对民法典第 823 条第 1 款修订将一般人格保护纳入其中,该规定是这样规定的:"因故意或过失,不法侵害他人之生命、身体、健康、自由或名誉,或以其他方法侵害他人人格(Persönlichkeit)者,对该他人因此所生之损害,负赔偿责任。因故意或过失,不法侵害他人之所有权或其他权利者亦同。"(参见邱聪智著:《民法研究(一)》,120 页,北京,中国人民大学出版社,2002。)然而该规定最终还是没有规定为"一般人格权"(das allgmeine Persönlichkeitsrecht),而且这一修正案最终也没有真正通过实施。

重的权利、直接言论（如口头和书面言论）不受侵犯的权利以及不容他人
干预其私生活和隐私的权利。"① 同时他为德国民法典当初为什么没有规定
一般人格权找了一个立法技术方面的开脱理由，"《德国民法典》的立法者
在法典中没有规定一般人格权，是因为难以给这种权利划界，而划界则明
显地取决于具体案件财产或利益的相互冲突，究竟哪一方有更大的利益。"
②虽是一个托词，但是这一论述却把一般人格权最本质的东西给道出来了，
对于我们今天认识一般人格权的本质也是不无启示意义。

　　考察各国的法律文本，我们并没有寻找到"一般人格权"这样一个概
念，"一些国家的法律制度将他们规定为'真正的'权利，另外一些国家
仅将他们认定为'生命的本质要素'，而'人格权'的概念是指那些能给
个人带来特别法律权利的利益。"③ 如关于一般人格保护最早的法律文本
《瑞士民法典》中，虽然创设了"人格的一般规定"和"人格的保护"的
专门标题，但也未使用一般人格权；1929—1930 年间完成、现仍在我国台
湾地区适用的"中华民国民法"，兼采德、瑞立法例：在该法律第 18 条规
定："人格权受侵害时，得请求法院除去侵害。前项情形，以法律有规定
者为准，得请求损害赔偿或慰抚金。"此项规定被有些学者认为是"一般
人格权"的规定。④ 然而，从现在来看，其与一般人格权的规定也是相去
甚远。

　　从国外关于一般人格权的理论总结来看，关于一般人格权的概念更多
的是从一般人格保护这一角度提出的，而不是通过权利确认的形式，一般
人格权作为一个理论的提出，其最主要的功能在于给法官提供一个自由裁
量的依据。学者总结出来的概念与司法实践和立法文本似是而非。"人格
权的实际利益在于它使对需要得到保护的各个条文中没有的人格利益和伴
随着社会以及技术的发展变化而出现的新的人格利益保护成为可能。"⑤ 因
此，从这个意义上说，一般人格权其始终并不是以一种权利形态在制度中
存在的，对于一般人格权实在有必要做一个正本清源的认识。

---

　　① ［德］卡尔·拉伦茨著：《德国民法通论》，谢怀栻等译，171 页，北京，法律出版社，
2003。
　　② 同上书，172 页。
　　③ ［德］克雷斯蒂安·冯·巴尔著：《欧洲比较侵权行为法》（下），焦美华译，张新宝审校，
70 页，北京，法律出版社，2001。
　　④ 参见胡长清著：《中国民法总论》，4 版，92 页，中国台湾，台湾商务印书馆，1979。郑
玉波著：《民法总则》，8 版，102 页，中国台湾，台湾三民书局，1930。王泽鉴著：《民法实例研
究·民法总则》，8 版，88 页，1990。
　　⑤ ［日］星野英一：《私法中的人》，王闯译，载《为权利而斗争》，359 页，北京，中国法制
出版社，2000。

三、人格法益：一般人格权的真实形态

在对一般人格权的真实形态作出真实的描述之前还有必要对法益这一概念作进一步的说明。

法益这一概念的是介乎权利和一般利益之间的概念，它是一个社会的法观念认为应予保护的利益，对它的保护乃是对违反法律基本理念行为的制止，由于这种利益形态尚不具有法律上可供概括归纳的确定特质，难以类型化，因此它受法律的保护弱于权利。对于法益，不同学者作出了不同的阐述，史尚宽认为："法益乃法律间接保护之个人利益"①，洪逊欣认为其乃"法律之反射作用所保护之利益"②，曾世雄认为，"法益者，法律上主体得享有经法律消极承认之特定生活资源……消极承认，一方面肯定其合法性，他方面则提供相对薄弱之保护"③。上述概念都阐述了法益的某些方面的特征，尤其是将法益在法律保护方面低于权利的特征强调得较多，但是并没有明确法益存在的价值所在。大陆地区民法学界尚无学者对法益进行系统阐释，对于法益进行较为系统阐述的是刑法学者张明楷先生，张先生借鉴日本法上对法益概念的相关阐述，认为："法益是根据宪法的基本原则，由法所保护的、客观上可能受到侵害或者威胁的人的生活利益。"④ 虽是从一个刑法学者的视角对法益进行的阐述，对于民法学的思考也是具有相当参考意义的。⑤ 笔者以为，较之台湾地区民法学者对法益概念的阐释，这一定义的妥当性主要在于其深刻地揭示了法益与宪法基本价值的关系，因此从这个意义上说，这一对法益概念的阐释具有沟通部门法和宪法的功能，法益在不同部门法受到保护实际上是对宪法价值的维护。

法益这一概念的出现意味着"法典万能论"的破产，人们认识到在成文法上的法律权利之外还有着需要通过法律加以保护的利益，而这种利益并没有以权利的形态的出现，而这一现象的出现主要归结为利益形态的多样化，以至于一些利益难以确定，类型化的基础过于薄弱，尚无法将其上升为一种法律权利形态。我们所理解的权利类型应该是一个已经类型化

---

① 史尚宽著：《债法总论》，127 页，北京，中国政法大学出版社，2000。
② 洪逊欣著：《中国民法总则》，中国台湾，三民书局，50 页，1979。
③ 曾世雄著：《民法总则之现在与未来》，62 页，北京，中国政法大学出版社。
④ 张明楷著：《法益初论》，167 页，北京，中国政法大学出版社，2000。
⑤ 法益概念在刑事法领域得到高度的重视，法益也成为国外刑法理论中的一个核心概念。而其在刑事政策领域的推进自"二战"结束之后尤其是 20 世纪 70 年代以来表现得最为明显，表现在法益概念具有刑事立法上的实际价值，并且作为研讨制定新条款或修改旧条款的重要依据。法益概念作为具有系统性的工作概念成为确定处罚范围的价值判断标准。这一理论对于反思我们的侵权行为法理论也是不无意义的。

的、为法律所保护的确切利益形态，权利的这种确定性的特征不仅仅为权利主体自己享有权利所带来的利益提供了一个范围，同时也为其他民事主体不侵害该权利提供了一个警戒线，予民事主体以行动的自由以及不因该自由行为受法律制裁的合理预期，自由行为的可预期性取决于权利的公示性和确定性。如果权利无确定范围，常常使得行为人因自己的行为，动辄得咎，从而陷入了一种不安定的状态，这也就是法益受法律保护的力度弱于权利的原因。一般人格权事实上就具有这种特征，尽管我们已经习惯上将其称为一般人格"权"。

在国内学者关于一般人格权的研究中，对于一般人格权是作为一种人格利益还是持认同态度的，他们明确指出，"一般人格权，是相对于具体人格权而言的，是以民事主体全部人格利益为标的的总括性权利。指民事主体依法享有并概括和决定其具体人格权的一般人格利益。"① 这一概念就将一般人格权最终落脚为"一般人格利益"。然而，这一概念一方面将一般人格权称为"总括性权利"，另一方面又称之为"一般人格利益"，本身即有不和谐之处；当然如果将其所采用的"一般人格利益"从广义上来理解，也能说得通，事实上从字面来看，作者也的确是持这一理解的。

采纳广义的利益概念当然可以在概念界定的时候做到游刃有余，不至于产生太大的偏差，然而也失之精确，使人难以把握概念的内核。在前面讨论本文的逻辑起点的时候，笔者已经阐述，从广义上说，任何权利和受法律相对薄弱保护的（狭义上的）法益都属于法益，因此，将权利界定为广义的法益并没有将这种权利最本质的特征显现出来，尤其没有将这种权利与其他法益区别开来。而这种缺失也将导致论者在阐述一般人格权和具体人格权之间的关系时产生一些误差，进而在阐述一般人格权功能时其最主要的功能被其他具体人格权也具有的一般功能所淡化了。

因此，本文要做的一个工作就是将一般人格权的"权利"外衣褪去，而还原其"法益"的本来面目。作出这样一个界分并不仅仅是一个概念的纷争和文字的游戏，因为在一个概念所构建的法学体系中，前面的概念界定将决定着有关这个概念的功能以及此概念与彼概念之间的关系等一系列的论述。例如前述学者关于一般人格权的概念用了"民事主体依法享有并概括和决定其具体人格权"作为人格利益前的限定语，一般人格权与具体人格权的关系就被论者阐述为"概括和决定"的关系。

一般人格权并非权利，其本质上乃是一种法益。作出这一判断基于以下几个理由：

---

① 王利明、杨立新、姚辉著：《人格权法》，26 页，北京，法律出版社，1997。

第一，在前述制度考察中，我们已经发现一般人格权并不存在于经典的法律文本中，而只是学者理论上的阐述，这种阐述的方便并没有注意到用语的精确性，尤其是学者在阐述时使用一般人格权的概念并未与权利概念本身保持一致，而产生了理论的误读。事实上一般人格权的概念纯粹属于一种学理上的概说，而这种概说也造成了一般人格权与其他权利的混同，而对于他们之间存在的差别常常容易被忽略。

第二，从一般人格权和具体人格权功能区分和相互关系看，具体人格权才是真正的权利形态，一般人格权的功能在于补充具体人格权之不足，对民事主体的人格利益予以周到的保护。随着现代社会的发展，具体人格权的类型越来越多，许多人格利益可以在后进的成文法典中或民法修订中类型化为一种具体的权利类型，如隐私权从最初的一种利益上升为一种具体的法律权利即可为例。

第三，法益作为主体可得享有的利益，其法律的利益结构中低于"权利"的位阶，具有补充法律权利不足之功能。法益在利益结构中的位置不是一成不变的，对于司法实践中已经成型的利益结构可以转变为法律权利，通过权利救济制度进行保护。法益和权利的这种结构关系也能很好地解说一般人格权和具体人格权之间的关系。从这个意义上，在保护民事主体人格权适用法律的时候，首先考察的是适用具体人格权的相关保护条文，唯有在没有具体人格权对此作出规定的时候，才考虑适用一般人格保护的抽象规定。

在我看来，将一般人格"权"还原为"人格法益"，其意义主要有如下几点：

首先，有利于对一般人格权和具体人格权之间的关系做一个恰当的把握。对于二者关系的把握不宜简单地套用哲学上抽象和具体这一对范畴，从上一部分关于一般人格权的制度流变来看，二者的关系不是一个概括和决定的关系，而应该是一个补缺和拾遗的关系。

其次，有利于对一般人格权的功能进行准确的阐释。一般人格权的主要功能在于对法律没有类型化为具体人格权的人格法益进行权衡救济，适应社会经济文化的发展，充分实现现代法律以人为本的价值。

最后，有利于准确地对实践中出现的各种新鲜的权利类型予以一个准确的定位。现实生活中民事主体常常提出许多新的权利诉求（如所谓的"亲吻权"、"人格权"），作为一种人格利益，当然应该受到法律的关注和重视，可它并非法定的权利类型，是否对其进行法律上的保护，还需要取决于裁判者基于整个社会文化价值的综合利益考量，能否受到法律的切实保护并不确定。因此如果将人格法益都理解为一般人格"权"，与权利皆受法律保护的世俗权利观念也存在着一定的间隔。

四、结语：一个貌似守旧的结论

那么是否有必要改变一般人格权的习惯用法，用人格法益这一概念替代法学界耳熟能详的一般人格权概念呢？在笔者看来，并没有太大的必要。尊崇一种理论上的精确，倒也无必要强求一种所谓严苛的用语。词与物的分离乃是语言哲学上的一个惯常现象，"哲学不可用任何方式干涉语言的实际用法；因而它最终只能描述语言的用法。"[①] 这种语言哲学上的困惑又何尝不是法学上的困惑！考夫曼因此慨言："我们要注意，法律的专业语言不是（自然）科学语言，因为句法及字义并不基于严密的规则，基本上它甚至不是一种专业语言，而毋宁是一种法律阶级的语言，因为在此法律人彼此约定一种特定的语言使用方式。"[②] 对于一般人格权的习惯表述，我们要做的不是刻意回避概念的窠臼，而是观察其功能上的现实展示；不仅要明白一般人格权概念的能指，更需要清楚其所指！

费尽心机，对一般人格"权"的非权利本质作出一番论证，最终得出的结论却是依循旧例，似乎是一种"胳膊拧不过大腿"的无奈！其实不然，一则，一篇论文的最终结论并非以概念创新和立法建言为必要，试图通过一篇论文去和一个约定俗成的用语较劲实在有些吃力不讨好；二则，本文借"权利"概念与"法益"概念之区分说事，本意不在于颠覆一个习惯性的概念，而在于更替这个习惯性概念掩盖下的认识偏差，对一般人格权本质及其与具体人格权之间的关系作出一个恰当的论述，进而对一般人格权的价值功能予以一个新的认识，这才是本文的主旨之所在。

"每个符号就本身看来皆是死的。什么东西给它生命？它们在使用中活起来！"[③]

---

①　[英] 维特根斯坦著：《哲学研究》，陈嘉映译，75页，上海，上海人民出版社，2001。

②　转引自林立著：《法学方法论与德沃金》，151页，北京，中国政法大学出版社，2002。

③　Wittgenstein（wie Anm. 13），S. 432. 转引自林立著：《法学方法论与德沃金》，293页。

Xiong Xulong

Misreading in Theory: On the Disaffirmance of the General Personal "Right" being Right

Abstract: General personal right is referred as right, but it belongs to a special kind of legislative explicit forms of legal benefit. The relationship of general and concrete personal rights is not one of something general and determinate, but the stopgap and gleaning. Considering that general personal rights act as important technical means to implement constitutional values.

Key words: Right; Legal Benefit; General Personal Right

黄凤兰[*]

行业协会权力的法律规范

【内容提要】

　　在社会沿着"小政府，大社会"方向改革的进程中，行业协会的法律地位和重要功能凸显。行业组织的自律，行业协会在其成员与政府间的协调沟通，代行政府管理职能使行业协会成为推动我国经济健康发展的一支不可忽视的力量。然而，由于目前我国关于行业协会的法律法规还很不健全，伴随行业协会有效运行的诸如权力保障，权力规制以及相应的救济途径等就成为了摆在我们面前的亟待解决的问题，笔者试图就行业协会权力的法律规范作一探讨。

【关 键 词】

■行业协会　■管理职能　■权力规范　■救济途径

　　在构建和谐社会的进程中，缓和各种社会矛盾至关重要。社会生活的参与者往往从各自角度出发，追求其自身利益的最大化，于是便产生出各种矛盾和冲突。政府、经营者之间目标的差异化，社会公益与经营者私益之间常常很难协调。此时，作为非政府组织的一种形式，行业协会的功能

＊　北京师范大学法学院副教授。

凸显出来。它以自己独特的地位和工作方法——介于政府与经营者之间以及沟通与协调——在各利益集团之间寻找平衡点，从而在营造和谐社会的进程中发挥着不可替代的重要职能。

行业协会是社会生产力发展到一定阶段的产物，是以同行业企业为主体，在自愿基础上，以谋取和增进全体会员企业的共同利益为宗旨的具有法人资格的经济社团。美国《经济学百科全书》指出，行业协会是一些为达到共同目标而自愿组织起来的同行或商人的团体；日本经济界人士认为，行业协会是以增进共同利益为目的而组织起来的事业者的联合体；英国权威人士指出，"行业协会是由独立的经营单位所组成，是为保护和增进全体成员的合理合法的利益的组织"。所以，行业协会首先是脱胎于个别企业的同行业共同利益的代言人。同时，在社会经济发展日益复杂的情形下，作为宏观经济调控者的政府显得越来越力不从心，大量"不该管、管不了、管不好"的问题摆在面前，政府急需将这部分职能转移出去。这样，代行这部分政府管理职能的行业协会便成为政府、企业之间的最理想选择。

实际上，对社会公共事务的管理在学者们眼中本就可以分为两种：一种是所谓的国家行政，由国家、政府行使职权；另一种是所谓的社会行政，即"非政府组织的行政"。正如恩格斯在《家庭、私有制和国家的起源》中指出的那样，管理是所有社会存在的必要条件，随着国家的产生，最重要的领导社会的职能便构成了国家管理的范围，同时一部分管理社会的职能仍旧由非国家的组织去行使。[①] 而且，伴随我国市场经济的迅猛发展，国家对公共事务管理的垄断也正在被打破，大量非政府组织在公共事务管理过程中，发挥着越来越重要的作用，社会行政与国家行政一起共同构成了公共行政不可或缺的两翼。[②] 所以，行业协会的出现与发展有其历史的必然性和现实的强烈需求使然。将政府从纷繁琐碎的事务中解脱出来，专司国家管理职能，企业从单纯被管理者的角色转变为借助行业协会的自我管理，这种理想架构模式的强力支撑点，无疑来源于相应的权力配置，职权与职责的配套使用。然而由于我国相应法律内容的严重缺失，使得刚刚在我国诞生的行业协会的法律地位日渐尴尬。

正如人们所熟知的那样，在行政法范畴里面，国家行政机关及其授权组织在行使其各项管理职权时均必须遵循一项基本原则即"依法行政"之

---

① 参见杨海坤、章志远著：《中国行政法基本理论研究》，3页，北京，北京大学出版社，2004。

② 同上书，4页。

原则，"权"自"法"出，法无规定而为之，即为"越权无效"；管理相对人对不合理、不合法的行政行为还可以行使行政复议和行政诉讼的救济手段。然而行业协会分享的这部分政府管理职权出自何处，如何监督，会员权利若受到不公正对待该如何实施有效救济呢？由于我国目前还没有专门的行业协会法，对这些问题还很难找到明确的说法，因此已经成为当今困扰行业协会进一步发展的瓶颈。明确行业协会从事社会行政管理的权限范围、权力来源以及对权力的法律规范已成为现阶段的当务之急。

一、行业协会服务权能的法律规范

目前，我国行业协会履行的职能大致可分为三大类，第一大类就是针对企业的服务职能，这也是行业协会最原始、最首要的职能。

行业协会到底是谁的代言人，其角色定位如何？这是目前企业界和理论界热议的问题之一。如前所述，从本源上讲，行业协会是企业自发倡议成立的民间自治组织，是企业自感靠个体企业单打独斗不足以和政府平等对话，无资格和外国经营者平等竞争、协商与合作，国内同业竞争无序很难实现多赢的时候，同业间联合推举成立一组织为代表同政府与其他竞争者谈判、沟通协调、化解矛盾。《中共中央关于完善社会主义市场经济体制若干问题的决定》中"积极发展独立公正、规范运作的专业化市场中介服务机构，按市场化原则规范和发展各类行业协会、商会等自律性组织"的规定告诉我们，行业协会是连接政府与企业间关系的桥梁，是介于两者之间的媒介组织，民间化色彩是其本来面目。故行业协会应是企业的掌门人，企业利益的代表者。

这部分职能大致可包括：进行行业统计，收集、分析、发布行业信息；组织人才、技术、职业培训；组织展销会、展览会等；开展国内外经济技术交流与合作；反映会员要求，协调会员关系，维护其合法权益；组织科技成果鉴定和推广作用；创办刊物，开展咨询等。如《中国麻纺行业协会章程》第6条："本协会的业务范围：……（二）开展咨询服务，组织信息交流活动，出版通讯刊物，并优先向会员单位提供国内外技术经济信息，指导企业生产经营；（三）推动横向经济联系，协调企业间生产经营、技术合作等方面的问题，共同开拓国内外市场……（五）组织有关业务的咨询、诊断、鉴定、论证和企业基础管理的专业活动，开展先进技术和管理经验的总结、交流、推广，举办各类为行业服务的培训班，提高行业素质。"

这部分权能从哪里来，是否需要法律的介入与规范。笔者认为，由于这些权能从其特性上来讲，属于纯服务性质，行业协会一系列行为的后果只是为企业造成积极影响，如果做不好，充其量也是使企业没有享受到应得的服务，而不会对其法律权利构成任何损害或者损害威胁。因此，在这一领域，严格的法律规范可以不必过多介入和干预，行业协会权能也无须一定"依法所为"，其权力来源通常由行业协会成员通过协会章程的形式予以授权即可。法律在此需要关注的只是从实体和程序上对行业协会是否能真正代表协会成员的利益行事给予保证。具体包括：协会成立的程序、会员的加入与退出、协会决议的表决规则、组织机构的生成等。即只要能让成员觉得行业协会是自身利益的代言人，为自己办事，为自己服务即可。至于如何服务、服务的内容怎样则完全可以由行业协会内部协商确定。

二、行业协会管理权能的法律规范

行业协会第二大类职能是对企业的管理职能，包括开展行业、地区经济发展调查研究，为政府提供有关经济政策和立法建议；指导、帮助企业改善经营管理；制定执行行规行约，规范行业行为，协调同行价格争议，维护公平竞争；参与制订行业规划，对行业内重大的技术改造、技术引进、投资与开发项目进行前期论证；参与行业生产、经营许可证发放的有关工作，参与资质审查；参与质量管理工作等。

如《上海市通信行业协会章程》第 7 条："本行业协会的业务范围是：行业协调、行业自律、中介服务、咨询培训、技术推广、承办政府委托事项。（一）贯彻执行国家有关电信行业的方针、政策和法律法规，组织各种法制宣传活动，受政府部门委托，作好本行业的发展规划和政策调研工作；（二）建立行业自律机制，制定本行业的行规、行约并监督实施，提高职业道德，协调行业内部关系，提倡互相配合，公平竞争，维护会员的合法权益，调解会员的投诉和经济纠纷……（八）行使国家有关部门授予的外事权，促进电信行业的对外交流与合作。（九）协助电信管理等部门监督检查电信市场，维护正常的电信市场秩序，开展公平竞争。……（十一）接受政府委托行使其他有关职责。"

这部分管理活动的突出特点是：针对本行业具体情况，为政府决策提供参考；协助企业建立自律机制，实现自我管理；引导企业提高技术含量，向高水平管理迈进。可见，行业协会这部分管理功能与传统的政府行政管理有着非常明显的不同，即政府自上而下管理的行政强制力已经大大减弱，取而代之的更多是较为平和、平等的协商，引导性、鼓励性的手段，更重要的是这类管理行为一般不再产生直接的法律效果，亦即不对相对人的权利和义务的增减产生直接影响的行政指导的色彩十分突出。由于行政指导在多数情况下是基于法律原则和国家政策作出的，在行政法上并不需要有明确的法律条文作依据，而且，大多又采用如"引导、劝告、建议、示范、制定导向性政策、发布官方消息"等形式进行，"承受行政指导的行政相对人是否接受指导取决于其是否自愿，而不是行政权固有的命令与服从的强制性"①，所以，对这一大类管理行为也不必要求一定要有法律出处，行业协会行使上述权能只要有政府的授权委托即可开展工作。

各级政府在日益复杂的经济形势面前，对企业过细的微观管理既无必要，也无可能了。越来越细、越来越专业的管理活动在客观上逼迫着政府必须尽快实现角色的转变，而将原来的一部分权力移转出去，交由适当的组织来行使，这个接受权力的组织便是各经济领域的行业协会。从目前众多行业协会章程的规定来看已体现出这一趋势。《中国麻纺行业协会章程》第6条：本协会的业务范围：……（十）承办政府部门、其他社会团体和会员单位等委托的事项。《中国注册会计师协会章程》第4条："本协会的主要职责是：……（十）办理法律、行政法规规定和财政部授权的有关注册会计师和会计师事务所的其他工作。"

但在这里仍需明确的是：第一，要设法加快政府职能的转变，做通政府的工作，让政府尽快放权，还权于行业协会，这虽然很困难，但却是必需的。必须从行政组织法、行政行为法角度予以切实保证。第二，政府委托授权的同时，必须明确责权利，做到权利与义务、与责任的有效统一。一方面，政府授权并不等于放任自流，政府放权的同时，一定同时还负有监管职能，一旦发现行业协会滥用职权，损害企业的合法权益，一定要严厉查处；另一方面，行业协会接管权力，也就同时承担起了相应的法定义务，二者不可偏废，行业协会的自我约束至关重要。

三、行业协会监督处罚权能的法律规范

行业协会的第三大类职能是对企业的监督与处罚，包括对产品与服务质量的监督，竞争手段与经营作风的监督，执行行规行约的监督，执行国家标准、行业标准的监督，对违规企业的处罚等。如《证券法》第164条："证券业协会履行下列职责：……（七）监督检查会员行为，对违反法律、行政法规或者协会章程的，按照规定给予纪律处分……"《律师法》第40条："律师协会履行下列职责：……（四）进行律师职业道德和执业纪律的教育、检查和监督；……律师协会按照章程对律师给予奖励或者给予处分。"《体育法》第49条："在竞技体育中从事弄虚作假等违反纪律和体育规则的行为，由体育社会团体按照章程规定给予处罚"；第50条："在体育运

---

① 熊文钊著：《现代行政法原理》，1版，448页，北京，法律出版社，2000。

动中使用禁用的药物和方法的,由体育社会团体按照章程规定给予处罚。"

行业协会监督、处罚功能的实施与发挥在相当程度上分担了相关政府部门的管理职能,不仅符合当今政府管理职能的转变,更重要的是行业协会源于内部的自律自省比起来自政府的外部监督来说更有效、更便捷。但同时行业协会的该项权力也面临着巨大挑战。《行政处罚法》第 1 条就明确界定:"为了规范行政处罚的设定和实施,保障和监督行政机关有效实施行政处罚,维护公共利益和社会秩序,保护公民法人或者其他组织的合法权益,根据宪法,制定本法。"国家行政机关行使处罚的设定权和实施权尚且需要遵循法律的明确规定,行业协会作为法律授权的组织其监督处罚权的运用就更应该有法律的明确规范,否则其所属企业的合法权益无从得到保障。

但由于我国目前还主要是通过颁布单行法的形式明确具体地将这一类权力直接授予某个行业协会,如上所述的体育法授予体育社会团体、证券法授予证券业协会、律师法授予律师协会对所属会员的监督检查处分权等。这里涉及的问题很多,需要法律尽快予以明确的主要有:

首先,证券法、体育法、律师法授予各自行业协会对其成员行为的"监督检查"是何种性质的行为。"行政行为可分为内部行政行为与外部行政行为,所谓内部行政行为是指行政主体在内部行政组织管理过程中所作的只对行政组织内部产生法律效力的行政行为,所谓外部行政行为是指行政主体在对社会实施行政管理活动过程中,对公民法人或其他组织所作出的行政行为……内部行政行为不得适用行政复议程序和提起行政诉讼,而外部行政行为在符合法定条件的情况下,可以适用行政复议程序和行政诉讼程序。"① "证券业协会"、"体育社会团体"、"律师协会"对其各自成员的管理属于何种性质的行为直接关系到该行为的法律救济问题,至关重要。按照上述定义,笔者认为行业协会对其成员的管理行为应属于以行政管辖关系为基础的法律授权组织为行政主体的对管理相对人的外部管理行为。

其次,"监督处罚权"是"行政处罚权"还是"行政处分权",决定着被处分成员对不合法的处分享有何种的救济手段。证券法、律师法、体育法在授权行业协会对成员违法行为监督处理时,分别使用了"纪律处分"、"处分"、"处罚"等不同字眼,但从行政法角度讲,"行政处罚"和"行政处分"是两种不同性质的法律行为。"行政处罚是由具有国家管理职能的行政机关作出的,是行政机关的一种外部行为。行政处分则是发生于行政

---

① 罗豪才主编:《行政法学》,80 页,北京,北京大学出版社,2001。

机关内部是由行政机关的内部管理机关作出，是行政机关的一种内部行为。行政处罚是针对普通公民或其他组织违反法律法规的行为，行政处分针对的则是行政机关工作人员的违法失职行为。"① 因此，行业协会一旦接受了国家有关机关的授权委托，实施对其成员的"监督处罚"，实际就已经形成了一种外部行政行为，是严格意义上的"行政处罚"，而非"行政处分"。

《行政复议法》第8条"不服行政机关作出的行政处分或者其他人事处理决定的，依照有关法律，行政法规的规定提出申诉"的规定即所谓学界所称的"内部行政行为"不能行政复议；《行政诉讼法》第12条"人民法院不受理公民法人或者其他组织对下列事项提起的诉讼：……（三）行政机关对行政机关工作人员的奖惩，任免等决定"也即所谓的"内部行政行为"不能行政诉讼。因此，行业协会对其成员所作的"处分"也好，"处罚"也罢，都不能简单划入"内部行政行为"而排除行政复议和行政诉讼两大救济途径。

最后，"处罚权"的行使有否法律程序上的要求。在程序公正已经成为现代行政法追求的一个崇高价值目标之时，我国《行政处罚法》对行政处罚行为规定了极为严格的程序要求，包括简易程序、一般程序和听证程序，试图通过程序规制实现对行政处罚权的有效监控。其中听证程序的适用对于保护被处罚人合法权益不受非法侵害具有划时代的历史意义。《行政处罚法》第42条"行政机关作出责令停产停业、吊销许可证或者执照、较大数额罚款等行政处罚决定之前，应当告知当事人有要求举行听证的权利"。这是一条相当于强制性的规定，即若行政机关在作出上述三种处罚决定之前，没有举行听证会，被处罚人就可以处罚程序有瑕疵为由要求推翻处罚决定。国家行政机关的行政处罚尚且应当遵循法律程序，那么体育运动团体、律师协会、证券业协会对其成员的处罚就更应该有程序上的约束。但从目前现有法律规定来看，这样的内容还是空白，亟待法律的进一步修改和完善。

① 熊文钊著：《现代行政法原理》，388—389页。

Huang Fenglan

Legal Norm of the Power of Industry Association

Abstract: In the process of the social reform which is in line with the "small government, big society", the legal status and major function of industry association has become prominent. The self-discipline of the industry organization, the coordination and interface within the members of industry association and the government and the power to perform the administrative function on behalf of the government enable industry association to become a significant force to stimulate the steady development of our economy and its strength should not be overlooked. However, the laws and regulations stipulated concerning industry association are imperfect in our country at present, the factors which are accompanying the effective operation of the industry association such as the guarantee of the power, the rules and regulations on power and relevant relief channels have become major problems remaining to be solved. The author hereby tries to explore the legal norm of the power of industry association.

Key words: Industry Association; Administrative Function; Power Norm; Relief Channel

唐　璨[*]

论我国海关行政指导

【内容提要】

行政指导在我国行政领域尚属新生事物，相应的行政法学研究还不够丰富和成熟，而对于海关领域行政指导的法学研究就更是乏人问津了。目前，海关行政指导已经展现了一定的现实成效，但是实践中和制度上仍有很多不可回避的问题需要解答。本文分析了在海关领域运用行政指导的必要性和可行性，总结了一些海关行政指导的运用方式，并探讨了海关行政指导的程序和权利救济问题。

【关键词】

■海关行政法治　■行政指导　■海关行政指导

行政学和行政法学的研究表明，传统的行政管理方式与行政指导等新型行政手段的配套运作是现代市场经济国家行政发展的新趋势，是符合现代市场经济和民主政治要求的行政调控模式，是推动我国行政法治进程的有效途径。行政指导是指行政主体为实现特定的行政目的，通过法律规范、政策以及一些非强制性的具体行为方式，取得行政相对人的自愿选择或协作，引导相对人为或不为一定行为的非强制性行政行为。作为一种新型行政行为，它是"二战"以来市场经济发展和民主化潮流涌动的产物。随着现代行政理念的发展和行政管理模式的转变，行政指导逐渐显示出独

---

*　北京师范大学法学院讲师、法学博士。

特魅力，它塑造了行政的温和面孔，直接挑战了传统的行政法学理论，进而深刻地影响着我国的依法行政实践。那么，在海关行政领域中，行政指导是否也有一席之地？如果有，又会是怎样的面貌呢？行政指导在我国行政领域尚属新生事物，相应的行政法学研究还不够丰富和成熟，而对于海关领域行政指导的法学研究就更是乏人问津了。笔者略陈浅见，希望对此问题的进一步研究和实践探索有所裨益。

一、海关领域行政指导的必要性和可行性分析

（一）海关行政指导的必要性分析

研究海关行政指导首先要回答的问题是——在海关领域有必要实施行政指导吗？尽管长期以来，海关职能的实现通常是依靠规制性的行政力量，但这并非说在海关领域实施行政指导没有任何必要。1994 年初召开的全国海关关长会议就指出，要建立起与社会主义市场经济体制相适应，与对外开放相配套，与国际通行规则相衔接，方便与严密、制约与效能有机统一的有中国特色社会主义海关的管理体系。中国要建立社会主义市场经济条件下的现代海关制度，就必须大胆而不失时机地进行制度创新和管理变革。行政指导是人们对市场和政府的作用、局限及相互关系之认识不断深化的产物，是市场经济国家关于市场功能、政府角色和行政模式的政策选择不断演进的结果[1]，因而在行政理念、管理方式等方面有其独到优势。

进一步来说，与其他许多行政部门不同，海关工作通常既涉及国内相对人，又涉及国外相对人；既涉及国家经济和财政利益的维护，又涉及国家安全和主权利益的维护；既涉及国家经济稳定，又涉及国际贸易的发展。因此，海关行政效率的提高和行政效能的改善，就显得尤为重要了，而行政方式的改进会对此起到一定的作用。一方面，行政指导将平等、民主等现代行政民主的原则具体渗透到现代海关行政管理的操作程序和操作方式中，使得海关的管理和服务优势得到更高效、更充分的体现。在确保依法行政的同时，在海关领域运用行政指导，可以促进经济发展，适应了现代信息化社会和经济全球化发展的需要，增加了进出口贸易量，满足了国内、国际两个市场紧密联系的要求，同时也实现了行政服务社会的功能。另一方面，行政指导是较为柔和的行为方式，更多地体现出对相对人的尊重，使得原先的"行政管理者"和"被管理者"之间摆脱了单纯的命令—服从关系，更多地调动海关行政相对人的积极性和主动意识，更容易

---

① 参见莫于川著：《行政指导要论——以行政指导法治化为中心》，1 版，50 页，北京，人民法院出版社，2002。

获得行政相对人的理解和配合，有助于改善"官民"关系，凸显了新时期中国行政法治"以人为本"的特色。如果能够恰当运用行政指导，则有利于海关行政效率和效能的改善。因此，将行政指导运用于海关行政领域是市场经济深入发展、行政管理和制度创新、公权力与私权利平衡的时代要求。

（二）海关行政指导的可行性分析

这部分的分析可以化为对两个问题的回答。一是海关工作中是否可以运用行政指导？二是是否在海关的各项职能实现过程中都可以运用行政指导？

对于第一个问题，我们认为，在海关领域运用行政指导不仅有必要，而且有可能。行政指导具有社会性[①]，可适用于一般行政管理领域，同样可运用于海关领域。

第一，法律规范为运用行政指导提供了依据和空间。一方面，根据宪法第90条的规定，海关总署有权根据法律和国务院的行政法规、决定、命令，在其权限内，发布命令、指示和规章；另一方面，毕竟宪法、组织法对于海关的职权职责也只是作出一般性的规定，海关完全可以在法治的框架内灵活地采取多种多样的行政指导措施，来降低行政成本、提高行政效率，依法完成海关的重要监管职能。

第二，海关管理方式的改进和转变，也给了行政指导运用的可能和空间。从20世纪末开始，中国行政领域发生了深刻的模式转变，从管理行政走向服务行政，从强制管理走向互动合作。行政指导、行政契约、行政奖励等新型行政行为方式也正是由此在中国酝酿、萌生并发展起来的。20世纪70年代以后，信息技术的兴起，国际贸易飞速发展，特别是贸易自由化和经济全球化趋势加快，国际贸易无论在质和量上都发生了根本性的变化，传统上依靠把守口岸履行海关职能的监管模式和作业方式面临了巨大的挑战。因此，从80年代起，世界主要发达国家都开始积极探索改革传统海关监管模式。[②] 受到国际上简化及协调海关制度[③]的影响，中国海关领域也随之发生了以提高通关效率为核心的监管模式改革和创新。

---

① 参见刘宗德：《试论日本之行政指导》，载《政大法学评论》（中国台湾），1989(12)，85页。

② 参见高融昆著：《中国海关的制度创新和管理变革》，1版，81页，北京，经济管理出版社，2002。

③ 在海关合作理事会主持下制定的《关于简化及协调海关制度的国际公约》于1973年5月13日签于日本京都，1974年9月25日生效。理事会在20世纪90年代对该公约进行修改，以使其反映现代贸易做法，并成为理事会制定的现代化、标准化和便利化海关监管程序的21世纪蓝图。修改工作于1999年完成。1999年6月，理事会通过了修改后的公约及修正案议定书。

第三，行政指导本身性质（非强制性、一般不直接产生法律后果的"软性"行政活动）决定了在海关领域运用行政指导的可行性。行政指导程序不完全是终结性的程序，当行政行为法已规定对某领域某事项可作出强制性行为的情况下，当某一行政指导行为作出后未见效时，行政机关还可以依法采取后续的强制性指令行为。① 因此，尽管海关行政领域羁束性较强，但也完全可以运用行政指导手段，至少可以作为其他行政行为的前置程序。

如前所述，海关的主要任务是：进出关境监管、征收关税、查缉走私、编制海关统计。那么，在海关领域，行政指导到底有多大的运用空间呢？这是我们需要回答的另一个问题。

相对于其他行政行为方式而言，海关行政指导具有行政指导的一般特征，如非强制性、主动补充性、主体优势性、相对单方性、行为引导性、程序非终结性等。但同时，与其他领域行政指导相比而言，海关行政指导又有其自身特殊之处：海关行政指导更多地带有附属性。行政指导往往会作为一般海关行政行为的前置程序或者组成部分之一，更多地依附于该行政行为本身。由于海关行政职能的发挥主要在于规制性管理事务，而在这种类型的事务中，行政指导运用的空间较小，因此，尽管通过一种温和、非强制、可自主选择的方式来实施行政工作，是更易于为相对人所接受的，但是无论如何，行政指导在海关领域的运用较为有限，所发挥的作用也是有限的，其运用对于海关核心职能的发挥也并非有决定性的影响。

总体来说，服务性工作中可以较多地实施行政指导；管制性工作中运用行政指导的空间相对狭小，当然也可以前置性地或有针对性地实施一些行政指导。据此，笔者认为能够运用行政指导的较突出的职能领域主要在于进出关境监管工作，例如可以通过引导等方式提供一些服务性的工作从而提高通关效率。关税征收领域也可以少量地运用行政指导手段，例如开通网上税费支付服务，便于进出口企业通过计算机联网办理税费缴纳，从而促使、引导企业主动、及时缴纳关税。由于编制海关统计主要是海关单方的工作，因此运用行政指导的空间相对较小，当然在海关向社会或具体行政相对人提供海关统计信息时，则是运用行政指导的表现。而查缉走私的工作中，运用行政指导的可能性不大，毕竟查缉走私主要是属于刑事侦查权等范畴。

---

① 参见莫于川著：《行政指导要论——以行政指导法治化为中心》，105 页。

二、海关行政指导的运用方式

大体而言，行政指导可分为助成行政指导和限止行政指导。① 前者是以帮助、促进行政相对人的行为为目的进行的行政指导，后者是以限止行政相对人的某种活动为目的进行的行政指导。具体而言，行政指导的方式则是多种多样，有学者指出，行政指导"通常采取说服、教育、示范、劝告、建议、协商、政策指导、提供经费帮助、提供知识、技术帮助等非强制性手段和方法"②。还有学者对行政指导的行为方式进行了抽象行政指导行为、具体行政指导行为和抽象具体两可型行政指导行为的划分③，如导向性行政政策、行政纲要、指导性计划、发布信息、引导、辅导、提示、帮助、鼓励、奖励、说服、劝阻、告诫、协商、沟通、协调、示范、推荐、推广、提供咨询等。在近些年的海关实践中，其实有不少工作事实上正是采取了行政指导的方式和内容，但往往未引起人们的注意，甚至连一些海关工作人员也根本未能认识到这一点。笔者在此试举几例，略作归纳，试图说明事实上现实中我们正进行着各种各样的海关行政指导。

（1）提倡、表彰、奖励类：海关总署推出的"红名单"制度的实施将进一步扩大企业诚信度和知名度，推动企业做大做强，为企业提供更为广阔的市场发展空间；有利于鼓励、引导关区企业守法经营，促使其今后在规范企业管理、提高员工素质及严格执行现代财会制度等方面继续努力，与海关建立起良好合作型伙伴关系。深圳海关也相应地推行了企业信用等级管理制度，对关区内企业实行信用等级管理，落实高信用等级企业的通关优惠措施，为守法企业提供最大的通关便利。

（2）劝阻、告诫类：关于企业诚信度的"黑名单"以及低信用等级企业的划定，实际是在惩戒违法"失信"企业，保护广大守法企业合法权益。

（3）商讨、协商、沟通类：一些海关邀请大型进出口企业负责人进行座谈，对守法经营好、管理信誉佳、出口创汇多的企业予以鼓励，引导关区企业守法经营，加强企业与海关的信息沟通，在规范企业进出口行为、相关管理法规、市场准入机制等方面开展广泛合作。

（4）协助、协调类：2004 年天津新港海关与中国银行天津塘沽分行签订了合作备忘录，联手推出了服务企业、提高口岸通关效率的"银行担保

---

① 参见［日］南博方著：《日本行政法》，杨建顺、周作彩译，1 版，67 页，北京，中国人民大学出版社，1988。

② 杨建顺著：《日本行政法通论》，1 版，536—537 页，北京，中国法制出版社，1998。

③ 参见莫于川著：《行政指导要论——以行政指导法治化为中心》，98—105 页。

税前验放、银行担保登记验放"的便捷通关措施，以银行的良好信用作为纳税担保，解决企业因资金周转等原因不能顺畅通关的问题。

（5）指导、引导、辅导、帮助类：深圳海关试行"客户协调员"制度，对深圳市重点企业及大型高科技企业，由主管海关选定专人负责协调处理通关疑难问题，为企业提供专门服务。同时，还为投资者提供海关方面的法律和政策指引，主动研究解决有关海关业务的疑难问题，努力创造良好投资环境，增强深圳地区投资竞争力。

（6）宣传、示范、推荐、推广类：目前海关总署及各海关全面推进电子口岸建设，实现企业通关电子化，共同推进电子口岸建设，实现管理部门、相关服务单位和进出口企业的计算机联网与信息资源共享，推进地区贸易及通关信息化、网络化和电子化，实现多赢。

（7）提供咨询、发布官方信息类：在海关统计服务工作方面，进出口企业如需查询海关统计信息可与海关总署咨询室联系，也可在各地海关办理数据查询事宜。此外，还可以向海关授权的信息咨询代理机构（目前有香港经济导报社和方誉商业信息有限公司两家）查询统计信息。此外，深圳海关建立进出口贸易信息通报制度，向社会提供高质量的进出口统计信息咨询服务；适时向市政府和相关企业提供国际贸易动态信息和口岸进出境商品最新动态信息，为深圳市的经贸发展提供服务。

如上所述，尽管我国的法律法规基本上没有关于海关行政指导的实体和程序规定，但实际工作中已经出现了一些海关行政指导的事例和尝试，而这些做法的确反映出海关行政指导的一些现实功效。

三、关于海关行政指导的制度思考

尽管行政指导在海关领域已初步展现了一定的现实成效，但是实践中和制度上仍有很多不可回避的问题需要解答。例如，海关行政指导的运用范围还较为局限；海关制度缺乏关于行政指导的程序规范，运作过程不够规范；海关行政指导的监督救济机制尚不明确和系统等。

对于第一个问题，目前，海关行政指导主要是以提高通关速度为重心，因而主要局限于进出关境监管方面，在海关的其他职能工作中运用得相对较少，所以，海关行政指导运用的范围还有待扩展。由于海关工作性质的特殊性，行政指导拓展的空间受到局限，但我们可以逐步做到纵向地深化在现已涉足领域的运用，同时横向地在其他工作中触及行政指导，最大限度地发挥行政指导在海关工作中的作用。后两个问题更多地涉及行政法治方面的问题，也是本文论述的重点，对此，笔者有以下一些想法。

（一）海关行政指导的程序

由于海关管理体制创新和海关行政指导还处于探索尝试阶段，无论是海关工作人员还是作为相对人的个人和企业，都有一个适应的过程，难免出现种种不规范的操作。相应的，海关行政指导尚未形成成熟的模式体系，在引导相对人采用新的履行义务的方式时，有时会忽视监管质量，这是改革和创新的大忌。海关必须严格做到依法行政、为国把关。

尽管行政指导不具有强制性，一般也不直接产生法律后果，但是行政相对人往往基于对政府的公信而采纳或部分采纳政府的指导，因此行政指导事实上会直接影响到相对人权利的实现和利益的增减。在一定意义上，对于海关实施行政行为来讲，行政程序主要是义务，而对于海关行政相对人来讲，行政程序主要是权利。良好的程序设置有利于防止和减弱行政隐秘、行政随意、行政专横。所以，从程序上控制海关行政指导行为就成为必要的保障。而我国目前缺乏对行政程序的系统立法，对于行政指导的程序规定就更显匮乏了。

就程序而言，海关行政指导既要遵循行政程序的基本原则，又要遵循行政指导的一般程序，还要符合海关行政程序的基本要求。因此，海关行政指导首先必须贯彻行政程序的基本原则，尤其是正当性原则、公开原则、比例原则、平等原则、信赖利益保护原则等；同时也要应遵循行政指导自己的原则，如简易便利原则（相对于一般行政行为而言，行政指导方式灵活多样、程序简单、弹性空间较大、以方便相对人为宗旨）、自愿性原则（实施行政指导必须尊重相对人意愿，如果相对人不愿接受指导，行政机关不得以任何强制或威胁的方法迫使他们去接受）等。当然，海关行政的特有要求也是不可忽略的，尤其要突出高效的要求，因为海关业务繁多，又直接影响经济繁荣和贸易伙伴关系，在严格执法、确保关境安全的前提下，必须保证行政效率。然而，现行立法关于行政指导的程序规范几乎处于空白状态，海关实施行政指导也就因而缺乏程序制度的依据了。所以，有必要借助行政程序法的立法契机，完善行政指导的程序制度。笔者认为，行政指导的程序性规范至少应当包括行政指导的启动程序、制定程序、公开程序、实施程序和救济程序等。

总之，海关行政指导所遵循的基本原则应当在相关法律中得到确认，为海关实施行政指导提供大体的规范依据。海关特有的一些相对成熟、常用的行政指导方式和程序也可以逐步定型化，但还要为创新和变革留有余地。

（二）海关行政指导的救济

有学者指出，健全的行政指导救济制度至少应包括：与行政指导有关的监察专员、行政苦情、行政复议、行政诉讼、行政赔偿、行政补偿等项制度。它们从多角度对行政指导的负面后果进行补救。① 尽管，行政指导不直接产生法律后果，但由于相对人的权益可能会因为海关的指导行为而受影响并有实质性增减，所以这一领域同样不可忽略救济问题。目前，我国对于海关行政指导的救济制度基本是空白，现行的诉讼制度甚至明确排除了对于行政指导相对人的救济。海关总署于 1999 年发布了《海关实施〈行政复议法〉办法》（以下简称《海关复议办法》），2003 年发布了《海关行政赔偿办法》，与《海关法》、《行政复议法》、《行政诉讼法》、《国家赔偿法》一起形成了我国目前的海关领域救济体系。在此，分析一下我国海关行政领域的救济制度，并从中探研涉及海关行政指导的救济问题。

1. 行政复议

目前，海关处理行政复议案件主要是依据《行政复议法》、《海关法》和《海关复议办法》。由于海关属于实行垂直领导的行政机关，根据《行政复议法》的规定，其行为相应的复议机关是上一级主管部门，而排除了一级人民政府。海关行政复议机关负责法制工作的机构是海关行政复议工作的主管部门，履行海关行政复议职责，应当遵循合法、公正、公开、及时、便民的原则。《海关复议办法》第二章规定了海关行政复议的范围，第 6 条列举了可以申请复议的十二项海关具体行政行为；第 7 条列举了可以随申请具体行政行为复议而一并申请审查的四类海关抽象行政行为。这些规定虽未明确对海关行政指导可以复议，但第 6 条最后一项②是兜底性规定，而第 7 条的规定也并不排除在对海关具体行政行为审查的同时对海关抽象行政指导行为进行一并审查的可能性。另外，《海关复议办法》第21 条规定了不视为申请复议的情形，笔者认为其中第（二）、第（六）项所涉内容与海关行政指导有关，即"对海关的业务政策、作业制度、作业方式和程序提出异议的"和"请求解答海关法律、法规、规章的"，但这只是说相对人的此种行为表现不被视为在申请复议，并非说对其中所涉及的海关行为不可申请复议。

2. 行政诉讼

不少国家对于海关案件的管辖会有特别对待。法国、德国将涉及海关的案件纳入行政法院管辖范围，以示和普通案件的区别。美国则设立专门

---

① 参见莫于川著：《行政指导要论——以行政指导法治化为中心》，169 页。

② 该项规定，"认为海关的其他具体行政行为侵犯其合法权益的"，公民、法人或其他组织可以申请行政复议。

的海关法院和海关上诉法院（现为联邦巡回上诉法院）来处理相关案件。①
而行政诉讼在我国由普通人民法院管辖，既没有设立行政法院，也没有专
门的海关法院。不过，根据我国《行政诉讼法》的规定，中级人民法院管
辖第一审海关行政案件；高级人民法院管辖本辖区内重大、复杂的第一审
海关行政案件；最高人民法院管辖全国范围内重大、复杂的第一审海关行
政案件。这有别于其他领域行政诉讼的管辖。一般而言，第一审行政案件
由基层人民法院管辖，而海关行政案件提高了级别管辖的要求，由中级人
民法院管辖，其主要原因在于：海关行政业务繁多，专业技术性较强，需
要较高的统一度；海关业务涉及外经贸和科技文化交流，影响面大；海关
大多设置在大中城市，多在中级人民法院所在地。一般，选择复议还是诉
讼，海关行政相对人是可以决定的。需要指出的是，对于纳税争议实行复
议前置，必须先经过上一级海关行政复议才能提起行政诉讼。不过根据最
高人民法院关于执行《行政诉讼法》若干问题的解释第 1 条第（四）项规
定，公民、法人或者其他组织对不具有强制力的行政指导行为不服提起诉
讼的，不属于人民法院行政诉讼的受案范围。也就是说，海关行政指导行
为被现行立法排除在行政诉讼门外。但同样根据该条第（六）项规定，即
"对公民、法人或者其他组织权利义务不产生实际影响的行为，不属于人
民法院行政诉讼的受案范围"，我们完全可以从中领悟划定诉讼受案范围
的意旨所在，即如果行政指导对公民、法人或者其他组织权利义务产生了
实际影响，则我们的诉讼制度应当为相对人提供应有的救济保障。笔者认
为，第（四）项的规定在《行政诉讼法》的修订中应该修改。

3. 行政赔偿、补偿

目前，海关处理行政赔偿案件主要是以《国家赔偿法》、《海关法》、
《海关行政赔偿办法》等为依据，对于行政补偿未作规定。根据《海关行
政赔偿办法》的规定，海关行政赔偿的范围包括一般行政赔偿和查验赔
偿。前者指海关及其工作人员违法行使职权，侵犯相对人的人身权或财产
权，所导致的行政赔偿；后者指海关及其工作人员依法查验进出境货物、
物品时，损坏被查验的货物、物品，所导致的查验赔偿。当然，对于海关
工作人员的个人行为、相对人自己的行为、不可抗力等致使损害发生的情
形，海关不承担行政赔偿责任。在赔偿金额的确定方面，财产损害主要按
照直接损失来确定赔偿金额，侵害公民人身权利的，依照《国家赔偿法》
第四章的规定确定赔偿方式和金额。对于侵权行为已确认违法的，双方可

---

① 参见于申：《〈海关法〉前景评述——兼论依法行政与海关权力的制约》，载《中国海关》，
2000（3），30 页。

以在合法、自愿的前提下，就赔偿范围、方式、数额，进行协商。查验赔偿则应当赔偿当事人的实际损失，以海关依法审定的完税价格为基数，根据被损财物的受损耗程度或修理费用确定赔偿金额。就海关行政指导而言，学界传统观点认为行政指导不产生赔偿问题。但笔者认为海关相对人基于对海关的信任而选择接受其指导的，应当对其信赖利益予以保护，而且应当区分合法的行政指导和违法的行政指导分别进行补偿或赔偿。海关作出合法的行政指导，但由于不可抗力等原因导致相对人遭受损失时，海关不承担赔偿责任，但可以给予适当补偿。如果海关行政指导的内容违法，或者海关超越职权指导和滥用行政指导，或者海关任意改变或否认已作出的行政指导，或者海关强制实施行政指导，或者海关由于故意或重大过失而作出错误的行政指导，致使相对人或其他利害关系人遭受财产损失，海关应当予以赔偿。例如，对于海关错误的公示行为造成相对人名誉受损的，理应为其提供提出异议、得到纠正乃至获得赔偿的途径。修改《国家赔偿法》的呼声日疾，我们也应当注意行政指导引发的赔偿和补偿问题。

总之，有鉴于行政指导的监督救济制度的设计在整个行政法治中不济，眼下最为重要的是扩大行政复议和行政诉讼的范围，明确地将实际上影响到相对人权益、产生了不利后果的行政指导纳入审查范围。《国家赔偿法》的修改目前也已被纳入本届人大的工作中，希望有关行政指导的赔偿补偿规定也要跟进。

Tang Can

On the Administrative Guidance of Customs

Abstract: The administrative guidance is a new thing in the domestic administration and the corresponding research in the field of administrative jurisprudence is not rich and mature enough, less than such research on the customs administrative guidance. Currently, the administrative guidance of customs has shown some actual effects, but there are still many inevitable problems in practice and on the institution. This article analyses the necessity and feasibility of the application of administrative guidance in the field of customs, concludes some application methods, and discusses relevant proceedings and right relief.

Key words: Rule of Law in the Customs Administration; Administrative Guidance; Administrative Guidance of Customs

贺丹 *

地方政府债务处理的破产法思考

【内容提要】

破产法规则可以为我国目前地方政府的债务处理提供一个最终的解决框架。地方政府的特殊性决定了地方政府债务处理的法律规则应与一般破产制度在操作原则和具体制度设计上存在不同，在地方财政破产中应贯彻行政主体不消灭、政府财政不清算、财政破产与政府行政职能分离等原则。本文建议制定公共债务处理法，并对公共债务处理法的适用条件、公共债务处理方案的制订和通过、法院的审查机制、地方政府公共债务处置办公室的成立等立法技术问题作出了探讨。

关 键 词

■ 地方政府债务　　■ 破产法　　■ 政府财政破产
■ 公共债务处理法

一、问题的提出

中国的地方政府债务问题是中国经济改革过程中一个现实而紧迫的问题。在目前的《预算法》等有关地方政府财政支出的法律中，地方财政赤

*　北京师范大学法学院讲师、法学博士。

字和地方政府举债都是被严格禁止的。而现实的情况却截然相反，各地区、各层级的地方政府都存在着不同程度的债务问题。[①] 当前的地方政府债务问题将有可能成为继国有企业改革、银行不良资产处理之后中国面临的又一重大的难点问题。这一问题因与地方经济风险、金融风险、财政风险以及社会经济稳定之间存在着紧密的牵连关系，因而十分复杂。

目前已经被提出的市场化解决的途径是发行地方政府债券（下简称地方债），即放开《预算法》等法律不允许地方政府负债的限制性规定，允许地方政府发行债券来融通资金。然而，如果没有一个根本的思路变革，地方债会成为地方政府债务的一个新的成因而不是解决方式，地方政府债务问题仍会陷入制度累加和问题累加的制度怪圈。

建立一个解决地方债务问题的法律框架，还需要新的制度思路。

二、破产法框架对地方政府债务问题解决的适用性

处理地方政府债务问题只能通过市场化的制度、规则、方法进行。这是由以下因素决定的：其一，市场经济已经成为中国的经济的发展目标。这就意味着过去的计划经济以及转型过程中产生的问题，不能再回过头去用计划经济的方法解决，只能够用市场化的方法解决。其二，地方政府债务问题在性质上并不完全是计划经济的遗留问题，在市场经济的发展过程中，只要地方政府公共资金的收入相对于地方政府公共支出之间出现短缺[②]，地方政府就会出现债务问题。从长远来看，在市场经济的完善和发展过程中，地方政府的债务问题始终是一个现实问题，因此，当前对地方政府债务的解决方式不可避免地会对未来的地方政府债务处理产生影响。这也要求从一开始，这种债务处理方式就是尽量市场化的。其三，通过中央政府承担地方政府债务的方式来处理地方政府债务的方式是不可行的。中央政府能够调动的经济资源从总体上看是有限的，不可能无限制地担保地方政府的债务偿还。解决地方政府债务问题的方法必须能够减轻中央政府的负担而尽量内部化和市场化。

破产法规则能够给地方政府债务问题的解决提供这种市场化的制度框架并由此成为解决地方政府债务问题的一个突破口。这一判断的依据在于：

首先，破产法的自然属性使得它成为有效解决地方政府债务问题的制

---

① 地方政府负债的具体情况可参见国务院发展研究中心宏观部课题组：《积极慎重解决地方政府债务问题》，载《南方周末》，2004-02-26。

② 在目前地方政府债务的形成过程中，也存在公共支出不科学不合理而导致债务增加的情况，对公共支出的合理控制当然是减少地方政府过度负债的手段之一，但在此笔者指的是正当的公共支出同样会出现超过公共收入的情况。

度选择。破产法所调整的基本法律关系就是债权人和债务人之间的关系。地方政府债务的基本法律关系就是地方政府为债务人的债权债务关系。所谓地方政府债务，就是指地方政府作为债务人要按照协议或合同的约定，依照法律的规定向债权人承担资金的偿付义务。① 尽管在政府债务人内部可能涉及税收法律关系、预算法律关系以及政府组织法律关系等特殊的法律关系，但这些都丝毫不会影响到地方政府债务问题的债权债务关系的性质。法律实践已经表明，破产法可以成为解决政府债务问题的法律手段。美国现行破产法第九章规定了"市政部门债务的调整"②。在 1934 年大危机之后，美国就制定了关于市政破产的立法，市政部门得以通过这一法律框架解决它们的债务问题。在该法公布七十多年间，近五百个市政部门申请了第九章的破产程序。1994 年加利福尼亚州的桔县破产案是迄今为止美国最大的市政府破产案。

其次，破产法能够较好地化解地方政府债务问题引发的风险。长期以来，存在一种对破产法的普遍误解，认为破产法是淘汰法、是一种市场主体消灭法，认为破产法的适用会当然地导致组织体的消灭。实际上，破产法更为重要的目标和价值在于破产法能够给已经出现的风险提供一种风险分配的机制，破产法要解决的是风险如何在当事人之间进行分配，这种分配要尽量少地影响到无辜的第三人。当地方政府不能清偿其到期债务时，其引发的风险同样面临着一个如何进行分配的问题，这正是破产法规则的长处。破产法规则可以使地方政府和债权人真正对自己的行为负责，通过债务调整计划来达到分配风险的目的，其实质是将破产的损失内部化，中央政府也无须承担由于地方政府盲目投资而带来的损失。

再次，破产法能够为地方政府债务关系所涉及的当事人提供一个稳定的制度预期。从债权人的角度看，破产法规则的介入使得债权人的利益能够获得一种明确的法律保护。在当前的地方政府债务关系中，对债权人的保护是一种隐性的和不明确的，债权人相信地方政府的偿还能力，这种信任是以中央政府的担保作为后盾的。于是债权人在作出贷款或者签订合同时，考虑的并非债务人的偿还能力，作出的不是理性的经济判断。而地方政府对地方金融机构的较强行政干预又助长了这种判断的不理性。多个不

---

① 参见国务院发展研究中心宏观部课题组：《积极慎重解决地方政府债务问题》，载《南方周末》，2004-02-26。

② 在美国破产法中，只有"市政部门"（municipality）才能根据第九章申请破产。破产法将"市政部门"定义为"地方政府和州公共设施"（political subdivision or public agency or instrumentality of a state），这一定义十分广泛，不仅包括市、县、镇等地方政府，还包括学校校区和公共区域，这一定义甚至包括一些由使用者付费维持运营的主体，如桥梁、高速公路等。

理性的判断会使地方政府的债务总和远远超过其能够偿还的数量，这时每个债权人都面临着巨大的债务得不到偿还的风险。从政府的角度看，破产法规则能够使政府得以从日益严重的债务危机中获得解脱，在风险最小的时候来处理和避免风险，而不至于因债务问题的拖延引发更大的危机。发行地方债之后，破产法能够给当事人提供的这种稳定的预期就更为重要。地方债的发行将会使地方政府的债权人范围进一步扩大，不能清偿风险所影响的范围和幅度也会相应增加。如果没有一个市场化的破产法规则作为参照，地方债的发行将不能从根本上解决地方政府债务问题，而只不过是增加了更多的债权人，使地方债务问题的解决陷入更为复杂的制度怪圈。

最后，在处理地方政府债务问题上，破产法规则的建立会带来许多实质性的制度和观念变革。这些影响存在于以下方面：第一，破产法规则使得地方政府债务处理"市场化"。只有在具备破产法规则的情况下，发行地方债等市场化的债务解决方式才能够真正发挥作用。第二，以破产法为底线和制度框架的地方政府债务处理方式是成本最低的。各参与人都可以有一个公平地估计自己的成本、收益和风险的标准，从而可以通过破产规则的适用来避免风险的进一步扩大，从整体上增进经济效益。第三，破产法规则的介入有可能通过小的制度变迁达到大的制度变革。当前的地方政府债务问题，很大程度上是由转型期的经济发展和体制之间的矛盾关系导致的。破产法规则的推行，可以使政府明确自己负债要承担的责任，政府会深入论证这种负债的必要性，从长期来看能够控制政府对经济的参与度。同时，有破产法的背景存在，政府的债务关系可以得到一个清晰的梳理，政府的财务将公开和透明。从长远来看，破产法规则的实施有利于政务公开和政府财务公开，有利于政府的高效和廉洁。

三、地方政府债务处理的破产法框架设计

作为一种特殊的社会组织，政府的特殊性决定了其破产法规则设计与一般企业和个人破产的不同之处。从破产法的视角来看，政府组织的特殊性主要存在于：第一，政府破产涉及更为广泛的利益相关者，政府的财政支出状况会影响到政府的整个管辖区域的成员的生活，政府的财政破产也会对这个区域的经济产生影响；第二，政府的资产来源具有特殊性，政府能够调动用于偿还债务的资产来源具有特定性，主要包括税收、国家财政专项拨款、定向地方债等；第三，地方政府执行着广泛的公共管理职能。这些因素都将影响到地方政府债务处理的破产法框架设计。

基于地方政府的特殊性，适用于地方政府债务处理的破产法框架应该主要包括以下内容：

（一）地方政府债务处理的立法原则

为了达到既保护债权人、合理分配风险，又能够尽量小地对行政区域产生影响的目标，适用于地方政府的破产法框架设计应该遵循以下原则。

1. 行政主体不消灭原则

由于政府执行特殊的公共管理职能，如果政府破产同一般的企业破产一样导致组织体的消灭，就会造成地方行政权力无人行使的真空状态，对社会的影响十分巨大。因此在政府破产的情况下，破产的范围应仅限于财政破产，政府的主体资格不应因财政破产受到影响。

2. 政府财政不清算原则

较之企业清算而言，政府的清算会引发更大的社会成本。设计政府清算程序还可能引发两种不利的结果。一是政府的财政清算使得政府能够对所有未能偿还的债务免除责任，这有可能会导致政府滥用破产程序，在高额借债之后，宣布破产来逃避债务。尽管理性的债权人可以通过担保或者对债务人的行为的监督来保护自己的利益，但由于信息的不对称，债权人在对债务人的监督上天然处于劣势。加之政府的特殊身份，债权人在这种债权债务关系的形成中的劣势地位就更加明显。政府债权人很可能会滥用清算程序。二是中国债务人与债权人的现实情况可能会导致地方政府和中央政府的博弈。在地方政府债务中，债务人是地方政府而较大的债权人多为中央级的银行在地方的分支机构。清算程序很可能引发负向博弈的发生，地方政府利用破产清算逃避中央政府银行的债务，从而使债务风险由下到上的转移。

因此，在政府财政破产的程序中，使用重整程序对债务进行调整，债权人和政府债务人之间通过债务调整方案来实现债务的偿还是一个可行的选择。

3. 财政破产与政府行政职能分离原则

这是由政府的公共职能行使的需要决定的，政府在财政破产之后仍要维持必要的公共管理职能。而政府与企业不同，它的公共职能管理活动的存续只能够增加社会的福利价值，不能增加自身的资产价值，而且这种活动是消耗性的。因此，与一般企业组织破产时将其全部财产都用来清偿债务不同，在政府财政破产中必须建立一个财产的破产隔离机制，将政府正常的行政职能支出核定数额进行限制，这部分正常的行政管理支出由国家财政拨款，仅用于公共行政管理，不用于偿还债务。出现财政破产的政府的行政管理支出额度会低于正常运行的政府的实际支出，政府在这时有两个选择，或者裁减人员以节约开支，或者不裁减人员但降低工资，同时削减其他的开支。

（二）政府财政破产立法中的几个技术性问题

处理政府财政破产问题，必须有一部明确的具有可操作性的立法，为了防止"破产"字样所易于引发的地方政府消灭的不当误导，这部法律可以称为"政府公共债务处理法"，通过破产法的基本原则，结合政府组织收支的特别之处进行规定，在这部法律中，包括以下几个基本的技术问题。

1. 公共债务处理法的适用条件

公共债务处理法的适用条件实际上就是政府财政破产的破产界限，在这一点上与企业破产没有太大的区别。从世界各国破产法的立法来看，一般都把不能清偿到期债务作为破产原因，有的国家还补充规定了资不抵债的条件。因此地方政府适用公共债务处理法的条件也应以不能清偿到期债务作为基本的条件，在政府可用于清偿债务的资产不足以清偿所欠债务时，也可以申请适用该法。将不能清偿到期债务列为公共债务处理法的适用条件，其好处是一方面可以保护现有债权人和潜在债权人的利益，现有债权人可以申请适用公共债务处理法来清偿自己的债权，从而最大程度地避免自己的损失，将可能的风险降到最低。对于潜在债权人而言，这种要求也可以防止政府在没有清偿能力的情况下盲目欠债，从而避免潜在债权人可能的损失。另一方面，由于有公共债务处理法的存在，政府在负债时会更加理性，政府投资也会更加谨慎，这也有利于从源头上防止债务风险的发生。

适用公共债务处理法的申请人，既可以是债权人也可以是地方政府本身，在地方政府不能清偿到期债务的时候，债权人可以申请地方政府进入公共债务处理程序。地方政府也可以在发现资产不足以清偿到期债务时申请适用程序。为防止这一程序的滥用，该程序的适用要经过听证。

2. 公共债务处理方案的制订和通过

公共债务处理方案由进入公共债务处理程序的政府制订，与企业的重整方案要承担企业的复兴的目标不同，政府的公共债务处理方案主要是为了实现债务最大限度的偿还，以避免风险。方案应该包括以下主要内容：（1）对债权进行分类，对不同的债务，直接的和间接的债务、显性的债务和隐性的债务等债务作出不同的性质划分，对于不同的债务提出不同的偿还方式和偿还期限。（2）偿债手段分析。具体分析可行的偿债手段，包括税收、特别经营权的收益（如公路桥梁等的收费）、地方政府专项债券等。（3）可以保留的用于公共行政管理的财政拨款额度。为保证债务处理的统一和规范，在公共债务处理法中可以对上述的问题作出一定的强制性规定。

公共债务处理方案要经债权人会议通过，方案的通过可以采用不同类别的债权人分组表决的方式。在债权人会议通过之后，由于政府偿债计划的特殊性，还应该经过特殊的通过程序，当地的人民代表大会应召开特别会议对偿债计划进行审议，其利益受到偿债计划实际影响的人可以提出异议。公共债务处理方案通过后，按照方案进行公共债务的处理。方案的修改应通过同样的程序。

3. 法院的审查机制

在对债务处理方案的内容或者债务处理方案的执行发生争议时，当事人可以向法院提起诉讼，请求法院作出裁决。法院的裁决对公共债务处理计划的参与人具有约束力。在债务处理方案的制订和实施过程中，可能会存在债权人不同意方案的情况，但方案已经获得通过，这时认为方案的通过损害到自己的利益或者认为方案的通过损害到公共利益的债权人，可以向法院提出诉讼，由法院来进行裁决。

4. 成立地方政府公共债务处理办公室

政府债务的处理是一个复杂的过程，需要包括中央银行、财政部在内的各个部门的协调配合，因此在公共债务处理法中可以规定在国务院成立专门的地方政府公共债务处理办公室，负责地方政府债务处理的监督。

由此，地方政府公共债务处理法构架的债务处理体系呈现出这样的构架特征：在公共债务处理法规定的规则范围内，地方政府债务人和债权人之间对债务的处理方式进行自愿协商，债务处理方案受到行政监督，同时法院保留司法审查的权力，以确保债务处理的高效和公平。

He Dan

Local Government's Debts Settlement
—A Insolvency Law View

Abstract: Insolvency law can provide an ultimately settlement framework for local government's debts. And the nature of local government characters the legal rules to deal with local government's debts. There are differences in principle and system design. Three principals, no disincorporate administrative organization, no liquidation government finance, separation between financial bankruptcy and government administrative function, should be followed. This essay suggests that we should enact Public Debts Settlement Law, and discusses the lawmaking issues such as the application of the law, proposition and confirmation of the public debts settlement plan, courts' examination, and building the local government debts settlement office.

Key words: Local Government's Debts; Insolvency Law; Local Government Financial Bankruptcy; Public Debts Settlement Law

熊跃敏[*]

辩论主义的追问

——民事诉讼中当事人与法院作用分担的再思考

【内容提要】

强调当事人自我责任的辩论主义是 19 世纪自由主义思潮在民事诉讼中的反映。辩论主义提供的只是关于民事诉讼基本构造的指导性原理，而非否认法院职权探知的理由。在辩论主义的百年变迁中，始终伴随着对其内涵的全面限制及法院协助当事人提供事实与证据义务的普遍化。我国民事诉讼在确立辩论主义原则时，应重视在诉讼资料收集层面当事人与法院的协作，强调法院的实体性诉讼指挥义务并赋予辩论主义新的内容。

【关 键 词】

■民事诉讼　■辩论主义　■释明义务

近年来，大陆法系民事诉讼的辩论主义原则受到学界的高度关注，诸多学者以日本民事诉讼的相关理论为依据，围绕辩论主义的内容与根据等问题加以评析，并就我国辩论主义原则的确立提出了若干构想。[①] 可以说，

---

[*] 北京师范大学法学院教授、法学博士。

[①] 有关辩论主义的学术研究，参见张卫平著：《诉讼构架与程式》，152 页，北京，清华大学出版社，2000；翁晓斌：《职权探知主义转向辩论主义的思考》，载《法学研究》，2005（4），51—62 页。

在我国民事诉讼法中引入大陆法系的辩论主义似乎已成学界共识。[①] 受学界影响，有关司法解释的规定亦初具辩论主义的色彩。[②] 随着民事诉讼法的修改即将纳入立法日程，学界呼吁未来的民事诉讼法确立辩论主义原则的声音日渐强盛。[③] 在此背景下，有必要对辩论主义的历史与现状作深层次的探究，并重新考量当事人与法院在民事诉讼中的作用分担，以期为我国民事诉讼立法与实务提供多维度的学术资源，在比较与借鉴中选择既符合世界民事诉讼发展趋势，更与我国本土相契合的民事诉讼基本原则。

一、溯源：辩论主义的历史梳理

辩论主义是大陆法系民事诉讼学理上的概念，表征为作为裁判基础的诉讼资料（事实与证据）在提出层面上当事人与法院的作用分担。日本学者谷口安平指出，以什么样的事实作为请求的根据，又以什么样的证据证明所主张的事实存在与否，都属于当事人意思自治的领域，法院应当充分尊重当事人在这一领域的自由，这就是辩论主义最根本的含义。[④] 德国学者亦认为，在民事诉讼中，探知、收集并在诉讼中提出裁判上重要的事实以及考虑证据的提出，原则上仅属于当事人，当事人对事实资料的收集负有责任。[⑤] 作为规制国家权力与当事人权利之关系的基本原则，辩论主义极具意识形态的意味，并决定了德国、日本等大陆法系国家民事诉讼的审理结构。

辩论主义的概念是由德国学者肯纳在其1801年出版的《德国普通法诉讼提要》一书中首创的。[⑥] 肯纳崇尚自然法的基本原理，认为即便在民事诉讼中，私法原则仍有适用的空间。"作为一般原则，一切均依赖于当事人提出或当事人的辩论，因此，可以称作辩论主义。"[⑦] 当然，辩论主义的

---

① 参见汪振林：《辩论主义法理在本案审理中的作用和意义》，载陈刚主编：《比较民事诉讼法》（2001—2002年卷），104页，北京，中国人民大学出版社，2002。

② 如《最高人民法院关于民事诉讼证据的若干规定》中有关自认的规定以及对法院依职权调查证据的限制等。参见翁晓斌：《职权探知主义转向辩论主义的思考》，载《法学研究》，53页。

③ 由江伟教授主持起草的《民事诉讼法修改建议稿（第三稿）》已明确规定了前述意义的辩论原则。参见江伟主编：《中华人民共和国民事诉讼法修改建议稿（第三稿）及立法理由》，4页，北京，人民法院出版社，2005。

④ 参见［日］谷口安平著：《程序的正义与诉讼》，王亚新、刘荣军译，139页，北京，中国政法大学出版社，2002。

⑤ 参见［德］Ekkehard Becker-Eberhard：《辩论主义的基础和界限》，高田昌宏译，载《比较法学》，2001（1），142页。

⑥ 参见［日］小林秀之：《辩论主义的现代意义》，载新堂幸司等编：《讲座民事诉讼》（4），107页，日本东京，弘文堂，1985。

⑦ ［德］Ekkehard Becker-Eberhard：《辩论主义的基础和界限》，载《比较法学》，143页。

概念本身并不能直接反映其本质特征，因而德国学者又以更易理解的当事人提出主义取代辩论主义，即提出作为判决基础的事实资料乃当事人的任务。① 在日本，也有学者称当事人主导原则。②

肯纳的辩论主义概念是对当时德国的两种诉讼模式所呈现的诉讼原理的高度概括。在 1871 年统一之前，德国被分割成若干领邦，每个领邦都有自己的民事诉讼程序。其中，多数沿袭了普通法诉讼的传统，强调辩论主义。然而德国当时最具影响力的大领邦之一普鲁士王国却根据其 1793 年制定的一般法院法放弃了辩论主义，在民事诉讼中转向了不受欢迎的职权探知主义。肯纳从普通法与一般法院法诉讼原理的对比中提炼出辩论主义与职权探知主义两个对立概念，并认为两者的差异是在辩论主义中法院不实施任何行为，而在职权探知主义中法院依职权可以实施所有的行为。③ 不过，肯纳的界定与并不符合实际，因为即便是贯彻辩论主义原则的当时普通法诉讼，法官也可以依职权询问证人及依职权鉴定、勘验；而普鲁士的一般法院法亦承认当事人一定程度的自由处分权。由此可见，肯纳的辩论主义并不完全源于法律的实际规定，而是经原则的演绎推导出来的，是具有浓厚的诉讼原理色彩的概念，强调辩论主义与职权探知主义的极端化。尽管如此，由于辩论主义概念反映了当时的普通法诉讼所奉行的自由主义诉讼观，最终被德国的学说所接受。其后通过进一步修改，将辩论主义限制在事实的提出层面当事人所享有的处分权能，而与有关处分诉讼标的的处分权主义相区分。

在德国民事诉讼发展史上，辩论主义的适用并非不言自明。由于职权探知主义在普鲁士王国备遭抵制，民众要求变革民事诉讼的呼声分外强烈，终于在 1871 年德国统一后，立法者顺应了 19 世纪的自由主义思潮，于其后制定的民事诉讼法典中选择了辩论主义，或者更确切地说，又回归到辩论主义，并成为德国民事诉讼法的基本原则。然而由于当时的立法者缺少在法典中规定基本原则的热情，民事诉讼法典并未明确使用辩论主义这一表达方式。不过，不久公开的立法资料表明，德国民事诉讼法确是以辩论主义作为构建当事人与法院作用分担的基本原理。④ 尽管如此，由于缺乏立法的明确规定，学界对辩论主义的内容尚存争议。通常，在德国学术界，辩论主义的内容是在与职权探知主义的对比中加以确定的。德国民

---

① 参见［德］Ekkehard Becker-Eberhard：《辩论主义的基础和界限》，载《比较法学》，143 页。

② 参见［日］谷口安平著：《程序的正义与诉讼》，23 页。

③ 参见［日］小林秀之：《辩论主义的现代意义》，载新堂幸司等编：《讲座民事诉讼》（4），107 页。

④ 参见［德］Ekkehard Becker-Eberhard：《辩论主义的基础和界限》，载《比较法学》，146 页。

事诉讼法第 616 条 1 项"法院也可以依职权命令调查证据并在询问当事人后也可以考虑其没有提出的事实"的规定是职权探知主义的立法体现。据此，辩论主义的本质内容至少包括以下两个方面：（1）根据辩论主义，法院在裁判之际，只能考虑当事人所提出的事实，法院不能独自探知事实。不允许将当事人没有提出的，法院所了解的事实自发地在诉讼中提出并作为裁判的基础。（2）法院仅在当事人间有争议的情况下调查证据，即对事实的真否进行审查。①

日本 1890 年民事诉讼法典的制定无论是法典结构还是具体条文的内容均接近德国法②，有关当事人与法院在诉讼资料提出层面的作用分担也贯彻了辩论主义的诉讼构造，学界亦对辩论主义的含义作出了更为翔实的解读。按照日本学者的阐释，辩论主义包括以下三方面的内容：其一，直接决定法律效果发生的主要事实必须在当事人的辩论中出现，法院不能以当事人没有主张的事实作为判决的基础；其二，对于双方当事人都没有争议的事实，法院应当作为判决的基础，换言之，法院应当受当事人自认的约束；其三，法院对证据的调查，原则上仅限于当事人提出的证据，而不允许法院依职权主动调查证据。③ 不过禁止依职权调查证据应否作为辩论主义的内容之一在日本存在争议。有学者认为，该内容不应当包含在辩论主义之内，而应当作为与辩论主义相区别的有关证据的当事人提出主义。与此相反，德国学者则主张，尽管在德国，法院可以依职权进行除证人调查外的其他所有证据调查，但原则上还是应当由当事人提出证据申请，而且，就"当事人不能要求法院依职权调查证据"这一限度而言，上述第三层含义也可以归入辩论主义中。④

民事诉讼缘何采行辩论主义原则，在德国与日本，学界均就此展开过热烈的讨论。⑤ 德国学界普遍认为辩论主义的采用具有法政策的背景，其正当化的根据源于技术层面与意识形态层面的双重理由。就技术层面而言，认为辩论主义是查明案件真实情况的最佳手段。利用当事人的趋利避害和追求胜诉的心理，可以促使当事人竭尽全力地主张、收集和提出诉讼

---

① 参见［德］Ekkehard Becker-Eberhard：《辩论主义的基础和界限》，载《比较法学》，142 页。

② 参见［日］染野义信著：《转变时期的民事裁判制度》，林剑锋译，150 页，北京，中国政法大学出版社，2004。

③ 参见［日］兼子一、竹下守夫著：《民事诉讼法》，白绿铉译，95 页，北京，法律出版社，1995。

④ 参见［日］高桥宏志著：《民事诉讼法（制度与理论的深层分析）》，林剑锋译，330 页，北京，法律出版社，2003。

⑤ 日本学界对于辩论主义根据的争论，国内学者曾作过较为详细的介绍。有关内容参见刘学在：《辩论主义的根据》，载《法学研究》，2005（4），41—43 页。

资料，并通过当事人彼此之间的激烈辩论与反驳，使裁判上重要的事实明确、具体地呈现出来，能够最大限度地促进案件真相的发现。法院即使承担依职权主动探知事实的义务，亦不得不首先依赖于当事人的提出，而且由于缺乏辅助法院探知事实的机构，其结果，也不得不将事实的提出责任归属于当事人。就意识形态层面而言，认为民事诉讼的目的在于解决私权纷争，根据私权自治原则，既然当事人就私法上的权利在实体法的状态下可以自由处分，那么在私权自治的范围内，讼争双方于民事诉讼中也应享有处分的权能。这种诉讼上的处分权，不仅仅表现为当事人通过诉讼请求的提出，对自己所期待保护的权利实施处分，而且，也应承认当事人向法院所提出的事实依据的处分权，由此意味着在民事诉讼中采用辩论主义原则是私权自治的延续。①

虽然还存在着解释论上的个别差异，但不难看出，关于辩论主义的根据，德国与日本学界的议论有着惊人的相似：德国的技术层面说与日本的手段说相类似，而意识形态说更接近于日本的本质说。在日本，关于辩论主义的根据还有程序保障说、法探索主体说、多元说等种种解释，但本质说与手段说应当是最核心的部分。由是观之，辩论主义与私权自治原则相关联则是不争的事实，表明辩论主义是当时强调市民形式自由与平等的自由主义思潮在民事诉讼中的反映。它主张保障当事人在民事诉讼领域的意思自治，反对法院的职权干预。这一自由主义诉讼观下的辩论主义被称为古典辩论主义。

二、演进：辩论主义的现代变迁

自 1877 年为德国民事诉讼法确立以来，在百年变迁中，辩论主义始终伴随着对其内涵的全面限制和对法院协助当事人收集诉讼资料义务的不断强化。如果说古典辩论主义是对当事人收集诉讼资料的自我责任的极端强调，则现代辩论主义更突出法院对当事人收集诉讼资料的协助义务，以实现充实审理、妥当裁判的目标。

（一）对古典辩论主义三大命题的限制

古典辩论主义强调在收集诉讼资料层面当事人的纯粹的主导地位，而现代辩论主义则对古典辩论主义的三大命题进行了全面的限制，主要体现在：

一是对辩论主义第一命题的限制。按照辩论主义的要求，民事诉讼中事实资料的收集与提出专属于当事人的责任，法院不能考虑当事人没有提

---

① 　参见［德］Ekkehard Becker-Eberhard：《辩论主义的基础和界限》，载《比较法学》，143 页。

出的事实。如果依据古典辩论主义，则所有的作为裁判基础的事实资料都必须由当事人提出而没有例外，而实际并非如此。在德国，虽然立法尚未明确界定，但无论学说还是审判实务，均承认例外的规定，即对于众所周知的事实与对法院而言显著的事实，即便当事人没有提出也不妨碍法院在裁判中加以斟酌并作为裁判的基础。不过，从程序保障的视角出发，对于当事人未提出的事实，法院拟作为裁判的基础时，要求预先告知当事人，给当事人表明意见的机会。① 我国台湾地区民事诉讼法也有类似的规定。②

　　二是对辩论主义第二命题的限制。根据辩论主义，当事人在诉讼中自认的事实，法院无须审查，应直接作为裁判的根据。由此，赋予双方当事人一致固定事实关系，并以此约束法院的权能。但当事人双方一致的陈述违背真实时，法院能否作为裁判的依据呢？如果对辩论主义的原则不加限制，则其并不成为问题。因为按照辩论主义，双方当事人有权对事实资料行使处分权，法院也不得不受双方当事人虚假陈述的制约，承认其作为裁判基础的效力，这一解释符合 1877 年德国的立法者基于自由主义诉讼观的基本理解。③ 它表明古典辩论主义着眼于形式真实。但其后德国民事诉讼法经多次修改，对此进行限制，尤其是经 1933 年的修改，增加了当事人的完全陈述义务与真实义务，体现了民事诉讼对发现实体真实的努力。不过，依据德国通说的解释，为当事人设定真实义务并不是要当事人为客观真实的陈述，仅仅要求其立足于主观的诚实，禁止虚假的陈述。换言之，在自己提出主张并否认相对方主张之前，当事人不负调查义务。只要当事人不主张明知是虚假的事实或不否认对方提出的已知是真实的事实即可。这种对真实义务的最低限度的解释，表明真实义务的导入只是对辩论主义及由此产生的当事人处分权能的最低程度的限制。④ 尽管如此，为当事人设立真实义务，已经与古典辩论主义有了不小的距离。

　　日本民事诉讼法虽未明文规定真实义务，但有关诚实信义原则的立法条文已经隐含了对当事人真实陈述的限定。尽管缺乏违反真实义务的强制性制裁措施，一些学者还是期望作为行为规范，真实义务能够对当事人，尤其是诉讼代理律师有所制约。⑤ 无独有偶，即便在强调通过当事人的对

---

① 参见［德］Ekkehard Becker-Eberhard：《辩论主义的基础和界限》，载《比较法学》，147 页。
② 参见邱联恭：《处分权主义、辩论主义之新容貌及机能演变》，载邱联恭著：《程序选择权论》，101 页，中国台湾，三民书局，2001。
③ 参见［德］Ekkehard Becker-Eberhard：《辩论主义的基础和界限》，载《比较法学》，148 页。
④ 同上书，149 页。
⑤ 参见 ［日］高桥宏志著：《民事诉讼法（制度与理论的深层分析）》，382 页。

抗获得裁判资料的美国，也有论者主张代理律师负有协助发现真实的义务。①

三是对辩论主义第三命题的限制，即禁止法院依职权调查证据。不过，辩论主义的这一要求并没有在大陆法系国家得到彻底的坚守，各国在其民事诉讼法中都程度不同地保留着法官依职权调查收集证据的空间。在德国，虽然于证据提出领域，当事人的绝对主导地位并未动摇，但法官依职权调查证据制度在德国民事诉讼法中仍广泛地存在。除法官不能依职权主动询问当事人未提出的证人外，其他证据方法均可由法官主动调查收集。② 日本民事诉讼法依职权调查收集证据的范围有过重大的变迁。"二战"前，依职权调查收集证据被广泛承认。"二战"后受美国法影响而强调当事人主义，删除了许多具有职权主义性质的条文，但在依职权证据收集调查证据方面，仍保留了对当事人本人进行询问和委托调查这两项规定。③ 而实务中，依职权勘验与鉴定也经常适用。我国台湾地区民事诉讼法更赋予法官在不能获得心证时，为发现真实依职权调查证据的权力。当然，在辩论主义的理念下，依职权调查证据的地位只能是补充性的。作为与辩论主义下当事人提出证据相配套的证据获得手段，依职权调查证据必须小心翼翼地设定适用的范围，以便既能增强法官认知事实的能力，又不至于损害当事人程序主体性和法官的中立性。各种证据调查手段的采取，都或多或少地体现了在两种法理之间寻找平衡的制度逻辑。

（二）法院对当事人收集诉讼资料的协助——释明义务

按照古典辩论主义的要求，诉讼资料的收集专属当事人的责任，而当事人承担这一责任的前提是双方诉讼能力平等，但实践中常常面临着当事人间实质性的不平等。要实质保障当事人平等地收集与提出诉讼资料，需要法院的协助。法院这种协助收集诉讼资料的义务，便是广泛存在于大陆法系各国民事诉讼法上的释明制度，即在诉讼过程中，法院为了明确争议的事实关系，就事实上及法律上的有关事项向当事人发问并促使其提出主张与证据的制度。该制度的设立，是为了平衡当事人诉讼能力的差异，补充当事人在收集事实资料中的不足，并最大限度地促进案件真相的发现。由此在大陆法系各国，释明被视为维护当事人权利的"大宪章"。④

在民事诉讼中，不乏允许法官通过发问明确当事人的主张与证据的规

---

① 参见［日］小林秀之：《辩论主义的现代意义》，载新堂幸司等编：《讲座民事诉讼》（4），101 页。

② 参见［德］Eberhard Schilken：《德国民事诉讼法中法官的作用》，高田昌宏译，载《比较法学》，2000（2），127 页。

③ 参见［日］谷口安平著：《程序的正义与诉讼》，139 页。

④ 参见［日］齐藤秀夫：《注解民事诉讼法》，252 页，东京，第一法规，1982。

定，即便是倡导自由主义诉讼观的 1877 年德国民事诉讼法也有上述意义上的释明。① 但不仅仅停留在通过发问理顺辩论程序，而是实质性地协助当事人收集诉讼资料则是自由主义诉讼观逐步修正的结果。自 20 世纪以来，强化法院的释明义务已成为大陆法系国家共同的发展趋势。② 德国 1976 年的简素化法进一步扩大了释明义务的范围，将法官与当事人法律上的讨论作为法官的义务。从 2002 年起生效的德国新民诉法更进一步强化了法院这种实体的诉讼指挥，借此改善法院与双方当事人之间的交流，使三方在诉讼的早期就能明确裁判上重要的事实，并促使当事人适时提出有效的主张与证据，使民事审判成为具有说服力的、最经济的、最亲民的纠纷解决形式。③ 日本释明制度也经历了从职权主义的积极释明到古典辩论主义的消极释明再到程序保障的积极释明的变迁。以实质性的程序保障为依据的积极释明模式已成为指导司法的基本理念而被广泛认可。进入 20 世纪后，法国也继德、日之后多次修改民诉法，对当事人和法院在民事诉讼中的地位和作用加以调整，有关释明义务的强化就是措施之一。④

　　释明义务的强调表明现代辩论主义改变了古典辩论主义由当事人提供诉讼资料，法官不作介入的做法，而是提倡当事人与法官在诉讼资料收集层面的协作。通过释明可以消除"机械地、形式地"适用辩论主义而产生的不合理因素，是对辩论主义的补充与修正。⑤ 在德国，法官的释明义务已被上升到宪法要求的高度。德国宪法规定的审判请求权与法治国家原则为释明义务提供了宪法上的依据。依此规定，除须保障当事人能享有平等地接近、使用法院的机会外，在诉讼程序中，国家亦不宜采取完全放任的消极立场，而有必要适时适当、无偏颇地为当事人提供协助与照顾。基于宪法的要求，如法院违反释明义务，致使当事人未能充分就事实上或法律上的观点予以陈述，而发生突袭性裁判时，当事人除可通过上诉制度予以

---

①　1877 年德国民事诉讼法第 130 条第 1、2 款。

②　值得注意的是：强化释明义务的目的在各国略有差异，如德国重在通过法官的释明加快诉讼过程，将释明义务作为法院诉讼促进义务的重要内容。而日本释明义务的强化虽然也不排除促进诉讼的目的，但学理上的解释偏重于程序保障。

③　参见［日］小岛武司：《释明权行使的基准》，载新堂幸司等编：《特别讲义民事诉讼法》，335 页，东京，有斐阁，1988。

④　现行法国民事诉讼法第 8 条、第 13 条、第 16 条第 3 款是有关释明义务的立法依据。按照法律的规定，法官得要求当事人提供其认为解决争议所必要的事实上与法律上的说明；为保障对席辩论及当事人的防卫权，法官必须促使当事人就法官依职权所认之法律上的观点陈述意见以后，始能作为适用法律的依据。

⑤　参见［日］高桥宏志著：《民事诉讼法（制度与理论的深层分析）》，358 页。

救济外，亦可以诉权受到侵害为由提起宪法诉讼。① 在日本，以程序保障为依据的释明，被认为植根于民事诉讼的理念而具永恒的价值。

在德国、日本等大陆法系国家，法官释明的内容已经从传统的包括诉讼请求、事实主张与证据等在内的有关事实的释明②，发展到指出当事人所忽略的法律观点的有关法律的释明③。近代的审判制度强调法官知法，法的解释适用被认为属法官的专权，当事人的法律见解对法官没有约束力。然而事实问题与法律问题难以分离，法官依据什么样的法律框架来审理案件也应该为当事人所充分理解，否则当事人将难以展开充分有效的攻击与防御活动，容易对当事人造成法律适用的突袭性裁判。而避免突袭性裁判的手段，就是在法律适用层面强调法官与当事人的协作，法官持有与当事人不同的法律观点时，通过与当事人就法律适用问题的讨论，向当事人开示并尽量求得共同的理解，为当事人提供对法官的法律判断权施加影响的机会，从而保障当事人在法领域中的程序参与权，协同发现法之所在。④ 由此可见，法官指出法律观点"是在法形成诉讼中保障当事人参加法的适用过程的手段"。⑤ 德国 1976 年简素化法的修改对此作出了明确规定。⑥ 日本民事诉讼法虽未明文规定，但有学者认为，有关释明义务的条款已经隐含了这一要求而没有单独规定的必要。⑦ 近年来，指出法律观点已经被法学界提到法官义务的高度，并被作为程序保障的重要内容之一。⑧

基于对诉讼资料收集层面法官协助义务的强化，在德国，自 20 世纪 80 年来以来，主张由法官与当事人协同发现事实所在的"协同主义"模式取代辩论主义的呼声日渐强烈。由于传统的自由主义诉讼观所倡扬的形式平等已经偏离了社会现实，而强调通过国家干预以实现实质平等的社会的

---

① 参见沈冠伶：《论民事诉讼法修正条文中法官之阐明义务与当事人之事案解明义务》，载《万国法律》，2000（6），41 页。

② 有关事实的释明，参见熊跃敏：《民事诉讼中法院的释明：法理、规则与判例》，载《比较法研究》，2004（6），82—90 页。

③ 在日本，以往的学说将法官开示法律观点视为法官履行释明义务的形态之一，不过晚近主张将其从释明义务中分离而作为一种独立形态的观点似乎更具说服力。参见［日］高桥宏志著：《民事诉讼法（制度与理论的深层分析）》，368 页。

④ 参见［日］高桥宏志著：《重点讲义民事诉讼法》，385 页，东京，有斐阁，1997。

⑤ 参见［日］山本和彦：《民事诉讼中关于法律问题的审理构造》（4），载《法学论丛》，1991（1），328 页。

⑥ 德国民事诉讼法第 139 条第 2 项规定："法院欲将当事人明显疏忽或认为不重要的观点作为裁判的基础时，必须就此释明并给予当事人陈述意见的机会后始得作为裁判的基础。对于法院作出的与两当事人不同的判断时也同样。"

⑦ 参见［日］阿多麻子：《法律观点开示义务》，载《判例泰晤士》，1999（9），69 页。

⑧ 参见［日］谷口安平著：《程序的正义与诉讼》，114 页。

民事诉讼观得到广泛的认同。基于此，协同主义模式便具有了充分的理论依据。当然，虽然强调法官在收集诉讼资料中的协助义务，但辩论主义在德国依然得到坚守。因为当事人享有提出裁判上重要事实的权能，法院不能代替当事人的主张，依职权收集新的事实并作为裁判的根据这一点并未发生变化。然而不可否认，辩论主义原则已然受到了巨大的挑战。如何通过对辩论主义原则进行修改，发挥它的优势，减少其弊害，已经成为现代民事诉讼理论的重要课题。①

总之，作为分配当事人与法院在收集诉讼资料中的权能与责任的基本原理，辩论主义虽历经百年洗礼，但并未动摇其在德国、日本等大陆法系国家民事诉讼法中基本原则的地位，因为辩论主义是法治国家法官保持中立性的有效工具。② 辩论主义所强调的当事人对诉讼资料的收集负有最终责任的核心理念因应了民事诉讼的本质要求而具永恒的生命力。但是，作为一项基本原则，辩论主义所提供给我们的只是对当事人与法院在诉讼中作用分担的认知框架，随着社会的发展，辩论主义原则的内容与要求将会更加体现出流变性与开放性的特征，这应当是我国确立辩论主义原则时应首先考量的因素。

三、启示：民事诉讼中当事人与法院作用分担的再思考

始于 20 世纪 80 年代末至今仍在继续的以强调当事人的举证责任，强化合议庭职能，强调公开审判为主题的我国民事审判方式改革，对传统的"调解型审判模式"进行了重大修正，改变了以往法官包揽诉讼的景象，强调当事人的程序主体地位，这是值得肯定的。但在改革进程中也出现了若干问题，最为突出的是在事实与证据的提出层面，过于强调当事人的责任，而削弱了法院的职权，近年来最高法院有关司法解释不断缩减法官依职权调查收集证据的范围是其典型。这种局面的形成，虽然不乏司法机构的利己因素，即通过减缩法官职权以减轻法官责任负荷，进而缓解司法的压力，但与学界对辩论主义的误读也有着千丝万缕的联系。③ 时至今日，应如何划分当事人与法院在民事诉讼中的权能与责任，立法仍语焉不详，

---

① 参见［日］小林秀之：《辩论主义的现代意义》，载新堂幸司等编：《讲座民事诉讼》（4），122 页。

② 参见［德］Eberhard Schilken：《德国民事诉讼中法官的作用》，载《比较法学》，125 页。

③ 比如，通行的观点认为，法官依职权调查证据是我国职权主义诉讼模式的表征，必须对此加以改造。而实际上，适用辩论主义的德国、日本等大陆法系国家均为法官依职权调查收集证据保留了适度的空间。即便在强调当事人对抗的美国民事诉讼中，依职权调查收集证据亦得到了法律的认可。

而这是我国未来修改民事诉讼法时当着力解决的问题。就民事诉讼中事实资料的收集层面当事人与法院的作用分担而言，从辩论主义原则的历史梳理与现代变迁中我们可以得出以下几点启示：

启示之一：在诉讼资料收集层面应强调当事人与法院的协作

无论是辩论主义，还是职权探知主义，仅仅作为一种诉讼原理而存在，世界上任一国家的民事诉讼均不能将其划归为纯粹的辩论主义或者纯粹的职权探知主义模式，毋宁说，是辩论主义与职权探知主义的结合，它强调在诉讼资料的收集层面当事人与法院的协作。而法院的协助义务源于司法的社会性需要。众所周知，法治社会禁止自力救济，为此，国家特设司法机构以满足国民解决纠纷，保护权利的需要。但司法机构作为社会公共装置，不单单具有维护私益的特点，还须兼顾社会公共利益。① 司法的社会性一方面源于司法制度在当代社会中的重要地位，除发挥解决纠纷，保护当事人权利的作用外，现代裁判还具有创制法律和维持法律秩序的功能，它决定了司法在满足当事人个人利益保护的同时，还必须回应社会的需求，司法过程和司法结果应体现社会的一般价值观。另一方面，司法的运作成本来自国民的税收，国民有权利要求国家应为国民提供国民容易理解的、公正且迅速的裁判制度。这就决定了民事审判制度应兼顾个人利益与社会利益的平衡，其制度设计应服务于发现真实、公平及迅速的目标。② 而作为民事审判的主体，为回应司法的社会性，法院必须在民事诉讼中承担相应的职责，协助当事人收集诉讼资料。这种协作体现在，在民事诉讼中，提出主张与证据的首要责任应归于当事人，在这个意义上说，辩论主义的最基本的要求即当事人对诉讼资料的收集负责应得到坚守。但该责任并非专属于当事人，法院也应对诉讼资料的收集承担协助的义务。在我国，有关事实与证据等诉讼资料的收集层面，强调当事人与法院的协作更具有现实的紧迫性。

启示之二：重新思考辩论主义的三大命题，并赋予其新的内涵

辩论主义的现代变迁表明，辩论主义的产生是历史的产物，就其内容而言，它是一个开放的、不断发展的体系，应当体现时代的特征。在我国，即使修改后的民事诉讼法采用辩论主义原则，其内容也应与古典辩论主义的三大命题有所区别：

其一，关于辩论主义第一命题的修改。按照辩论主义的要求，法院应

---

① 参见田平安、刘春梅：《试论协同型民事诉讼模式的建立》，载《现代法学》，2003（1），184页。

② 参见［日］山本和彦：《辩论主义考》，载《早稻田法学》，1997（4），468页。

当以当事人在辩论中所提出的事实作为裁判的根据。换言之，当事人未主张的事实，法院不能在判决中予以确认。该命题实质上是通过将法院裁判的依据限制在当事人主张的范围内而对法院认定事实的范围构成制约。以往的解说常常将其视为当事人的权能，而笔者则更倾向于它是课以当事人的沉重负担。实际上诉讼中当事人之所以没有提出对己有利的事实，并非是其自由处置权利的结果，而是由于欠缺法律知识或缺乏必要的调查收集证据手段等原因所导致的违背真实意志的非自由处置。① 由此导致当事人因未能充分主张而败诉，则与民事诉讼的目的不符，对此应当加以修正。一方面，原则上当事人没有主张的事实，法院不得作为裁判的根据；另一方面，如果法院在审理过程中从当事人提出的证据资料中发现对于裁判结果将产生重要影响的事实但当事人尚未提出时，法院应通过履行释明义务或公开心证的方式，启发当事人就是否提出该重要事实表明意见，并赋予对方当事人辩论权。在提供了相应的程序保障后，如果应当主张该事实的当事人不表示反对，法院可将其作为裁判的根据；经法院指出后，当事人仍坚持不主张该事实的，则应尊重当事人的选择，不得将该事实作为裁判的根据。

此外，作为法院裁判依据的当事人主张的事实范围应如何确定也是我国民事诉讼法在确立辩论主义原则时所应予考量的因素。在日本和德国，受辩论主义约束的当事人提出的事实范围有所不同，日本通说主张该事实是指主要事实，而不包括间接事实②；德国学者则不作上述区分，凡对于裁判而言属重要的事实均应由当事人提出。笔者认为，我国民事诉讼法在采用辩论主义原则时，不宜将当事人提出的事实限制在主要事实的范围内，而应涵盖包括间接事实在内的对诉讼的胜败可能产生影响的重要事实。因为，间接事实与主要事实相关联，很多争议往往通过间接事实而推导出主要事实，如果将间接事实排除在外，则可能发生认定事实的突袭，这应当是极力避免的。即使在日本，有关当事人所主张的事实也包括间接事实的观点正逐渐被接受并成为主流。③

其二，关于辩论主义第二命题的修改。辩论主义的第二命题要求法院应受当事人自认的约束，而无须审查。但是，民事诉讼同时也以发现真实

---

① 参见刘学在：《辩论主义的根据》，载《法学研究》，44 页。

② 在诉讼法上，事实可以分为主要事实、间接事实及辅助事实三种。主要事实是与法条构成要件相对应的事实；间接事实是指在推定主要事实过程中发挥作用的事实；辅助事实是指用于明确证据能力或证明力的事实。参见[日]高桥宏志著：《民事诉讼制度与理论的深层分析》，340 页。

③ 参见王亚新著：《对抗与判定——日本民事诉讼的基本结构》，112 页，北京，清华大学出版社，2002。

为目标，如果当事人的自认与事实明显不符，则法院不加区别一律予以认定并作为裁判的根据也并非妥当，为此，应当为自认的效力设定例外的规定。原则上一方当事人在诉讼中的自认具有免除对方当事人举证责任的效力，法院可以直接将其作为裁判的根据。但当事人的自认如果存在下列情况，则不能予以认定：一是当事人自认之际，如果法院依据此前的证据调查能够证明自认不成立的；二是当事人的自认与众所周知的事实、自然规律及定理相违背的。此外，在当事人自认之际，如果法院对当事人自认的事实有疑问的，在不违背公平的前提下，可以通过释明的方式启发当事人，确保作出自认的当事人充分行使反驳权。

其三，关于辩论主义第三命题的修改。如前所述，辩论主义的第三大命题在德、日等大陆法系国家并没有得到遵守，各国均为法官依职权调查收集证据预留了空间。与前述国家相比，我国《证据规定》中法官依职权调查收集证据的范围过于狭窄，可能对民事诉讼发现真实的目标造成损害。借鉴德国、日本及我国台湾地区的相关规定，我国职权证据调查的范围可作如下设定：（1）命令进行鉴定、勘验。不过鉴定、勘验应以当事人申请为原则，在经法官提示后当事人仍未申请的，可以依职权命令鉴定、勘验。（2）依职权采取有关审前准备措施。在审前准备程序中，可以根据需要，赋予法官适当的依职权调查收集证据的权限，使其有足够的资源来推动审前准备程序的进行。比如依职权命令当事人、证人到庭，命令当事人提交书证，委托其他法院、机关代为调查证据，等等。（3）依职权询问当事人。法官为查明案情，可以不经申请，询问当事人有关情况。（4）例外情形下的职权调查证据。根据我国现实情况，为辩论主义设置一些例外是必要的。可以考虑借鉴台湾地区的做法，规定法院在不能依当事人提出的证据获得心证时，得依职权调查证据。但是对此必须有严格的限制，如法官应通过履行释明义务，启发当事人提供证据或申请法院调查收集证据。经法官释明当事人仍无法举证时，才可依职权进行调查；同时给对方当事人陈述和补充举证的机会，以避免突袭裁判的发生。不过，应当明确的是，由于证据的提出原则上应属于当事人的责任，法院依职权调查证据只是对当事人提出证据责任的补充，因此，对法院而言，依职权调查证据并非一般性义务，而属于自由裁量的范围。当然，对于法院应当依职权调查证据而未实施导致当事人败诉的，法院的自由裁量应接受上诉审法院的审查。

启示之三：强化法院的实体性诉讼指挥义务

在坚守当事人对事实的提出负有最终责任这一辩论主义基本要求的前提下，应当强调法院对当事人收集诉讼资料的协助义务，而法院的这种协助义务需要通过强化实体性的诉讼指挥得以实现，即在积极推进诉讼程序有效运行的同时，法院应在当事人所提出的诉讼资料的范围内，对诉讼的实体内容形成，包括事实的提供与法律的适用等方面提供协助。为此，法院应通过履行释明义务，从事实与法律两个层面对当事人提出的诉讼资料予以补充。具体而言，法院的实体性诉讼指挥包括以下两个方面：

一是有关事实上的释明。事实的释明包括有关诉讼请求的释明、有关事实主张的释明以及有关证据的释明。对当事人提出的诉讼请求，法院可以指出其不清楚，不充分之处以及促使其申请诉的变更与诉的合并等；在当事人的主张所依据的事实不明确、不充分、矛盾或不适当时，法院应通过释明，使其主张或抗辩明确、清楚、充分、适当，不允许法院未经释明就以当事人主张不明为由排斥当事人的主张；在当事人举证存在瑕疵、因为疏忽或误解而没有举证以及举证不充分时，法院负有督促当事人修正、补充证据或促使其提出证据申请的义务。

二是有关法律上的释明。除事实上的释明外，法院还应进行法律上的释明。为此，民事诉讼法应明确规定，法院欲适用当事人明显疏忽或认为不重要的法律观点时，应提示当事人，赋予其就此法律观点陈述意见，补充事实与证据的机会。当然，法官开示法律观点，与当事人进行法的讨论，并不影响法官适用法律的最终判断权，即使当事人拒绝适用也不妨碍法官基于该法律观点作出判决。但法官不开示法律观点，使当事人丧失法律适用的辩论权而依此作出判决时，则当事人可以通过上诉要求法院改判。

综上所述，作为分配当事人与法院在诉讼资料收集层面的权能与责任的原则，辩论主义提供的只是一种关于民事诉讼基本构造的指导性法理，而不是彻底否定法院职权探知的理由。归根结底，辩论主义本身的适用并非目的，仅仅是实现民事诉讼目的的手段。毫无疑问，在司法的重要地位越发彰显、民事诉讼的社会性特征日渐突出的语境下，强调诉讼资料的收集层面当事人与法院的合作，是我国确立民事诉讼中当事人与法院作用分担的唯一选择，更是构建为普通百姓所理解的、容易利用的、有利于发现真实的、公平的并富有效率的民事诉讼制度的现实需要。

Xiong Yuemin

A Research on the Adversary System in Civil Procedure
—Rethinking of the Function of Court and Party in Civil Procedure

Abstract: The adversary system which stresses the party's ego duty is the reflection of Liberalism current of thought since 19th century. The adversary system only provides legal guidance to the fundamental contracture of civil litigation and it does not absolutely negate the reasons of court job power to explore to know. The contents have been limiting and the obligation to assist the party to collect facts and evidences has been stressing during about 100 years' change of the adversary system. The adversary system to be established in Chinese civil litigation shall emphasize the party's cooperation with court in collecting litigation materials, strengthen the court's directive duty in litigation and give the adversary system new interpretations.

Key words: Civil Litigation; Adversary System; Clarification

史立梅[*]

我国司法改革的合法性问题分析

[内容提要]

　　司法改革的合法性边界取决于对司法改革性质的定位。司法改革以现有的司法体制、司法制度和司法程序为改革对象，是一项立法活动而非司法活动，应当遵循立法的合法性要求。综合西方自然法学派和实证主义法学派的理论，合法性要求包括形式和实质两个方面，前者关涉立法的主体、程序以及法的形式理性，后者则关涉法的价值。我国司法改革在性质定位上的偏差导致了其在形式合法性和实质合法性上陷入双重困境。欲解决这一困境，必须在还原其立法性质的基础上对改革主体、程序、阶段等问题进行重新调整和设计。

[关键词]

■司法改革　■合法性　■形式合法性　■实质合法性

　　20世纪八九十年代以后，司法改革一词对于中国民众而言，其熟悉与关注程度丝毫不亚于在此之前发生的经济体制改革。尤其是进入21世纪以来，我国的司法改革更呈现出一片纷繁热闹的场面，各地检法机关纷纷抛

---

[*]　北京师范大学法学院副教授、法学博士。

出一系列改革举措，仿佛在一夜之间，一些原本只存在于学者笔端的"新名词"，如"零口供制度"、"先例判决制度"、"辩诉交易制度"、"暂缓起诉制度"等，都先后在中国广袤的土地上破土萌芽。针对这种热闹局面，学界却发出了一些不和谐之音，有的学者认为这些改革举措属于"司法造法"，存在越位之嫌①；有的学者认为这些改革措施违背了司法的独立性、中立性、专业性、民主性、权威性等本质特征②；更有的学者认为目前我国的司法改革正面临着一场严重的"合法化"危机③。

我国的司法改革真的面临危机吗？是学者们在危言耸听还是改革者们身处危机而不自知？笔者认为，要回答这一问题，必须从什么是司法改革，什么又是司法改革的合法性这样的基本问题入手，只有明确了这两点，才能对我国司法改革的合法性问题作出判断，也才能为我国司法改革的合法化提出有针对性的建议。

一、什么是司法改革

司法改革在我国提了很多年，无论是在党和国家的重要文件中，还是在普通公众街头巷尾的议论中，这个词的出现率颇高。然而，究竟什么是司法改革，至今却没有一个统一的答案。概念不清，则性质不明；性质不明，则界限难辨。要弄清司法改革的合法性边界，则必须正确认识司法改革的概念和性质。从字面上来看，司法改革是一个混合词，由"司法"和"改革"两个词组成，因此，界定司法改革的概念，厘清司法改革的性质，必须明确什么是司法，什么是改革，司法与改革之间是什么关系。为方便论证，笔者拟采取颠倒的顺序，对上述三个问题分别予以阐述。

（一）司法与改革的关系

从检法机关主导司法改革的实践中，很多人都得出司法改革即司法机关进行的改革这一结论。笔者认为，这是对司法与改革关系的误解。在我国，类似的为人们更熟悉的词有经济体制改革、政治体制改革等，但却鲜有人将其理解为经济部门进行的改革、政治部门进行的改革，绝大多数人都会同意经济体制改革、政治体制改革是指对经济体制、政治体制进行的改革。在词的组合方式上，司法改革与经济体制改革、政治体制改革应当

---

① 参见王超、周菁：《试论我国司法改革中的越位问题》，载《南京师范大学学报（社会科学版）》，2002（2），30—37页。

② 参见孟凡麟：《司法改革：司法本性的沦丧与重塑》，载《甘肃社会科学》，2003（2），93—95页。

③ 参见谢佑平、万毅：《法律权威与司法创新：中国司法改革的合法性危机》，载《法制与社会发展》，2003（1），3—8页。

是一致的，即司法是改革的对象，改革是动词，司法是名词，司法改革实际上应为"改革司法"。

（二）改革的含义

根据《现代汉语词典》的解释，改革就是"把事物中旧的不合理的部分改成新的、能适应客观情况的"，因此破旧立新是改革的必然要求。以我国的经济体制改革为例，所谓的改革并非局部的修修补补，而是把高度集中的计划经济体制改革为社会主义市场经济体制。因此，作为司法改革，自然也不能是现有的法律框架之下的局部调整，否则根本谈不上改革的问题。

（三）司法的含义

作为改革的对象，司法的含义应当作广义理解。虽然在党和国家的有关文件中曾经出现过"司法体制改革"一词，但笔者认为，司法体制改革只是司法改革的一部分，司法体制并非司法改革的唯一对象。司法体制只解决司法的组织问题，从国内外司法改革的理论与实践来看，司法改革还应当包括对司法制度与司法程序的改革。因此，作为改革对象的司法，应当理解为与司法有关的一系列体制、制度和程序。

诚然，对于什么是司法，我国学界也存在着非常激烈的争论：有学者认为司法即指审判，司法机关就是指审判机关[①]；也有的学者认为司法是广义的，司法机关包括所有参与司法活动的国家专门机关[②]。笔者认为，司法改革是一项社会系统工程，如果只改革与审判有关的体制、制度和程序，远不能达到"司法公正与司法效率"的改革目标。只有将审判、检察、警察、司法行政乃至律师制度都容纳到司法改革的范围之内，才能通盘考虑各机关之间、各种力量之间的职能划分和柜互关系，才能建立起一个公正、高效、合理、统一的司法系统。同时，由于司法改革不可能脱离政治、经济、文化等各种现实因素的影响，因此，一场成功的司法改革还必须考虑到司法系统与司法外系统之间的沟通与融合。

通过以上的分析，笔者认为司法改革作为一个概念，具有以下几个方面的性质（或者特征）：

1. 作为一场改革活动，司法改革必然会突破现行法律制度的约束。如果仅仅因为改革的内容不符合实在法的规定，就认为其"违法"并予以否

---

① 如张建伟的《刑事司法体制原理》就是在这个意义上来研究司法体制的。参见张建伟著：《刑事司法体制原理》，北京，中国人民公安大学出版社，2002。

② 如何家弘的《中外司法体制研究》不仅考察了各国的审判机关，还考察了各国的警察、检察、司法行政机关以及律师制度。参见何家弘主编：《中外司法体制研究》，北京，中国检察出版社，2004。

定，那么改革终将无所作为。

2. 司法是改革的对象，而非改革的主体，能够对现行司法体制、制度和程序进行改革的，只能是享有相关权限的立法机关。因此，司法改革是一种立法活动，而非司法活动。

3. 司法改革是一项社会系统工程，具有整体性。改革必然触及与司法有关的社会各方面利益，因此应当广泛吸收社会各方面的意见。惟其如此，改革才能获得广泛认同与支持，改革措施才能真正得以贯彻执行，不至于沦为空洞、抽象的法律条文之间的变更。

二、什么是司法改革的合法性

（一）合法性

什么是合法性？我国许多学者将之等同于"合法律性"，即行为符合实在法的规定。很多对司法改革合法性的质疑，也是在这个意义上进行的。然而，作为西方政治学、法学中的一个重要概念，合法性（legitimacy）具有非常丰富的内涵，不同的学派也有着完全不同的观点。在此，笔者以自然法学派和实证主义法学派的观点对此进行一下简单的注释：

自然法学是西方法学史上历史最悠久的法学派别之一。在西方，自然法学存在着三个不同的发展阶段：古希腊、古罗马时期的自然法，16世纪欧洲古典自然法时期以及20世纪的自然法学复兴时期。三个时期的自然法学理论存在很大区别，但它们存在着一个共同之处，正是这个共同点使它们都被冠以"自然法"的标签，这个共同点就在于承认法律之上的正义原则，即在人类制定的法律之上，还有更为崇高的自然法，人定法应当符合自然法的要求，否则便是"恶法"。虽然这个更为崇高的自然法在三个时期的自然法理论中具有不同的面貌，但将法分为"实在法"和"自然法"并以后者作为评价前者善恶的标准则是三个时期的自然法所共有的特征。在自然法理论中，合法性（或称合正义性、合自然法原则）与合法律性（即合实在法）是两个完全不同的概念，如果实在法违反了正义原则或自然法原则，即便某个事物或行为符合实在法的规定，那么它也不具有合法性。

实证主义法学在实在法与正义的关联问题上与自然法截然不同。西方实证主义法学产生于19世纪下半叶，这一法学流派反对自然法那种形而上学的思辨方式和寻求终极原理的做法，试图将价值考虑排除在法理学科学研究的范围之外，并把法理学的任务限定在分析和剖析实在法律制度的范围之内。法律实证主义者认为，只有实在法才是法律，而所谓实在法，在他们看来，就是国家确立的法律规范。法律实证主义者还坚持要把实在法与伦理规范和社会政策严格区分开来，并倾向于认为正义就是合法律性（legality），亦即服从国家所制定的规则。① 因此，在实证主义法学中，合法性（或合正义性）等同于合法律性。

综上所述，在合法性与合法律性二者之间的关系上，自然法学派强调的是合法性的实质层面，即合法性不同于合法律性，而是应当符合更高的正义原则；实证主义法学强调的则是合法性的形式层面，即合法性就是符合现有法律的规定性。实际上，在法治社会的背景之下，只强调合法性的实质层面（即实质理性）或者只强调其形式层面（即形式理性）都是有失偏颇的。正如古希腊哲学家亚里士多德所言："法治应包含两重含义：已成立的法律获得普遍的服从，而大家所服从的法律又应该本身是制定良好的法律。"②

以上有关合法性的理论分析有助于我们理解司法改革的合法性边界问题。由于司法改革必然要对现有的法律制度予以扬弃，因此，仅仅以"合法律性"来评价我国当下正在进行的司法改革，确实有失偏颇。但笔者也并不就此认为当下的司法改革就具有合法性。对司法改革的合法性评价，取决于我们如何理解司法改革的合法性。

（二）司法改革的合法性

正确界定司法改革的合法性，必须首先明确区分司法改革的合法性与司法的合法性。正如笔者上文分析，司法改革不是司法活动，而是一种立法活动，因此，不能以司法的合法性去约束司法改革的合法性。

在法治社会，司法的形式合法性要求司法必须依据实在法进行，即所谓"据法司法"。司法对实质理性的追求应当以此为前提，司法的自由裁量权只有在现有法律授权范围内才是合法的。司法的形式合法性对于法治秩序的建构而言是极为重要的，正如美国学者庞德所言：据法司法是指"根据权威性律令、规范（模式）或指南进行的司法，这些律令、规范或指南是以某种权威性技术加以发展和适用的，是个人在争议发生之前就可以确知的，而且根据它们，所有人都有理由确信他们会得到同样的待遇。它意味着在具有普遍适用性的律令可以保护的范围内所实施的是一种非人格的、平等的、确定的司法"③。德国学者韦伯也提出："司法的形式主义使法律体系能够像技术合理性的机器一样运行。这就保证了个人和群体在这一体系内获得相对最大限度的自由，并极大地提高了预言他们行为的法

---

① 参见［美］博登海默著：《法理学：法律哲学与法律方法》，邓正来译，116—117页，北京，中国政法大学出版社，1999。

② ［古希腊］亚里士多德著：《政治学》，吴寿彭等译，199页，北京，商务印书馆，1965。

③ ［美］博登海默著：《法理学：法律哲学与法律方法》，148页。

律后果的可能性。"[①] 从这些学术大师的论述中，我们可以得知司法的形式合法性对于贯彻法律之内人人平等原则、最大限度保障个人和群体在法律之内的自由、提高司法结果的可预见性而言是至关重要的。当然，在人类司法史上，这种严格的法律形式主义也曾经导致法官机械、僵化地适用法律，成为"自动售货机"似的裁判者（如法定证据制度时期），但笔者以为司法形式主义并不是导致这种结果出现的祸端，法律本身欠缺实质理性、没有给司法人员留下任何自由裁量的余地才是其中的主要原因。

作为一种立法活动，司法改革的合法性要求完全不同于上者：

首先，从形式合法性的角度而言，立法的形式合法性要求可以分为两个层面：其一是程序要求，即立法活动必须遵循既定的程序要求，其所制定出来的法律才具有合法性。即法律必须经由有立法权的机构（或人）以法定程序制定和公布。德国学者卢曼认为程序是使法律获得合法性的唯一途径，因为在现代社会，法律的功能日渐特定化，这主要表现在法律与道德、科学真理、教育和教诲的分离，法律不再靠道德、正义等来合法化，而是通过程序来获得合法性，即"通过程序的合法化"。"程序通过吸收不确定性而获得合理性，并且通过对周围环境以及无关信息的限制而建立起裁决过程的自治权"。[②] 虽然卢曼的观点中充斥着法律实证主义的色彩，但"通过程序的合法化"在一定程度上揭示了程序在现代社会的重要性。因此，立法必须依照程序进行，否则将丧失最基本的合法性根基。其二是对法律规则本身的要求。根据韦伯的理论，现代社会的法律必须具备形式理性，即"第一，每一项具体的法律决定都是某一抽象的法律命题向某一具体事实情境的适用；第二，在每一具体案件中，都必定有可能通过法律逻辑的方法从抽象的法律命题导出裁决；第三，法律必须实际上是一个有法律命题构成的没有漏洞的体系，或者，至少必须被认为是这样一个没有空隙的体系；第四，所有不能用法律术语合理地分析的东西都是法律上无关的；第五，人类的每一项社会行动必须总是被型构为或是一种对法律命题的适用或执行，或是对它们的违反，因为法律体系的没有漏洞性必须导致对所有社会行为的没有漏洞的法律排序。"[③] 韦伯提出的有关形式理性的上述五项内容可以分为四个方面：其一，法律的合逻辑性，这要求成文法有

① ［美］博登海默著：《法理学：法律哲学与法律方法》，98 页。

② Stefan Machura, *The individual Shadow of Powerful Institutions*：*Niklas Luhmann's Legitimation by Procedure As Seen by Critics*, in Klaus F. Rohl, Stefan Machura（ed.）, Procedural Justice. pp. 183—184.

③ 转引自郑戈：《韦伯论西方法律的独特性》，载李猛主编：《韦伯：法律与价值》，80 页，上海，上海人民出版社，2001。

一个合理的结构，能组成协调统一的体系，这在微观方面要求每一法律内部各个法律规范之间能互相配合、没有矛盾、没有空白，在宏观方面则要求一个社会的全部法律能配合成为一个协调、完整的体系；其二，法律的预见性，这要求法律不但能解决已经存在的问题，对将来产生的问题也应尽可能预见到并加以规范；其三，法律的可预测性，即人们可以通过法律的规定预知行为的法律结果，破除一切神秘因素或法律之外的因素来影响人们对自己或他人法律行为后果的预测，这要求法律本身应当尽可能明确、详尽，同时尽可能做到抑制司法人员的主观随意性；其四，法律的可操作性和有效性，可操作性要求法律不流于抽象的原则，而能为人们提供可操作的标准和程序。有效性则要求所制定的法律能给人们带来实际的效果，不只作为一种摆设。这些是对法律规则本身所提的最基本的形式要求，且不论法律规则的内容如何，是否公正，这些形式特征是现代社会立法所应具备的最基本的品质。

其次，从实质合法性的角度而言，司法改革的实质合法性关注的是司法改革的内容是否正当或者是否具备实质理性（或价值理性）的问题。作为一种立法活动，司法改革的内容体现为对一系列与司法有关的法律制度的废、改、立，这一活动并不因为其主体或者程序合法，或者制定出来的法律规则本身具备形式理性而获得当然的合法性（或者正当性），司法改革本身还必须符合价值理性的要求，即达到实质合法性，才能具备完全的合法性。对司法改革的实质合法性的界定并不像界定形式合法性那样容易，因为不同的人对法律背后的价值问题有不同的观点。即便同为自然法思想，古希腊罗马的自然法学派、欧洲古典自然法学派以及新自然法学派在法的价值问题上也是有较大分歧的。尽管如此，学者们认为还是存在一些基本的价值，这些价值在任何社会都应当为法律所认可并受到法律的保护，这些价值即人之为人所应享有的基本权利，包括生命权、健康权、财产权、自由权、平等权、人格尊严不受侵犯等。这些权利被视为人的天赋权利神圣而不可剥夺。值得提出的是，有关人的基本权利的内容并不仅仅被写成著作摆在学者们的案头，随着17、18世纪欧洲资产阶级革命的胜利以及人们对所历经战祸尤其是"二战"的反思，这些基本人权逐渐从一种法学思想演变成为实际的法律规定，从一国国内法的基本法律原则发展成为区域组织乃至国际组织的法律文件中所确立的基本原则。同时，这些国内法以及国际法又将这些基本权利具体化，从而使之成为各个国家、地区所普遍遵循的正义准则。而联合国作为成员最多、规模最大的国际组织，在制定一系列法律文件时，尤其重视各个成员国之间在文化、政治、经济等方面存在着巨大差异这一现实，因此其所制定的人权文件中确立的有关人的基本权利的内容更具有超越各种文化差异的普遍性，并成为对各成员国法律最低限度的正义要求。因此，司法改革的内容必须符合联合国人权文件中有关最低限度正义的要求，才具有最起码的实质合法性，在此基础上，各国可以根据本国的实际情况在正义的不同价值范畴之间进行权衡和选择，以确立最适当的司法改革目标，保证司法改革最终能够得到社会的普遍接受，取得良好成效。

三、我国司法改革的合法性分析

我国的司法改革是否存在合法性危机？如果存在，那又是怎样的合法性危机？行文至此，笔者认为对这些问题的回答已经水到渠成。

（一）我国司法改革的形式合法性分析

且不论我国司法改革的内容是否具有实质理性，仅从形式来看，检法等机关主导进行的司法改革显然违背了司法改革的形式合法性要求。

1. 从改革主体来看，我国司法改革欠缺形式合法性。多年来，我国的司法改革主要是在两个层面上展开：一方面，最高人民法院、最高人民检察院通过发布司法解释，制定并实施各自的改革纲要、工作发展规划、改革实施意见等方式推行司法改革，如最高人民法院 1999 年颁布的《人民法院五年改革纲要》、最高人民检察院 1999 年颁布的《检察工作五年发展规划》、2000 年颁布的《检察改革三年实施意见》；另一方面，地方各级人民法院、人民检察院通过"个案突破"方式进行司法创新，比如辽宁省抚顺市顺城区检察院的"零口供"规则、河南省郑州市中原区人民法院的"先例判决制度"、黑龙江牡丹江铁路运输检察院和法院推行的"辩诉交易"制度、江苏省南京市玄武区人民检察院推行的"暂缓不起诉制度"等。

地方检法机关的司法改革显然与其身份不符，所进行的司法创新完全超越了现行法律的界限，违背了据法司法的合法性要求。而最高人民法院、最高人民检察院作为国家最高审判机关、检察机关，是否有权进行立法性的司法改革？这取决于"最高院"、"最高检"是否具有相应的立法权限。

其一，"两高"是否可以通过行使司法解释权进行司法改革？根据1981 年 6 月 10 日第五届全国人民代表大会常务委员会第十九次会议通过的《全国人民代表大会常务委员会关于加强法律解释工作的决议》第 2 条的规定，"凡属于法院审判工作中具体应用法律、法令的问题，由最高人民法院进行解释。凡属于检察院检察工作中具体应用法律、法令的问题，由最高人民检察院进行解释"。据此，"最高院"、"最高检"享有对审判工作、检察工作中具体适用法律、法令的司法解释权。事实上，"两高"的许多重大改革举措也正是通过颁布司法解释的形式来进行的，比如 1998 年《关于民事经济审判方式改革问题的若干规定》、2001 年《关于民事诉讼证据的规定》、2002 年《关于行政诉讼证据若干问题的规定》等。从表面上看，这些规定都是"两高"行使司法解释权的结果，但如果具体考察其内容，很多规定其实已经远远超出了现行法律的范围，从而不再是对法律应用的解释，而是成了新的"法律"。其实，司法解释与司法改革这两个词本身就是互相矛盾的，司法解释只能限定在现行法律的框架之内，而司法改革势必突破现行的法律，并表现为对现行法律的修改或者废除以及制定新法律。因此，"两高"以司法解释的形式搞司法改革，无疑欠缺形式合法性。

其二，"两高"是否可以通过制定司法解释之外的司法文件的形式进行司法改革？除了通过发布司法解释对与审判、检察工作中适用的制度和程序进行改革外，对于涉及法院、检察院内部管理体制包括人事管理、财政管理、内部监督等方面的问题，"两高"则一般采取制定司法文件的形式来加以改革和完善。比如 2001 年最高人民法院颁发的《地方各级人民法院及专门人民法院院长、副院长引咎辞职规定（试行）》、2003 年最高人民检察院颁发的《关于实行人民监督员制度的规定（试行）》等。这些司法文件是否具备形式合法性，笔者认为应该区别不同情况：对于属于人民法院、人民检察院完善内部行政管理工作的规则，应当认可其合法性①；但对于触及宪法、人民法院组织法、人民检察院组织法以及其他有关法律、法规的事项，"两高"无权通过制定司法文件的方式加以改革。以《引咎辞职规定（试行）》为例，其所规定的由各级人民法院院长、副院长对本辖区内的严重枉法裁判案件负责任并须引咎辞职，实际上突破了人民法院组织法所确立的由审判委员会对审判业务实行集体领导的体制，超越了最高人民法院的司法文件制定权限，存在违法之嫌。

2. 从改革的程序来看，我国的司法改革也欠缺形式合法性。由于一直是检法机关主导改革，我国司法改革并没有严格的程序要求，有的改革措施是"最高院"、"最高检"直接发布司法解释或者制定规则而产生，有的改革措施则是地方检法机关在办理具体案件的时候创造出来的，还有的改革措施则是先通过搞试点、然后再推广开来的方式产生的。由于缺乏程序

---

① 从美、日、韩等国家的做法来看，最高法院作为一国最高司法机构，有权在不与法律抵触的范围内就有关诉讼程序、法院内部纪律以及事务处理制定规则，但前提是必须经过宪法或者立法机构的授权。我国最高人民法院、最高人民检察院的司法解释权经过了全国人大常委会的授权，但就法院、检察院内部管理体制制定司法文件的权力却没有经过任何授权。从便于司法行政管理工作、提高工作效率的角度出发，我国立法机构应当给"两高"制定此类司法文件的授权。

制约，我国的司法改革呈现出很大的盲目性、杂乱性和随意性。多数改革措施没有经过广泛地征求意见阶段和精心地合理论证过程，匆匆上马，以至于最终昙花一现。相对而言，搞试点或者改革试验田的方式较为稳妥，由此诞生的改革措施也能够拥有较为持久的生命力，比如普通程序简易化审理和人民监督员制度，都是通过这种方式总结、积累经验，在时机成熟的情况下由最高人民法院、最高人民检察院以司法解释或者规则的形式加以规定并适用于全国的。但笔者并不赞同以搞试点的方式进行司法改革，因为这种方式是对宪法所规定的"法律面前，人人平等"原则的破坏，特别是对那些涉及公民基本权利的改革措施而言尤其如此，这种方式人为地以地域作为区分公民法律待遇的标准，违反了最基本的公正原则。

3. 从我国司法改革的内容来看，许多改革措施欠缺形式理性。根据笔者上文的分析，形式理性是现代立法应当具备的最基本的品质，它要求法律具有合逻辑性、预见性、可预测性、可操作性和有效性，而这些品质正是我国的法律所欠缺的。以司法改革的阶段性成果——1996年修改的刑事诉讼法为例，为解决人民法院先定后审、审判流于形式问题，实现审判实质化，修改后的刑事诉讼法改变了人民检察院移送起诉的方式，从以前的全案移送改为只移送起诉书、证据目录、证人名单、主要证据的复印件或照片。与此同时，立法机关却忽略了辩护律师的阅卷权问题，使得辩护职能不能够充分发挥，本来旨在加强被告人权利保障的措施结果却适得其反。再比如刑事诉讼法修改之后，为更好地贯彻执行新法，最高人民法院、最高人民检察院均制定了自己的司法解释，其中，针对以刑讯逼供、威胁、引诱、欺骗等非法方法所获得的言辞证据，两个解释都确立了排除规则，这对于完善法律之不足无疑具有十分重要的价值。但是，两个解释中的排除规则都没有对适用程序和非法证据的举证责任分配问题进一步加以明确，导致其根本不具有可操作性。

（二）我国司法改革的实质合法性分析

司法改革的实质合法性评价关注的是司法改革内容的价值问题。正如笔者在前文所言，价值问题很难有一个统一的标准和答案，因为人与人之间的正义观念相差甚远。但这并不等于说我们无法对司法改革的实质合法性进行评价。在现代的国际、国内背景之下，笔者认为司法改革的实质合法性一方面取决于对本国所签署和加入的一系列国际人权文件的信守和贯彻，另一方面则取决于对本土资源的清醒认识。违背前者，司法改革将丧失最基本的正义底线；忽略后者，司法改革将成为无源之水、无本之木，终难取得成功。然而，实现二者的完美结合在我国实际上是非常困难的，因为我国的本土资源与建立在自然法精神之上的国际准则之间实在相去甚远。因此，任何一项改革措施都应该充分考虑到这两方面的情况，在付诸实施之前，必须经过周密的制度设计和严格的论证。但是我国的改革者们并没有意识到或者没有充分意识到这一点，许多生发于西方的制度被生搬硬套到我国的司法实践中来，不能与我国本土资源很好地衔接，从而导致了我国司法改革在实质合法性方面的危机。例如，我国进行了多年的民事审判方式改革就遇到了这样的困境。

自 20 世纪 90 年代以来，民事审判方式改革一直都是我国民事司法改革的一个重点内容。为实现诉讼公正、提高诉讼效率，我国民事审判方式改革的基本方向和目标被定位为从职权主义诉讼向当事人主义诉讼的转化。法院在诉讼中担负查明案件事实真相的职责是职权主义诉讼的一个典型特征。因此，淡化法官的证明责任，强化当事人举证责任就成了我国民事审判方式改革的核心内容。从我国 1991 年《民事诉讼法》第 64 条规定的"人民法院应当按照法定程序，全面地、客观地审查核实证据"，到 2001 年最高人民法院《关于民事诉讼证据的若干规定》第 2 条规定的"当事人对自己提出的诉讼请求所依据的事实或者反驳对方诉讼请求所依据的事实有责任提供证据加以证明。没有证据或者证据不足以证明当事人的事实主张的，由负有举证责任的当事人承担不利后果"，我国的民事诉讼举证责任分配制度发生了巨大变化，法官从积极的案件事实调查者退守为消极、中立的裁判者。应该说这种改革是符合民事诉讼自身的规律和程序正义原则要求的。然而，在这个过程中，改革的设计者和实施者忽略了一个极其重要的问题，即审判方式的改革与我国本土资源的协调问题。当我国的社会大众（尤其是广大农村地区）对民事司法的认识还停留在"送法下乡"、"炕上开庭"、"家长式"法官的印象中时，这种强化当事人举证责任的改革措施带给他们的只能是"冷冰冰"的法律和"没有人情味"的法官。典型的事例当数 2001 年发生于广东省四会市的莫兆军案。在这起案件中，法官莫兆军严格依照民事诉讼证据规则作出判决，然而被告当事人却因不满该判决在法院外服毒自杀。虽然莫兆军最终被广东高院宣告无罪，但这起案件带给人的思考无疑是极为沉重的。当贯彻司法改革精神、严格遵守规则的莫兆军黯然离开法官队伍的时候①，虽身患绝症仍坚持送法到田间炕头的"人民的好法官"金桂兰被评选为 2005 年"中国十大法制人物"和"中国法官十杰"之一。中国司法改革的"精英意识"与普通百

---

①　参见南方网：《无罪法官回家养猪　莫兆军的悲剧就结束了吗？》http：//www. southcn. com/news/dishi/xijiang/shehui/200408030729. htm。

姓的"大众诉求"之间的冲突①通过这些现象体现得淋漓尽致。德国社会学家马克思·韦伯曾经将权力的合法性归结为权力的合法性信仰，他认为：合法性等同于对合法性的信仰；合法的权力就是被看做合法的权力，"当权力关系的参加者，不论是统治者也好附庸者也好，都坚信权力关系合法时，权力关系就是合法的"②。从这一理论来看，如果我国的司法改革不能被广大公众所接受，其很难获得自身的合法性。这也许就是民事审判方式改革在我国搞了这么多年，但至今仍难以完成的主要原因。

四、结论

通过以上分析，我国司法改革无论在形式上还是在实质上都面临着合法性困境。作为法学研究者，我们有责任将我国的司法改革从这种困境中解脱出来，使之走上合法化之路。笔者认为，我国司法改革的合法化不在于让司法改革退守到现有法律框架之内，而在于在准确认识司法改革性质的基础上对司法改革的主体、程序、路径等一系列问题进行重新调整和设计。当务之急，首先应当将司法改革从一项司法活动转变为立法活动，即停止目前这种由检法机关主导，中央与地方各行其是、盲目创新、杂乱无章的改革现状；采取整体推进的改革方式，充分发挥已有的中央司法体制改革领导小组的作用，整合社会各方面的资源，在充分征求各种社会力量意见的基础上，形成切实可行的改革方案③，根据《立法法》所规定的程序提交立法机关进行审议。其次，为实现我国司法改革的实质合法化，在改革目标的设定上，应汲取我国经济体制改革的成功经验，设定近期、中期和远期目标，分阶段推进改革的进程，以便在我国的本土资源内部培育法治的土壤，使司法改革的各种措施真正能够在民间得以贯彻执行，防止司法改革演变为纯粹的法律条文之间的变更。

---

① 参见万毅、林喜芬：《精英意识与大众诉求：中国司法改革的精神危机及消解》，载《政治与法律》，2004（2），111—117页。

② Weber M.，*Economy and Society*，University of California Press，1968，p. 213.

③ 为更便捷、有效地整体推进我国的司法改革，应当考虑在中央司法体制改革领导小组之下设立一个专门的司法改革委员会具体负责改革方案的设计、论证和征求意见工作。该委员会在组成上，应尽可能广泛，既要包括党中央、国家行政机关、司法机关的代表，也要包括专家学者、律师、各社会团体以及社会各阶层代表。委员会最终形成的改革方案在经过改革领导小组审查通过后，方可交立法机关审议。

Shi Limei

Analyzing the Legitimacy of the Judiciary Reform of China

Abstract: The legitimacy of the judiciary reform depends on the orientation of its nature. The reform is an activity of legislation but not of judicature, so it should obey the rules of the legitimacy of legislation. Legitimacy doesn't mean the reform must be limited in the existent laws. It includes two aspects: the form and the essence. Due to the wrong definition of it, now the reform has fallen into a dilemma in China. In order to resolve this problem, we must adjust its main body, design its procedure and phases on the basis of reverting to its nature of legislation.

Key words: Judiciary Reform; Legitimacy; Formal Legitimacy; Substantial Legitimacy

域外法学

夏扬*　　薛源**

欧盟法的发展：欧盟与各成员国的互动

——以统一的计算机软件著作权保护制度建立为例

【内容提要】

随着欧共体（欧盟）的出现，国家承担国际义务的方式发生了很大的变化，成员国将部分本属自己的权力交由欧共体（欧盟）行使，这种变化也影响到了现代法律制度的发展。各成员国主动接受欧共体（欧盟）的法规、指令的指导，国内法律制度逐渐趋向统一。但由于民族传统、文化背景的不同，成员国在接受欧共体（欧盟）的统一制度时，也存在着各种不同与偏差。欧盟法的发展就是这种欧盟的统一与各国立法的互动的过程。本文以欧共体（欧盟）计算机软件著作权保护制度的建立为例对此加以说明。

【关键词】

■欧盟（欧共体）法　■成员国法　■互动　■软件保护制度

---

* 夏扬，北京师范大学法学院讲师、法学博士。

** 薛源，对外经济贸易大学法学院讲师、法学博士。

社会关系的不断发展对法律制度的进步起到了直接的促进作用。与政治与经济制度的发展相比，法律制度的发展呈现出相对落后的态势，国家主权的概念在新的政治和经济环境下面临着重大挑战。为了社会和国家的发展，国家主权不再是至高无上的。多个国家可以组织超国家的联合体，单个国家将自己的一部分主权让渡给这个联合体，接受这个联合体的调整。联合体调整成员国行为的最好方法便是制定规则，成员国必须受此规则调整，在其国内法中作出相应的改变。这是现代法律制度发展的一个重要趋势，这个趋势集中表现在欧共体（欧盟）及其成员国的立法变化上。

欧共体及欧盟是现代国际组织，随着《罗马条约》特别是《马斯特里赫特条约》的签订，欧共体及欧盟承担起了更多的指导各国法律实践的任务，以实现欧共体及欧盟的目的，即统一成员国的政治、经济活动。

欧共体及欧盟指导各成员国实践的方法是通过实施各种法律来实现的。欧共体及欧盟的法律有几个层次，最基本的是各成员国签订的国际条约，如《马斯特里赫特条约》等，条约具有最高的法律效力。在条约之下还有法规、指令、决定以及建议和意见等。法规无须成员国立法机构的转化，直接对成员国国内的人和事适用。指令则须成员国国内立法机构转化为本国立法才能发挥作用。决定常常是欧共体委员会针对个案发出的，但也能对类似的情况产生影响，决定具有约束力。建议和意见是欧共体及欧盟的机构用来表明意图、发表看法的，通常没有约束力。欧共体及欧盟在涉及具体法律制度时，越来越多地使用指令这一形式，对各成员国的立法产生影响。

欧洲国家的法律制度是千差万别的，欧共体及欧盟不断尝试着统一各国的法律，由于法律制度的复杂性，欧共体及欧盟在进行法律统一时困难重重。随着信息技术的发展和大量需要法律调整的新的社会关系的涌现，欧共体及欧盟统一各国法律的任务出现了新的转机。计算机软件的法律保护就是这样一个典型的例子，在欧共体及欧盟的努力下，最终以指令的形式完成了各成员国的计算机软件的保护，这种统一一定程度上也影响了著作权法的其他内容。

一、新客体的出现以及欧共体以《指令》统一法律保护的努力

由于计算机软件的性质所决定，对于其适用的法律产生了很大的争论。1965年，原联邦德国学者奥尔施莱格发表了《计算机程序应当和可能受到保护吗?》一文，正式提出了计算机程序的保护问题。欧洲工业化国家也曾试图以专利法对软件权利加以保护，但由于软件的性质，使得它很

难作为专利法的客体。① 20 世纪六七十年代，法国、英国以及《欧洲专利公约》都相继宣布计算机程序不受专利法保护，把计算机软件这一客体排除在专利保护之外。在此期间，世界知识产权组织（WIPO）在 1978 年起草了一个《保护计算机软件示范法条》，希望以此法指导各国的立法，但是响应此法的国家不多。WIPO 又提出了一个《计算机软件保护条约》，希望以专门法的形式在国际间构筑保护制度，然而也没有国家响应。之后，有学者建议采用著作权法保护软件权利，在美国等国的积极推动下，西方等主要工业国家都准备将软件权利纳入著作权法加以保护。欧洲国家于是纷纷开始了各自的立法。

在欧洲，首先对软件权利以著作权法加以保护的不是欧共体成员国，而是匈牙利。但匈牙利最初也只是以判例的形式确认软件应受到著作权的保护，1983 年 7 月 12 日，匈牙利修改了著作权法实施细则，明确将计算机程序及其文档列入著作权法的"作品"之中。② 随后是法国，法国在 1985 年修改了著作权法，专门设置了一编对软件问题加以规定。③ 原联邦德国在 1985 年 6 月修改了著作权法，把计算机程序纳入该法保护。④ 英国在 1985 年也颁布了《著作权法（计算机软件）修正案》，修正了原 1956 年著作权法的内容。这个修正案只有四条，还留有许多问题需要解决。1988 年，英国再次全面修订著作权法，最后颁布实施《1988 年著作权、外观设计和专利法》，在此法中对计算机程序的保护问题作了比较详尽的规定。除了欧洲这几个主要国家的保护制度之外，其他国家或是在立法中作了修改，或是在司法实践中以判例形式确认了计算机软件的著作权保护。⑤ 欧共体成员国基本上都建立了计算机软件的保护制度。

虽然欧共体主要成员国都开始采取著作权法保护计算机软件的权利，但各国对于计算机软件的权利规定得千差万别，不能满足欧共体统一法律制度的要求，更不能适应现代条件下各国统一保护软件权利的要求。统一这部分成为当务之急，同时也因为这部分法律在各成员国尚未发展成熟，统一的任务相对容易完成。

---

① 参见郑胜利：《软件法律保护制度评析》，载《中外法学》，1995（5），37—40 页。

② 参见中国软件评测登记中心的国家"七·五"攻关项目《各国及港台地区计算机软件立法概况》中所载《保加利亚和匈牙利对计算机软件的法律保护》一文。另外可参见本页注释④所引文章。

③ 法国 1985 年著作权法第五编（第 45 条至第 51 条），参照国家版权局编译的中文译本。

④ 即 1985 年 6 月 24 日修订的 1965 年 9 月 9 日的《著作权及有关保护权的法律》，参照国家版权局编译的中文译本。

⑤ 参见［阿根廷］卡洛斯·玛丽亚·科雷亚：《发展中国家对计算机软件的保护》，载《法学译丛》，1989（4），66—70 页。

欧共体自成立起一直致力于共同体内法律制度的统一，以完成《欧洲经济共同体条约》、《单一欧洲市场法令》以及《马斯特里赫特条约》等基础条约所规定的任务，达到提高欧共体的经济实力，建立统一、强大的欧洲的目的。欧共体早就关注共同体成员国间著作权法统一的问题①，但由于民族传统和文化背景各不相同，各国在著作权法上的观念根深蒂固，很难于短时间内在统一的问题上取得一致的意见。但随着计算机程序等著作权保护新客体的出现，著作权法的统一工作出现了转机，最终通过"指令"这种法律形式初步实现了计算机软件著作权法保护制度的统一。

1988 年 6 月 7 日，欧共体委员会发表了一份有关著作权的文件——《著作权与新技术挑战的绿皮书——亟待解决的著作权问题》，在这份文件中，欧共体委员会的讨论涉及了五个重要的问题②，其中之一便是计算机程序的著作权问题。委员会认为，未来的软件将构成计算机系统的重要组成部分，鼓励欧洲软件工业的发展是最重要的问题。为此，委员会为软件保护设计了一套方法：用著作权或一种"邻接权（neighbouring right）"为计算机程序提供明确的保护；这种保护应该及于任何形式的程序，包括储存在磁带、磁盘以及芯片中的程序等；程序只要是原创的，就可以得到保护，对创造性不提过高的要求，委员会批评了德国在创造性问题上要求过高的做法；对于保护期，此绿皮书中提出了二种，二十年至二十五年或是五十年，都是自程序作品完成之日起计算。绿皮书发表之后，在欧共体内外引起了广泛的讨论，欧共体委员会在综合各方面意见的基础上，向欧共体理事会提交了一份关于法律保护计算机程序的指令的建议。③ 此份建议明确指出，计算机程序将采用等同于文字作品的保护，对创造性不做更高要求，只要是"非复制"的即可；程序的准备与设计文档以及暂存或驻留在硬件中的程序也统一受著作权法保护④；对于计算机生成的作品、集体创作、依合同创作、雇佣创作的程序作品的作者身份也作了规定⑤；在赋予权利人一定权利的同时，也规定了一定的权利限制⑥；权利的保护期为自程序创作之日起五十年。在建议中还涉及"接口协议（interface pro-

---

① For more see Gerhard Schricker, "Harmonization of Copyright in the European Economic Community", *IIC*, 20 (1983), p. 466.

② 这五个重要的问题是：盗版、音像制品的家庭复制、出租权、计算机程序、数据库。For more see Gerhard Schricker, "Harmonization of Copyright in the European Economic Community", *IIC*, 20 (1983), p. 466。

③ Proposal for a Council Directive on the Legal Protection of Computer Programs.

④ Ibid, Article 1.

⑤ Ibid, Article 2.

⑥ Ibid, Article 4, 5.

tocal)" 和 "反向工程（reverse engineering）" 的问题，这两个问题是各国争论不休，所做规定差异最大的部分。欧共体从鼓励兼容程序开发的角度出发，一定程度上是加以允许的。建议公布之后，欧洲议会的法律事务和公民权利委员会对此又做了进一步的研究，提出了不少修改意见，欧共体委员会吸收了上述意见后对建议进行了修改。1991 年 5 月 14 日，欧共体理事会一致通过了这个建议，正式颁布了《计算机程序法律保护指令》（以下简称《指令》）。

二、《指令》对各国立法的指导及各国保护制度的建立

（一）成员国国内法实施《指令》的情况

《指令》的颁布标志着欧共体在统一软件法律保护方面迈出了坚实的一步，同时也意味着欧共体对于著作权法的统一也取得了重要进展。由于大陆法系著作权法的性质，以及计算机软件这种特殊的客体，各国在实施《指令》的规则方面出现了较大的滞后性。《指令》规定各成员国必须在 1993 年 1 月 1 日前颁布必要的法律或者修改法律规定来实施《指令》的内容，但在最后期限之前完成实施任务的只有丹麦、意大利和英国三个国家。其他国家则是陆续完成了《指令》的要求。奥地利在 1993 年 1 月 21 日，希腊在 1993 年 2 月，爱尔兰在 1993 年 2 月 2 日通过或修正法案对《指令》的内容进行了规定。德国新修改的著作权法自 1993 年 6 月 24 日起施行，在这部著作权法中新加入了一章，即第 69 节 a 款至 g 款来对计算机程序问题进行规定。此后，西班牙、法国、荷兰、葡萄牙等国也实施了《指令》的内容。① 至 1995 年，在欧洲地区，芬兰、冰岛、挪威、瑞典、瑞士也都按照《指令》的内容在本国法中进行了规定，卢森堡和保加利亚的实施法律当时还未获通过。②

虽然各国相继制定或修改法律来实施欧共体的《指令》，但由于《指令》的性质所决定，或者由于各成员国在理解《指令》内容上的差异，或者是各国故意制定有利于自己的法律制度。各国最后完成的制度不尽相同。例如荷兰在实施《指令》时，对于《指令》第 1 条关于 "原创性" 的内容未作任何规定。在实施《指令》第 5 条时也没有完全按照其要求。《指令》第 5 条认为：在没有协议的情况下，程序合法持有人可以为使用的目

---

① 西班牙是 1993 年 10 月 15 日提出法案的；法国是 1994 年 5 月 10 日实施欧共体《指令》的；荷兰实施欧共体《指令》的法律是 1994 年 7 月 7 日批准，9 月 1 日生效；葡萄牙的法律是 1994 年 9 月 1 日生效的。

② Robert Bigelow, "United States software protection-recent developments", "Appendix", "Legal Protection for computer software at February 1995", *CL&P*, 11 (1995), p. 52.

的改正程序中的错误。荷兰著作权法则规定，改正错误的行为是不能为双方当事人之间的协议排除的。另外，荷兰著作权法还特别规定，即使出于个人学习目的也不能对程序进行复制。《指令》中虽包含了这一层意思，但没有作明确规定。葡萄牙在实施《指令》过程中也出现了一些问题。《指令》规定程序"作为文字作品"受到保护，而葡萄牙的法律则认为程序受到"类似于文字作品的保护"。《指令》中程序受到保护的条件是具有"原创性"，而葡萄牙的法律则认为要具有"创造性"。对于反汇编，葡萄牙并没有规定只有为了兼容的目的进行反汇编才是合法的，也没有规定反汇编获得的信息只能用于开发兼容程序。另外，葡萄牙规定可以出于科学研究和教学目的对程序进行分析，这个规定超出了《指令》对反汇编允许的范围。对于出租权的穷竭，《指令》只规定了在欧共体范围内的穷竭，而葡萄牙的规定似乎指的是在世界范围内的穷竭。《指令》规定对侵权设备进行扣押，而葡萄牙则规定对这些设备采取临时性措施（interim measures）。葡萄牙的法律对其生效前权利人所获得的权利以及所订合同的效力等规定上与《指令》也有所不同。[①] 瑞士也在其国内立法中按照《指令》的内容进行了规定。但瑞士法律认为计算机程序是一类受到保护的作品[②]，只要具有自己的特征（individual character）[③]，便可受到保护。在反向工程问题上，瑞士法律没有使用"反汇编"一词，而是使用了"解码（decode）"这个词，并且还规定"解码"要由第三方进行，解码获得的信息可以用来"开发"、"维护"和"使用"兼容性程序。[④] 这些规定与《指令》的内容形成很大的差别。所以即使有着《指令》的明确规定，各国在制定本国法时仍会有所保留，也一定程度造成了制度的差异性。

（二）成员国国内法超出《指令》的规定

《指令》对计算机软件保护的主要问题作了规定，但并没有涵盖计算机软件保护的所有方面，这给国家立法留下了很多的空间。这一方面是由"指令"这种法律性质所决定，另一方面也由于这种性质，造成了一定的问题。成员国在法律中对其他问题进行规定时，又显现出法律的差异性。

英国是以《1992 年著作权（计算机程序）条例》来实施欧共体《指

---

① Materials are from "News-Netherlands implements software Directive", *CL&P*, 10 (1994), p. 139. R Hermans, "Changing the Dutch Copyright Act to comply with the EC Software Directive", *CL&P*, 8 (1992), p. 78. "News-Portugal implements Software Directive", *CL&P*, 10 (1994), p. 197.

② "Selected Provisions of the revised Swiss Federal Act on Copyright and related Protection Rights (Copyright Act, CA)", Article 2—3, *CL&P*, 8 (1992), p. 149.

③ Ibid, Article 2—1, p. 149.

④ Ibid, Article 21—2, p. 149.

令》的。但在《1988年著作权、外观设计和专利法》中仍有许多关于计算机程序的内容并没有在1992年的条例中加以修改，因此还在继续发挥作用。例如，《1988年著作权、外观设计和专利法》规定，不论以何种符号或代码贮存在何种介质上的计算机程序都享有著作权；对计算机程序的复制包括"以电子手段存储在任何介质中"①；对于利用电信系统传输计算机程序，并以此制作侵权复制件，这种传输也将构成侵权②（此条规定为处罚网络环境下的侵权行为提供了依据）；电子形式的作品（如计算机程序）交易时，有明示或暗示条款允许购买者复制或改编，并且没有明确禁止再次转让的，则再次转让后，受让人可以行使的权利与原购买人相同③。值得注意的是，这部法律中对计算机生成的作品（Computer generated works）也有规定，计算机生成的作品是由计算机生成，没有人类作者的作品④；计算机生成的作品的作者是对作品创作之必要安排承担责任的人⑤，这种作品的保护期是自作品被创作出来后的五十年终止⑥。对于由计算机创作的作品进行规定有着重要意义，很多专家预测，随着计算机技术的发展，大多数程序都可以在人的事先安排下，由计算机编写出来。对于谁是计算机生成作品的作者，人们曾发生过争论。英国法律的这种规定在其他国家的法律中尚未见到。

　　除了上述英国的规定之外，还有一些国家对《指令》当中并没有规定的软件权利的登记制度以及侵权行为的刑事处罚等问题作出了规定。

　　在法律中规定了软件权利登记制度的有意大利、西班牙以及法国等国。意大利是在1994年生效的一个法令中对软件权利登记作出规定的。该法令规定登记机关是意大利作者与出版者协会，登记按时间顺序排列。登记的方法是：作者或权利人上交一份程序的样品，一份程序说明书，以此鉴别程序的内容。程序的样品必须复制在光盘或是类似的稳定介质上。程序投放市场以某种样式（某种介质、标签、包装）时，也必须同时上交两种样品。另外还要上交一份报告，说明程序的名称、作者的姓名、国籍、权利人的姓名与住所、程序发表的时间与地点等。西班牙也有登记制度，适用于包括计算机程序的所有知识产权。在西班牙的各个自治地区都设有登记机关，登记机关并不受理侵权诉讼，但可以为诉讼提供证据。权利人

---

①　Copyright，Design and Patent Act 1988，section 17（2）.

②　Ibid，section 24（2）.

③　Ibid，section 56.

④　Ibid，section 178.

⑤　Ibid，section 9（3）.

⑥　Ibid，section 12（3）.

不对作品进行登记并不影响权利的存在，但他不能以他的权利对抗从权利登记人那里获得权利的第三人。在法国，也有计算机程序的登记制度，登记机关是法国国家工业产权协会（Institut national de la propriété industrielle），并规定一项权利登记五年之后必须重新登记。

还有些国家对某些侵犯程序著作权的行为规定了刑事处罚的内容。葡萄牙在 1991 年《计算机犯罪法》中规定非法复制软件会构成犯罪，视情节最高可处三年监禁以及罚款。希腊的法律规定对侵犯软件权利的行为可处最低一年的监禁，视情节最高可以达十年。在紧急情况下，权利人可以申请"中间程序（interlocutory proceedings）"，在侵权人不在场的情况下即可审理。初审法院法官可以命令对侵权物品的有条件扣押，原告也可以申请对侵权物品审理前的扣押。比利时的法律也规定对非法销售、使用软件者处以监禁，并将罚款增加为最高处以 900 万比利时法郎。意大利、西班牙等国也有对软件的侵权进行刑事处罚的规定。

从这规定可以看到，对于计算机软件的著作权保护，《指令》对一些基本问题作出了规定，并从这些基本问题上对成员国的相关制度作了规范，但计算机软件的著作权制度发展很快，对于一些新出现的法律问题，只能交由成员国国内立法加以解决。

（三）成员国司法实践对《指令》内容的明确与发展

欧共体以《指令》的形式在成员国中确立了以著作权保护计算机软件的制度，由于著作权法保护软件是法律研究的新课题，在《指令》等无明确规定或者规定不完善的情况下，司法实践便起着重要的作用，以判例填补成文法的不足，随时纠正著作权法保护中可能出现的偏差。在各成员国法院的司法实践中，争执的焦点主要集中在计算机程序的创造性以及"形式"与"思想"的界定。

著作权法对能够受到保护的作品有一定创造性的要求，大陆法系著作权法更是如此。原联邦德国著作权法第 2 条规定，只有"个人的智力创作"才能作为"作品"受到保护。至于什么是个人的智力创作，法律并未作出明确规定，这便要依赖于法官的判断了。一般来说，创造性越高的作品所受保护越强，功用性越强的作品所受保护越弱。创造性可以衡量作品体现作者个性的程度，因此它是智力创造成果受到著作权法保护的起码要求。这是符合著作权法基本理论的。原联邦德国的法院对于可以受到著作权法保护的程序一向有严格的创造性要求。联邦最高法院在 1985 年 5 月 9 日对 Inkasso 案的判决便深深影响各级法院在这方面的实践。① 法院在审理该案

---

① "Inkasso-Collection Program", *IIC*, 17（1986），p. 681.

时认为：只有程序的表达形式在信息和陈述的选择、收集、安排和划分上超过了程序员的平均水平时，这个程序才具有一定的创造性，才能受到著作权法的保护。这个判决结果使得许多计算机程序因无法满足此要求而得不到著作权法的保护。1985 年 6 月原联邦德国修改了著作权法，正式将计算机程序归入著作权法保护，法院仍然适用 Inkasso 案中确立的创造性原则来判别受到保护的标准。1990 年 10 月 4 日联邦最高法院审理的"操作系统案"① 中，法院仍然强调，没有理由偏离 Inkasso 案中确立的原则，对计算机程序必须有创造性的要求。法院在"操作系统案"中指出，编程过程中所耗的精力和费用可以作为判别能否受到保护的标准。如果被告想以该程序创造性不够为抗辩理由，那么他必须承担举证责任。相反，原告为了证明程序的创造性，只要提交一份揭示其创造性内容的报告即可。Inkasso 案和操作系统案中确立的关于创造性的原则遭到了包括德国学者在内的很多学者的批评。他们认为随着时代的发展，著作权法也必须承担起保护实用作品、科学作品的主要任务，对这些作品的创造性再作严格要求是不合时宜的。这样的认识表明"著作权法已不仅仅是关于文化问题的法律，它也是一部关于经济的法律了。"② 欧共体委员会针对德国的做法在《指令》中对程序保护专门作了规定，计算机程序只要是作者本人智力创作成果即可获得保护。德国虽然在 1993 年 6 月 24 日实施了《指令》，但司法机关仍借口各种理由绕过这个规定，继续适用"旧法（old law）"中的原则。1993 年 7 月 14 日联邦最高法院曾审理过一个案件。在此案中，原告控告被告不经其同意出售软件，请求法院发布禁令并要求得到赔偿。联邦最高法院认为，实施欧共体《指令》的德国著作权法是在当年 6 月 24 日生效的，这个法律只能适用于三种情况：6 月 24 日以后创作的程序，6 月 24 日以后的侵权行为，对 6 月 24 日以前的侵权行为提出的禁令请求。而在本案中，原告是对 6 月 24 日以前的侵权行为提出赔偿请求，因此不属于上述三者的范围（法院没有注意到原告同时要求发布禁令），本案只能适用"旧法"，而不能适用修改过的法律。为此，法院将继续适用原有法律中关于创造性的标准对这个案件中的程序进行衡量。③ 从这个案件可以看出，德国司法机关对《指令》这方面的内容是有抵触情绪的，他们利用

---

① "Operating System", decision of the Federal Supreme Court (Bundesgerichtshof), October 4, 1990—Case No. I R 139/89, *IIC*, 22 (1991), p. 723.

② See Gerhard Schricker "Farewell to the 'Level of Creativity' in German Copyright Law?", *IIC*, 26 (1995), p. 44.

③ For more see Thomas Hoeren, "Supreme Court Applies 'old' Law in Ruling on Software Protection", *World Intellectual Property Report*, 7 (1993), p. 321.

手中的司法解释权最后一次适用了原有法律中的标准。

还有一个问题是关于"只保护形式，不保护思想"的原则在软件著作权法保护中的具体运用。英美法系著作权法理论是注重保护作品本身来达到保护权利人权利的目的。著作权法中有"只保护思想的表现形式，不保护思想"的理论，欧共体《指令》的保护方法也是依照此理论作出的。但此理论的如何运用是通过欧共体成员国的判例逐步明确的。

对于普通作品而言，表现形式与思想的界限也并不容易划分，而计算机程序是一种功用性作品，表现形式与思想的划分就更加困难。欧洲国家的法院在审理软件侵权案件的过程中，也在探索划分两者的方法。

1993 年 2 月英国法院审理了一起案件①，案件的事实与美国的威兰（whelan）案和计算机协会公司案有相似之处②。被告先是帮助原告开发了一种软件，后来被告脱离了原告，又独自开发出一种软件进行销售。原告声称被告抄袭了自己拥有权利的软件，因而侵犯了自己的权利。法院审理时认为，原告对程序享有著作权，要判断被告是否侵犯了原告此项权利，必须将两个程序进行比较，看是否有实质部分的相似。在此案中将程序的思想从其表现形式中划分出来的问题与美国法院在计算机协会公司案中所遇到的问题完全一样，故将采用计算机协会公司案件确立的方法来对本案中的程序进行判断。法官分几个步骤来确定被告是否侵权，首先发现两个程序有 17 个客观相似之处，再运用计算机协会公司案中的判别方法进行判断，最后法官肯定地指出，其中有 3 个相似之处是被告复制原告程序实质部分的结果，因而侵犯了原告的著作权。在审理过程中，法官还对屏幕显示的著作权表达了看法，法官认为，屏幕显示的著作权与程序的著作权不同，不能依据屏幕显示来决定程序的著作权。这个案件中法官运用的方法遭到了后来判例的批评。1994 年 2 月 24 日，英国高等法院又审理了一起与上述案件有相似之处的案件。③ 在此案中，由于被告抄袭原告程序过程时把一些错误也抄了进去，故使得侵权认定相对容易些。在此案中，法官

① For details can see Diane M Horan, "John Richardson Computers Limited v. Flanders and another—a commentary", *CL&P*, 9 (1993), p. 70.

② US case facts and decisions can see Neil J wilkof, "Reflections on the influence of the legal protection of software under US law on software protection in developing countries", *CL&P*, 8 (1992), p. 15; William B Bierce, "A brief guide to rights in computer software: recent US decisions", *CL&P*, 8 (1992), p. 182; Hilary E Pearson, "Is Whelan losing its teeth? —recent US cases on software copyright", *CL&P*, 8 (1992), p. 25.

③ Ibcos Computers Ltd. v. Barclays Mercantile and DB poole (High court, 24February 1994), "Case Summary—New copyright infringement case Ibcos Computers—a short note", *CL&P*, 10 (1994).

认为简单套用美国法院的做法是不足取的。英国法律毕竟和美国法律不同，对每一个案件的审理都要仔细分析法律，避免把法律简单化。诸如"思想不享有有著作权"、"值得复制的东西就值得保护"等笼统的说法也是不正确的。如果一个程序由许多小程序组成，这些小程序本身也应该享有著作权，由小程序构成的整个程序可以作为编辑作品享有著作权。抄袭别人的程序不仅可以直接面对该程序进行，还可以通过记忆进行等。正是通过案例的不断积累，逐渐明确《指令》中对保护形式，不保护思想的要求。

三、受欧盟基本法律影响的各成员国具体制度

作为欧共体成员国，计算机软件著作权保护制度不可避免地要受到欧共体关于三大自由法律①的影响。欧共体的这些法律是为建立统一强大的欧洲服务的，在知识产权领域，这些法律用来防止权利人利用其专有权分割共同市场或者以其他形式滥用其专有权。著作权虽然属于知识产权的范畴，但此前欧共体看来，它似乎仅涉及文化艺术事业，因此对完成其目标不存在多大妨碍。随着社会的进步、科学技术的发展，著作权法中出现了许多新问题，这些问题的解决使著作权法逐步走向商业领域，这在软件纳入著作权法保护以后更加明显。欧共体的法律渊源中并未直接提及著作权，而只提及"工业与商业产权（industrial and commercial property）"②。欧共体法院通过判例，将"工业与商业产权"解释为包含了著作权，从而将原本适用于工业产权的法律规定扩大到适用于著作权。③ 同样，《欧共体条约》第 85 条和第 86 条也只规定适用于企业之间的协议、决定以及与此相关的行为，似乎并未涉及知识产权。欧共体法院也是通过一系列判例④确认，如果一个知识产权的行使成为一种卡特尔行为的目的、手段或是结果时，这种行使行为便要受到第 85 条的调整；对于第 86 条，单纯拥有一个知识产权并不是对优势地位的滥用，只有在某些特定情况下，这些行使知识产权的行为才能构成滥用。此外，第 85 条、第 86 条原本是适用于企

---

① 三大自由的法律渊源是：《欧洲经济共同体条约》第 30 条、第 36 条、第 59 条、第 62 条、第 85 条、第 86 条。

② 参见《欧洲经济共同体条约》第 36 条。

③ 这些判例有：1971 年 6 月 8 日的 Deutsche Grammophone Gesllschaft v. Metro SB Grossm. See Gerhard Reischl, "Industrial Property and Copyright Before the European Court of Justice", IIC, 13 (1982), p. 416. 1981 年 1 月 20 日的 Musik Vertrieb Membran GmbH v. GEMA and Ktel International v. GEMA, See Bryan Harris, "Community Law and Intellectual Property: Recent Cases in the Court of Justice", CLMR, 19 (1982), p. 68.

④ 如 1968 年的 Parke Davis v. Centra farm 案。

业行为的，欧共体也是通过判例①使得这些规则适用于个人，从而使作为著作权权利人的个人也要受到这些规则的调整。以上是通过判例将原先不适用于著作权的法律制度适用于著作权。1988 年 6 月 7 日，欧共体委员会发表的《著作权与新技术挑战的绿皮书——亟待解决的著作权问题》中更加明确表明了软件著作权要受到欧共体法的调整②，这是欧共体委员会以书面形式再次肯定了这个立场。这个立场是：对于著作权问题（包括软件著作权），欧共体首先看重的是它对欧共体市场的消极影响，其次是著作权工业的发展，最后才是对于著作权的保护。《指令》中，欧共体委员会再次重申了上述立场③，任何立法都不能高于欧共体的基本目的，软件著作权也不例外。综观欧共体的立法及判例，影响软件著作权的最基本原则有二个，一是欧共体法只影响权利的行使，不影响权利的存在；二是所谓的特殊的保护客体（specific subject matter）不受欧共体法的影响。对于第一个原则，它来源于《欧洲经济共同体条约》第 222 条④，此原则的含义是：条约的任何规定，都不能改变依照成员国法律成立的财产所有关系，包括依照国内法享有的工业产权与著作权。此条原则是经过法院判例不断发展的⑤，最终类推适用于软件著作权⑥。另一个原则，即"特殊的保护客体"原则，是基于《欧洲经济共同体条约》第 30 条规定得出的，它的含义是：任何限制货物的自由流动、自由提供服务、自由竞争（以下简称三大自由）的行为或权利，只要欧共体法院认为是"特殊的保护客体"，便可认为是"合理的限制"，不会受到欧共体法的惩罚。对于著作权，欧共体法院在许多案件中运用了这一原则。⑦"特殊的保护客体"理论实行上

---

① See Eighth Report of Competition Policy 1978, points 128, 129; Twelfth Report 1982, point 90. From the Note 11 of "EEC and Antitrust Problems with Respect to Copyright and Performing Rights Licensing Societies", *International Business Lawyer*, February 1985, p. 65, p. 70.

② Green paper, at 3—5, 1. 3. 1.—1. 3. 5. from the quotation and note of "Harmonization of Copyright in the European Economic Community", *IIC*, 20 (1983), p. 466.

③ 《指令》序言的第二十七段。

④ 该条文原文是 "This Treaty shall in no way prejudice the rules in the Member states governing the system of property ownership"。原文转引自 Turner Kenneth Brown, "Compulsory Software Licenses Under EC Law", *Software Protection*, Nov. —Dec. 1990, p. 1. 译文为笔者自译。常见的中文译本译为 "本条约绝不损害各成员国中的所有权制度。"

⑤ See Peter Blok, "Articles 30—36 of the EEC Treaty and intellectual property Rights: A Danish View", *IIC*, 13 (1982), p. 731. also see Mónica Esteve Sanz, "The Magill judgment—its consequences for the software industry", *CL&P*, 11 (1995), p. 67. See also "Industrial Property and Copyright Before the European Court of Justice", p. 419.

⑥ See "The Magill Judgment—its consequences for the software industry", *CL&P*, 11 (1995), p. 67.

⑦ Ibid, p. 67.

是对三大自由规定的必要补充，它规定了三大自由的例外情况。欧共体（包括现在的欧盟）可以针对个案的情况，灵活地加以运用，满足欧共体（欧盟）不断变化的政策的需要。"特殊的保护客体"原则也将适用于软件著作权。[1] 除了影响软件著作权的两个基本原则外，还有权利穷竭等原则。[2] 在最近的 Magill 案的审理中，欧盟法院又在尝试发展另一原则——著作权的强制许可。[3] Magill 案虽然不能认为确立了著作权强制许可制度[4]，但是该案对软件著作权的影响是很大的。在计算机软件行业中，有两个行业会对此十分敏感，一是开发兼容性软件的企业，二是提供第三方支持维护的企业。这两类企业的经营活动都必须从他人享有著作权的软件中获得一定的信息，如果没有许可证，很可能被认为是侵权。欧共体委员会在其第 18 次竞争政策报告中便已指出，在一定情况下，运用著作权阻止其他公司为了编写兼容程序的目的获得源代码便是属于第 86 条所规定了的滥用市场优势地位的行为。欧共体《指令》中明文规定可以利用反汇编获得开发兼容程序的信息，这个规定和上述精神是一致的。第三方支持维护，其性质与开发兼容程序具有相同之处，如果软件的著作权人拒绝发放许可证，它便有可能在支持维护这块市场上消除第三方带来的竞争，这在一定情况下会被欧共体委员会认为违反第 86 条的规定而受到处罚。[5] Magill 案是一个里程碑似的案件，欧盟再一次运用自己手中的裁判权寻找到了一个更适合欧盟政策发展的支点。

---

① See "The Magill Judgement—its consequences for the software industry", *CL&P*, 11 (1995), p. 67.

② See "EEC Treaty Applied to Industrial Property Rights and Copyright", extracts from the Eleventh Report on Competition Policy, Commission of the European Communities, *IIC*, 14 (1983), p. 250. See "Community Law and Intellectual Property: Recent Cases in the Court of Justice", *CLMR*, 19 (1982), p. 72, about Imerco case.

③ Case facts see "The Magill judgment—its consequences for the software industry", p. 67 and "Case Notes—Magill case European Court final judgment, 6 April 1995", *CL&P*, 11 (1995), p. 62.

④ See Turner Kenneth Brown, "Compulsory Software Licenses Under EC Law", *Software Protection*, Nov. —Dec. 1990, p. 1.

⑤ There are many cases about TPMs, further discussions can see John Yates "Third Party computer maintenance—a legal perspective", *CL&P*, 10 (1994), p. 9.

Xia Yang   Xue Yuan

The Development of EU Law: the Interactive Course between EU and the Member States

—Focus on the Establishment of the Uniform Copyright Protection for Computer Software

Abstract: After the establishment of European Union (Community), the obligation of states underwent great change. Member states entrusted some part of their power to the Union (Community), and accept the legislation from the EU. These have great influence on the development of the modern legal system. Because of the different social tradition and different culture background, while the member states accepted the legislation from the EU, the implement varies in member states. This is the truth course of the development of the EU law. The uniform copyright protection system for the Computer Software can be taken as an example.

Key words: EU Law; Member State's Law; Interactive Course; Copyright Protection System for the Computer Software

郭　翔 [*]

美国争点效力理论述评

【内容提要】

　　争点效力理论是美国民事判决效力理论的重要组成部分，其核心理念是在保障当事人诉讼权利的前提下，避免当事人重复诉讼法院已经裁判过的争议问题。既判力与争点效力的区别在于：既判力是对诉讼标的部分产生的禁止再诉效力，争点效力是对诉讼标的以外的其他争议事项产生的禁止再诉效力。争点效力理论能够防止矛盾裁判、减少诉讼负担并实现纠纷的一次性解决。

【关 键 词】

■争点效力　■判决效力　■民事诉讼

　　按照传统的大陆法系民事诉讼理论，法院在判决主文部分对诉讼请求的裁判有既判力，能够阻止当事人对该诉讼请求再次重复诉讼。在实际诉讼中，当事人双方围绕诉讼请求会对某些事实问题或者法律问题发生争议，法院对这些争议问题的裁判并没有既判力，以后当事人仍然可以重复争议。

　　从一次性解决纠纷、防止矛盾判决的角度出发，基于诚实信用原则，已经有学者提出在符合一定条件的情况下，应当让法院对某些争议问题

＊　北京师范大学法学院讲师、法学博士。

（即争点）的裁判也产生类似既判力的法律效力，从而阻止当事人重复诉讼这些法院已经裁判过的争点，这就是日本学者所提出的争点效力理论。[①] 在完善我国判决效力理论的过程中，日本的争点效力理论与既判力理论一起被介绍到了我国。

事实上日本的争点效力理论深受美国争点效力理论的影响[②]，但对美国的争点效力理论，我国学者的研究却极为有限。因此本文主要从美国争点效力理论的基本内容、主要特点和实际效果三方面对其加以简要述评。

一、美国争点效力理论的基本内容

争点效力理论是美国民事判决效力理论的重要组成部分，是指"如果某个事实或者法律争点经实际诉讼后，被有效且最终地判决裁判，并且该争点裁判是判决的基础，那么该争点裁判在当事人之间的后诉中就有争点效力，无论后诉是基于同一请求，还是不同请求。"[③]

争点效力中的争点（issue），并不包括当事人对请求（claim）发生的争议。法院对争点的裁判，是法院对请求裁判的基础，法院对争点的裁判有争点效力，对请求的裁判有请求效力，美国判决效力制度中的请求效力与大陆法系的既判力非常类似。争点效力理论和请求效力理论共同组成了美国的判决效力理论。

特定争点要产生争点效力，通常来讲必须同时满足三个条件，即前后两诉争点同一（same issue）、该争点被实际诉讼过并且被裁判过（actually litigated and determined）、该争点裁判是判决的基础（essential to the judgment）。

（一）前后两诉争点同一

前诉判决所确认的争点与后诉当事人所争议的争点是否是同一争点，是适用争点效力时首先需要解决的问题。只有后诉的争点与前诉有争点效力的争点完全相同，或者后诉的争点是前诉有争点效力争点的一部分时，后诉的争点才会受争点效力的约束。如果后诉的争点与前诉有争点效力的争点不同，或者后诉的争点实际上包括了前诉有争点效力的争点，前后两诉不同部分或者前诉没有裁判过的部分，就没有争点效力。

---

① 参见［日］高桥宏志著：《民事诉讼法（制度与理论的深层分析）》，林剑锋译，518—522页，北京，法律出版社，2003。

② 参见张卫平主编：《民事诉讼法教程》，324页，北京，法律出版社，1998。

③ The American Law Institute at Washington, D.C., *Restatement of The Law Second*, Judgments 2d, Volume 1, American Law Institute Publishers, St. Paul, Minn, 1982, p. 250.

（二）该争点被实际诉讼过并且被裁判过

争点被实际诉讼过并且被裁判过这一要件，实际上包括了两方面的要求：在前一诉讼中该争点被当事人实际诉讼过，同时还被法院（或者陪审团）实际裁判过。

1. 争点被实际诉讼过。

这一要求的实质是该争点必须在诉讼中被当事人双方实际争议过，而争议最普通的表现形式就是当事人双方通过书面或者口头的方式，对同一问题各自表达了自己的不同意见。

如果当事人因为某种原因（例如特定的争点所涉及的利益太小不值得诉讼），而没有对特定的争点发生争议，该争点就不能产生争点效力。通常认为，争点没有被当事人实际诉讼过的情形有这样一些：被告缺席（default）、当事人供认（confession）、当事人自认（admission）、当事人同意（consent）、双方协议（stipulation）、当事人未能继续诉讼（failure to prosecute）或者自愿撤诉（voluntary）。[①] 坚持没有实际诉讼过的争点不会产生争点效力，能够促进当事人之间的和解，避免当事人为了不在将来的诉讼中受到争点效力的约束而不得不对上述争点进行更为彻底和更为激烈的诉讼。[②]

2. 争点在前诉中受到了裁判。

这实质上是指当事人通过诉答文书或者其他文书向法院提出了裁判请求，而法院根据该裁判请求对争点作了相应裁判。

（三）该争点裁判是判决的基础

这一要件是指该争点裁判对最终判决来讲是必需的，没有该争点裁判，法院就无法作出最终判决。如果特定的争点裁判对最终判决来讲是可有可无的，甚至在有的时候根据该争点裁判法院可能会作出结果相反的判决，那么该争点裁判就不是判决所必需的争点裁判，该争点裁判也就没有争点效力。

这一要件是为了保障当事人有机会充分诉讼该争点。因为对能够作为判决基础的争点来讲，其裁判的结果将直接关系到当事人诉讼的胜败。当事人会有足够的动力诉讼该争点，法院也会非常慎重地裁判该争点。因此，该争点的裁判就是经过充分听审和完全考虑以后作出的，该争点裁判已经足够谨慎和稳定，允许当事人以后重复诉讼该争点只会浪费司法资

---

① Robert C. Casad and Kevin M. Clermont, *Res Judicata*, Carolina Academic Press, Durham, US, 2001, p. 124.

② The American Law Institute at Washington, D. C., *Restatement of The Law Second*, Judgments 2d, Volume 1, American Law Institute Publishers, St. Paul, Minn, 1982, p. 256.

源。相反，如果特定的争点裁判对判决来讲可有可无，当事人在该争点上胜诉或者败诉都无关紧要，当事人自然也就没有必要投入大量的精力去诉讼，法院也有可能在裁判该争点时不够慎重。如果让当事人受这种争点裁判的约束，对当事人来讲就不公平。

更为严重的是，一旦法院认为只要是当事人实际诉讼过并且法院裁判过的争点，不管对判决来讲是不是必需的都有争点效力，其结果会刺激当事人对任何争议都不遗余力地诉讼，因为对该争点的诉讼结果不仅仅会影响该争点本身，而且还会对其将来的权利产生影响。这显然与民事诉讼定争止纷的初衷相背离。因此，人们通常将法院对不能作为判决基础的争点所作的裁判，看做是法院意见（datum）。[1]

二、美国争点效力理论的主要特点

笔者认为，美国争点效力理论有两个显著的特点：一方面支撑美国争点效力理论的基本理念并不复杂。民事判决应当具有终局性的理念使争点裁判有了争点效力，而当事人没有在裁判该争点的诉讼中获得充分且公正的诉讼机会，则成为否定特定争点产生争点效力的理由。另一方面，实践中的争点效力理论却异常灵活，而这多少又与作为争点效力理论存在基础的美国法律制度有关。

（一）两个理念支撑着争点效力理论

就整个争点效力理论来讲，它以两个基本理念为基础：其一，民事判决应当具有终局性；其二，当事人应当获得充分且公正的诉讼机会。[2]

法律意义上的民事纠纷，指的是权利关系受到侵犯或者权利归属不明确的状态。[3] 民事纠纷长期得不到解决，对于个人来讲是一种负担。因为在纠纷没有彻底解决之前，个人为维护自己的利益，不得不投入大量的时间、精力和金钱与对方进行争议。而这种对争状态，不仅是一种资源的消耗，也是一种不和谐的心理状态。民事纠纷长期得不到解决，对于社会来讲也是一种不利因素。个体资源的消耗实质上是对整个社会财富的消耗，个体的对抗状态以及由此而给第三人造成的影响，会使社会也卷入到这种动荡和不确定状态中。正因为如此，各国普遍设有法院，以解决当事人之

---

[1]　Robert C. Casad and Kevin M. Clermont, *Res Judicata*, Carolina Academic Press, Durham, US, 2001, p. 127.

[2]　Peter R. Barnett, *Res judicata, estoppel, and foreign judgments : the preclusive effects of foreign judgments in private international law*, Oxford University Press, Oxford, New York, 2001, p. 9.

[3]　参见刘荣军著：《程序保障的理论视角》，21页，北京，法律出版社，1999。

间的民事纠纷。

法院解决民事纠纷的基本方式之一就是针对该民事纠纷作出民事判决。民事判决通常需要有终局性。因为没有终局性的民事判决，并不能真正解决当事人之间的民事纠纷。事实上，如果作为法院解决民事纠纷结果的民事判决是没有终局性的裁判，除非当事人双方都对判决的结果满意，否则当事人之间的争议还会继续存在，当事人之间的时间、精力和金钱方面的投入并不因为有这种不具有终局性的判决而结束，国家的司法资源还有可能会消耗在同一纠纷的解决中。因此人们通常认为，终局性是司法权的性格。[①] 而法院使判决具有终局性的方式就是赋予判决以判决效力。[②]

事实上，判决效力（包括请求效力和争点效力）同时也是法院保障判决结果符合公正要求的手段。民事判决的结果并不一定都是公正的。如果一方当事人因为某种原因无法行使自己的诉讼权利，法院完全有可能作出不公正的判决。然而仅仅因为判决的结果有可能不公正就允许当事人重新诉讼法院已经裁判过的纠纷则必然又会否定判决的终局性。因为在许多情况下，只有经过重新审理以后才能确定前次判决的结果不公正，但判决有终局性却意味着已经被法院判决过的内容，当事人不得再次争议。因此在使民事判决具有终局性的同时，还必须通过一定的方式保障判决的结果符合公正性的要求，通过这种方式一方面使判决有终局性，另一方面使判决符合诉讼公正性的要求。判决效力就是实现这一目标的手段。

诉讼公正性，按照通常的理解，包括了两个方面的内容，即诉讼过程的公正和诉讼结果的公正。诉讼过程的公正也就是程序公正，诉讼结果的公正也就是裁判公正。由于人的认识能力有限，在个案审理中，常常很难做到法院认定的事实（形式真实）完全与案件本来面目（实质真实）一致。对诉讼公正性的追求也就因此转化为对程序保障的追求。[③]

对于判决来讲，如果法院作出判决的过程是符合程序公正要求的，那么通常就可以认为该判决的结果是公正的，此时当事人再次重复争议已经判决过的内容就没有意义，在这种情况下所作的判决就应当是具有终局性的判决，而法院使该判决具有终局性的方式就是使该判决产生判决效力。这样一来，判决效力就成为同时实现两种不同价值的手段：一方面判决效力体现了人们对判决终局性的需要，另一方面判决效力又满足了人们对诉

---

① 参见胡夏冰著：《司法权：性质与构成的分析》，230—235 页，北京，人民法院出版社，2003。

② The American Law Institute at Washington，D. C.，*Restatement of The Law Second*，Judgments 2d，Volume 1，American Law Institute Publishers，St. Paul，Minn，1982，p. 11.

③ 参见陈桂明著：《诉讼公正与程序保障》，5—7 页，北京，中国法制出版社，1996。

讼公正性的追求。

事实上，在美国民事诉讼中，对判决效力（包括请求效力和争点效力）公正性的保障正是以诉讼过程公正为中心展开的。具体来讲，如果当事人在前诉中对于某个争点已经获得了一个充分且公正的诉讼机会，那么当事人就已经获得了相应的程序保障，而前诉法院对该争点所作裁判就是符合公正要求的，因此就应当有争点效力。否则，就没有争点效力。就整个美国的争点效力理论而言，不适用争点效力规则的各种例外情形有许多就是因为当事人在前诉中没有获得一个充分且公正的诉讼机会。

当事人应当获得一个充分且公正的诉讼机会，其法律基础是美国宪法上的正当法律程序（due process of law）条款。按照《美国宪法第五修正案》和《美国宪法第十四修正案》的规定，通常认为正当法律程序包括了程序性正当程序（procedural due process）和实体性正当程序（substantive due process）两项具体要求。程序性正当程序专注于政府政策执行的方法和程序，保证政府施加管制或惩罚的过程公正。而实体性正当程序则涉及政策内容的合理性。① 其中，对争点效力最有影响的是程序性正当程序。程序性正当程序要求在任何剥夺自由或者财产的行为发生之前，必须给人以正式通知，告知其一切程序活动，并向其提供获得公正审判的机会。程序性正当程序是由《美国宪法第五修正案》（针对联邦政府）和《美国宪法第十四修正案》（针对州政府）加以确立的。②

当事人应当获得一个充分且公正的诉讼机会，实际上包括三方面的具体要求：其一，当事人应当获得充分的诉讼机会。其二，当事人应当获得公正的诉讼机会。其三，对于特定争点的充分且公正的诉讼机会，当事人只能获得一次。

1. 当事人应当获得充分的诉讼机会。

对争点效力理论来讲，这主要体现在当事人有权获得充分的诉讼通知、有权在诉讼中提出自己的主张和证据、有权获得上诉机会等方面。

特定的争点裁判具有争点效力的基本前提是裁判该争点的法院已经将诉讼正在进行或者即将进行的情况告知当事人，使当事人有足够的时间准备诉讼。③ 如果缺乏这类通知，法院所作的判决就是无效的判决。未获得充分通知的当事人可以在判决作出以后，向法院提出动议或者单独诉讼，

---

① 参见［美］彼得·G·伦斯特洛姆编：《美国法律辞典》，贺卫方等译，15 页，北京，中国政法大学出版社，1998。

② 同上书，30 页。

③ The American Law Institute at Washington, D. C. , *Restatement of The Law Second* , Judgments 2d, Volume 1, American Law Institute Publishers, St. Paul, Minn, 1982, pp. 33—34.

请求法院否定该判决的有效性，对判决予以救济。当然当事人也可以在他人根据该判决提起的后诉中，附带地否定该判决的有效性。

在案件审理中当事人是否获得了充分的机会提出自己的主张和证据，也将影响争点裁判的效力。如果在后诉中当事人可以获得法院的满席听审（plenary hearing），而他在前诉中只能获得简易听审（summary hearing），这就表明对于该争点，他在前诉中并没有获得充分的诉讼机会。相应的，前诉争点裁判就没有争点效力，以后他还可以再次诉讼该争点。

当事人是否有机会对争点裁判提起上诉，也会影响争点裁判的争点效力。如果对于特定的争点裁判，当事人没有机会提起上诉，该争点裁判也就没有争点效力。

2. 当事人应当获得公正的诉讼机会。

公正的诉讼机会强调的是纠纷解决的过程应当符合公正的要求。如果在纠纷解决的过程中存在违背公正要求的行为，争点裁判的正当性就会受到怀疑，并因此不能产生争点效力。通常来讲，如果在纠纷解决的过程中有徇私舞弊、胁迫、欺诈等行为，所作的判决就是无效的。当事人在判决作出之后，可以请求法院对该判决予以救济。一旦法院宣布该判决无效，该判决裁判过的争点也就不再有争点效力。

3. 当事人只能获得一次充分且公正的诉讼机会。

这是基于民事纠纷解决的结果应当具有终局性提出的要求。假定所有的法院都能作出公正的裁判，对于特定的民事纠纷来讲，只要当事人已经获得过一次充分且公正的诉讼机会，即使让他再次诉讼该争议，后诉法院也不一定能作出比前诉法院更为正确的裁判。相反，允许他再次诉讼已经获得过充分且公正诉讼机会的争议，反而会破坏争点裁判的终局性。

（二）相关制度影响了争点效力理论

作为美国民事诉讼制度重要组成部分的争点效力理论，并非是一个孤立的理论，它植根于美国法律制度中，并在个案中受到了相关诉讼程序和法律制度的影响。"美国法律是一个罕见的司法管辖区与实体法条文的迷宫"，这又使得争点效力理论在适用过程中极为灵活。

1. 联邦和州各自独立的法院系统，影响了争点效力理论。

美国是由 50 个州组成的联邦制国家，联邦和各州都有各自的法院体制。虽然联邦和州的法院在管辖上有交叉并保持着密切的联系，但它们在组织结构上却彼此独立。这种相互独立的法院系统，使得争点效力理论十分复杂。

虽然大体上，联邦和各州的法院都认为，争点裁判有争点效力应当同时满足三个条件，即前后两诉争点同一、该争点被实际诉讼过并且裁判过、该争点裁判是判决的基础。然而对于这三个条件的具体认识，不同管辖区法院间却存在差异。以可相互替代的争点裁判（alternative determinations）能否产生争点效力为例，不同管辖区法院可能看法完全相反。所谓可相互替代的争点裁判，是指对于多个争点来讲，事实上只要有任何一个争点被法院裁判，法院就能作出最终判决，但法院却对这些争点全部作了裁判，而这些争点裁判对判决的作出所起的作用是完全一样的。例如在交通事故案件中，原告要求被告赔偿他的财产损失。在起诉状中原告提出被告有过失，同时原告还提出自己是汽车的所有权人。随后被告在答辩状中既否认自己有过失，又否认原告是该汽车的所有权人。由于本案是有陪审团审理的案件，陪审团通过特别裁决既认定了被告无过失，又认定原告不是汽车的所有权人。最后法院再根据陪审团的裁决，判决原告败诉。对于原告败诉的判决来讲，如果陪审团裁决被告无过失，法院就能判决原告败诉；如果陪审团裁判原告不是汽车的所有权人，法院也能判决原告败诉。但法院却对这两个事实都作了裁判，就是可相互替代的争点裁判。在有的州法院看来，可相互替代的争点裁判有争点效力，因为它们能够支持判决的作出。而有的州法院则认为，可相互替代的争点裁判并没有争点效力，因为即使不对它们作出裁判，法院仍然可以在对别的可相互替代争点作出裁判之后，作出判决。

2. 相关的程序性法律，影响了争点效力理论。

争点效力理论作为美国民事诉讼的组成部分，必然会与美国民事诉讼中的其他制度紧密地结合在一起，彼此相互影响。事实上，争点效力理论中的许多问题，只有结合相关的程序性法律规定，才能得到解决。

例如就争点效力理论来讲，当某一争点既可以被认为是在争议某一案件的具体细节问题，又可以被认为是在争议某种范围更为广泛的法律要件事实时，人们最关心的问题可能就是前诉法院是从何种层次上裁判的。对于这一问题，如果仅仅是从前后争点是否同一这一要件本身出发，是无法清楚说明的。正确的方法应当是对于争点来讲，如果当事人没有机会诉讼它，对其所作的裁判就没有争点效力；如果当事人有充分且公正的机会诉讼它，对其所作的裁判就有争点效力。对不同层次的争点裁判来讲，也应当按照这种要求来判断其争点效力。这样一来，该问题实际上就与证据开示制度有十分紧密的联系，对于特定争点来讲，法律允许进行证据开示的程度将直接影响争点裁判的范围。

在一起汽车事故案件中，原告可能会在诉答文书中声称被告未能保持适当的注意因而有过失，被告对此加以否认。为支持其请求，原告可能会提出各种证据来说明被告挡风玻璃的视野因为有雾是模糊的，而被告对此可能还会进一步加以否认。如果该案件被提交给了陪审团，并要求陪审团作出有质询书的概括裁决，但陪审团却对被告是否有过失的问题作了否定性回答。在前诉判决中被裁判过的争点是什么，就可以从以下四个层次判断：①被告的挡风玻璃没有因为雾而模糊（这表明法院裁判过的事实仅仅是被告的挡风玻璃没有因为雾而变得模糊，至于是否因为被其他东西挡住而变得模糊，法院并没有裁判过）；②被告的挡风玻璃没有因为被东西盖住而模糊（这表明法院裁判过的事实是被告的挡风玻璃没有因为被东西盖住而变得模糊，至于是否因为被东西挡住之外的别的原因而变得模糊，法院并没有裁判过）；③被告保持了适当的注意（这表明法院裁判过的事实不仅仅是被告的挡风玻璃没有因为被东西盖住而变得模糊，而且还裁判了被告已经履行了适当的注意义务）；④被告没有过失（这是法院从侵权责任构成要件的角度作的裁判，实际上已经肯定了被告履行了足够的注意义务，不用承担侵权责任）。① 在这种情况下，应当从何种层次判断陪审团所裁判的争点范围，就与该案所适用的证据开示规则有关。

如果该诉讼是在现在的联邦法院提起的，按照《联邦民事诉讼规则》之规则 26（b）（1），通常来讲当事人对于任何非特权的与待决诉讼所涉及的事物有关的事项，可以获得证据开示，不管该事项是与请求证据开示的当事人提出的请求或者抗辩有关，还是与任何其他当事人提出的请求或者抗辩有关。② 按照这种证据开示规则要求，当事人事实上能够就上述④被告没有过失，要求对方开示相应证据，因此如果从证据开示规则角度分析，法院通常会认为前诉中裁判的争点是被告没有过失。

然而如果该诉讼是在 1938 年的《联邦民事诉讼规则》颁布之前提起的，在判断前诉裁判的争点范围时，完全有可能得出不同的结论。因为根据那时的普通法和《费尔德法典》的诉答程序，原告在提出其请求时必须同时非常准确地特别说明与该请求有关的时间、地点、原因和结果。与之相配合，有一条防止"偏离（departure）"的规则禁止当事人通过修改诉答文书的方式改变诉讼中的这些特别说明的要点，而另一条与之配合的防止"变化（variance）"的规则则禁止法院采纳偏离该请求的证据。另一方面，当时的普通法几乎还没有规定证据开示规则，而衡平法的证据开示规则使用起来又极其麻烦，因此对于该范围狭窄的争点，当事人事实上只能依据自己收集的证据进行诉讼。即使以后的《费尔德法典》增加了有关证

----

① Robert C. Casad and Kevin M. Clermont, *Res Judicata*, Carolina Academic Press, Durham, US, 2001, p. 118.

② Stephen C. Yeazell, *Federal rules of civil procedure：with selected statutes and cases*, Aspen Law & Business, New York, NY, 2002, p. 68.

据开示规则的规定，但直到 20 世纪修改该法典时，该法典中有关证据开示规则的内容还是十分有限。这样在当时看来，争点效力中的"争点"只能是范围狭窄的"争点"。也就是说，只有后诉的证据与前诉的证据完全一样，前后两诉中的争点才是一样的。按照这种判断争点同一性的标准，即使后诉所涉及的争议与前诉完全一样，只要当事人在后诉中能够提出完全不同的（substantial different）证据，他就有机会再次诉讼该争点。①

3. 相关的实体性法律，影响了争点效力理论。

争点效力理论不可避免地会受到实体性法律的影响，因为"诉讼的另一目标就是使社会的实体法得以贯彻。"②

实体法影响争点效力理论的情形之一是，如果在后诉中用争点效力禁止当事人重新诉讼某一问题会对当事人造成不公平，即使前诉的争点裁判已经符合争点效力的构成要件，在这种情况下也不能产生争点效力。例如作为裁判前诉中特定争点基础的法律，在提起后诉之前已经发生了变化，当事人根据变化后的法律就有可能获得一个对自己更为有利的裁判。在这种情况下，基于实体公正的需要，前诉的争点裁判就不能产生争点效力。

实体法影响争点效力理论的另一种情形是，受争点效力作用的主体范围在很大程度上与民事实体法律制度有关。例如通常来讲，前诉当事人会受争点效力的约束。但是如果在前诉中，当事人没有法律能力，他并不会受争点效力的约束。对于自然人来讲，是否有民事行为能力，对于团体来讲，是否有民事权利能力，都与民事实体法律有关。另外，即使不是前诉中实际参加诉讼的人，只要与当事人之间有某种法律关系，通过这种法律关系使他们与当事人之间有某种共同利益，这样的案外人也应当像前诉当事人一样受前诉争点效力的约束。这种法律关系就是实体法律关系。转让人和受让人之间的关系，保管人和寄托人之间的关系，补偿人和受补偿人之间的关系，公司、合伙组织、非法人团体与其成员的关系，都是这种实体法律关系。而对这些实体法律关系的掌握，必将影响人们对受争点效力作用的主体范围的理解。

三、美国争点效力理论的实际效果

从实际效果来看，美国争点效力理论在防止矛盾裁判、减少诉讼负担和一次性解决纠纷等方面都发挥了积极作用，但也存在一定的不足之处。

---

① The American Law Institute at Washington, D. C. , *Restatement of The Law Second* , Judgments 2d, Volume 1, American Law Institute Publishers, St. Paul, Minn, 1982, pp. 8—9.

② ［美］史蒂文·苏本、玛格瑞特（绮剑）·伍著：《美国民事诉讼的真谛——从历史、文化、实务的视角》，蔡彦敏、徐卉译，25 页，北京，法律出版社，2002。

（一）美国争点效力理论的积极作用

美国争点效力理论具有以下三个方面的积极作用：

1. 防止矛盾裁判。

由于不同法院在证据认定、案情理解和行使自由裁量权方面可能存在差异，当同一问题由不同法院分别裁判时，其结果可能不一样。让当事人和后诉法院受前诉法院对特定争点裁判的约束，能够有效地防止矛盾裁判。这有利于维护司法的权威性，增强人们对法院的信仰。因此，在英美法系国家，争点效力不仅仅被看做是一项判决制度，也被看做是一项公共政策（public policy）。

2. 减少诉讼负担。

允许完全相同的问题在法院反复诉讼，并不能保证后一诉讼的结果会比前一诉讼更公正，相反只会增加当事人和法院的负担。因为对于案件当事人来讲，诉讼就意味着投入。重复诉讼本来已经胜诉的问题，不仅仅会增加他们在时间和资金方面的投入，而且还会使他们受到反复出庭的折磨并承受巨大的心理压力。对于法院来讲，重复诉讼已经裁判过的纠纷，也会增加整个法院系统的负担。尤其是在案件数量不断增加、案件类型更加新颖的今天，大量重复诉讼同一问题必定会使法院不堪重负。目前美国法院通过扩大受争点效力约束的主体范围，使前诉裁判过的争点对更多的人产生约束力，就是基于这方面的考虑。事实上，允许当事人重复诉讼同一问题还可能会损害案外人的利益，因为对于案外人来讲，在法院资源有限的情况下，如果特定案件的当事人占用法院资源过多，那么案外人获得审理机会的时间就会推后。然而纠纷及时得到解决，权利及时获得救济，对于权利人来讲又至关重要，正如法谚所说"迟来的正义即是对正义的否定"。由于前诉当事人不适当地重复诉讼相同问题而导致其他人的权利不能及时获得救济，对于其他人来讲，显然是不公平的。

3. 一次性解决纠纷。

争点效力的基本作用就是阻止当事人再次争议已经具有争点效力的问题。因此一旦法院对特定争点的裁判有了争点效力，当事人以后便不能再次争议，该争议问题对于当事人而言已经随着前次诉讼的结束而彻底解决。争点效力具有一次性解决纠纷的功能是它已经开始受到我国学者关注的重要原因。[①]

（二）美国争点效力理论的不足之处

美国争点效力理论的不足之处主要体现在以下两个方面：

---

① 参见洪浩：《民事诉讼中预决事实的免证效力范围研究》，载《江汉论坛》，2005（5）。

1. 在美国民事诉讼制度下，即使特定争点有争点效力，该争点在后诉中仍然有可能引出新的争议，当事人和法院的诉讼负担并没有因为特定争点裁判有争点效力而完全消失。

事实上，有时当事人争议特定争点裁判是否有争点效力的激烈程度并不比争议该争点问题本身的激烈程度弱。这是因为特定争点裁判有争点效力必须满足相应的构成要件，并且还不能是不能产生争点效力的例外情形。因而对于当事人来讲，他们需要用证据证明的事实无非是从案件本身变为了争点裁判是否有争点效力，对于法院来讲，所需要裁判的事实也无非是从案件本身变为了争点裁判是否有争点效力。

笔者认为，这一问题的出现与美国民事诉讼制度十分有密切的关系。例如，争点裁判有争点效力的条件之一是该争点被法院裁判过。而在美国判决书和其他法院记录等正式记录，以及法庭笔录等旁证，都可以作为证明特定争点是否被法院裁判过的证据。特定争点是否被法院裁判过这一问题必然会因为所涉及的证据过多而变得复杂。修改和完善裁判争点的具体方式，实现争点裁判方式的单一化，是克服这一问题的基本途径。

2. 如果特定争点裁判有错误，在它有争点效力以后，该错误的影响会扩张到第二个诉讼中，从而增加纠正错误裁判的成本。

前诉争点裁判有争点效力以后，不仅会禁止当事人在后诉中再次争议该争点，而且也会导致后诉法院遵照该争点裁判作出后诉判决。这样一来，如果前诉争点裁判有错误，不仅前诉会受到影响，以后以该争点裁判为判决基础的后诉也同样会受到影响。然而在美国的大多数法院，即使包括该争点裁判在内的前诉判决因为有错误已经被法院撤销，根据该争点裁判所作的后诉判决也不会因此受到影响。如果当事人认为后诉判决给自己的利益造成了损害，他可以基于前诉判决已被推翻的事实，根据《联邦民事诉讼规则》之规则 60（b）（5）的规定，即"以前作为基础的判决已经被推翻或者以别的方式被撤销"为由，向法院申请通过相应程序推翻后诉判决。① 但这样一来，纠正前诉错误争点裁判的成本就会因为该争点裁判有争点效力而增加。

笔者认为，通过赋予特定争点有争点效力的方式阻止当事人反复诉讼同一问题必然会出现即使某些争点裁判本身有错误也会约束当事人的情况。事实上，大陆法系国家的既判力理论中也存在着类似的问题，即前诉判决对诉讼请求的裁判是错误的，但前诉判决仍然有既判力，只要前诉判

---

① Robert C. Casad and Kevin M. Clermont, *Res Judicata*, Carolina Academic Press, Durham, US, 2001, p. 55.

决没有被推翻，在以后的诉讼中，法院和当事人仍然会受错误判决的约束。这实际上是判决具有终局性的必要代价，只要这种错误能够被控制在合理范围内的，让前诉判决有判决效力对于社会来讲就是有益的。而对于因为个案错误而受到损害的当事人来讲，他们完全可以通过其他途径（例如再审）获得相应的救济。

Guo Xiang

The Review of Issue Preclusion Doctrine in American Law

Abstract: The doctrine of issue preclusion is a very important part of the A-merican judgment preclusive effect in civil actions. The two notions of the doctrine are precluding the parties relitigate the issues which have been adjudicated by the court before and in the meantime giving them procedural due process. The difference between res judicata and issue preclusion is that the former is a judgment effect which ban relitigate the subject matter and the latter is a judgment effect which ban relitigate the another matter. The doctrine of issue preclusion can avoid inconsistent adjudications, decrease litigant burden and realize one-off dispute resolution.

Key words: Issue Preclusion; Judgment Preclusive Effect; Civil Litigation

判解析理

刘荣军[*]

一起国际商事仲裁
裁决的承认与执行

案件概要

　　本案仲裁申请人（同时为反对请求被申请人，下称申请人）为日本株式会社 JCD，被申请人为中国中山港渊工业有限公司（同时为反对请求申请人，下称被申请人）。双方于 2003 年 4 月就生产数码相机镜筒签订了《基本交易合同》，约定了由申请人提供技术和资料，由被申请人生产产品等为容。其中第 25 条和第 26 条约定合同出现争议时，应该依照商事仲裁规则由东京地方法院作终局性裁决，且适用日本法律。

　　2004 年 4 月，由于双方就合同履行细节产生矛盾，被申请人要求解除合同。申请人遂根据双方签订的《基本交易合同》第 25 条和 26 条之规定，向日本商事仲裁协会提起仲裁申请。

　　日本商事仲裁协会根据申请指定柏木升先生为独任仲裁员仲裁本案，并于 2005 年 6 月 15 日作出东京 04－10 号仲裁案件裁决。曰请人根据该裁决向广东省中山市中级人民法院申请承认与执行。

　　根据日本仲裁法、日本商事仲裁协会规则以及关于承认与执行外国仲裁裁决的纽约公约的规定，提出以下法律意见。

一、第 25 条规定的原意

　　《基本交易合同书》该条规定：“关于本合同及个别合同所产生的一切

　＊　北京师范大学法学院教授、博士生导师。

纠纷，将遵循国际商事仲裁协会的规则，在东京地方法院通过仲裁作最终解决。"

根据该条规定，双方当事人指定的仲裁机关应该是东京地方法院，双方同意适用的仲裁规则是国际商事仲裁协会的规则，可以理解为即现在的日本商事仲裁协会的仲裁规则。

二、日本商事仲裁协会规则及日本仲裁法关于仲裁协议的规定

日本商事仲裁协会的前身是日本国际商事仲裁协会，其 2003 年 3 月 1 日实施的《商事仲裁规则》（2005 年 7 月 1 日又加以修改）第 3 条第 1 款规定："该规则适用于当事人协议根据协会的规则仲裁纠纷或者仅仅协议将纠纷交付协会仲裁的情形。"第 14 条第 1 款第 1 项又规定：仲裁申请人必须在申请书中记载"将纠纷交付根据该规则进行的仲裁"。第 15 条第 1 款还规定："协会在确认仲裁申请符合前条第 1 款到第 3 款规定时，不能迟延，应迅速通知被申请人。"

按照日本学者的解释，第 15 条的规定是指协会在确认申请符合规定后，才能受理申请，并通知被申请人（参见大隈一武著：《国际商事仲裁的理论与实务》）。实际上，如果约定不明，按照国际惯例和日本商事仲裁协会规则第 15 条第 1 款的规定，仲裁协会有义务加以确认。

根据双方合同第 25 条的规定，双方的意思是将纠纷交付"东京地方裁判所"，由"东京地方裁判所"根据日本国际商事仲裁协会的规则进行仲裁。这里需要说明的是，"东京地方裁判所"就是东京地方法院。地方法院是日本审判体系中的基层法院（在其下面还有简易法院）。东京地方法院是日本 50 个地方法院之一。按照日本裁判所法（相当于中国的法院组织法）第 241 条第 1 款的规定，地方法院行使第一审审判权。又根据日本仲裁法第 4 条和第 5 条的规定，只有关于仲裁程序事项需要法院参与时，根据当事人的申请，法院才能参与。换言之，任何法院都没有就案件实体进行仲裁的权限。因此，东京地方法院无权仲裁。

显然，双方当事人在第 25 条中虽然协议适用日本商事仲裁协会的仲裁规则，但是并没有协议将纠纷交付日本商事仲裁协会（或者其前身日本国际商事仲裁协会）进行仲裁。

又根据日本商事仲裁协会推荐的仲裁协议样本（网址：http://www.jcaa.or.jp），有关交付该协会的仲裁协议条款应该是："基于该合同或者与该合同关联，当事人之间所产生的所有纠纷，争执或者不同意见，将遵从（社）日本商事仲裁协会的商事仲裁规则，在（城市名）基于仲裁作最终解决。"根据这一范本，显然当事人双方《基本合同书》中第 25 条

的仲裁协议无论是形式还是内容都没有明确"日本商事仲裁协会"为仲裁机关。而将"东京地方裁判所"即东京地方法院作为仲裁机关来指定，应该是双方当事人的错误认识所致。

三、关于仲裁庭构成及案件情况的说明

需要特别注意的是，双方当事人之间签订的《基本交易合同书》第25条中除了上述没有准确约定仲裁机关之外，也没有约定仲裁员的选任问题。根据日本仲裁法第16条第2款的规定，当事人人数为两人以上，没有就仲裁员人数达成协议的，仲裁庭的人数应该是3人。又根据日本仲裁法第25条第1款规定："在仲裁程序中，必须给予当事人就案件进行充分说明的机会"。因此，在仲裁庭的构成上，以及其他仲裁程序上，《基本交易合同书》第25条的约定都没有满足作为"仲裁协议"的构成要件。所以，如果强行认定第25条协议有效，势必违反日本仲裁法的规定，也违反《纽约公约》第5条第1款乙项和丁项的规定。这些违反当然成为承认与执行仲裁裁决的严重程序障碍。

四、结论

基于上述，当事人日本JCD公司与中国中山浩渊公司之间签订的《基本交易合同书》第25条关于仲裁的约定，是约定在东京地方法院根据日本国际商事仲裁协会（即现在的日本商事仲裁协会）的规则进行仲裁，而非其他。这一约定违反了日本仲裁法第4条和第5条、日本裁判法第241条第1款的规定，显属无效约定。

此外，即使当事人参与了仲裁庭的仲裁活动，但是由于在双方没有约定情况下，仲裁协会只指定了独任仲裁员，也违反日本仲裁法第16条第2款的规定，显然构成严重的程序违法。如无特殊事由，依照《纽约公约》第5条（b）款之规定，应不予承认与执行。

张跃国 *

法院受理民事诉讼
应受行政行为前置的限制
——广州市百货公司与广州市民政局
房屋权属纠纷案解析

一、案件基本事实

根据 1955 年 8 月 16 日广州市房地产管理局核发的《房地产所有证》（证字第 81717 号）记载，位于广州市下九路 110、112、114、116、118 号房屋产权所有人为婺源同乡会。广州市民政局根据当时政策接管该房屋，后出租给广州市百货公司使用。该房屋为二层砖木结构，建筑面积 1497.75 平方米。1981 年 7 月 30 日，广州市规划局批准广州市百货公司征用涉案房屋占用范围的土地，兴建商场、住宅。用地批文要求百货公司半年内办理征地手续，一年内动工建设，否则批文自行失效。1982 年 8 月 21 日，广州市房管局注销了上述房屋产权登记。同年 12 月 29 日，百货公司将房屋残值补偿款 145790.18 元支付给民政局。百货公司至今没有依法办理该幅土地的用地手续，也未按规划进行建设。

1983 年 7 月 16 日、1986 年 9 月 30 日、1993 年 6 月 12 日，市民政局与市百货公司先后签订《协议书》，约定由市百货公司无偿出资对涉案房屋进行排危拆建、装修改造等。1993 年 12 月，市民政局又向规划部门申请加建一层。经规划部门审核同意，市百货公司先后四次出资对涉案房屋进行排危、改建、加建，房屋由原二层砖木结构变为钢筋混凝土四层结构，建筑面积增加为 4126.4 平方米。1989 年 7 月 27 日，市民政局向房管

---

* 广州市中级人民法院法官。

部门申请产权登记，2001 年，市百货公司也申请对涉案房屋进行产权登记。房管部门至今没有对房屋办理产权登记。

2004 年 6 月 4 日，广州市民政局向广州市中级人民法院提起诉讼，请求：1. 解除与广州市百货公司 1982 年 4 月缔结的拆迁补偿关系，退回市百货公司房屋残值补偿款 145790.18 元；2. 确认涉案房屋属其局代管房屋，市百货公司不享有所有权。广州市百货公司提起反诉，请求确认涉案房屋产权归其所有。

二、一审、二审法院的认定和处理

广州市中级法院经审理认为：广州市百货公司对原房屋征而未拆达二十多年，用地批文早已超出有效期限，双方当事人的拆迁协议无法继续履行，故市民政局要求解除双方的拆迁补偿关系合理合法。拆迁补偿关系解除，市民政局理应返还房屋残值补偿款给市百货公司，并支付相应利息。至于双方要求确认房屋产权，属于另一法律关系，应另案解决。遂判决：解除市民政局与市百货公司的拆迁补偿关系，市民政局向市百货公司返还房屋残值补偿款 145790.18 元并支付利息；驳回市民政局的其他诉讼请求；驳回市百货公司的反诉请求。

广州市百货公司向广东省高级法院提起上诉，请求撤销原判，确认涉案房屋归其所有。二审期间，双方当事人达成和解协议。广东省高级法院认为，根据规划部门的征地通知，原房屋土地使用权已被依法收回，原房屋产权登记已被依法注销，在法律上，原房屋产权已不存在。市百货公司没有依法办理用地手续，涉案土地使用权现不属于原使用者，也不属于市百货公司，征地通知已经超过有效期，该幅土地如何处理，应当由行政部门决定。市民政局与市百货公司基于征地通知产生拆迁补偿关系，要解除这个关系，首先应当依法撤销该征地行为。根据我国现行法律制度，不存在离开土地使用权的单独的房屋产权。要解决当事人的权属纠纷，应当先由行政主管部门作出关于涉案土地用途的决定，并当当事人依法办理用地手续。因此，本案不属于人民法院受理民事诉讼的范围，一审法院受理本案不当。2006 年 6 月裁定：撤销原判，驳回广州市民政局的起诉，驳回广州市百货公司的反诉。

三、解析

本案具有诉的利益和内容，符合民事诉讼的起诉条件，而且当事人的纠纷经过有关行政部门多次协调未能解决，通过诉讼确认产权归属似乎既顺理成章，又利于纠纷的最终解决。但是，本案纠纷受到行政行为的影响，法院直接作为民事案件受理确实不当。

1. 民事纠纷的内容是对民事权利义务的争议，超出民事权利义务范围则不属于民事纠纷。本案双方争议的内容虽有民事权利义务，但实际诉讼标的指向国家的土地使用权，这就超出了民事纠纷的范围。根据我国现行房地产法律制度，房屋所有权与土地使用权不能分离，不存在离开土地使用权的单独的房屋产权。本案规划部门征用涉案土地的通知已经产生法律效力，房屋占用范围的国有划拨土地使用权即被国家依法收回，土地使用权已不再属于原土地使用者，由于市百货公司没有依法办理用地手续，也未能取得土地使用权。在土地使用权归属没有确定之前，当事人直接通过民事诉讼要求确认土地上房屋的所有权，实际上会处分国家的土地使用权，超出了民事争议的内容。本案征用土地通知书已经超过有效期限，土地如何处理，应当由行政主管部门决定，而不能通过民事诉讼解决。

2. 法院受理民事诉讼应当受行政前置的限制。双方当事人产生拆迁补偿关系是基于政府的征地行为，要解除拆迁补偿的民事关系，首先应当撤销政府征地行为，即行政行为应当得到民事诉讼的尊重。有观点认为，当事人基于存在的民事关系起诉，法院审判不会触及行政行为，因而可以进行实体处理。这实际上违背了民事诉讼的要求。像这类基于行政行为建立的民事关系，如果不先解决行政行为，而直接作为民事诉讼受理，民事审判过程中必然会对行政行为进行实质审查，造成民事审判权干预行政管理权的尴尬局面。在征地行为没有得到清理之前，无论实体上判决是否解除双方的补偿关系，都是缺少法律依据的。这种情形下，民事诉讼应当让位，而行政行为必须先行。

3. 实际上，确认房屋所有权亦非民事诉讼职权所及。我国不动产物权变动采取债权形式主义模式，即因法律行为引起的不动产物权变动，应当以登记作为物权转移的生效条件。也就是说，通常情况下不动产权利归属通过登记机关的登记和发证行为予以确定，这是符合物权法关于物权变动的区分原则的。显然，登记是行政机关而非人民法院的职权，是一种行政行为，民事诉讼不能取代行政确权。事实上，民事审判的被动性也决定了法院只能审理当事人的诉讼请求和争议内容，没有能力审查房屋确权所必须具备的各种条件和资料。从这个角度分析，本案同样应当裁定驳回起诉。

综上，解决本案纠纷的正当途径是，在涉案房屋符合城市规划的前提下，国土行政部门与当事人依法办理土地使用权出让手续，当事人按照规定缴纳土地出让金，之后再确定房屋的产权归属；或者政府按照闲置土地和城市拆迁管理法律法规，循行政程序彻底解决征而未拆引起的土地使用权问题。

《京师法律评论》稿约

一、《京师法律评论》为北京师范大学法学院暨刑事法律科学研究院创办的学术丛书；凡未发表的法学论著、研究报告、译著、判解研究等法学学术作品皆受欢迎。

二、稿件需为中文，但需附作者中英文姓名、中英文题目、500 字以内的中英文摘要、5 个以内的中英文关键词。同时附上单位名称、职务、联系地址、电话及电子邮件地址。译作须附原文及作者同意书。

三、来稿需包括电脑打印的 Word 文档三份，并附电子版，以供审稿用；标题用小 3 号宋体字，正文部分用小 4 号宋体字。

四、来稿由编辑委员会请有关专家匿名审查，符合条件方才采用。

五、来稿一经选用，作者文责自负。我们将向作者赠送样书两册。

六、本丛书将出电子版，投稿者须同意授权本丛书出版电子版，并用于提供网络阅览服务。

七、来稿注释体格式如下：

（一）全部注释为脚注，每页重新编号，格式为圆形中数字（例如：①、②、③），字体为小 5 号宋体；

（二）引用的文献于作者后依次注明书名或篇名、页数、出版社（或刊物名）、年代、版数。年代一律以西元纪元表示，各项之间以"，"隔开；

（三）同一注释中有中、日及其他外文时，中文在前，后面依次为日文、其他外文；

八、来稿请投：北京师范大学法学院《京师法律评论》编辑部收，电子版可电邮至以下电子信箱：lpslrj@21cn.com。